刚果（金）
龙刚 (Antoine LOKONGO) ◎著

冷战后美国的非洲资源政策

美国利益与刚果（金）资源战略关系研究

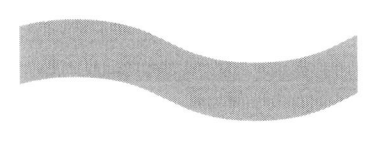

江苏人民出版社

图书在版编目(CIP)数据

冷战后美国的非洲资源政策:美国利益与刚果(金)资源战略关系研究 / 龙刚著. —南京:江苏人民出版社,2023.3
 ISBN 978-7-214-23250-2

Ⅰ.①冷… Ⅱ.①龙… Ⅲ.①美国对外政策-资源战略-研究-刚果民主共和国 Ⅳ.①D871.20②D846.30

中国版本图书馆 CIP 数据核字(2019)第 022694 号

书　　　名	冷战后美国的非洲资源政策:美国利益与刚果(金)资源战略关系研究
著　　　者	龙　刚
责 任 编 辑	金书羽
装 帧 设 计	刘　超
责 任 监 制	王　娟
出 版 发 行	江苏人民出版社
地　　　址	南京市湖南路1号A楼,邮编:210009
照　　　排	江苏凤凰制版有限公司
印　　　刷	江苏凤凰数码印务有限公司
开　　　本	718毫米×1000毫米　1/16
印　　　张	23.5　插页1
字　　　数	347千字
版　　　次	2023年3月第1版
印　　　次	2023年3月第1次印刷
标 准 书 号	ISBN 978-7-214-23250-2
定　　　价	78.00元

(江苏人民出版社图书凡印装错误可向承印厂调换)

目录
contents

导论　001
  一、研究的主题　011
  二、学术文献回顾　014
  三、研究方法与资料来源　033
  四、本书的框架、难点与贡献　035

第一章　美国—刚果（金）关系的历史概览　044
  第一节　奴隶贸易与殖民瓜分时期　046
  第二节　美国在刚果殖民地的利益　052
  第三节　刚果独立时期至冷战结束前后的资源掠夺　061
  第四节　本章结论　067

第二章　美国的刚果（金）政策：地缘政治与经济利益的互动（1982—1997）　073
  第一节　"钴：政策方案和战略矿产"及其导致的战争　075
  第二节　"刚果重建方案"及其导致的战争　096
  第三节　本章结论　134

第三章　美国的刚果（金）政策：奥巴马的新计划（2006—2014）　137

　　第一节　"刚果民主共和国救济、安全和民主促进法"及其导致的战争　140

　　第二节　"南斯拉夫式或苏丹式的解决方案"及其导致的战争　166

　　第三节　本章结论　186

第四章　美国的刚果（金）政策与刚果（金）政治制度的相关性
　　　　（1982—2014）　189

　　第一节　"钴：政策方案和战略矿产"与蒙博托政权　199

　　第二节　"刚果重建方案"与洛朗·卡比拉政权：矛盾与冲突　211

　　第三节　"奥巴马刚果法案"与"一加四"失败国家的试验模式　227

　　第四节　"南斯拉夫式或苏丹式的解决方案"与约瑟夫·卡比拉的民选政府　235

　　本章结论　259

第五章　本书结论　265

　　第一节　研究发现　265

　　第二节　本章结论　291

　　第三节　未来研究的方向和可能的领域　296

　　第四节　建议部分　297

参考文献　309

致　谢　367

图目录

图 1　美国资本如何回收刚果(金)的财富　072

图 2　钴的供应　084

图 3　生产飞机引擎钴是必不可少的　085

图 4　柏克德发展集群　098

图 5　修建刚果第一条铁路　112

图 6　刚果(金)的巴尔干化项目旨在创造9个新的小国家　171

图 7　2012年钴金属生产　202

图 8　自然工业钻石：世界矿山生产结构(按国家, 2012年)　212

图 9　柏克德计划　213

图 10　柏克德计划的实施框架　214

图 11　中国在非洲直接投资的分布　251

图 12　用于基础设施建设换矿产项目　252

图 13　刚果(金)的四项主要工作必须为人民的利益服务　300

表目录

表1 1400—1900年间估计每个国家奴隶的总出口量 *050*

表2 从刚果（金）自由邦出口象牙和橡胶到美国等国家的数量和价值（1896—1901） *054*

表3 比属刚果铀矿石的出口（吨） *060*

表4 国际承认的自1994年以来在刚果（金）和非洲大湖地区犯下的详细罪行的报道 *226*

表5 中刚Socomin合资企业或"基础设施换矿产"架构 *253*

表6 四个政策所制造或塑造的刚果政权 *262*

导　论

　　本书导论部分主要介绍研究的缘由和重要性，以及研究重点和主要内容。作者是一位来自刚果民主共和国[以下简称刚果（金）]的公民，他在书中表达了对于本国人民的担忧。事实上，在有些国家看来，刚果（金）拥有丰富的自然资源，但是却不懂得如何利用这些资源，也没有自己的开发计划，这也是当下非法开采这些资源在刚果（金）大行其道的原因。因为国家权威的缺位，普通大众仍是刚果（金）军队和其他各种武装组织暴行的受害者，腐败持续存在于各级政府的政治和经济领域，①人民深受其害，刚果（金）似乎仍是一个无主权身份的国家（这完全归因于其内部因素）。②

　　由于这些内部因素，刚果（金）仍然是落后的和不发达的。大多数从事非洲研究的学者认为，地球上最复杂的地方可能是中部非洲。刚果（金）被称为是目前已知的中非国家中受暴力侵袭最严重的国家。③ 当然，刚果（金）人无疑应当为在自己国家发生的事情负责。不过也有许多来自西方的因素，特别是美国的利益（这也是本书的研究对象）在经济、政治和社会方面对刚果（金）产生了影响。本书认为，外部因素滋生内部因素，就刚果（金）所处的困境而言，外部因素较之内部因素是更具影响力的关键因素。

　　因此，笔者首先界定书中的两个重要概念：美国利益和资源战争。美国

---

① Séverine Autesserre, "Dangerous tales: Dominant narratives on the Congo and their unintended consequences", *Oxford Journals of Social Sciences African Affairs*, Vol. 111, NO. 443, pp. 202 - 222.
② Peter Leman, "China-Africa Relations, Political Conditions, and NgugiWaThiong'o's Wizard of the Crow", *ARIEL: A Review of International English Literature*, Vol. 45, No. 1 - 2, January-April 2014, p. 131.
③ V. E. A. Akorede, "Insurrections, Rebellions and Revolutions as Factors in the Under Development and Instability of the African Nations", Centre for Issues on Development in Africa (Cenda) Report, 2008.

学者塞缪尔·亨廷顿(Samuel P. Huntington)这样定义"美国利益":"国家利益是指对于全体或大多数美国人而言至关重要的公共产品;真正涉及国家的生死攸关的利益是指他们愿意付出鲜血和财富去保护的东西。国家利益通常包括安全与物质层面,以及道德与种族层面。"①因此,1996年美国国家利益委员会报告确定了五个核心国家利益:(1) 防止大规模杀伤性武器攻击美国;(2) 防止欧洲或亚洲出现敌对性霸权;(3) 防止敌对势力侵犯美国边境或控制海洋;(4) 防止全球贸易、金融市场、能源供应和环境体系的崩溃;(5) 确保美国盟友的生存。②

笔者认为,美国并没有而且将来也不会受到来自刚果(金)的恐怖主义的威胁,相反,本书将证明,美国控制刚果(金)丰富的战略矿产资源的目的是防止美国全球贸易、金融市场、能源供应和环境体系的崩溃。

美国经常使用其政治、经济、文化、意识形态、外交和软实力来维护自己的利益。为此,美国精心地制定能维护其外交利益的政策。实际上,美国的外交政策(或计划)和美国的利益是密不可分的。2000年,美国国务卿康多莉扎·赖斯(Condoleezza Rice)撰文指出:"美国外交政策应重新聚焦于国家利益,其主要任务应包括:(1) 确保能投放和能充分展示具有威慑力的美国军事力量;(2) 阻止战争;(3) 赢得战争;(4) 以有力的手段保卫国家利益,通过自由贸易和稳定的国际货币体系来促进经济增长和政治开放;加强和那些与美国有共同价值观的盟友的紧密关系,使之共同承担促进和平、繁荣与自由的责任;(5) 集中美国的外交资源全面发展与那些能塑造国际体系的大国的关系;应对流氓国家和不友好国家的威胁。"③笔者的本项研究将表明,这里由康多莉扎·赖斯提到的"美国的投放力量",主要针对像刚果(金)等自然资源和矿产资源丰富的国家。

---

① Samuel P. Huntington, "The Erosion of American National Interests", *Foreign Affairs*, September/October 1997 Issue, http://www.foreignaffairs.com/articles/53391/samuel-p-huntington/the-erosion-of-american-national-interests. 登录时间2015年4月9日。
② Ibid.
③ Condoleezza Rice, "Promoting the National Interest", *Foreign Affairs*, Vol. 79, Issue 1, Jan/Feb2000, http://www.columbia.edu/itc/journalism/stille/Politics%20Fall%202007/Readings%20—%20Weeks%201-5/Condoleezza%20Rice%20—%20Promoting%20the%20National%20Interest.htm. 登录时间2015年4月12日。

另外,美国学者卡伦·奥康纳(Karen O'Connor)和拉里·萨巴托(Larry Sabato)等人把美国的外交政策等同于美国政府为了其海外国家利益而采取的行动,以确保美国人的安全、福祉以及美国的经济实力和竞争力。①

笔者认为,这样的行为导致了持续的战争,涉及了美国的军事工业复合体和跨国公司,后者代表了美国的海外利益。而战争是美国使用的最好策略以保障其海外利益。事实证明,战争越来越成为美国的生命线,一旦那些目前正在为美国争取利益的战争(例如伊拉克、阿富汗、利比亚等)平息下来,美国将不失时机地投入其他战争或在其他地区诱发新的冲突。笔者将列举相关的事实来证明美国的国外利益和国外的战争是交织在一起的:

在2012年1月五角大楼发布的新《防卫战略指南》的导言中,美国总统巴拉克·奥巴马(Barack Obama)对美国为什么要"维持其全球领导地位及其军事优势"做出了解释。在该导言中奥巴马认为,"9·11恐怖袭击"后随着伊拉克战争和阿富汗战争接近尾声以及防务体系的最终重组行动,美国发现自己正处于"战略转折点",面临着新的挑战和机会,特别是美国如何加强其在"临界区域"的亚太区的军事存在,即东移至亚洲来再平衡美国的军事能力。②

在2011年10月作为国防部长第一次访问日本的时候,莱昂·帕内塔(Leon Panetta)就明确宣布美国准备推进实施《维持美国的全球领导地位:21世纪国防的优先任务》防卫战略指南。帕内塔表示,伊拉克战争和阿富汗战争接近尾声是美国军事的转折点,这意味着美国现在必须集中精力应对即将来临的威胁,如中国正在增长的军事力量。③

2011年11月,美国国务卿希拉里·克林顿(Hillary Clinton)也解释说:"美国会重视我们的军队在保护这一地区(亚太地区),其中包括在日本和韩国的5万多名军人和妇女中所发挥的作用。由于该地区的局势发生了变化,

---

① Karen O'Connor and Larry Sabato, *American Government: Continuity and Change*, New York: Pearson, 2006, pp. 125 - 156.
② US Department of Defense, "Sustaining US Global Leadership: Priorities for the 21st Century", Report released in January 2012.
③ Robert Burns, "Panetta: US at 'turning point', to refocus on Asia", *Associated Press* (AP), October 24, 2011, http://news.yahoo.com/panetta-us-turning-point-refocus-asia-213306305.html. 登录时间2015年4月11日。
另见:Richard Weitz, "Asia Overreacts to U.S. Military Pivot", *The Diplomat*, January 25, 2012, http://thediplomat.com/2012/01/asia-overreacts-to-u-s-military-pivot/1/. 登录时间2015年4月11日。

我们必须改变自己力量布局,以确保其分布合理、行动迅速和政治上的承受能力。更加广泛分布的军事存在无论在对威胁作出威慑和反应,还是在为人道主义任务提供支持方面,都具有切实的优势。"①

资源战争是指围绕拥有或获取关键性和/或有价值的资源而展开的冲突。② 这些资源主要包括:石油、木材、宝石、水、经济作物、渔业和矿业。③ 资源战争可能采取多种形式,其中包括从领土争端和内部冲突到地区权力斗争,尽管从本质上而言,资源战争具有国内属性,但其可能跨越国境,且经常为国际行为所引发。④ 笔者认为这个定义适用于刚果(金)的情况。

如前所述,本书主要关注的是美国在冷战末期和冷战结束后对刚果(金)的经济、政治,甚至军事和企业政策,以及这些政策在何种程度上与每个阶段的资源战争相关联。⑤

事实上,从1982年到2013年,美国对刚果(金)采取了四大政策,而这四个政策恰好与刚果(金)的四次资源战争相对应(笔者之所以决定调查这段时间是因为在这段时间内美国所经历的重大历史事件):(1) 20 世纪 70 年代的能源危机;(2) 美国从 1982 年开始的严重经济衰退;(3) "华盛顿共识"——即 IMF 和世界银行强加给非洲国家的结构调整政策,然而当时美国在东亚地区,特别是在日本,容忍了经济民族主义、贸易保护主义和国家干预主义;(4) 2008 年全球金融危机。美国如何处理这些危机直接或间接地影响了刚果(金),这就是本书的研究内容。

这四项政策包括以下内容:

(1) 1982 年美国政府的"钴:政策方案和战略矿产";

---

① Hillary Clinton, "America's Pacific Century", Remarks made at East-West Center, Honolulu, Hawai, Nov. 10, 2011, http://www.state.gov/secretary/20092013clinton/rm/2011/11/176999.htm. 登录时间 2015 年 4 月 11 日。
②④ William Reno, "Shadow States and the Political Economy of Civil Wars", In David Malone and Mats R. Berdal. *Greed and Grievance: Economic Agendas in Civil Wars*, Boulder, Colo: Lynne Rienner Publishers, 2000, pp.54 - 57.
③ Philippe LeBillon, "Geographies of War: Perspectives on 'Resource Wars'", *Geography Compass*, Vol. 1, No2, March 2007, pp.163 - 164.
⑤ Ellen Ray, "U.S. Military and Corporate Recolonization of the Congo", *Covert Action Quarterly*, No. 69, Spring-Summer 2000.

(2) 1997年美国柏克德公司（Bechtel）的"刚果重建方案"；

(3) "2006年刚果民主共和国救济、安全和民主促进法"的政策；

(4) 2013年"作为刚果危机补救办法的南斯拉夫式或苏丹式的解决方案"的政策。

而与这四个政策相对应的四次代理人战争则包括：

(1) 1996—1997年的战争，即由洛朗·卡比拉领导军队推翻美国支持的蒙博托·塞塞·塞科的政权。为了推翻蒙博托政权及其大国支持者（尤其是比利时、法国和美国），刚果国民解放阵线（FNLC）发动了两场沙巴（Shaba）①战争和两场莫巴（Moba）战争，并得到了安哥拉人民解放运动（MPLA）的支持。1978年和1979年由FNLC在科卢韦齐和赞比亚到加丹加省的两个军事攻势以及1984年和1985年由洛朗·卡比拉发动的Moba I和Moba II 军事攻势，揭开了洛朗·卡比拉领导军队推翻美国支持的蒙博托政权的序幕。西方列强在1978年对科卢韦齐进行军事干预，即冷战时期美国、法国和比利时为了保护他们的采矿利益和挽救蒙博托政权而采取直接的军事干预措施，这符合资源战争的定义。

(2) 始于1998年非洲大湖地区国家间的代理资源战争。由美国支持的卢旺达、乌干达政权和一些图西刚果叛军（跨境族裔联合）向刚果（金）宣战并试图取代卡比拉政权，因为后者拒绝向西方利益妥协。

(3) 卢旺达支持的"保卫人民全国大会"图西反叛运动（National Congress for the Defence of the People，CNDP）。这次运动引发了针对胡图族民兵的刚果（金）—卢旺达联合军事行动，行动代号为"Umoja Wetu"（斯瓦希里语，意为"团结则存"），以及之后由联合国维和部队和刚果军队联合进行的另一次军事行动，代号为"Kimia II"（林加拉语，意为"和平"）。

(4) M23图西族叛军资源战争（为纪念反叛活动失败日，即与刚果政府签署和平协议的日期——2009年3月23号）。

所有这四项政策都是由美国政府制定的，美国的目的是通过直接和间接的军事干预获取、控制和垄断刚果（金）的矿产财富（尤其是对于缺乏钴的

---

① 沙巴（Shaba）是蒙博托给刚果（金）的富含矿物（特别是铜）南部的加丹加省（Katanga Province）起的一个新名字。沙巴的意思是铜。

美国而言其需要钴作为军事和民用的战略矿产资源)。

本研究并不回避对刚果(金)的内部问题即刚果政府管理体制缺失问题的关注,不会简单把落后原因归咎于外部因素。这就是为什么在本文第四章中笔者将提及一些与刚果政府有关的内部因素,比如在蒙博托政权、老卡比拉政权和小卡比拉政权时刚果人民特别需要的发展、民主和稳定;[1]长期以来国家没有解决的贫穷问题、失业问题(国家没有设法国家经济以参与全球竞争,即在利用国家资源来提高就业或在国内外开拓市场);腐败问题,特别是采矿部门的保密问题、裙带关系问题、挪用公款、对掠夺性资源的抑价、社会不公、普遍存在的"白象工程"(昂贵无用、华而不实的政府工程项目)、雷声大雨点小等问题;社会服务的缺失,包括水、电力、医疗保健、住房和教育服务的供应不稳定,独立55年后,刚果政府仍然在请求欧盟(前殖民者)的金融援助以从金沙萨街头清除掉垃圾。刚果(金)的国家电视台和电台及其他的国家新闻机构甚至都没有网站。刚果人民更依赖目前在国内的联合国系统来浏览实时新闻。在职和离职时,刚果领导人可依法不披露自己的财产,他们在职期间从IMF和世界银行借款过多,但国家没有偿债能力,于是在他们下台的时候国家所欠下的债务常常是天文数字。

明确地讲,笔者认为刚果(金)遭受的最严重的问题是"暴发户"问题,即大部分刚果领导人出身卑微,事先缺乏为人民服务的思想基础。一些刚果(金)领导人通过"卡拉什尼科夫"或通过背叛以及由中央情报局所支持的政变等种种方法上台,而上台后当他们突然处于一种管理数以亿计的巨额财富的位置时,他们并没有详细规划而感到措手不及,而这些巨款收入恰是他们与西方的幕后策划者共谋开采国家资源所得。

上述内容印证了存在挪用公款并将钱款转移到瑞士银行等其他海外离岸银行(国家预算总比非法转移到国外银行的资金少)的行为的普遍性,因而我们也就不难理解所有这些非法征敛的财富的来源。所以,一些刚果(金)领导人不愿意建立自己国家的资本力量,他们希望自己是"终身总统",

---

[1] Ali Mazrui, "Who killed Democracy in Africa? Clues of the Past, Concerns of the Future." In *Development Policy Management Network Bulletin*, Vol. 9, No.1, 2002, pp. 15–23.

控制着生产、外汇储备及外国援助和贷款的渠道。① 此外，他们经常公私不分、借公肥私，并享受着可比肩于发达世界水平的那些产品和服务（如奔驰汽车和私人飞机等），而他们的人民贫困得甚至没有可穿的鞋子。一个国家必须为外国投资提供有利的政策，然而，刚果领导人甚至都不把一些基础设施的建设承包给本国人来节约政府预算，他们的习惯做法是为了得到巨额的佣金而把所有的施工项目授予外国人。这也是为什么笔者钦佩中国在非洲的政策："施之以鱼，不如授之以渔。"

尽管国家花费了数百万美元来组织每五年举行一次的选举，但官方监督机构也只是表面上对腐败加以监督，在任的刚果领导人常常不会输掉选举。相反，选举本身却成为一宗大生意。由于不存在精英制度，有才华的人因为无钱往往只能靠边站。此外，领取低薪的国民军队经常与武装分子勾结起来勒索人民。"匕鬯不惊"这句中国古话基本不适用于刚果军队。

在这样的情况下，刚果（金）领导人就使人民对非殖民化的希望破灭，并成为问题的一部分，而不是解决方案的一部分。在刚果（金）的历史上，蒙博托就是一个典型的例子。帕特里斯·卢蒙巴（Patrice Lumumba）和洛朗·卡比拉（Laurent Kabila）只是例外。布基纳法索的托马·桑卡拉（Thomas Sankara）和科特迪瓦的洛朗·巴博（Laurent Gbagbo）也都只是属于例外。例如桑卡拉的格言即是："没有人应该得到比他需要的更多的东西。"

以上因素与刚果（金）的不发达状态有重要关系，这些情况也适用于所有其他非洲国家。② 同时，刚果的历史已经证明，美国的利益不能在一个干净的环境中茁壮成长。就像中国的一句老话，"水至清则无鱼，人至察则无徒"，这适用于分析美国在刚果（金）的做法。美国学者斯图尔特·史密斯（Stewart Smith）认为，为了巩固和保护其在刚果（金）的利益、势力和威望，美国"通过那里腐败的木偶行使权力"。③ 这意味着美国是刚果（金）真正的掌

---

① Dawit Teshome Alemu, "The Ideals of African Socialism and the Contemporary African Politics", *uPublis. info*, http://www.upublish.info/Article/The-Ideals-of-African-Socialism-and-the-Contemporary-African-Politics/825485. May 25, 2013. 登录时间2015年5月12日。
② John Mukum Mbaku, *Corruption in Africa: Causes, Consequences, and Cleanups*. Lanham: Lexington Books, 2007.
③ Stewart Smith, *U. S. Neocolonialism in Africa*. New York: International Publishers, 1974, p. 163.

权者,那些统治国家的刚果领导人只是傀儡(越低效国家,越能更好地为美国的利益服务并便利地从刚果(金)的矿物财富中积累资本)。这也意味着对于美国来说,只有那些为它的利益服务的国家才是真正的民主国家,即使是腐败的也被认为是民主的,只要它们是为美国的利益服务。蒙博托的政权证明了这一点。本书的第四章将更加详细地阐述这一点,即美国是刚果(金)的不发达的关键性因素。

在历史上,西方列强在非洲利用腐败方式变得富强起来,但现在他们却正在要求非洲打击腐败。责任真的就只存在非洲一方吗?本研究提出了解决问题的新方法,即建议对待腐败问题我们需要更广阔的视角,因为发达国家也牵涉其中,特别是他们在发展中国家进行资本积累的阶段。这一切都指向一个结论:正如中国学者张未未所指出的那样,西方的民主制度绝不是解决腐败问题的最好办法,至少在非西方世界是如此。[1] 在本书的建议部分,笔者将说明刚果(金)确实不缺少政治、经济、法律和文化的策略来处理这个问题。

实际上,一些西方学者如乔凡尼·阿瑞基(Giovanni Arrighi)认为,以往那些认为科林·利斯(Collin Leys)所称呼的"非洲惨剧"[2]的主要责任在于非洲的精英和政府的看法已经受到了挑战。这正是由于西方国家的双重标准和空头支票,以及世界资本主义所起的关键作用(其中美国的利益发挥主导作用)在国家层面制约和塑造了非洲在政治经济发展方面所做出的那些努力的最终结果(例如美国在刚果(金)的冷战做法:将卢蒙巴的民主政府替换成蒙博托的掠夺性政权)。然而,这些具有挑战性的新看法仍然是式微的,并且它对那些关于非洲惨剧(危机)的主流观点几乎没有什么影响。[3]

笔者认为乔凡尼·阿瑞基的观点是可信的,因为本研究发现美国对刚果(金)的四项政策也都旨在约束和塑造刚果(金)的发展及其最终的成果。

---

[1] Zhang Weiwei, "The China Model: A Dialogue between Francis Fukuyama and Zhang Weiwei", *Non-Profit Quaterly* (NPQ), Vol. 28, No. 4, Fall 2011, pp. 1-22.
[2] Colin Leys, "Confronting the African Tragedy", *New Left Review*, Vol. 1, No, 204, March-April 1994, pp. 33-47.
[3] Giovanni Arrighi, "The African Crisis: World Systemic and Regional Aspects", *New Left Review*, Vol. 11, No. 15 May/ June 2002, pp. 5-38.

当然笔者也反对美国扶持刚果（金）东部的邻国，即卢旺达和乌干达，作为发动资源战争的代理势力。卢旺达和乌干达是非洲人，然而他们正在成为那些更强大、更有钱有势并有深厚的政治关系基础的他国代理人（如为英美及其势力强大的跨国矿业公司的利益服务）以使非洲人自相残杀（卢旺达和乌干达不停地侵略刚果，包括通过支持叛军的方式），矛盾冲突由此不停地爆发。实际上，美国在越南战败后常常采取"发动代理人战争"这一政策。①

因此，本研究考察卢旺达和乌干达的作用是因为美国将他们作为其代理势力以实现其政策目标，这点引起了笔者的关注（除了别的目的以外，这种做法的结果是阻碍了刚果的发展、杀死了数以百万计的刚果人、减少了国土上的原住民并抢占了其空出的土地）。如果不考察代理势力的作用及其获得的好处，笔者认为本研究将是不完整的。这些好处包括美国提供给卢旺达和乌干达的政治和外交保护，即使他们继续占领着刚果东部、杀人、强奸和掠夺资源，也很容易获得经济和军事支持、财政援助、IMF 和世界银行的贷款等等。实际上，卢旺达和乌干达人能容易地获得在国际组织内的高层职位来掩盖自己国家的行为。1994 年卢旺达的种族灭绝发生后，卢旺达和乌干达享受到了美国的保护，就像大屠杀后的以色列受到了美国的庇护一样。

因此，本研究在探索美国的四项对刚果（金）的政策过程中，不仅遵守了"实事求是"的原则，而且严格地遵守了学术规则。具体来说，考察美国对刚果（金）的政策中所具有的固有矛盾以及美国在刚果（金）的行为方式。对这四项政策的研究非常重要，因为美国将自身的影响力扩展到整个非洲包括到刚果（金）的方式方法，特别是通过其外交政策，可能会改变其形式，但实质内容却保持不变：它的目的是使美国变得富裕强大而同时维持着非洲的欠发达状态（不是双赢的），诸如人权、民主和尊重其他国家的主权总是被置于次要的地位。

以上阐述了为什么本研究采用"地缘政治和经济策略动态分析"研究方

---

① Giovanni Arrighi, "The African Crisis: World Systemic and Regional Aspects", *New Left Review*, Vol. 11, No. 15 May/ June 2002, pp. 5 - 38.

法来考察权力关系、权力的运行方式及在其他类似的环境、地点和情势中的重复方式,并具体地探讨美国针对刚果(金)所采取的四项主要政策(1982—2013),而这些政策实际上与刚果战争的四个周期是相对应的;换句话说,本文探究的是美国在冷战临近结束、东欧剧变和柏林墙倒塌之后对资源丰富的国家所采取的政策。

所以,本书的重点和主要内容关注美国对刚果(金)的这些遏制政策,即所有这些政策和相应战争的核心都是为了控制刚果(金)的战略性矿产资源。笔者发现一个一致的模式或线索贯穿于所有这四项政策中,使得这些政策具有相同的属性,这包括:

(1)美国决心确保不受阻碍并以较低的成本获得美国所没有的重要自然和矿产资源,并不惜对刚果人民造成严重的政治、经济和人道主义后果;

(2)美国同时想对中国封锁刚果(金)的自然资源和矿产资源。目前中国成了美国新的竞争对手,中国在刚果(金)的崛起和强大的存在被美国视为一种新的挑战;

(3)这些政策的实施需要当地代理人的精心配合和对美国的利益的捍卫,以换取美国对其的政治、经济、外交、军事和财政等方面的支持。

因此,认为非洲从来不是美国的重点或优选考虑对象的想法是错误的。[①] 非洲一直是美国的重点之一。美国的目标是用一种新式思维和殖民主义的方式来维护其在非洲的控制力。[②]

这四个政策体现了造成刚果(金)困境的三个因素,包括:

(1)拥有"剥夺力量"或采用"剥夺模式"的西方列强(一种家长式的种族霸权政策、经济垄断等等)是一种西方列强对刚果人民追求的政治、经济、文化进行剥夺的模式,从殖民时代到现在一以贯之。

(2)拥有"收回力量"或采用"收回模式"的刚果人民(即收回他们国家的力量、自决权和他们控制和管理自己的自然和矿产资源的权利)。因为他们

---

① Ahmednasir Abdullahi, "Africa has never been a priority for the United States", *Africa Review*, July 1, 2013, http://www.africareview.com/Opinion/Africa-has-never-been-a-priority-for-the-United-States/-/979188/1900582/-/dsfkl5z/-/index.html. 登录时间 2014 年 6 月 29 日。
② Ellen Ray, "U. S. Military and Corporate Recolonization of the Congo", *Covert Action Quarterly*, No. 69, Spring-Summer 2000.

的主权受到全球化的威胁,大多数刚果人民依靠自己的努力并在泛非洲合作下,拒绝一种"有限主权"或一种"共享主权"(强烈的刚果民族主义情绪与西方列强"剥夺模式"发生了冲突),力图保持他们祖国的统一,并更有效地控制和管理自己的自然资源。问题是当刚果(金)想管理自己的自然和矿产资源计划,不仅会缺乏西方列强特别是美国的支持,而且他们还会采用任何方式使卢旺达和乌干达等国家作为自己新代理人(代理战争),入侵并破坏刚果(金)的该资源管理计划,使刚果(金)陷入不稳定的局面。

(3)除了美国和其他西方列强之外,还有新崛起中的大国,他们也参与到非洲事务中,并使得以美国为首的西方列强感受到某种程度的威胁。这三方面的势力在刚果(金)的土地上相互斗争,相互影响,最终造成了刚果(金)的现状,导致战争、暴行、大规模屠杀、将强奸作为一种战争武器,以及对刚果(金)资源的系统化的掠夺。

同样值得强调的是,本研究并不是对中国和美国这两个大国关系的分析,不寻求比较中国和美国在刚果(金)的利益竞争,因此不是一项比较研究。它只是揭示了美国背后的恐惧、担忧或关注刚果丰富的矿产资源在与崛起中的中国及其他新兴国家的竞争中失去的控制和垄断地位。中国之前已经是一个大国,中国就是要实现中华民族的伟大复兴来实现和平、稳定、繁荣,并支持其他国家的人民,特别是刚果人民获得发展。

一、研究的主题

笔者想解决的主要问题是:"为什么资源战争在刚果(金)持续发生?"在历史上,刚果(金)一直陷入无休止的战争。据美国学者霍勒斯·坎贝尔(Horace Campbell)研究,独立于1960年6月30日的刚果(金)一直以来经受了11次战争。[①] 这意味着,在刚果,战争不停地爆发,这导致了本书的研究问题:"为什么资源战争在刚果(金)持续发生?"

---

① Horace Campbell, "50 Years after Lumumba: The Burden of History and Iterations of Assassinations in Africa", *San Francisco Bay National Black Newspaper*, January 25, 2011, http://sfbayview.com/2011/01/50-years-after-lumumba-the-burden-of-history/. 登录时间2015年4月9日。

这个问题的答案是多样性和包容性的,从历史的角度来看(笔者的导师是一个历史学家),此答案会揭示刚果问题的核心及其后果不仅有内部因素,而且还有外部因素,战争的后果会出现诸如国家失灵、侵犯人权、自然资源的掠夺和刚果的发展不足。如果刚果(金)不停地爆发战争的话,刚果(金)怎么会发展呢?

另一位美国学者的艾伦·雷(Ellen Ray)提出:所有这些战争都有一个美国隐藏在背后的手。雷认为,美国对刚果独立之前的干预一直是稳定的、邪恶的和具有渗透性的。在这些战争中,美国参与的主要利害攸关的是刚果的战略矿物。美国的这种参与也通过美国跨国公司来进行,在战区里掠夺刚果(金)的战略矿物。①

雷的论点值得深入研究,因为如果这些战争有一个美国隐藏在背后的手,这意味着,美国对刚果(金)的惨剧和不发达的现状负有主要责任,并且刚果资源战争的外部因素(美国对刚果秉持地经济、政治和地理战略政策)是比内部因素更加具有影响力的决定性因素。

根据1985—2015年的数据显示,美国与刚果(金)外贸中的进口通常超过其出口。截至2015年1月,美国与刚果(金)的货物贸易出口量为9.1%,进口量为13.9%,净出口为-4.7%。② 这表明美国从刚果(金)的输入比它输出给刚果(金)的多,特别是本书提到的通过资源战争的方式。美国出口到刚果(金)的主要货物包括:医药产品、核反应堆、锅炉、肉、电动机械和纺织艺术。美国从刚果(金)主要进口的货物包括:铜、艺术、宝石、木材、无机化学材料和咖啡。③ 美国的弗里波特-麦克莫兰铜金公司(Freeport McMoran Copper & Gold, Inc.)正在刚果的加丹加省的坦科凡古鲁米(Tenke Fungurme)开发铜和钴,而此地有着世界上最大的储量,然而这个矿物场属于刚果国家的股份不超过20%。

---

① Ellen Ray, "U. S. Military and Corporate Recolonization of the Congo", *Covert Action Quarterly*, No. 69, Spring-Summer 2000.
② United States Census Bureau, Trade in Goods with Congo (Kinshasa), 1985—2015, https://www.census.gov/foreign-trade/balance/c7660.html. 登录时间2015年1月11日。
③ USA-DRC Trade Agreements, Resource Centre, Office of the United States Trade Representatives, Executive Office of the President, https://ustr.gov/countries-regions/africa/central-africa/democratic-republic-congo. 登录时间2015年1月11日。

此外，正当刚果（金）在对抗卢旺达和乌干达所支持的叛乱时，2010年12月21日美国总统奥巴马却宣布刚果（金）不再有资格受益于非洲增长与机遇法案（African Growth And Opportunity Act，AGOA）。这是由于在美国政府看来，刚果（金）未能满足以下条件：市场为基础的经济体、法治和政治多元化、消除美国贸易和投资的障碍、保护知识产权、努力打击腐败、减少贫困的政策、提高可用性的卫生保健和教育机会、保护人权和工人的权利以及消除某些童工的做法。因此，2011年1月1日，就非洲增长与机遇法案而言，刚果（金）失去了资格。①

美国最近对刚果（金）的政策都导致了在刚果（金）发生的代理资源战争，即四个政策完全与战争的四个周期相对应，这也是笔者的好奇之处。显然，这不是一个纯粹的巧合。发现这个事实之后，笔者就确定考察来自美国的政策与刚果（金）不发达的因素的关系。如果在刚果（金）外部力量支持的战争不停爆发，刚果（金）怎么会发展呢？

如上所述，作为一名刚果人，笔者在博士四年期间研究了上述问题，以期与中国的决策者和学术界分享对刚果（金）情况的新视角，来对刚果（金）惨剧的根源有一个重新的理解。

实际上，20年来，刚果（金）一直受到由美国支持、由卢旺达和乌干达实施的侵略战争的影响，这场战争夺去了800万人的生命，是第二次世界大战以来最严重的侵略战争。② 刚果（金）的土地被强占，强奸被用作一种战争武器，自然资源和矿产资源被系统性地掠夺。

这是自第二次世界大战以来最致命的冲突。它被称为"非洲的第一次世界大战"，有10个国家参与其中。与第一次世界大战相比，这场于1998年

---

① Presidential Proclamation published by the White House on 21 December 2010 removing the Democratic Republic of Congo's eligibility for AGOA preferences, http://agoa.info/images/documents/2639/2010-32610_PI.pdf. 登录时间2015年1月11日。
② 在刚果驻的联合国电台的霍加皮电台（*Radio Okapi* 引用伊尼亚斯·加塔·马维塔——Ignace Gata Mavita, 刚果驻联合国大使）。见:"Ban Ki-Moon demande au conseil de sécurité d'autoriser le déploiement d'une brigade d'intervention en RDC", *Radiookapi.net*, http://radiookapi.net/actualite/2013/03/06/ban-ki-moon-demande-au-conseil-de-securite-dautoriser-le-deploiement-dune-brigade-dintervention-en-rdc/. 登录时间2012年9月21日。

在刚果（金）发生的战争也夺去了800万—1000多万人的生命。① 因此，这场战争被称为"非洲的第一次世界大战"，不论是从它涉及的参战方众多还是庞大的死亡人数，都令人瞠目。

刚果（金）与很多国家都有交往，包括美国、欧洲等西方国家，也包括非洲和拉美的发展中国家，还包括中国等崛起中的大国。为什么只有美国对刚果（金）实行的政策导致了资源战争，并且还有这种对应关系呢？

如前所述，事实已经证明了美国的军工复合体需要大量的战略矿产资源，而刚果（金）的战略矿产储量十分丰富。所以，这些战争与美国对刚果（金）的政策应有密切的关系。考虑到这些战争对刚果（金）的决定性影响，笔者重点关注这四项政策，旨在揭示它们与四次战争之间的联系。据笔者所知，还没有其他的学者对这四个政策与四次资源战争之间的关系做过类似的研究。

因此，在研究过程中，笔者想知道刚果（金）局势是否仅仅归咎于当地的内部因素；这些内部因素是否源于国际和地缘政治、经济和历史矛盾，并阻碍国家发展；换句话说，外部因素是否是造成这种情况的主要原因。

早期的研究结果指出，美国对刚果（金）政策的军事化表明，以对外干预为基础的美国地缘经济战略，是"无休止的刚果危机"的根源，并且比起与刚果（金）不发达现状，相关的内部因素给"刚果问题"带来了更严重的急性并发症。

二、学术文献回顾

据笔者所知，目前只有比利时作家鲁德·马顿斯（Ludo Martens）②和托尼·布瑟伦（Tony Busselen）③进行了广泛的研究，并出版了两本涉及美国对刚果（金）的四个政策的著作，特别是关于柏克德公司的刚果（金）重建计划。当然，美国学

---

① Antoine Prost, "The Dead", in Jay Winter, ed., *The Cambridge History of the First World War: A Reckoning: Costs and Outcomes*. Vol. 3, Part 4, Cambridge: Cambridge University Press, 2014, pp. 561-591.
② Ludo Martens, *Kabila et la révolution congolaise: panafricanisme ou néocolonialisme?* Anvers: Editions EPO, 2002.
③ Tony Busselen, *Une histoire populaire du Congo*. Brussels: Les Éditions Aden, 2010.

者,如海军分析中心的高级研究员的肯特·巴茨(Kent Butts)[①]、大西洋理事会非洲中心主任的彼得·帕姆(Peter Pham)[②],以及其他许多美国学者,都分析和评论了美国政策。然而,关于这四个美国政策与四次资源战争巧合的研究目前尚没有任何学术性和系统性的研究,笔者是第一个这样做的学者。

关于这四项美国政策与四次资源战争巧合的研究目前尚没有完整、详细的学术研究加以回答和解释,也没有任何学者就这个主题发表过专门的相关文章,因此笔者可收集回顾的现存文献及资料有限。笔者只能通过回顾一些现有的学者们对一些相关主题(如美国对非政策、美国非洲司令部的行动、刚果(金)的发展困境等)的论述与研究,来总结出本书研究问题在相关领域的发展现状,所采用的是对现有文献(著作、学术研究、书籍、期刊、演讲等)的定性分析的研究方法。

在这点上,中国学者梁根成在1991年出版的题为《美国与非洲》(这本书主要论述第二次世界大战结束至20世纪80年代后期美国对非洲的政策)的书是值得参考的,从不同角度,包括经济、地缘政治及军事角度,论述非洲对美国具有战略重要性,特别是冷战期间,美国通过反对苏联来扩大其在非洲的战略、保护其重要地位和那些生死攸关的利益及影响力。本书介绍了美国在此期间对每个非洲国家和地区采取的政策,特别是其在刚果(金)的干预,包括代替比利时的政治和经济的控制和垄断、通过暗杀帕特里斯·卢蒙巴(Patrice Lumumba)来抑制刚果民族主义和民主主义、支持蒙博托的独裁统治以掠夺刚果(金)的矿物资源财富。[③]那些认为非洲对美国没有任何战略重要性的西方学者有必要通过阅读这本书来了解非洲在现实中对美国所具有的重要性。

按照拉斯·胡安宁(Lars Huerning)的观点,用西方学者的方法来研究

[①] Butts, H. Kent, Presentation at the "Rare Earth Conference" organized by the Center for Strategic Leadership, U. S. Army War College, November 2, 2011, http://www.ncpa.org/pdfs/rare_earths_conference/Panel-2-Speaker-2-BUTTS.pdf. 登录时间2014年12月3日。

[②] J. Peter Pham, "Renewed Congo Conflict Requires Fresh Approach", *World Defense Review*, November 13, 2008, http://worlddefensereview.com/pham111308.shtml. 登录时间2015年4月6日。
另见:J. Peter Pham, "Why Congo should be left to fall apart", *Africa Review*, December 5, 2012, http://www.africareview.com/Opinion/Why-Congo-should-be-left-to-fall-apart/-/979188/1636998/-/eq5pww/-/index.html. 登录时间2015年4月6日。

[③] 梁根成:《美国与非洲》,北京大学出版社1991年版,第73—87页。

刚果冲突的根本原因和人们生活不能忍受的损失,恰恰掩盖了而不是揭露了这种原因。换言之,学术界在解释刚果战争的起因和实质方面非常活跃,但是经济和政治哪一个才是刚果冲突的关键原因呢?它是源自刚果邻国对自身安全的担忧,还是刚果国家秩序的崩溃?胡安宁认为,所有这些理论和争议从冲突一开始就已出现,但此类学术辩论可为客观评估以下问题提供重要的分析:

(1) 刚果战争的实质是什么?

(2) 更重要的是哪些参战方拥有合理的战争理由?

胡安宁进一步认为,西方学者至今对这场战争的理解都只触及了问题的一隅,问题的实质远比已经暴露在世人面前的要更加复杂。然而,对时局的历史性解读证明,尽管这些宽泛的概念为我们理解非洲中部地区的局势提供了一个相对简单的解释模式,但对冲突的解释仍然是不完整的。[①]

笔者认为,美帝国主义在刚果(金)开展保护其代理盟友卢旺达的政策,而卢旺达同时借助美国的支持,旨在在刚果领土上解决胡图族和图西族的冲突(尤其是在1994年种族灭绝之后)。另外,卢旺达的国土面积很小,所以,美帝国主义通过卢旺达和乌干达和一些刚果本地人的参与,来进行"分裂刚果(金)和掠夺其资源"为目的的资源战争,在这些战争中这些参与者扮演了关键角色,也是解读刚果战争的起因的一个根本性的因素。

关于美国使用代理势力的这一政策,笔者非常同意美国学者诺姆·乔姆斯基(Noam Chomsky)和加拿大学者安德烈·弗尔切克(Andre Vltchek)的主张。事实上,在名为《西方的恐怖主义:从广岛到无人机战争》的一书中,作者诺姆·乔姆斯基和安德烈·弗尔切克认为:"欧洲的殖民主义并不是结束于第二次世界大战或者二十世纪的五六十年代",实际上它延续至今。[②]

作为证据,乔姆斯基谈到在刚果(金)内所发生的诸多暴行已经造成了数百万人的死亡。这些死者是暴行的受害者,而暴力的施行方恰是那些由

[①] Lars Huening, "Explaining the Congo wars", *African Historical Review*, Volume 41, Issue 2, 2009, pp. 129–150.

[②] Noam Chomsky and Andre Vltchek, *On Western Terrorism: From Hiroshima to Drone Warfare*. London: Pluto Press, 2013, p. 19.

跨国公司和政府所支配的民兵。目前在刚果内死亡的人数高达600万至1000万,大致相当于比利时国王利奥波德二世在20世纪初所犯暴行中死亡的总人数。如果说卢旺达、乌干达是谋害上百万人的肇事者,那么西方的地缘政治和经济利益也与这些暴行脱不了干系,参与"狩猎有用矿物"的跨国公司和政府是间接凶手。①

为了理解这些"间接凶手",乔姆斯基举了越南南部和柬埔寨的入侵的例子。在1970年代的柬埔寨,农民与城市精英对抗。"他们没有看到在这些精英背后的华盛顿",诺姆乔姆斯基写道。就像在拥有钶钽铁矿的刚果东部,人们不知道他们的凶手是谁。安德烈维尔切持有同样观点,他说:"的确,在东南亚和卢旺达、乌干达、刚果所发生的是一回事。民兵要为百万死亡和屠杀负责。当地人经常被当作野蛮人,甚至是动物一样对待。在欧美的西方政府和公司,却几乎从未因此被追究责任。"②"刚果(金)的痛苦是无法想像的。一场可以被比拟为一个世纪之前由利奥波德二世犯下的超级大屠杀正在那里上演。"③

弗尔切克认为西方媒体对他们曾看到并仍在持续的事情不闻不问。"腐朽的封建状态被誉为'动态民主',压抑的宗教政权被说成'宽容'和'温和'的国家,民族国家为代表的社会正义却无一例外地被妖魔化,他们财富再分配的具体发展模式总是被诋毁、丑化。"谁负责这些肮脏的工作?答:"是西方媒体和西方大学。他们设法控制群众的思想。他们歪曲、掩盖真相。西方的错误信息明显瞄准的是拒绝西方统治的国家,如古巴、委内瑞拉、厄立特里亚、中国、朝鲜、伊朗、津巴布韦和俄罗斯,并且赞颂那些代表西方入侵邻国、抢劫本国贫民的政权,如卢旺达、乌干达、肯尼亚、印尼、沙特阿拉伯和以色列等等。"④

然而,中国人民大学的"思考"同学的硕士论文《刚果(金)战争与卢旺达-乌干达联盟的兴衰(1994年至2001年)》则专注于刚果邻国对自身安全

---

① Noam Chomsky and Andre Vltchek, *On Western Terrorism: From Hiroshima to Drone Warfare*. London: Pluto Press, 2013, p. 20.
② Ibid., p. 24.
③ Ibid., p. 21.
④ Ibid., p. 19.

的担忧。他把 1997 年和 1998 年爆发的两次刚果战争,认为是穆塞韦尼在乌干达的"全国抵抗军"(National Resistance Army, NRA)胜利的延续,以及帮助过全国抵抗军取得胜利并上台的卢旺达流亡者并创办"卢旺达爱国阵军"(Rwanda Patriotic Front)在卢旺达胜利的延续;最后是该卢旺达-乌干达联盟在扎伊尔取得的胜利,即从刚果东部的丛林,卢旺达和乌干达对犯下了种族灭绝的胡图族民兵进行的军事行动。在追逐胡图族民兵的过程中,卢旺达-乌干达联盟推翻了蒙博托,并让洛朗·卡比拉上台。这标志着卢旺达-乌干达联盟合作达到了顶峰。因为上台后,卡比拉没有满足卢旺达-乌干达联盟预想的利益要求,该联盟就决定通过一种"校正战争"(a war of correction)来谋求自己的利益(夺取自然资源),即"摆脱卡比拉并用别人代替他"。然而它最终以失败告终,因为在南部非洲发展共同体的安全协议下,津巴布韦、纳米比亚和安哥拉对卡比拉进行支持。卢旺达-乌干达联盟创建并支持各种反对卡比拉的反叛运动。这就是为什么这场战争一直持续到 2003 年(卡比拉于 2001 年 1 月 17 日被暗杀)的原因。①

笔者也认为,虽然"思考"同学的研究很详细,但它有很多缺失,且并不全面。他自己也承认他只采访了卢旺达和乌干达军方和民间领袖,而没有采访参与这场战争的其他国家的军方和民间领袖,如刚果(金)的、津巴布韦的、纳米比亚的、安哥拉的等等。② 这解释了为什么在他的论文中,刚果人民的声音完全不存在,以及为何没有提及刚果人民对卢旺达-乌干达联盟(应该是卢旺达-乌干达-英国-美国联盟,因此,"卢旺达-乌干达-英国-美国联盟兴衰"是正确的说法)的抵抗。另外,他没有提及美国对卡比拉的失望——因为克林顿政府想要控制他却失败了——也没有提及卡比拉拒绝了 1997 年美国柏克德公司(Bechtel)的"刚果重建方案"。卡比拉被证明是任性的。笔者相信如果卡比拉接受了贝克特尔计划,"非洲第一次世界大战"就不会爆发。本书第二章中证明了这一点。

笔者也认为,虽然"思考"同学的研究提供了许多事实和观点,但他只是重

---

① 思考:《刚果(金)战争与卢旺达—乌干达联盟兴衰(1994 年至 2001 年)》,中国人民大学硕士学位论文,2012 年。
② 同上书,第 3 页。

复西方学者对战争初期的描写,即认为"非洲第一次世界大战"是非洲的问题,不要责怪外部力量,因为没有任何人参与其中。政治、经济和国家安全问题导致非洲人自身的相互对抗。但本书将会进一步超越这种视角,即仔细观察各种非洲当地行动者的作用来突出在战争背后的大国战略利益的影响,特别是美国的冷战结束后的利益,后者体现在美国新的冷战政策、计划和策略,值得注意的是美国对战略矿物丰富的刚果(金)采取的四项政策(1982—2013)。

因为目前尚没有对美国对刚果(金)采取的这四项政策与四次资源战争所进行的研究,可以说,笔者是第一个针对该问题作出相关学术研究的学者。这也是本书的创新之处。

一般来说,如中国学者李智彪所言,到目前为止,对刚果(金)的学术研究经常指出刚果(金)的三个主要特征:(1) 一个具有重要战略地位的国家;(2) 一个具有丰富的自然资源的国家,特别是矿物资源;(3) 长期受苦的刚果人民仍生活极端贫穷。在《刚果民主共和国》一书中,李智彪区分了刚果人民的两种苦难:(1) 殖民压迫:该国独立之前的比利时殖民压迫,长达数百年经济掠夺,给刚果人民造成了严重的灾难和其独立后无休止的内战;(2) 独立之后的动荡:1960年获得独立后,长年的政局动荡、经济衰退,人民的生活仍然处在贫困之中。[①] 笔者认为,李智彪教授的书,经过深入调研,提供了一个对刚果(金)从历史、政治、经济、军事、文化、外交等多方面作出深刻理解的途径。笔者认为本书应该被翻译成法语,并最好作为高校的参考书。但同时,笔者对李智彪教授把2003年结束的"非洲的第一次世界大战"视为"内战"的看法持保留意见,不过笔者非常赞同他的结论:刚果(金)的情况有希望,而不是毫无希望的,这取决于刚果人民。

在《终于自由了吗? 美国对非洲和冷战的结束政策》一书中,迈克尔·克劳夫(Michael Clough)提出,非洲在地缘政治上的重要性在降低,并且其经济前景是不佳的,这一切对美国的利益而言意味着非洲在未来将变得更加边缘化,除非两件事发生:

首先,美国在冷战后的世界全球利益需要从根本上重新定义,给促进民主和经济发展以优先权。

---

① 李智彪:《刚果民主共和国》,社会科学文献出版2014年版。

其次,美国境内的关注非洲问题的个人和团体施加了有效的政治压力,包括利益集团就国际人权、发展、环境保护、妇女福利和人道主义救济等方面所进行的游说活动。① 这些也正是奥巴马刚果法律所试图促进的。

克劳夫关于民主和援助的论点值得评价。笔者认为,首先,美国的自由民主不能被认定为适用于所有国家。其次,在笔者的理解中,美国对非洲的官方援助的大部分是通过美国非政府组织提供的。这已经在资源战争的背景下成为一个大生意,如在刚果(金)这样的地方。正如我们所知,刚果资源战争是关于掠夺战略矿物,如钶钽铁矿石,以满足全世界对电子产品的需求推动,包括手机和笔记本电脑。然而,这也会助长性暴力。在刚果(金),强奸被用作获取战争武器和利润的工具。过去的20年里,西方非政府组织收集了更多的钱来帮助在刚果(金)被强奸的妇女。不过事实上,他们的政府部署在刚果的特遣队(联合国历史上最大的特遣队,2万名联合国维和部队)根本没有结束战争。其实,对非洲的援助已成为一门大生意,有很多美国亿万富翁资助西方人权组织在非洲的活动。例如,"全球见证"(Global Witness)——一个国际非政府组织,致力于切断"自然资源掠夺"与"冲突"之间的联系,其在2013年3月承认,十多年来,从美国乔治·索罗斯(George Soros)基金会获得资金。② 我们不禁要问:只是仅仅因为慈善吗?

一般而言,对非援助其实是伤害了非洲,而不是发展了非洲。李安山认为,对非洲而言,至关重要的是摆脱"依赖心态或依附心态",在地区或大陆的融合框架之中努力工作。外国援助不仅造成了非洲发展的许多问题,也催生了"依附心态"(丹比萨·莫约称之为"死援助")。③ "施之以鱼,不如授

---

① Michael Clough, *Free at Last? US Policy Toward Africa and the End of the Cold War*. New York: Council on Foreign Relations Press, 1992.
另见:F. Ugboaja Ohaegbulam, "Free at Last? U. S. Policy Toward Africa and the End of the Cold War by Michael Clough New York, Council on Foreign Relations Press, 1992", *The Journal of Modern African Studies*, Volume 33, No. 01, March 1995, pp. 160 – 163.
② Haresh Deol, "GW admits Soros funding", *Malay Mail*, Mar 26, 2013, http://my.news.yahoo.com/gw-admits-soros-funding-064400738.html. 登录时间2014年3月1日。
③ Li Anshan, "What's to be done after the fourth FOCAC?", *The China Monitor*, Issue 46, November 2009, http://www.ccs.org.za/wp-content/uploads/2009/12/China_Monitor_NOVEMBER_2009-final.pdf. 登录时间2015年2月6日。
另见:Dambisa Moyo, *Dead Aid: Why aid is not working and how there is another way for Africa*, London: Penguin, 2010.

之以渔",即如果你给某人一条鱼,他能吃一天,但如果你教会他怎样钓鱼,他可以吃一辈子。这是一则中国谚语,能促进双赢的结果。李安山进一步指出,非洲人在古代文明的创建、民族独立和泛非主义运动中表现出极大的主动性,他们一定能够借鉴其历史和文化,实现非洲的复兴,包括战略规划、政策制定、国家计划的实施等等。套用中国前总理温家宝的话说,非洲人可以向其他国家学习,但归根结底,必须由他们自己决定,要根据自己的情况选择什么样的道路。①

李安山认为,西方国家的援助还带有危及国家主权的附加条件。例如,千年挑战集团(Millenium Challenge Corporation, MCC)在支持非洲电力方面扮演着重要作用,这是美国政府为增强非洲大陆的供电能力所提出的方案,通过与伙伴国的合作吸引电力行业的私人投资,而该方案在其援助项目中大约附带了17个要求。② 非洲必须学习中国的经验,坚持"以自力更生为主,以外国援助为辅"的政策原则,这是中国可以根据自身的战略进行发展的要诀。③

事实上,在《美国对非洲的经济政策》一书中,杰弗里·赫布斯特(Jeffrey Herbst)也认为,美国的经济援助应被限制到较小数量的一些非洲国家,并必须严格地参照经济绩效的具体标准(即是否接受美国跨国公司对其资源的垄断与控制吗)。赫布斯特还建议对犯下最严重的侵犯人权的政权切断美国所提供的经济援助。然而,他进一步认为,美国对非洲亲密盟友的经济援助不应该取决于其政治是否自由化,因为该过程的进展势必会是缓慢、不稳定和难以衡量的。④ 换言之,赫布斯特暗示,美国常常向非洲国家所宣扬的民主改革,取决于一个非洲国家是否是美国的亲密盟友,是否为美国利益服务。这证明,美国对非洲奉行的政策是双重标准的。

另外,迈克尔·克劳夫关于"非洲对美国没有战略重要性"的论点,笔者认

---

①③ Li Anshan, "What's to be done after the fourth FOCAC?" *The China Monitor*, Issue 46, November 2009.
② Li Anshan, "From 'how could' to 'how should': The possibility of trilateral cooperation", *Pambazuka News*, Issue 539, March 13, 2011, http://www.pambazuka.net/en/category/features/74884. 登录时间2015年2月6日。
④ Jeffrey Herbst, *U. S. Economic Policy toward Africa*, New York: Council on Foreign Relations Press, 1993.
另见:John F. Clark, "Review: American Policy in Africa after the Cold War", *Africa Today*, Vol. 40, No. 2, 2nd Qtr., 1993, pp. 91–93.

为,是抹杀、重写和否定历史,并忽略了一个事实:非洲的财富发展了西方,并仍在滋养西方。笔者认为,美国学者,如迈克尔·克劳夫常常只用宽泛的概念来解释刚果(金)的情况(特别是腐败国家崩溃的概念)。与此同时,美国正在非洲这块具有重要战略地位的或具有重要战略意义的大陆进行军事布局,且正在圈占并锁定非洲丰富的自然资源。美国新时代(1982—2013)在刚果(金)实施的四项政策证明了这一点。当迈克尔·克劳夫在1992年出版其书,美国已在1982年颁布《[刚果]钴:政策方案和战略矿产》。他一定已经知道刚果钴是对美国具有战略重要性,除非他认为刚果钴属于美国,而不是刚果(金)的。美国在整个非洲有能源、农业和矿业的利益。美国建立了比利时学者菲利普·雷金斯(Filip Reyntjens)所称谓的"采矿禁地","在那里,美国的跨国矿业公司塑造了非洲国家的政策"[1](这就是美国跨国矿业公司在蒙博托的扎伊尔的做法),但同时这些非洲国家被西方指责为腐败。

笔者想强调:刚果(金)对美国和世界经济有非常重要的战略意义。正如G. 宁和M. 米勒(G. Lanning and M. Mueller)写道,在工业世界当代文明的整个结构依赖矿物。没有矿物,就没有摩天大楼,没有汽车,没有船只,没有飞机,没有电脑,没有暖气,没有空调,没有饮用水系统或机制,没有污水处理机制,工业社会认为这些东西是理所当然的。[2]

非洲军事上对美国也具有战略重要性。在整个非洲大陆,美国维持着重要的军事设施。实际上,美国于2014年在非洲开展了674项军事行动。[3]

迈克尔·克劳夫的论点"非洲对美国没有战略重要性"被吉尔斯·拉巴德(Gilles Labarthe)挑战。拉巴德认为自从冷战结束,强大西方跨国公司对

---

[1] Filip Reyntjens, "Briefing: The Second Congo War: More than a Remake", *African Affairs*, Vol. 98, No. 391, 1999, pp. 241-250.
[2] G. Lanning and M. Mueller, *Africa Undermined: A History of the Mining Companies and the Underdevelopment of Africa*, Harmondsworth, England: Penguin. 1979, p. 99.
[3] Nick Turse, "The US Carried Out 674 Military Operations in Africa Last Year. Did You Hear About Any of Them?" *The Nation*, April 14, 2015, http://www.thenation.com/article/204145/us-carried-out-674-military-operations-africa-last-year-did-you-hear-about-any-them. 登录时间2015年4月23日。
另见:Report on "U. S. Military Programs in Sub-Saharan Africa, 2005—2007" by Daniel Volman,, Director of the African Security Research Project in Wahsington DC; based on Information from the U. S. State Department, Congressional Budget Justification for Foreign Operations, Fiscal Year 2007, and from various U. S. Defence Department web sites and newspapers articles, http://allafrica.com/view/resource/main/main/id/00010822.html. 登录时间2014年7月23日。

非洲自然和矿产资源的有组织的掠夺正在发生。这些强大的跨国公司从世界银行获得巨额贷款以进行它们的经营活动。他们控制80%的非洲资源，住在矿产资源丰富的地方的本地人遭受污染的诅咒。由于氰化物的使用，水道被污染，导致盲症、癌症和妇女流产的产生。甚至他们还会被杀害并被强迫赶出他们祖先的土地。这是因为这些跨国公司的首席执行官们——往往是自己国家的司法系统通缉的人，或已在冲突地区出售武器的私人公司的董事——利用或操纵脆弱和腐败的非洲政府，从而分得一杯羹。①

据吉尔斯·拉巴德《法国和它的殖民地的矿物资源的储量》所载一法国殖民地宪章中说："它已经不再可能，原料躺在地上，只是在借口下，这些被发现的原材料的开采会破坏那些有运气住在那儿的人的生活方式。如果那些仍落后的人，不能或不想做这样的原材料开发，比自己更具创业精神的人会在他们的地方来做开发，不管他们是愿意还是不愿意。"②

然而，考古发现证明，古代刚果已经知道了铁和铜铸造（对应于中世纪的欧洲）；猪、羊、山羊、家禽被驯养；小米、高粱、豌豆、南瓜、山药都被耕种了，以及车前属种植园被发明了，表明具有非常古老的专业农业的做法。③

所以，笔者认为，"非洲人不能管理自己的资源"，这种假设是种族主义的，并证明了由西方跨国矿业公司对住在矿区的非洲人所犯的所有罪行，尤其是在资源的战争期间，包括强奸、杀害和被强迫赶出祖先的土地。

戴维·N. 吉布斯（David N. Gibbs）认为，冷战期间，美国的大型跨国矿业企业与美国政府的决策者互相勾结，以推动与他们在刚果（金）的商业利益相一致的政策。这证明美国干预刚果（金），特点是西方利益之间为得到刚果（金）的矿产财富的竞争，而不是以前一直认为的冷战竞争。吉布斯提出了一个新的理论，称为"业务冲突模式"，强调不同的商业利益之间的分歧，表明这种分歧是如何影响美国的外交政策和干预主义。它还提供一个综合的理论框架来分析业务—政府—非政府组织的关系，以及商业利益对美国外交政策制定的影响。他认为，美国政策制定者的动机是财务收益。

---

① Gilles Labarthe, *L'or africain-Pillages, trafics et commerce international*, Marseille: Agone/Les dossiers noirs d'Agir, 2007.
② Ibid.
③ Czeslaw Jesman, "Background to Events in the Congo", *African Affairs*, Vol. 58, 2 March 1961, p. 388.

如果一家美国公司偏爱外国干预,其首席执行官就可以给(一个在该公司曾经工作过,也许作为公司法律顾问的)国务卿打电话,并提出干预的意见。[1]本书将考察帕特里斯·卢蒙巴的暗杀,德比尔斯钻石公司在卢蒙巴暗杀所起的作用,德比尔斯公司老板的莫里斯·坦普尔斯曼(Maurice Tempelsman)与美国政府、美国中央情报局和蒙博托的亲密关系。事实上,卢蒙巴被暗杀之后,前金沙萨中央情报局站首席拉里·德夫林(Larry Devlin)回到了金沙萨为莫里斯·坦普尔斯曼工作。37 年后,柏克德公司在"非洲的第一次世界大战中的作用"就是历史的重演。柏克德公司与美国政府有着非常密切的关系,特别是与当时的克林顿政府。

吉布斯带来了一个不同的视角。据笔者的理解,20 世纪 60 年代,在刚果(金)的危机中,西方参与被描述为"史上第一次的西方人道主义干预"[2]。戴维·N.吉布斯的"业务冲突模式"表明,大生意是在美国人道主义干预和保护责任的背后目的。这适用于美国的"2006 年刚果民主共和国救济、安全和民主促进法"的政策。

科林·克里克帕特里克(Colin Kirkpatrick)和弗雷德里克·尼克松(Frederick Nixon)认为,跨国公司凭借他们的大小、国际多元化活动、技术、金融影响力(他们可以推翻他们不喜欢的任何政府),往往拥有较强的谈判地位和管理技能,而且他们是能够掌握谈判有利的条件,确保他们保持经济租金的主要部分。[3] 在《自然资源和暴力冲突:选项和行动》一书中,伊恩·班农(Ian Bannon)和保罗·科利尔(Paul Collier)认为,刚果问题,与其他资源丰富的国家的一样,可能不会消失,除非国际社会能采取具有包容性的政策,以及在全球层次上提高透明度和问责制的解决方案。

他们在五个领域呼吁全球采取行动,包括:

---

[1] David N. Gibbs, *The Political Economy of Third World Intervention: Mines, Money, and U. S. Policy in the Congo Crisis*, Chicago: The University of Chicago Press, 1991, pp. 5 – 31.
另见:Crawford Young, "Reviewed Work: The Political Economy of Third World Intervention: Mines, Money, and U. S. Policy in the Congo Crisis by David N. Gibbs", *The Journal of Interdisciplinary History*, Vol. 24, No. 2, Autumn, 1993, pp. 401 – 403.
[2] Norrie MacQueen, *Humanitarian intervention and the United Nations*, Edinburgh: Edinburgh University Press, 2011, p. 1.
[3] Colin Kirkpatrick and Frederick Nixon, "Transnational Corporations and Economic Development", *The Journal of Modern African Studies*, Vol. 19, N0. 3, 1981, pp. 367 – 399.

(1) 提高自然资源收入的透明度；

(2) 反叛组织必须被挤出市场；

(3) 打击违禁商品融资；

(4) 收紧对非法付款的审察；

(5) 吸引有信誉的公司到高风险的环境中。①

笔者同意伊恩·班农和保罗·科利尔的看法。非洲采矿部门并不是由非洲各国政府良好管理。然而，西方高科技产业真的希望有序、有独立性的采矿业在非洲出现吗？正在刚果东部的无休止的资源战争包括叛乱分子和武装组织资源掠夺的活动证明了这一点。美国公司从刚果东部战区获得矿物质。事实上，伊恩·泰勒(Ian Taylor)认为西方公司与当地民兵(或与政府军队)通常达成协议以保护他们的资产。② 这就是约翰·克拉克(John Clark)认为冲突矿产妨碍刚果(金)和平进程的原因。③ 同时杰拉德·布鲁尼耶(Gerard Prunier)指出，屠杀、强奸和掠夺刚果财富继续发生，而华盛顿视而不见④(尽管有奥巴马刚果法律)。

实际上，G. 兰尼和 M. 穆勒(G. Lanning and M. Mueller)认为，历史表明在与欧洲接触的第一个世纪内，非洲捍卫了其资源，并且非洲大陆矿物资源的开发加快了其经济发展。至 19 世纪晚期，欧洲和非洲之间的权力平衡以及本身的贸易格局经历了巨变。金伯利钻石发现的五十年之后，情况已经改变了。西方矿业公司通过暴力和诡计的结合来对付非洲人民，同时破坏了非洲统治者对外国剥削非洲矿物资源初期的抵抗。由采矿公司对非洲

---

① Ian Bannon and Paul Collier, *Natural Resources and Violent Conflict: options and actions*, Washington DC: The World Bank, 2003, p. 409.
② Ian Taylor, "Unpacking China's Resource Diplomacy in Africa", Centre on China's Transnational Relations, The Hong Kong University of Science and Technology. Working Paper NO. 19. Corporate Sponsor 2005—2006：Mr Andre S. Chouraqui；DARTON Ltd-SMERWICK GROUP OF COMPANIES；2006—2007：Ronnie C. Chan；Shui On Holdings Limited；East-West Strategic Development Commission.
另见：AFP, "DR Congo opens probe after NGO accuses UK firm of bribing army officer", *UK Finance. yahoo. com*, June 14, 2015, https://uk. finance. yahoo. com/news/dr-congo-opens-probe-ngo-022655956. html? pt = BureoF4GVB2012-08-05. html2012-08-07. html2012-08-02. html? vp1. 登录时间 2015 年 6 月 14 日。
③ John Clark, *The African Stakes of the Congo War*, New York：Palgrave Macmillan, 2002.
④ Gerard Prunier, "Rebel Movements and Proxy Warfare：Uganda, Sudan and the Congo", *African Affairs*, Vol. 103, No. 412, pp. 359 – 383.

矿产资源的高强度开发,在欧洲和非洲之间的财富和权力的悬殊延续和增加了,并导致了奴隶贸易的建立。① 在考虑刚果危机时,就可以发现,西方对非洲的政策从那时起没有改变。

套用丹尼·纳布德雷(Dani Nabudere)研究成果,当前美国对非洲大湖区的一般政策,特别是对刚果(金)的政策,都是基于从"大型的非洲争夺"时期开始的欧洲矿物利益的剥夺过程,是对这一地区的人民剥夺权利的延续。刚果危机是一个非洲的后殖民国家的危机。这些国家的衰变和分解创造了重新殖民化大陆新的条件,只是这次参与者都是本地的新产生的非洲领导人。后者是全球占主导地位的经济利益的代理人,包括跨国公司的(企业帝国主义)。②

然而,其他学者,如哈利勒·提马米(Khalil Timamy)不喜欢使用"重新殖民化非洲"这个术语,因为从没有与过去决裂。提马米认为,殖民地国家和当代非洲国家之间有连续性,并很快就变得明显。从本质上说,从一个殖民统治政权到非洲的本地人政权纯粹是看守员的改变;新的领导人迅速开始滥用和挪用公共资产。对于更广泛的群众,继续显示作为殖民地类型的独特功能……开始认为国家资源是可以诈骗的对象,每当一个这样的机会出现时,往往伴随着一个经济贪污文化和群众对政府财产无所谓的态度的出现。③ 本书的第四章将重点讨论四项确定的美国政策对四个刚果政府的影响。

非洲领导人有很好的理由去维持罗伯特·杰克逊(Robert Jackson)所谓的"准国家"。准国家是"被国际社会授予的具有与所有其他主权国家相同的权利和义务的前殖民国家"。④ 笔者认为,刚果不是一个准国家,因为刚

---

① G Lanning and M. Mueller, *Africa Under mined: A History of the Mining Companies and the Underdevelopment of Africa*, Harmondsworth, England: Penguin, 1979. p. 27—52. 关于在加纳的非洲人民反对殖民统治的抵抗,请见李安山:《殖民主义殖民主义统治与农村社会反抗》,湖南教育出版社 1999 年 8 月版。
② Dani Nabudere, "Africa's First World War: Mineral Wealth, Conflicts in the Great Lakes Region", Pretoria: *African Association of Political Science: Occasional Papers Series*; Vol. 8, N0. 1, 2004.
③ Khalil Timamy, "African Leaders and Corruption", *Review of African Political Economy*, Vol. 32, No. 104, 2005, p. 385.
④ Robert Jackson, *Quasi-States, Sovereignty, International Relations and the Third World*, Cambridge: Cambridge University Press, 1993.

果(金)和刚果人民一直存在。然而,一些外国势力继续在刚果(金)支持资源的战争,因为他们想让刚果(金)成为一个准国家。

威廉·雷诺(William Reno)认为,现代非洲国家是欧洲的殖民干预的结果。现代非洲国家也是从欧洲腹地引进的目前普遍的政府组织形式产生的结果。① 贝特朗·芭迪(Bertrand Badie)研究,自独立以来,挑战是如何改良这种"进口国家"。② 笔者认为,西方学者常常指出非洲国家的不足。但是这些国家本身是一个西方贩卖到非洲的产品。合乎逻辑的结论是:让他们有他们自己的国家,让非洲找到适合自己的道路,像中国已经实现的那样。套用津巴布韦总统罗伯特·穆加贝的话,让他们"保持自己的英格兰,而让我们保持我们的津巴布韦(非洲)"③。即使杰弗里·赫布斯特(Jeffrey Herbst)也承认,历史上,非洲国家建设的过程不同于欧洲的经历。④

罗杰·安斯蒂(Roger Anstey)写道,阿拉伯人和欧洲人的到来,及随后的阿拉伯和欧洲奴隶交易之前,刚果(金)已经有国家的形式。它们的范围从简单的首领和长老管辖一组家族到更复杂的和高度集中的系统,如刚果王国、隆达(Lunda)王国、库巴(Kuba)帝国等等。在库巴帝国,虽然君主的精神优势相当大,他的世俗权力被严格限制。由总理和部长理事会的政府领导来代理帝国的事务,而一个国家的战争机器是关键组织。由于稳定是第一位的,来自帝国的四个省份的四名代表在政府部门担任部长职位。两个女人(前国王的女儿)也被任命为部长。行业协会和法官代表构成分层次结构。法官最高理事会有十二个法官,六个从每个省来。特殊的部落议会

---

① William Reno, "African Conflicts, Colonialism and Contemporary intervention", *Africa Quarterly*, Indian Journal of African Affairs, Vol. 43, No. 4. 2003, pp. 25-36.
② Bertrand Badie, *The Imported State: The Westernisation of the Political Order*, Stanford, CA: Stanford University Press, 2000.
③ Staff and agencies, "Hands off Zimbabwe, Mugabe tells Blair", *The Guardian*, Sept. 2, 2002, http://www.theguardian.com/environment/2002/sep/02/greenpolitics.Zimbabwenews. 登录时间 2015 年 3 月 3 日。
④ Jeffrey Herbst, *States and Power in Africa: Comparative Lessons in Authority and Control*, Princeton: Princeton University Press, 2000.

设立编年史,是为了保护传统的延续。① 如果这不是民主,那么它是什么?民主、政治才能……我们都有。还在非洲的传统社会中,贪婪是被严厉制止和惩罚的。因此,奴隶制、殖民主义和新殖民主义旨在消除非洲的政治、经济、社会和精神价值及文化遗产。至少东亚,尤其是中国的政治、经济、社会和精神价值幸存下来了,而非洲的则被毁坏了。不过,在非洲腹地,这种遗产的某些部分幸存了下来。

以我的民族为例。在过去,一个去打猎的年轻人必须向社会报告其猎物:"我去打猎了。我杀了一只野猪。我把野猪的头送给侄子。我把野猪的脖子送给村里的长老。我做的一切都是按照社会规定的规范。所以我不能被排斥,因为我不是自私的,我在因为我们同在。"这一点,应该作为对所有刚果领导人的榜样。在非洲传统社会,自私和腐败是不被容忍的。这跟内部因素都有关。

外部因素呢? 美国还认为,刚果人民是刚果(金)的合法主人吗? 在这点上,我们真的都还不知道! 事实上,当负责非洲事务的前助理国务卿赫尔曼·科恩(Herman Cohen)提出,即使在 1960 年刚果独立后,刚果(金)对美国是一个太大的奖项,永远不会留给苏联②(好像赫尔曼·科恩没有看戴维·吉布斯的书并没有放弃"零和""冷战思维"),这不是因为美国照顾刚果人民,而是因为刚果(金)的战略矿产对美国很重要。美国对刚果(金)的政策是出于冷战思维,出于对丧失刚果(金)的战略矿产的控制会给新的竞争对手提供机会的恐惧。刚果(金)的财富从来没有惠及刚果人民。

---

① Roger Anstey, *King Leopold's legacy*, Oxford: Oxford University Press, 1966, p. 24.
  另见: Czeslaw Jesman, "Background to Events in the Congo", *African Affairs*, Vol. 58, 2 March 1961, p. 388. 指的是人类学家约翰·宛西拿: Jan Vansina, "Recording the Oral History of the Bakuba II", *Journal of African History*, Vol. 1, No. 2, 1960 —— 切斯沃夫·杰西曼(Czeslaw Jesman)写道,巴库巴(Bakuba)记载的准确性已经得到了科学确认。1680 年 3 月 30 日,该记载提到,国王博卡姆·博马查拉(Bokamu Bomanchala)看到了月食,并且在 1843 年国王博佩·蒙比恩吉(Bope Mobinji)在天空中看到了彗星。这两个事实都是由天文表确认。
  另见: Jan Vansina, *Paths in the Rainforests: Toward a History of Political Tradition in Equatorial Africa*, London: James Currey, 1990, 第 71—123 页。
  另见: 李安山,《非洲民族主义研究》,中国国际广播出版社 2004 年 1 月版。
② Herman Cohen, "The United States and Africa: Non-Vital Interests Also Require Attention", *American Diplomacy*, August 2003, http://www.unc.edu/depts/diplomat/archives_roll/2003_07-09/cohen_africa/cohen_africa.html. 登录时间 2015 年 3 月 1 日。

科恩进一步认为,冷战正式结束之后,美国在非洲之外不再有迫切的事务,于是开始发展其非洲政策。在这一点上,美国可以集中地发展民主,实现良好治理,和以增长为导向的经济政策。然而在经济发达地区,美国又恢复到原来的低调,依靠世界银行和国际货币基金组织,而国际货币基金组织承担领导非洲人的市场经济和私营领域发展的主要责任。①

刚果人民从来没有见过任何这样的增长。自独立以来我们经受了 11 个周期的战争,这与美国对刚果(金)的四大政策相对应。刚果人民只看到自己的经济被国际货币基金组织和世界银行的结构性调整政策破坏了。奥巴马在上台后宣布"刚果法律"将会实施。然而,刚果人民没想到他的政府会继续视而不见"那美国盟友带来的暴力,却没受处罚"的行为,②即卢旺达的保罗·卡加梅。在 1998 年 10 月 30 日,已经有美国支援的 1.5 万名乌干达士兵和 1.9 万名卢旺达士兵在刚果(金)的土地上。美国没有让违反了联合国宪章的侵略者撤退。乌干达和卢旺达入侵了刚果(金),这不是一个内部叛乱。刚果反抗的故事,从侵略者未能推翻卡比拉的政变之后才上演。一些不满刚果(金)的人被迅速聚集成为"叛军"。这些"叛军"很快分裂了。③

赫尔曼·科恩与那些认为非洲国家是殖民主义产物的人持有不同意见。科恩自信地认为,因为埃塞俄比亚和利比里亚从未享有"西方殖民主义的好处",他们首先要求美国的"指导",并向美国求助。④笔者认为,如果埃塞

---

① ④ Herman Cohen, "The United States and Africa: Non-Vital Interests Also Require Attention", *American Diplomacy*, August 2003. http://www.unc.edu/depts/diplomat/archives_roll/2003_07-09/cohen_africa/cohen_africa.html. 登录时间 2015 年 3 月 1 日。

② Armin Rosen, "The U.S. Ally That Brings Violence to the Congo and Gets Away With It", *The Atlantic*, July 13, 2012, http://www.theatlantic.com/international/archive/2012/07/the-us-ally-that-brings-violence-to-the-congo-and-gets-away-with-it/259777/ 登录时间 2015 年 3 月 1 日。

另见:Filip Reyntjens, "Rwanda, Ten Years On: From Genocide to Dictatorship", *African Affairs*, Vol. 103, No. 411, 2004, pp. 177 – 210.

另见:Filip Reyntjens, "The Privatisation and Criminalisation of Public Space in the Geopolitics of the Great Lakes Region", *The Journal of Modern African Studies*, Vol. 43, No. 4, 2005, pp. 587 – 607.

另见:Jeune Afrique, "Rwanda: Paul Kagamé menace les déstabilisateurs d'être 'tués en plein jour'", *Jeune Afrique*, 06/06/2014, http://www.jeuneafrique.com/Article/ARTJA20140606165809/ 登录时间 2015 年 2 月 25 日。

③ Elombe Brath and Samori Marksman, "Interview with, Laurent Kabila, President of Congo", *WBAI Radio*, November, 1998, http://emperors-clothes.com/docs/kabint.htm. 登录时间 2015 年 3 月 1 日。

俄比亚和利比里亚还在寻求"美国的指导"(指援助),他们是真正意义上的独立和拥有主权吗?美国是他们新的殖民地的主人吗?

巴兹尔·戴维逊对现代非洲国家和殖民年之间的关系以及随着东欧事件的相似之处。戴维森认为,欧洲的殖民统治从来不给非洲带有益处。它只传播欧洲社会中固有的分歧。事实上,罗马帝国解体的1500年,在欧洲工业化国家和社区内,领土争端仍然出现,尽管他们一再经历无情的战争。瓦隆人、弗拉芒人、克罗地亚人、斯洛文尼亚人、爱尔兰人、乌克兰人、塞浦路斯人、加泰罗尼亚人、科西嘉岛的人,以及后来即便是在英国的皮克特(苏格兰人),表现出了离心的倾向。①

最后,科恩·哈利南(Conn Hallinan)总结并提出了美国对非洲政策的以下特点(与本研究都是相关的):②

(1)美国在非洲的记录是可耻的。华盛顿是南非种族隔离制度的长期支持者,而且支持非洲大陆最腐败的、反动的领导人,包括当年在扎伊尔的蒙博托政权。作为美国冷战策略的一部分,帮助和煽动在莫桑比克、安哥拉和纳米比亚的内战。在该地区美国人需要负责的还有很多。

(2)冷战后,美国在非洲大陆的外交政策日益军事化。二战之后,华盛顿第一次在非洲有重大的军事力量,由一个刚刚成立的组织——非洲司令部监管。借着"反恐战争"的名义,美国训练整个非洲大陆的士兵。然而,历史表明,那些士兵有可能像打倒"恐怖分子"一样推翻民选政府。美国有1.2万—1.5万名海军陆战队员和特种部队部署在吉布提——一个与红海接壤的前法国殖民地。有100个特种部队士兵部署在乌干达,据说是在追踪圣主抵抗军。2007年,积极辅助埃塞俄比亚入侵索马里,包括使用海军炮击该国南部的一个镇。它目前正在马里、乍得、尼日尔、贝宁、喀麦隆、中非共和国、埃塞俄比亚、加蓬、赞比亚、马拉维、布基纳法索和毛里塔尼亚招募和训练非洲军队,来打击伊斯兰极端组织,进行"反恐"训练。因为很多美国的军事活

---

① Basil Davidson, *The Black Man's Burden*: *Africa and the Curse of the Nation-state*. Suffolk: James Currey, 1992.
② Conn Hallinan, "U. S. Foreign Policy and Africa: The Next Four Years", International Policy Digest, December 22, 2012, http://www.internationalpolicydigest.org/2012/11/22/us-foreign-policy-and-africa-the-next-four-years/登录时间2015年3月1日。

动都有特种部队和中央情报局的参与,很难追踪到参与的程度。

(3) 美国经常破坏非洲联盟和其他区域组织的倡议。非洲联盟试图找到一个和平解决利比亚危机的方案,因为它的成员国们担心战争会外溢,危害撒哈拉周边国家的稳定。奥巴马政府和北约显然忽略了非洲联盟的努力,事实证明,组织的预测有先见之明。

(4) 2015年,几内亚湾国家为美国提供25%的能源需求。

(5) "土地热"是一个令人不安的发展,许多国家,从美国到沙特阿拉伯,都在非洲获得农业用地。

(6) 当奥巴马政府已经部署士兵和把武器输入到非洲的时候,已经在很大程度上放弃了在联合国千年目标的框架中它所承担的减少贫困的角色。非洲需要的是以创造基础设施和工作岗位为导向的援助和贸易。不得不承认,卖油、钴和金能带来金钱上的收益,但不能带来永久性的工作机会,这需要创建一个具有出口维度的消费经济体。但是美国坚持"自由贸易",阻碍了非洲国家建设这样的现代经济模式。非洲人目前无法与大型而且通常受扶持的第一世界的产业竞争。他们也无法建设农业基础设施,当地农民生产的玉米和小麦难以与美国玉米和小麦的补贴价格竞争。

(7) 中国现在是非洲最大的经济伙伴,紧随其后的是印度和巴西。非洲大陆蕴藏着超过世界三分之一的钴,供应中国——世界最大经济体之一——大量的铜、铝和铁矿石。奥巴马政府想把非洲成为它与中国竞争的战场(如四项政策的分析显示)。美国前国务卿希拉里·克林顿称中国在非洲的贸易做法,其实是一种"新殖民主义",但这种说法在非洲大陆并无市场。皮尤研究中心的研究发现,相对于美国,非洲人始终对中国在该地区的参与持更积极的态度。①

如前所述,本书的学术文献回顾中的发现可总结为:

(1) 首先,文献综述证明我们的观点:外部干预即美国的"地缘经济战略"造成的危害远大于内部因素即刚果(金)的不发达的现状。这种外部干

---

① Conn Hallinan, "U. S. Foreign Policy and Africa: The Next Four Years", *International Policy Digest*, December 22, 2012, http://www.internationalpolicydigest.org/2012/11/22/us-foreign-policy-and-africa-the-next-four-years/ 登录时间2015年3月1日。

预造成"无休止的刚果危机",导致刚果(金)的内部诸多复杂的问题。换句话说,内部因素同外部因素是相关的,它们是同一枚硬币的两面。刚果危机不能简单地归咎于"崩溃的国家"(一个国家同时继承了西方的形式),我们都知道刚果(金)一直受到的资源战争中断了民主进程,这肇始于刚果(金)的第一个民选领导人帕特利斯·卢蒙巴被暗杀。

(2)大部分西方学者的"美国全球利益对非洲的边缘化"是一个荒谬理论,因为没有非洲的战略矿产和农业用地,美国的经济会崩溃。刚果(金)战略矿产丰富,这个国家没有喘息的机会,在其与西方的关系史上,它是被西方列强和跨国企业的赎金勒索的(为了美国的繁荣,美国政府—大企业—非政府组织联合在一起去剥夺非洲人的财富。他们这样做是与当地代理商的同谋,包括民兵)。同时,刚果(金)被视为不成熟到可以主宰自己的命运或管理自己的资源,这种观点源于西方对非洲人的种族主义观点。

(3)美国对刚果(金)的政策受冷战思维和从新的竞争者失去刚果(金)的战略矿产的恐惧驱动,为了实现这个目的,美国通过采取代理人的方式发动战争。

(4)通过军事化的非洲政策和在整个大陆维护重要军事设施,美国希望重新殖民非洲——更军事化、更破坏非洲的独立并导致更少的发展。

(5)历史已经证明了美国在非洲的记录是不好的。

(6)当前的经济模型(国际货币基金组织和世界银行新自由主义改革和西方跨国公司在刚果矿业部门积累的投资)没有使刚果人民受益,除了给统治阶层的精英带来利益,因此此前的经济模型是被现实否定的。

(7)完整的全球市场体系改革是需要的,那将在采掘行业带来透明度和问责制。

(8)美国在非洲有很多附加条件的对外援助,使非洲产生了"依附心态"(死援助)。非洲有能力制定自己的发展议程。

(9)权力的平衡发生了永远的变化,转向亚洲,尤其是在很久之前就超过了美国成为非洲最大的经济伙伴的中国。在与中国的竞争中,美国想让非洲成为一个战场。尽管美国描述中国是"一个在非洲新的殖民统治力量",来混淆视听并分散非洲民众对美国活动的关注,在非洲大陆这个观点并没有得到民众的广泛认同。非洲人看待中国在该地区的存在一直比美国更积极。

三、研究方法与资料来源

本书的主要论点是：在冷战末期和冷战后，美国对刚果（金）的四个政策恰好对应四个时期的战争。笔者采用了自己设计的"地缘政治和经济战略动态分析"法来考察权力关系，包括其运作方式，以及它在其他类似环境或地域中重复适用的方式。这是因为，作为一个超级大国，美国的政策具有全球性的影响。[1]

洛朗·卡比拉总统说："政策分析是我们的日常食物。"[2]这就是说，要持续不断分析国际和国内环境的变化，并从事实中发现真相。

实际上，索尔·伯纳德·科恩（Saul Bernard Cohen）将地缘政治的概念定义为"国际政治和经济的权力与地理环境的关系"。[3] 例如，使用"地缘政治和经济战略动态分析"，我们可以发现，对伊拉克的入侵导致西方在利比亚如法炮制，而利比亚的入侵又导致了正在叙利亚政权更迭的过程等等。

以同样的方式，通过"地缘政治和经济战略动态分析"也可以发现，美国对刚果（金）的四个政策恰好对应四个时期的战争。冷战期间，美国和其他西方大国采用直接军事干预，维护他们在扎伊尔的矿业利益（第一政策与第一次资源战争）；冷战之后，美国为同一目的采取了代理资源战争的策略（第二政策与第二次资源战争）；然后美国使用了"人道主义干预"和"保护的责任"战略，以掩盖其在刚果（金）的行为（第三政策与第三次资源战争），以达到将刚果（金）的巴尔干化（分裂）的终极目标（第四政策与第四次资源战争）。

---

[1] Zhang Weiwei, "The China Model: A Dialogue between Francis Fukuyama and Zhang Weiwei", *Non-Profit Quaterly* (NPQ).
[2] Christian Castéran et Blaise-Pascal Talla, "Laurent-Désiré Kabila: 'Le Peuple Vaincra'", *Jeune Afrique Economie*. No. 286 (Du 3 Au 16 Mai 1999).
[3] Saul Bernard Cohen, *Geography and Politics in a World Divided*. Oxford: Oxford University Press Inc; 2nd edition, 1974, p. 29.

因此，采取"地缘政治和经济战略动态分析"方法的目的是"挖掘事实的真相"，这需要评价信息来源，通过事实与意见的区分，来评价信息的可靠性和准确性。①

因为通过"地缘政治和经济战略动态分析"方法，我们可以发现：

（1）独立前的美国促使了刚果奴隶制的出现过程；独立后的美国，参与了对刚果的殖民活动，并在刚果独立前及独立后对刚果的干预具有动态性（第一章将详细论述）。

（2）通过何种过程，这项美国政策导致了在刚果（金）爆发的四次战争。

（3）三方不同势力的行为的动态性：一是西方列强的"剥夺模式"的行为；二是刚果人民的"收回模式"的行为；三是新崛起大国的行为。这三方势力在刚果（金）相互斗争，相互影响，最终造成了刚果（金）的现状，从而导致了战争、暴行、大规模屠杀的现象，并出现将强奸作为战争武器以进行及对刚果资源的系统化掠夺（第二章及第三章详细论述）。

（4）最后，笔者将运用"地缘政治和经济战略动态分析"的方法，分析美国为了其利益，对刚果（金）所采取的四个主要政策的动态性如何塑造了蒙博托政权、老卡比拉的政权和小卡比拉政权（第四章详细论述）。

关于资料来源，本研究所依据的第一手文件（尤其是未被公开的柏克德刚果重建计划文档）和数据充分表明，美国将刚果（金）的矿产资源视为自己私有的战略储备。此说法根植于历史，因为如果没有美国资本家，就不会有刚果殖民地（见导言的文献综述部分）。因此，美国今日对刚果（金）所采取的所有政策才有了合理性。理解刚果（金）如今局势的关键在于理解它的过去。

本书参考了一些网上资料，如学者的文章和采访，因为学者们在网络上保存了越来越多的资料。他们越来越多地使用现代信息高速公路所提供的平台来发表他们的作品，如学术网站、博客、电子期刊等等。因此，这些对学术研究已经变得日益重要。几乎所有的学术期刊都有在线版本，否则它们将面临被遗忘。在本书中，学者的文章和采访优先权高于小报记者写的文

---

① Janelle Rohr, ed. *Problems of Africa: Opposing Viewpoints*. Minnesota: Greenhaven Press, 1986, p. 11.

章,除非这些记者提供了重要数据。

四、本书的框架、难点与贡献

关于本书的框架,笔者认为,在有限的研究背景下(除了少量著作、二手数据及报刊文章),美国冷战后在非洲大湖地区的政策特别是对刚果(金)的政策是"一个全新的研究领域"。这就像我们在写历史,它在同一时间发生。正因如此,本研究的与众不同之处,在于将研究美国刚果政策的时间基点推进至冷战末期乃至柏林墙倒塌后。它对审视美国在刚果(金)的政策和行为方式中一贯体现的矛盾性提供了一个更广阔的视角。本研究发现,正如美国学者诺姆·乔姆斯基所言,此类政策是由美国"对于其霸权面临衰落的前景的恐惧"所驱动的。[①] 此外,还有金融危机所带来的压力。刚果危机是在美国发生的更大危机的表现。如果美国陷入危机,这使非洲的政府必须自己选择阵营,要么他们模仿卢蒙巴和卡比拉的方式,要么是选择蒙博托的方式。选择是有限并且明显的。

乔姆斯基进一步认为"美国对外政策'专家'们仅仅充当了美国霸权的回声壁而已"。所以他得出的结论是"我们亟需一种更长远的视角"[②]来看美国的对外政策,他的这个观点对笔者的研究非常有帮助。

本书内容涵盖美国在刚果(金)的四大政策(自冷战结束直到2013年)。在第一章(介绍)中,我们对美国—刚果(金)关系进行了历史回顾,因为刚果和美国之间有一些历史遗留问题。美国认为刚果(金)欠它一些特权。实际上,西方人的思维模式仍然停留在16、17世纪发现非洲时的思维模式,在他们来看,在16、17世纪非洲的历史就开始了,并在那时非洲就成为他们

[①] Janelle Rohr, ed. *Problems of Africa: Opposing Viewpoints*. Minnesota: Greenhaven Press, 1986, p.11.
[②] Noam Chomsky, "'Losing' the world: American decline in perspective, part 1", The Guardian, (for TomDispatch, part of the Guardian Comment Network), February 15, 2012, http://www.theguardian.com/commentisfree/cifamerica/2012/feb/15/imperial-way-american-decline-noam-chomsky. 登录时间2015年2月28日。
另见:Noam Chomsky, "The imperial way: American decline in perspective, part 2", The Guardian, (for TomDispatch, part of the Guardian Comment Network), February 14, 2012, http://www.theguardian.com/commentisfree/cifamerica/2012/feb/15/imperial-way-american-decline-noam-chomsky. 登录时间2015年2月28日。

的财产。因此,在第二章中,本书要阐述这些特权是什么、它们是怎么来的。

在第二章中,我们将对头两项政策进行分析,这些政策由美国的长期关键核心地缘策略及经济利益所驱动,同时我们也将对施行这些政策所涉及的行动方、运作渠道和方式进行探讨。如我们所知,刚果(金)不仅对美国有着重要的地缘政治及战略价值,而且盛产对美国军工复合体及高新技术产业至关重要的战略矿物,从而直接影响到美国的全球经济领导地位。

第三章探讨美国于2006年及2013—2014年间采取的另两项以关键性政治驱动为主的刚果政策,即《2006奥巴马刚果民主共和国的救济、安全与民主促进法案》与"作为刚果危机补救办法的南斯拉夫式或苏丹式的解决方案"。不过,这两项政策与前述的两项经济驱动政策有着明确的界线。我们将努力证明,这两项政策是由美国发起的对刚果资源战争在政治上的延续,最终目标就是分裂刚果(金)。

第四章的任务是美国政策与刚果(金)政治制度的关系,重点放在分析1982—2014年间刚果国家政权的本质、类型和运作方式,以找出以下问题的原因:为何刚果(金)的问题多于本地区其他国家,而这些问题又应在何种程度上归咎于刚果(金)的内部因素?美国的政策和利益如何影响并塑造了刚果(金)的内部政治?换言之,这些政策是否需要"相应的政治机制"配合方能成功?倘若刚果政府拒绝充当美国利益与影响力的"温床",又会发生什么?

在第五章中,我们将对提出的问题、达到的目标、研究结果及其意义进行总结,特别是对知识的贡献,并提出理论和政策方面的影响、建议的方法,以及对未来的研究方向和在此领域的期许。

本书研究核心是美刚关系和代理战争。其目的有以下几点。

(1)对在第三世界变得普遍的新趋势提供一个贡献,因为在第三世界学术界中,西方越来越成为研究的对象。[①] 在历史上,第一阶段是西方研究非洲;第二阶段是西方以及第三世界的一些学者研究第三世界;第三阶段是在第三世界学术界中,西方越来越成为研究的对象。在这里,中国的崛起是一

---

① 赵国忠、温伯友、杨光主编:《中东非洲发展报:1998—1999》,社会科学文献出版社1999年版。

个非常重要的因素,即纵观西方政治、经济、社会和法律制度模式,从中学习并质疑它,然后寻找机会超越西方模式,想出也可以丰富西方自己的经济、社会和法律制度模式(例如协商民主、经济发展五年计划、有中国特色的中国发展等等)。① 每个国家的文化遗产可以带来贡献,来解决世界所面临的共同问题和挑战,如恐怖主义、气候变化、贫困、不平等因素。西方不是所有问题的起因,但不得不承认其实在大多数情况下,它是促使问题出现的导火索。

(2) 为中国的决策者和学术界提供对刚果(金)复杂局势的新理解,不仅可以分享对刚果(金)的惨剧根源的认识,而且提供新的认识视角。

(3) 证明刚果(金)的惨剧有很深的根源。正如科林·利格姆(Colin Legum)所述,比起现在,它也许更多地属于过去,而且过去常常是刚果人民拥有的唯一标准,以在全新而陌生的情况下引导他们。②

(4) 证明刚果(金)惨剧的外部因素比其内部因素更有影响力,并为"解决刚果问题"提供新的策略。

尽管美国一直以来都充当了刚果奴隶贸易的"关键先生",本研究将从欧洲的角度或从欧美政策合作的视角看待和分析刚果问题。我们的目的是专门研究:在争夺刚果(金)的过程中,美国"有什么好处"? 本研究不考虑在刚果(金)的单个欧洲列强的政策,也不会专门分析刚果(金)的前宗主国比利时。之所以优先考虑美国的政策,是因为自冷战以来,每逢涉及重大的地缘战略政策(包括刚果(金)、伊拉克和阿富汗等),我们都会发现,整个欧洲都在追随美国的步伐前进。事实上,一些学者如丹尼尔·基欧汉(Daniel Keohane)已经质疑北约对美国国防政策的重要性。③

美国、欧洲和中国(一个新的全球玩家)之间可能存在的处理"刚果问题"的三边合作未涵盖在本文计划之内。因为业已证明,由冷战时期的霸权和零和博弈(定义为,当一个人所得就是另一个人所失的时候,财富或利益

---

① Zhang Weiwei,"The China Model: A Dialogue between Francis Fukuyama and Zhang Weiwei", *Non-Profit Quaterly* (NPQ).
② Colin Legum, *Congo Disaster*. Baltimore, Maryland: Penguin Books, Ltd, 1961, p.14.
③ Daniel Keohane, "Does NATO matter for US defense policy?" *Fride Policy Brief*, No. 129, May 2012, http://www.fride.org/descarga/PB_129_NATO.pdf. 登录时间 2014 年 7 月 23 日。

的净改变就是零和博弈)①心态驱动的美国及其北约盟国将中国视为竞争对手,而不是在非洲的合作伙伴。在刚果(金)、利比亚、科特迪瓦和中非共和国等地发生的战争,以及美国的亚洲"枢纽"或"亚太再平衡"(Pivot to Asia or Asian Rebalance)战略都已证明了这一点。②

关于研究难点,在研究工作中面临的一个小问题是笔者的语言的局限性。笔者先用英文写出各章(使想法表达清楚明确),然后自己翻译成中文,请一个值得信赖的中国朋友校对每一章,还请第二个值得信赖的中国朋友再次校对每一章(时间有限,这些中国朋友帮助翻译某些部分),最后笔者自己检查,并将书稿发给导师李安山教授,根据导师的建议,再作修改。

本书的学术知识贡献有以下几点。

(1) 刚果(金)的资源战争是美国的政治、经济和地缘政治系统固有矛盾的结果。因此,美国的"地缘经济战略"比起内部因素是致使"刚果问题"更严重的因素。美国希望保持其在刚果资源战争中的控制地位更具有合理性。当资源战争爆发后,美国社会的一般反应是:这与美国无关,非洲人应当自己承担全部责任。这种看法是片面的。本研究已表明和证明,我们不能继续对美国在刚果(金)的遏制政策视而不见,其通过利用本地和地区代理人达到控制和垄断刚果(金)的战略矿产的目的,这种政策造成的损害已显而易见。倘若这场战争与美国无关,那些美国公司在战区的活动与行为又有什么意义呢?③

(2) 刚果(金)的资源战争与力量平衡的变化有关。中国已迅速崛起。④

---

① 由投资百科自由百科全书定义的,http://www.investopedia.com/terms/z/zero-sumgame.asp. 登录时间2014年7月23日。

② Mahdi Darius Nazemroaya, "Towards the Conquest of Africa: The Pentagon's AFRICOM and the War against Libya", *Global Research*, April 07, 2011, http://www.globalresearch.ca/towards-the-conquest-of-africa-the-pentagon-s-africom-and-the-war-against-libya/24171. 登录时间2014年7月23日。
另见:F. William Engdahl, "The War in Mali and AFRICOM's Agenda: Target China", *Global Research*, February 10, 2013, http://www.globalresearch.ca/the-war-in-mali-and-africoms-african-agenda-target-china/5322517. 登录时间2014年7月23日。

③ Emily Chasan, "Just Four Companies Had Conflict Mineral Reports Audited", *The Wall Street Journal/CFO Journal*, September 18, 2014, http://blogs.wsj.com/cfo/2014/09/18/just-four-companies-had-conflict-mineral-reports-audited/?mod=yahoo_hs. 登录时间2014年9月19日。

④ IMF: 2012 Report for Selected Countries and Subjects, http://www.imf.org/external/pubs/ft/weo/2014/02/weodata/weorept.aspx?sy=2012&ey=2019&scsm=1&ssd=1&sort=country&ds=.&br=1&pr1.x=62&pr1.y=11&c=924%2C111&s=PPPGDP&grp=0&a=#cs1. 登录时间2015年4月7日。
另见:China Daily staff reporter, "China overtakes USA as world's largest economy", *China Daily*, October 9, 2014, http://blog.chinadaily.com.cn/thread-1162608-1-1.html. 登录时间2015年4月7日。

政治上,"尽管假定美国对世界施加其意志的权力(必要时会使用强制手段)不会改变,但其行使这一权力的效果已大不如以前"①。

正如英国前首相托尼·布莱尔(Tony Blair)所承认的那样,权力平衡正在发生迅速的变迁,其重心正在向东方倾斜,即在印度和中国。②

美国决心不择手段坐头把交椅(没有非洲的资源,美国不能实现这一目标,尤其刚果(金)的战略矿产资源对美国尤为重要)。这促使美国制定了新的经济、政治和军事战略以巩固其地位,特别是同时将中国视为其合作伙伴和竞争对手。③ 本研究所分析的美国的四大政策均指向美国维护其在刚果(金)的采矿利益的需要,它正面临新兴力量的挑战。美国意图通过在世界范围内支持"颜色革命"(包括对俄罗斯的邻国乌克兰)维持其政治影响力,并使其军事工业复合体、高新技术和空间技术产业保持活力。后者使得在富有战略性矿产资源的国家发动代理资源战争"正当化"(尤其是在刚果(金))。因此,美国通过"非洲司令部"在非洲的政策已经军事化。

(3) 这些政策源于种族歧视。西方列强并不责怪刚果(金)无法管理他们的资源。这只是一场美国为掠夺刚果(金)的战略资源铺垫的心理战,内心深处美国认为倒霉的刚果(金)不配拥有所有这些战略矿产。

(4) 刚果人民遭受的苦难主要源自三方面因素:① 刚果人民正在重新收回祖先土地及其产出的一切正当权利("收回模式");② 刚果人民的这一举措直接与西方大国的利益产生了冲突,因为对后者在刚果(金)肆意妄为的殖民行径("剥夺模式",后者认为今天这一切仍是理所当然的)构成了挑战;③ 与此同时,新兴大国正在非洲受到热烈欢迎并正在巩固其存在,不论西方大国喜欢与否。中国的崛起意味着非洲的机遇。这三方面因素的互动与冲突造就了今日刚果(金)的乱局。

(5) 世界权力的平衡已经永久地改变了,引用一位曾在2008年获得诺

---

① Noam Chomsky,"'Losing' the world: American decline in perspective, part 1", The Guardian, (for TomDispatch, part of the Guardian Comment Network), February 15, 2012.
② Tony Blair speech to Class Day 2008, Yale University, New Haven, 25 May 2008.
③ Robert G. Willgoos, "America's Changing Views of China: Through the Eyes of Janus", Forum on Public Policy: A Journal of the Oxford Round Table, Winter 2007, http://www.forumonpublicpolicy.com/archive07/willgoos.rev.pdf. 登录时间 2015年2月28日。

贝尔(Nobel)经济学奖的著名美国经济家保罗·克鲁格曼(Paul Krugman)的观点,"我们很难想像美国曾经拥有的霸权地位——在你能想像的任何层面,其都远超所有潜在的竞争对手——还能再次重现"①。因此,随着中国和新兴国家影响力的提升,美国的垄断逐渐受到威胁。美国不能阻止刚果(金)管理自己的资源并通过分散合作伙伴融入全球化进程(包括传统伙伴,即西方国家,以及新兴伙伴,如中国)。这才是市场经济的核心和基本原则。中国在刚果(金)已成为"游戏改变者",并支持刚果(金)和其他非洲国家作为平等伙伴参与全球化经济。

根据诸多学者提供的事实(包括对于平衡和客观的积极与消极看法),本研究希望更深入地分析政策制定的历史背景、政策目标、政策的根本宗旨、政策对于刚果(金)的意义和影响(政策在多大程度上与当时世界各地的资源战争相联系,比如伊拉克、阿富汗、利比亚、尼日利亚、叙利亚等等)、政策实施所涉及的因素、政策导向(这些政策在其他类似的环境、地点和情势下的重复方式),对上述研究和经验作了总结(笔者的自我总结和评价)并给出了篇章结论。

因此,本研究在第二章和第三章分析每项政策的本质,在第四章探讨这四项政策对于刚果国家状态的影响(它们导致或促成了刚果(金)的四种状态)。

与腐败的领导人蒙博托不同的是,勇敢和有独立意识的民族主义领导人帕特利斯·卢蒙巴和洛朗·卡比拉勇敢反对美国在刚果(金)的霸权,这致使他们被暗杀,但是他们通过解除殖民思想解放了他们的人民,他们的英雄主义有助于刚果人民开阔视野,也有助于刚果人民解放思想,让他们看到新殖民主义和自决权之间的区别,并为后代留下一笔宝贵的觉醒的遗产。

蒙博托将所有战略矿产给美国来建立一个储备,以让他继续掌权。美国使用所有这些矿物质制造新工具以更大程度上控制刚果(金),没有双赢,是同一个美国,又把蒙博托扔进历史的垃圾箱。非洲国家领导人应该就此得到一个深刻教训。本研究的最后是全面总结部分(第五章),概括了研究

---

① Paul Krugman, "Can America Stay on Top?" *Journal of Economic Perspectives*, Volume 14, N0.1, Winter 2000, pp. 169－175.

成果,提出了建议并对未来的路径进行展望(附录)。

刚果(金)接二连三地陷入危机,一些危机影响如此之深,以至于它们经常威胁刚果(金)作为一个国家的生存能力。事实上,刚果国家的确存在不足之处,它的腐败网络往往构成这些危机背后的内在因素。一些刚果领导人,如蒙博托,将对个人自身利益的追求作为唯一的方向和动力。这项研究也证实,"刚果国家缺陷的内部因素"理论(相对于外部因素理论)有其自身的局限性。

本研究的主要发现包括:

1. 美国政策的特点

(1) 战争是美国后冷战政策的驱动力:美国在后冷战时期采取一种战争策略,是因为它面临着世界上许多国家的资源民族主义,包括刚果(金)。作为应对,美国诉诸分而治之的代理人战争,在矿产及其他自然资源丰富的地方创建缓冲区,并对这些资源进行系统地掠夺,美国也因而在这些战争区域中享受着高收益。美国在后冷战时期采取战争策略的另一个原因就是,它在资源丰富的国家——如刚果(金)——进行矿产和其他自然资源控制和垄断的过程中,受到了来自其他新兴势力的挑战,因而美国采取在非洲和世界其他地方建立军事基地(如非洲军事指挥部)来避免竞争带来的损害。在这个过程中,美国测试或使用最新的高科技武器来强迫那些反对它的国家,并控制和垄断他们的资源。因此,新技术成为压迫而非互利的工具。

(2) 美国在刚果(金)扮演了殖民者的角色。

(3) 相对于为人民利益服务的政权,西方大国更加青睐一个腐败的刚果政府(西方资本的分包商)。

(4) 刚果(金)的钴矿对美国军工复合体和包括空间技术在内的高新技术产业有着关键性贡献。实际上,大企业塑造美国的对外政策,资源战争是美国资本主义的生命线。

(5) 美国的"分而治之"策略在非洲一直很成功。我们的理解是,一些非洲国家,如刚果(金)拥有丰富的自然资源,其他国家都没有。使用"分而治之"的旧原则,美国正在非洲大湖地区制造"贫富"(即资源富庶的国家和资源短缺的国家)分化,以在该地区从地缘战略上巩固其霸权。非洲人必须问问自己：为什么美国能成功？特别是在非洲大湖地区。

（6）世界权力的平衡已经永久地改变了，美国的"零和游戏"正在一点一点地减弱。实际上，一位著名的美国经济家的保罗·克鲁格曼（Paul Krugman）甚至指出，"我们很难想像美国曾经拥有的霸权地位——在你能想像的任何层面，其都远超所有潜在的竞争对手——还能再次重现"①。因此，随着新兴国家影响力的提升，美国的垄断逐渐结束。刚果（金）可以自由地多样化选择其贸易伙伴、发展合作伙伴、国防安全合作伙伴等等，这样就可以减少来自美国的遏制政策压迫和压力。美国再也不能阻止刚果（金）这样做，包括在政治层面。对这方面，我们同意纳尔逊·曼德拉的话："永不！永不！永不再在这个美丽的国家让一个人受到另一个人的压迫。"②

2. 刚果人的立场

刚果人民就像世界上的其他人民，拥有自决的权利。他们必须确定基本标准：什么才是有利于国家的？否则，如果所有的游戏规则都是别人制定的，刚果国家和人民还能保留什么权利呢？刚果（金）必须自主处理与世界其他国家的贸易，设定自己的经济和政治原则、条件和条款（而不是由国际货币基金组织、世界银行和西方智库等来设定）。

然而，套用刚果总统约瑟夫·卡比拉的话说，我们刚果人民"一直对我们合作伙伴的意见和建议持开放态度，但绝不受任何禁令或被我们合作伙伴逼迫，因为我们正处于全球化的时代"③。

然而，政治和经济独立任重道远。"到目前为止，大多数在非洲项目的资金都来自外部合作伙伴。这种情况不能持续下去，它将危害非洲的独立和决策能力，甚至自身的存在"，约瑟夫·卡比拉总统在2014年2月末金沙萨举行的非洲东部和南部共同市场（COMESA）峰会的开幕致辞中如此

---

① Paul Krugman,"Can America Stay on Top?" *Journal of Economic Perspectives*, Volume 14, N0. 1, Winter 2000.
② 纳尔逊·曼德拉在1994年5月10日，在他的就职典礼中作总统的声明。
③ Richard Ngapi and Joe Bavier, "Kabila says Congo won't bow to foreign 'injunctions'", *Reuters*, http://www.reuters.com/article/2014/12/15/us-congodemocratic-election-kabila-idUSKBN0JT1OT20141215. 登录时间2015年2月15日。

说道。①

(1) 美国不相信同样的价值观可能传播给其他人,包括民主。

(2) 美国在刚果(金)的人道主义干预带有双重标准。

(3) 美国将刚果巴尔干化的计划可追溯到刚果独立之初。

3. 刚果(金)内部的困境

通过地方和区域代理人,刚果国家的本质被西方"新世袭主义的延续"所笼罩,对刚果(金)与新兴大国的关系和合作的发展制造了一个困难的环境。上述各项政策上都对中刚关系造成了直接或间接的影响。

4. 本研究主要建议

刚果(金)必须重写其历史,在政治、经济和安全领域对国家进行再定义。刚果(金)必须与西方大国发展新型双边和多边关系,并加强与本地区国家和新兴国家的联系(南南合作),这一切都必须基于互利互惠、互相尊重,以及对刚果主权、领土完整和自然资源主权的尊重。

---

① Omer Nsongo, "Chef d'Etat hôte Le Président Joseph Kabila prend la tête du Comesa", *Présidence de la RDC: Portail Officiel*, 28 février 2014, http://www.presidentrdc.cd/spip.php?article436. 登录时间 2015 年 3 月 4 日。

第一章　美国—刚果(金)关系的历史概览

本章不赞成"美国并没有把任何非洲国家作为殖民地"这一理论,并且将会证明:没有美国的资本,就不会有一个叫作刚果的殖民地。历史事实,即使没有笔者的说明,其本身也会同样显示:从一开始,刚果对外国列强来说是一个战略殖民地,对刚果人民来说,就是一场噩梦和一个惨剧。笔者首先将提供来自多领域的历史学术研究事实,并通过对历史分析,最后得出自己的观点。其他章节也将使用相同的模式和方法。

刚果(金)面积(234.5万平方公里)与整个西欧大致相当。由于刚果(金)优越的地理位置、惊人的矿产财富和254个民族的复合文化,位于非洲大陆的心脏地带,意味着它对西方有非常重要的地缘政治和战略地位。刚果(金)还拥有丰富的植物和动物资源,某些动物如霍加狓(Okapi)只存在于刚果(金),它看起来像是三种动物的综合体:马、斑马和鹿,还有许多美丽的自然旅游景点。刚果河及其支流蕴藏着巨大的水电潜力,也是一种天然的基础设施。刚果(金)还拥有原始森林、广阔的耕地和温和的气候,当北方处于旱季时,南方处于雨季,反之亦然。因此,一年四季都有可耕种农作物。因此,农业的机械化可以使刚果(金)作为整个非洲的主要粮食产区,因为刚果领土的80%都是可耕地。

据估计,刚果(金)拥有24万亿美元价值的未开采的原矿石矿床,这里有世界上最大的战略矿产储量,其中包括储量丰富的黄金、钻石、铜、钴、锌、锰、铀、铌、铂、铁和钢、铜、煤炭、天然气、石油等。[1]

---

[1] Joshua Kors, "Blood Mineral", *Current Science*, Vol. 9, No. 95, 2010, pp. 10-12.

来自刚果(金)的最受人追捧的矿物是钽,也被称为钶钽铁矿,因为它对于手机、夜视镜、光纤和电容器(用以在计算机芯片中保持电荷)的制造很重要。刚果(金)24 万亿美元价值的战略矿产等于欧洲和美国的国内生产总值总和。①

除了矿产资源以外,刚果(金)聚焦于农业、林业和渔业部门,因为它们是国民物质生活的保障与来源。刚果(金)的主要作物包括:木薯、山药、玉米、花生、油棕、秋葵、西葫芦、南瓜、茄子、辣椒、西红柿、黄瓜、非洲茄、几内亚酢浆草、大豆、大米、胡萝卜、锡兰菠菜、苋、香蕉、豇豆、辣椒、花生、红薯、土豆、芋头、豆类、卷心菜、洋葱、小麦、鳄梨、非洲梅、木瓜、车前属、芒果、咖啡和绿茶等等。农业仍是经济的主要成分,集中发展涉农产业的经济特区最近已经被引入非洲国家。

然而,铜仍然是刚果(金)的主要出口产品。电能将很快成为刚果(金)最重要的出口产品之一。

刚果(金)人口超过 9000 万(2021 年),包括拥有各自语言的 254 个民族(每个族群的名称对应于它所讲语言的名称),这代表着非洲文化财富的富有。

笔者认为,尽管拥有这些潜力,刚果(金)仍是一个发展困难的国家。然而,所有这些自然和矿产资源使刚果(金)成为美国和其他西方势力在非洲施行遏制战略的重要攻击目标和攻击对象。

尼日利亚学者阿克雷德(V. E. A. Akorede)认为,刚果河主导着刚果(金)的地理环境,但刚果(金)盆地的沼泽带来的卫生隐患也对刚果(金)地理产生重要影响。不过,刚果(金)的卫生环境困境并没有减少外国企业家被大量固体矿产所吸引的程度。事实上,刚果(金)的问题在于,其巨大的财富和资源潜力被欧洲国家、美洲国家以及许多其他非洲国家所觊觎,无论是否与这些国家直接相邻。不同的国家使用不同的方法来施加影响,并取得自己的那份战利品。②

---

① Valerie Noury, "The Curse of Coltan", *New African*, April 2010, Issue 494, p. 35.
② V. E. A. Akorede, "Insurrections, Rebellions and Revolutions as Factors in the Under Development and Instability of the African Nations", Centre for Issues on Development in Africa (Cenda) Report, 2008.

克莱芒蒂娜·伯恩利(Clementine Burnley)也认为,从历史上来看,与利用其资源相联系的暴力和非暴力冲突,阻碍了刚果充分利用其资源来创造财富和提高其居民的生活水平。① 因此,笔者确定外部因素导致了内部因素的爆发。

美国在刚果(金)最常见的策略是资源的代理战争。实际上,从理论的角度来看,拉尔斯·许宁(Lars Huening)认为,资源战争一直是西方学者和媒体来表述和反映在刚果(金)爆发的战争所引用的最流行的表达框架。② 因此,笔者认为,在这种语境下,"资源战争"或争夺自然资源的主角是西方列强(外部行动者或者外部因素)。这与新自由主义的"资源战争"的概念不同。新自由主义理论认为,非洲是应该承担责任的主体。还有一个种族主义的假设,即非洲人不能管理自己的资源,因此他们需要西方国家(前殖民大国)的法律和政策。归根结底,非洲人需要证明,事实并非如此。考虑辩论双方的意见是很重要的(无论是从内部还是外部的视角)。正如刚果第一位民选领导人帕特里斯·卢蒙巴(Patrice Lumumba)于1960年6月30日在刚果独立日讲话中说:"非洲人必须向世界证明,当他们享有自由并能够自由地工作的时候,能够实现什么。"③

第一节 奴隶贸易与殖民瓜分时期

采取历史的方法,将探讨从奴隶制时期到今天,美国在刚果(金)的自然资源和人力资源所获取的利益。只有这样,我们才能理解这四个政策代表的西方的"剥夺模式"。所以,美刚关系的历史也可以作为这四个政策代表的美国和其他西方国家的"剥夺模式"的历史背景。

美国至今仍对刚果(金)有所诉求。实际上,美国对刚果(金)的诉求是

---

① Clementine Burnley, "Natural Resources Conflict in the Democratic Republic of the Congo: A Question of Governance?" *Sustainable Development Law & Policy*, Volume 12, No. 1, Fall 2011, pp. 7 - 53.
② Lars Huening, "Explaining the Congo wars", *African Historical Review*, Volume 41, Issue 2, 2009, pp. 129 - 150.
③ Jean Van Lierde, ed. *Lumumba Speaks: The Speeches and Writings of Patrice Lumumba, 1958—1961*. Boston: Little Brown and Company, 1972.

基于历史因素。刚果(金)自由邦的成立是美国的一项重大行动,让美国第一次在国际舞台上将自己定义为 19 世纪的强国。① 1884 年,比利时国王利奥波德二世声称拥有刚果河盆地的主权,打响了欧洲瓜分非洲的第一枪。② 而美国对刚果(金)提出诉求仅仅是因为亨利·莫顿·斯坦利(Henri Morton Stanley,一个在英国出生而后加入了美国国籍的人),他代表比利时国王利奥波德对刚果河盆地,包括瓦古哈人的居住区进行了探险考察。有意思的是,1876 年 9 月 12 日,斯坦利的日记也许记录下了当时的也是唯一的"非洲声音",即瓦古哈人(Waguhha)对白人的看法是:"他怎么可能是一个好人,来到这里不是为了与我们做贸易嘛?"③

笔者认为,这些出自瓦古哈人的心声表明,从一开始,非洲人就期待与欧洲的贸易交流而不是援助和信仰。但对他们来说,殖民企业变成了一个邪恶并践踏自我尊严的项目,即对非洲人的奴役。

虽然奴隶制早出现于美国建国时期,但奴隶贸易期间从西非海岸运到北美的黑人奴隶构成了刚果地区与后来独立的美国之间的联系。在奴隶贩卖之前,欧洲定居者已经对美洲土著印第安人进行了种族灭绝,并接管了他们的土地。据 J. 酒井(J. Sakai)记载,北美曾有约 300 个原住民国家,人口超过 1000 万人。从 1600 年到 1900 年,印第安人口从 1000 万减少到大约 25 万。④ 他们是人类历史上最大的种族灭绝的受害者。

欧洲定居者面临着的另一个问题是在殖民地的主要劳动力短缺现象。大部分殖民者拥有大量的农田,他们都想成为主人,所以缺乏薪资劳动者。在独立战争时,人口的 15% 是临时工,而这部分人也很快成为小资本家农场主,只剩下 5% 的劳动者。⑤ 为了解决这个问题,定居者只能出口枪支到刚果,然后从刚果进口数以百万计的非洲奴隶去做那些所有必要的工作任务,来帮助殖民者建立他们的殖民地。"进口"是不正确的表述,因为这表明将

---

① Kabasu Babu Katulondi, *The Making of the Congo State in the US: A Forgotten Story, A New Project*. Grand Rapids, Michigan: New US-Congo Project Foundation, 2013.
② "African scramble", *Financial Times*, September 28, 2007, http://www.ft.com/intl/cms/s/0/bf484d66-6df3-11dc-b8ab-0000779fd2ac.html#axzz36ZEDz7MP. 登录时间 2014 年 7 月 5 日。
③ Adam Hochschild, *King Leopold's Ghost*. London: Papermac/Macmillan Publishers Ltd, 2000, p. 53.
④ J. Sakai. *Settlers: The mythology of the white proletariat*, London: Morningstar Press, 1983, p. 7.
⑤ Ibid., p. 10.

非洲人像动物一样被抓获,并像商品一样被出售了。在笔者的母语中,奴隶贩子被称为 *Batambatamba*,即"绑架者"。

对非洲奴隶制进行了广泛研究的内森·纳恩(Nathan Nunn)认为,欧洲人通过在非洲采用"分而治之"的策略,导致奴隶制的出现,并因此导致了非洲国内战争,并由此使得非洲成为一个容易被袭击、绑架的国家(外部因素导致内部因素的爆发)。这不仅不利于非洲社会(导致社会分裂),而且对非洲社会的后来发展产生了极大的负面影响(非洲和西方国家之间在发展方面的差距)。① 据内森·纳恩所述,从 1400 年到 1900 年,非洲大陆同时经历了四条奴隶贸易路线,最大、最知名的是跨大西洋奴隶贸易。这条路线始于 15 世纪,奴隶被从非洲西部、中西部和东部非洲运到新大陆的欧洲殖民地。其他三条路线是跨撒哈拉、红海和印度洋的奴隶贸易路线,它们先于跨大西洋奴隶贸易出现。在跨撒哈拉奴隶贸易时期,撒哈拉沙漠以南的奴隶被带到北非。在红海奴隶贸易中,奴隶被从内陆通过红海运到中东和印度。在印度洋奴隶贸易中,奴隶则从东非被运到中东和印度,或印度洋上的海岛种植园。在跨大西洋奴隶贸易时期,1200 万奴隶从非洲被出口到美洲。另有 6 万奴隶通过其他三条奴隶贸易线路被出口。② 这就是笔者所说的"柏林会议前对非洲人力资源的争夺"。

用前美国国务卿康多莉扎·赖斯(Condoleezza Rice)的话说,美国在柏林会议上获取了最大受益。赖斯认为:"非洲给予美国的比任何人都多。正是这些从非洲偷来的儿女们从点到点,从区域到区域,从一个城市到另一个城市,撑起了美国的身躯。"③

跨大西洋奴隶贸易出口的数据表明,从"奴隶海岸"(贝宁和尼日利亚)、非洲中西部[刚果(金)、刚果(布)和安哥拉,即刚果王国]和"黄金海岸"(加纳)获取的奴隶是最多的。

---

① Nathan Nunn, "The Long-term effects of Africa's slave trades", *The Quarterly Journal of Economics*, February 2008, p.141.
② Ibid., pp.141 - 142.
③ US Department of State, "Transcripmat of Condoleeza Rice's address to the AGOA Forum", *agoa. info*, June 8, 2006, http://agoa.info/news/article/3816-transcript-of-condoleeza-rice-address-to-the-agoa-forum.html. 登录时间 2013 年 9 月 11 日。

实际上，笔者认为：葡萄牙人应该对绑架刚果奴隶，并将他们出售到美国的行为负责。正如内森·纳恩写道，早在1514年，绑架已经成为猖獗的、威胁社会秩序和国王权威的现象，这最终导致曾经是一个强大的王国[它包括了现今刚果（金）、刚果（布）、安哥拉和加蓬共和国的一部分]的崩溃。①

笔者依靠的主要文献是美国学者和历史学家亚当·霍克希尔德（Adam Hochschild）所著的《利奥波德国王的幽灵》这本关于这段刚果历史的著作，因为刚果学者和历史学家，如刚果学者伊西多尔·恩达耶尔·恩济爱马（Isidore Ndaywel è Nziem）②、埃利基亚·姆博科洛（Elikya M'Bokolo）③和乔治·恩荣格拉-恩塔拉耶（Georges Nzongola-Ntalaja）④，以及其他非刚果学者、作家和历史学家，特别是比利时的朱尔斯·马卡尔（Jules Marchal）⑤，和托尼·布瑟伦（Tony Busselen）⑥，都证实了霍克希尔德所述的事实。

据霍克希尔德写道，早在1491年，葡萄牙探险家到访了由"马尼刚果"（ManiKongo）或国王统治的刚果王国，并为跨大西洋奴隶贸易探路。1526年，国王恩津加·姆本巴·阿方索（King Nzinga Mbemba Affonso）继承了王位，即阿方索一世，他在1526年写了一封信给葡萄牙国王若昂三世，抱怨说："在全国各地有许多奴隶贩子。他们给国家带来毁灭。每天都有人被奴役和被绑架，甚至贵族和王室成员也不能幸免。"⑦据估计，1400—1900年间，超过800万名奴隶从刚果王国被远销到美洲（见表1）。

---

① Nathan Nunn "The Long-term effects of Africa's slave trades", *The Quarterly Journal of Economics*, February 2008, p. 152.
② Isidore Ndaywel è Nziem, *Histoire générale du Congo: De l'héritage ancien à la République Démocratique du Congo*. Paris et Bruxelles: De Boeck & Larcier S. A, 1998.
③ Elikya M'Bokolo, *L'Afrique noire. Histoire et civilisation*, 2 vol., en collaboration avec Sophie Le Callennec. Paris: éd. Hatier, 1992.
④ Georges Nzongola-Ntalaja, *The Congo from Leopold to Kabila: A People's History*. London and New York: Zed Books, 2002.
⑤ Jules Marchal, *L'Etat libre du Congo: Paradis perdu. L'histoire du Congo. 1876—1900. 2 volumes*. Borgloon: Editions Paula Bellings, 1996.
另见: Jules Marchal, *Lord Leverhulme's ghost: colonial exploitation in the Congo*, London: Verso, 2008.
⑥ Tony Busselen, *Une histoire populaire du Congo*. Brussels: Les Éditions Aden, 2010.
⑦ Adam Hochschild, *King Leopold's Ghost*. London: Papermac/Macmillan Publishers Ltd, 2000, p. 13.

表1　1400—1900年间估计每个国家奴隶的总出口量

国际标准代码	国家名称	跨大西洋奴隶贸易	印度洋奴隶贸易	跨撒哈拉奴隶贸易	红海奴隶贸易	所有的奴隶贸易
AGO	安哥拉	3607020	0	0	0	3607020
DRC	刚果（金）	759468	7047	0	0	766515
COG	刚果（布）	94663	0	0	0	94663

来源：Nathan Nunn, "The Long-term effects of Africa's slave trades", *The Quarterly Journal of Economics*, February 2008, p. 152.

内森·纳恩查阅了大卫·艾尔迪（David Eltis）等人构建的跨大西洋奴隶贸易数据库的更新版本中的数据。数据库中包括为1514—1866年34584航次记录的信息。[1] 纳恩引用达罗·瓦克斯（Darold Wax）的话，因为奴隶被法律定义为财产，那些从事奴隶贸易的人有强烈的动机来准确地确定或识别奴隶的出生地或"民族"。[2] 此外，在大多数欧洲的港口，商人被要求登记他们的船只，并申报每一船舶和航行的货物运输的数量和价值。此外，还有一些方法来识别奴隶的种族或"民族"。往往最简单的是由一个奴隶的名字来识别。奴隶通常是被冠以一个基督教的名字和姓氏，确定他们的种族。[3] 一个奴隶的种族可能也经常从民族的标记，如割伤、疤痕、发型或牙齿填充物来确定。[4]

来自刚果王国的奴隶在南卡罗来纳、新奥尔良和佐治亚艰苦劳作。迈克·拜菲尔德（Mike Byfield）写道，在1739年，大约20名从刚果王国来的奴隶在南卡罗来纳州拿起武器，高呼"自由"，然后在6个种植园屠杀了约20名白人。[5]

---

[1] David Eltis, Stephen D. Behrendt, David Richardson, and Herbert S. Klein. *The Trans-Atlantic Slave Trade: A Database on CD-Rom*. New York: Cambridge University Press, 1999.

[2] Darold D. Wax, "Preferences for Slaves in Colonial America", *Journal of Negro History*, Vol. 58, October 1973, pp. 371-401.

[3] Jean-Pierre Tardieu, "Origins of the Slaves in the Lima Region in Peru (Sixteenth and Seventeenth Centuries)", in Doudou Diene. ed. *From Chains to Bonds: The Slave Trade Revisited*. New York: UNESCO Publishing, 2001, pp. 43-45.

[4] Mary C. Karasch, *Slave Life in Rio de Janeiro*. Princeton, NJ: Princeton University Press, 1987.

[5] Mike Byfield, "Why only the U.S. fought a war over slavery: Between hatred of the North and fear of black vengeance, the South resorted to arms", *The Chrstians.com, A Journal of Contemporary Christian History*, Jun 5, 2013, http://thechristians.com/? q=node/287. 登录时间2013年9月12日。
另见：David W. Blight, "The Civil War Isn't Over: 150 years after Robert E. Lee surrendered at Appomattox, Americans are still fighting over the great issues at the heart of the conflict", *The Atlantic*, Apr 8, 2015, http://www.theatlantic.com/politics/archive/2015/04/the-civil-war-isnt-over/389847/. 登录时间2015年4月23日。

笔者认为，奴隶贸易不仅解决了美国及其他西方国家对庞大劳动力的需求，而且也为美国带来了文化发展上的便利。如爵士音乐的诞生是美国文化的一个重要特征，它是在南北战争之前，从刚果来的奴隶每周日在新奥尔良"刚果广场"（位于现在的阿姆斯特朗公园）表演的非洲传统鼓乐和舞蹈基础上产生的。①

此外，在1807年美国禁止奴隶贸易之后，"流浪者号"在1858年从安哥拉（刚果王国）将约600名"奴隶货物"运到美国。1858年11月28日，"流浪者号"到达了乔治亚州的吉柯岛，并只交付了409名活着的奴隶。②

另外，刚果王国皈依基督教后，一些西方传教士也从事奴隶贸易。例如奥塔-本加（Ota Benga）的案例，这是一个来自刚果的"姆巴提"（Mbuti），即俾格米人，是由塞缪尔·菲利普斯·弗纳（Samuel Phillips Verner，一个"传教士"，后又自封企业家/探险家）带到美国的。在1906年9月，奥塔-本加在纽约布朗克斯动物园的猴舍被发现，正和一只猩猩分享他的空间。一首发表在《纽约时报》的诗宣称："为科学和广泛的人类的兴趣，奥塔-本加从他黑暗的祖国被带到了一个自由的国家。"③这种案例表明，美国对刚果人力资源的剥夺是通过奴隶制进行的，核心是种族主义。正如乔纳森·科尔（Jonathan Cole）写道，这是种族主义合法化的外国势力对非洲的征服。④

此外，历史已经证明，美国是建立在两大支柱基础上的：一是对美洲原住民的种族灭绝，二是对非洲人的奴役。犯下这两宗罪之后，美国宪法却标榜了所谓的"人人生而平等"的理念，因而犯了第三宗罪——虚伪的双重标准。从那时起，国际关系中的"双重标准主义"成为一个重要的功能或美国外交政策的支柱。从那时起，民主、人权和法治等原则，已成为美国利用来隐藏其真正意图的借口。

美国学者诺姆·乔姆斯基写道，1948年的国家重要文件（PPS23）证明

---

① Antonio J. García, "Jazz Education in New Orleans, Post-Katrina", *Jazz Education Journal*, Vol. 39, No. 3, December 2006.
② 来自维基自由百科全书，http://en.wikipedia.org/wiki/The_Wanderer_(slave_ship). 登录时间2013年9月12日。
③ Adam Hochschild, *King Leopold's Ghost*, p. 176.
④ Jonathan Cole, "The Congo question: Conflicting visions of independence", *Emporia States Research Studies*, Vol. 43, No. 1, 2006, pp. 26-37.

了这一事实。它是由世界新秩序的构建者之一、受人尊敬的政治家和学者乔治·凯南(George Kennan)撰写的。据凯南所述,美国政府的政策目标是保持"将美国巨大的财富从别人的贫穷中分离出来的悬殊地位"。为了实现这一目标,他建议:"美国应该停止谈论模糊和虚幻的目标,如人权、生活水平的提高和民主化,必须处理的是直接权力概念,同时又不妨碍自己理想主义的口号,如利他主义和对世界表示恩惠。"①

最后,笔者认为,从美国通过奴隶制对刚果人力资源进行剥夺到现在,美国对刚果(金)的政策,使美国在此过程中获取了远远超过刚果人民获得的"好处"。正如科林·利格姆写道:"西方领导人鼓吹他们在非洲的发展信念,但他们在刚果(金)的行为与这个目标并不一致。"②

第二节 美国在刚果殖民地的利益

19世纪80年代,美国的支持对比利时国王利奥波德在刚果(金)的统治起过重要的作用。然而,在刚果的比利时殖民主义被描述为在非洲大陆的最血腥的殖民暴政。它宣称推动"自由贸易"和消灭奴隶制,③但历史证明,自由贸易和奴隶没有被消灭,反而更加兴旺。与之相反,首屈一指的阿拉伯奴隶贩子蒂普·提普(Tippu Tip)在刚果东部(包括笔者的出生地)加入了利奥波德的刚果协会,成为董事会成员。④ 1876年,在"争夺非洲"的动力驱动下,欧洲列强贪婪地瓜分了非洲。⑤

当时,丰富的矿藏、粮食、橡胶的故事以及阿拉伯奴隶贩子们装着大量非洲奴隶的大篷车的传说,通过早期欧洲探险家的口口相传,成为欧洲上流

---

① Noam Chomsky, "Losing' the world: American decline in perspective, part 1", *The Guardian*, February 14, 2012, http://www.theguardian.com/commentisfree/cifamerica/2012/feb/14/losing-the-world-american-decline-noam-chomsky. 登录时间 2013 年 9 月 11 日。
② Colin Legum, *Congo Disaster*. Baltimore, Maryland: Penguin Books, Ltd, 1961, p. 9.
③ *The Internationalist*, "U. S. Was Godfather of Colonial Enslavement of the Congo!" September-October 1997, http://www.internationalist.org/USgodfather.html. 登录时间 2013 年 9 月 11 日。
④ Adam Hochschild, *King Leopold's Ghost*, pp. 130 – 131、154.
⑤ Alistair Boddy-Evans, "What Caused the Scramble for Africa? Why was Africa so rapidly colonized?" *About. com /African History Guide*, 2013, http://africanhistory.about.com/od/eracolonialism/a/ScrambleWhy.htm. 登录时间 2013 年 9 月 11 日。

社会每天的谈资。国王利奥波德拉拢这些探险家,包括苏格兰探险家弗尼·洛维特·卡梅伦(Verney Lovett Cameron),他是第一个从东到西横越整个非洲大陆的欧洲探险家。①

比利时国王创立了国际非洲协会(International African Association, IAA),自称对科学和人道主义的关切(慈善事业,或当时的某种"人道主义干预"和"保护的责任"):"让文明渗透到地球上还没有被渗透的唯一部分,刺破笼罩人民的黑暗,遏制奴役的恐怖,铲除野蛮——文明愿意看到这一切的消失。这恐怖使每年成千上万的受害者被屠杀……更多完全无辜的人被残忍地俘虏,并被集体强迫劳动……这都使我们的时代脸红。这是这个世纪的进步运动。"②

然而历史证明,正是同一个国王,不久之后自己在这片被土地上引入了强迫劳动机制,规模之大令人侧目,直到希特勒的出现。刚果国家从此被蓄意和系统地建立在奴隶劳动之上。③ 而且,美国不能将自己从在刚果发生的反人类罪和种族灭绝(当时和现在)罪行中开脱出来,因为其在刚果(金)的利益与欧洲列强的是一致的(当时和现在)。

事实上,美国总统格罗弗·克利夫兰(Grover Cleveland)曾致信利奥波德国王,表达了美国在"广大地区致力于陛下的英明建设"的"浓厚兴趣"。他夸口说,美国是"第一个在西方列强中承认新国家国旗的国家"。不久,强迫劳动被大规模引入,以确保象牙、棕榈油和橡胶的出口。美国通过柏林会议获得了平等瓜分战利品的权利。一家美刚公司随之成立,它服务于古根海姆、摩根和洛克菲勒等财阀的利益,不惜通过给非洲人口带来普遍的灾难以确保高领域金融资本的总体满意度。④

然而,在利奥波德国王的统治下,刚果(金)成了一个犯罪现场。⑤ 成千上万的受害者因为没有满足象牙或橡胶的配额(当时欧美新生的汽车工业

---

① Adam Hochschild, *King Leopold's Ghost*. London: Papermac/Macmillan Publishers Ltd, 2000, p.53.
② Ibid., p.42
③ Ibid., p.188.
④ *The Internationalist*, "U. S. Was Godfather of Colonial Enslavement of the Congo!" September-October 1997, http://www.internationalist.org/USgodfather.html. 登录时间 2013 年 9 月 11 日。
⑤ Arthur Conan Doyle, *The Crime of the Congo*. London: Hutchinson & Co., 1909.

对此需求极大)——参见表1—2——而被砍掉双手,他们的妻儿则成为人质。每年有成千上万人饿死、被屠杀,以至于刚果(金)成了一个大屠场。在此期间,死于非洲种族灭绝的人数约有 1000 万—1.2 亿①,直到国际舆论越发反感并迫使比利时人采取行动反对他们的国王。他的罪行使时代为他脸红(见表2)。②

表2 从刚果(金)自由邦出口象牙和橡胶到美国等国家的数量和价值(1896—1901)

年	出口的象牙的数量(公斤)	出口的象牙的价值(比利时法郎)	出口的橡胶的数量(公斤)	出口的橡胶的价值(比利时法郎)
1896	191316	3826320	1317346	658673000
1897	245824	4916480	1662380	831190000
1898	215963	4319260	2113465	1585098750
1899	291731	5834620	3746789	2810091750
1900	262665	5253300	5316534	3987400500
1901	289912	5798240	6022733	4396595000

来源:Isidore Ndaywel è Nziem, *Histoire générale du Congo: De l'héritage ancien à la République Démocratique du Congo*, Paris et Bruxelles: De Boeck & Larcier S. A, 1998, p. 332.

刚果学者和历史学家伊西多尔·恩达耶尔·恩济爱马(Isidore Ndaywel e Nziem)估计,1880—1908 年间,约有 1300 万刚果人丧生。③ 英比合资的阿比尔橡胶公司是第一家在刚果(金)割取野生藤蔓收集橡胶的企业。④ 没有产出必要配额的村庄被烧毁,在白人军官的命令下,士兵们收集人手评功摆好,并表明子弹没有白费。最高纪录是一天之内就有 1308 只手被砍掉。⑤

这些白人军官都是由利奥波德雇佣的德国雇佣军,都参加过 19 世纪 70

---

① *The Internationalist*, "U. S. Was Godfather of Colonial Enslavement of the Congo!" September-October 1997, http://www.internationalist.org/USgodfather.html. 登录时间 2013 年 9 月 11 日。
② Colin Legum, *Congo Disaster*. Baltimore, Maryland: Penguin Books, Ltd, 1961, p. 15.
③ Isidore Ndaywel è Nziem, *Histoire générale du Congo: De l'héritage ancien à la République Démocratique du Congo*. Paris et Bruxelles: De Boeck & Larcier S. A, 1998, p. 344.
④ Frans Buelens and Stefaan Marysse, "Returns on the investments during the colonial era: the case of Congo", Discussion Paper, Institute of Development Policy and Management, University of Antwerp, July 2006, p. 10.
⑤ 讽刺地,国王利奥波德年代与卡洛琳(前法国妓女)的第二个孩子天生具有变形的手!见:Adam Hochschild, *King Leopold's Ghost*, pp. 224—226.

年代的普法战争。他们喜欢鞭打刚果人,有时甚至会将人打死。他们使用的是 chicotte(葡萄牙语意为鞭子)或 Fimbo,这种鞭子用干河马皮制成,并镶有钉子,用于抽打受害人裸露的臀部,打击会留下永久的疤痕。

官员证明自己业绩的方式就是将断手带回驻地。当被问到有多少人在他任内死于奴隶劳动时,巴林加(Baringa,赤道省)的当地酋长只是指了指沙子,意思是不计其数。① 英籍波兰作家约瑟夫·康拉德在他的小说《黑暗的心》中描述了他是如何震惊于白人在刚果(金)的贪婪和残暴。小说的主要人物是一名比利时军官库尔兹先生,其原型名为莱昂·罗姆(Leon Rom)。据称他曾将一排非洲人的头颅展示在他花园的周边。②

当英国人无情地将控制区域从好望角延伸到开罗,法国人也在西非竞相设立据点时,在刚果河的北岸,殖民瓜分的迟到者(德国、比利时和美国)加入了角逐,并要求在1884—1885年的柏林会议上划分战利品的份额。为了抢在对刚果(金)有野心的列强尤其是葡萄牙前面,利奥波德国王派遣英美探险家亨利·莫顿·斯坦利来到刚果(金),打着国际非洲协会的旗号(旗上在蓝色背景下绘有两颗金星),与非洲部落首领签订条约开辟占领道路。③

1885年2月26日,通过柏林协议,欧洲列强瓜分了非洲。利奥波德国王获得了刚果(金)的主权,并很快建立了他个人的殖民地——"刚果自由邦",通过奴隶劳动无情地剥削其丰富的自然资源。英国人弗朗西斯·德·温顿爵士则成为刚果自由邦的首任行政长官。④

美国也对比利时对刚果(金)的野心表示了支持,承认利奥波德国王的IAA,一家披上了主权国家外衣的私人公司。⑤ 为了资助他在刚果(金)的私人公司,利奥波德从美国的大银行家如罗斯柴尔德(Rothschilds)家族获得

---

① Peter Bate, "Congo: White King, Red Rubber, Black Death", *BBC4 - Storyville*, February 24, 2004, http://www.bbc.co.uk/bbcfour/documentaries/storyville/congo.shtml. 观看于2013年9月11日。
另见, Mark Dummett, "King Leopold's legacy of DR Congo violence", *BBC News*, February 24, 2004, http://news.bbc.co.uk/2/hi/africa/3516965.stm. 登录时间2013年9月11日。

② Adam Hochschild, *King Leopold's Ghost* . London: Papermac/Macmillan Publishers Ltd, 2000, p. 140—149.

③ Ibid. ,p. 63—72.

④ Emizet Francois Kisangani and F. Scott Bobb, *Historical Dictionary of the Democratic Republic of Congo*. *Historical Dictionaries of Africa*. NO. 112. Toronto: The Scarecrow Press, 2010, p. 35.

⑤ *The Internationalist*, "U. S. Was Godfather of Colonial Enslavement of the Congo!" September-October 1997, http://www.internationalist.org/USgodfather.html. 登录时间2013年9月11日。

了巨额贷款,并通过出售债券赚了一些钱,其中一些出售给了天主教会,以"鼓励基督话语的传播"。①

美国驻比利时大使的亨利·桑福德将军起到了非凡的作用,促使美国支持利奥波德的刚果创业。他游说并得到了美国总统切斯特·阿瑟(Chester Arthur)决定承认国际非洲协会的旗帜的有效性,支持"商业自由的利益",即使它是由一个纯粹的私人商业协会组成,而不是由一个主权国家。他辞去美国大使之后,加入了利奥波德的企业的董事会作为股东。②

科林·利格姆透露,柏林会议于1884年11月15日开幕,一直持续到1885年2月26日,专门解决"刚果问题"。像一个美丽的女人,刚果(金)是成为众多追求者竞争的中心,欧洲列强法国和德国在一边,英国和葡萄牙为另一方,每一个欧洲国家都寻求取得最大可能的控股。③

柏林会议作为一个试图解决刚果(金)有限的问题终于结束了,在14个欧洲列强④之间达成总协定,即认识到在非洲的彼此权利。这就成为在非洲的殖民列强的大宪章。柏林会议的主持人、德国首相奥托·冯·俾斯麦宣称:"这里所有被邀请的政府都分享相同的愿望,是把非洲的土著与文明都联系起来,为贸易开放该大陆的内部,为提供给当地人用指令的手段,为鼓励基督徒的使命和企业,这样可以传播有用的知识,并且为奴隶制的抑制铺平道路,特别是黑人奴隶贸易。"⑤

当所有在场的西方大国达成协议,签署关于刚果(金)《柏林会议总议定书》,"刚果问题"就了结了。决定是:"在刚果,所有的西方大国平等的访问和权限",从而使刚果(金)作为一个"自由贸易区领域",那里所有的欧洲列强会自由地去利用它。刚果(金)以此保持这样的"自由贸易区域"。⑥

---

① Adam Hochschild. *King Leopold's Ghost*. London: Papermac/Macmillan Publishers Ltd, 2000, pp. 91—92.
② Colin Legum, *Congo Disaster*. Baltimore, Maryland: Penguin Books, Ltd, 1961, p. 19.
③ Jean Stengers, *Congo, Mythes et réalités*. Bruxelles: Éditions Racine, 2007, p. 63.
另见: Derwent Whittlesey, "British and French Colonial Technique in West Africa", *Foreign Affairs*, January 1937 Issue, http://www.foreignaffairs.com/articles/69702/derwent-whittlesey/british-and-french-colonial-technique-in-west-africa. 登录时间2015年4月27日。
④ 德国、奥地利、比利时、丹麦、西班牙、美国、法国、英国、意大利、荷兰、葡萄牙、俄罗斯、瑞典和挪威以及土耳其。
⑤ Colin Legum, *Congo Disaster*. Baltimore, Maryland: Penguin Books, Ltd, 1961, p. 20.
⑥ American Society of International Law, "General Act of the Conference of Berlin Concerning the Congo", *The American Journal of International Law*, Vol. 3, No. 1, Jan., 1909, pp. 7-25.

科林·利格姆写道,美国驻柏林大使和美国代表参加会议的约翰·卡森巧妙地利用亨利·莫顿·斯坦利的美国公民来证明美国对刚果(金)的请求权。在他的柏林会议的开幕发言中,卡森对利奥波德和他的团队杰出同僚所使用方法的成功表明,刚果殖民事业有利于美国。卡森表示:

> 这是美国政府的真诚愿望,这些发现应该被用于原生种族的文明,以及奴隶贸易的废除,并及早采取行动,以避免国际冲突,该冲突可能是从在突然暴露于贸易和企业的广阔的地区收购特权的过程中会发现。如果哪个国家可以综合反对侵略,并且所有对象上的特权保存,这样的安排,应该是美国政府的意见,以确保总体满意度。①

美国驻比利时大使亨利·桑福德(Henry Stanford)明确声称他的国家对该"野蛮地区"的权利,正如他所说,该地区是由美国公民的亨利·莫顿·斯坦利发现的。事实上,已是比利时国王雇员的斯坦利也作为美国代表团的技术顾问参加了柏林会议。桑福德表示:

> 首先,美国公民斯坦利先生发现了这片区域。所以在理论上可以假定,某些权利可以被认为已被美国所拥有。另一位美国公民(即桑福德本人)从一开始就作为国际非洲协会执行委员会成员在这个野蛮的地区建立了这个未来的国家,也为他的祖国美国保障了某些权利。美国政府已正式承认其主权,从而为其公民在中部非洲的这一大片土地上获得了权利和特权。②

谈到自己的作用和动机,桑福德大使概述了美国在刚果创业的利益:自由贸易和非洲人后裔的安置:

> 它不会成为我所提到的事务的一部分。我只想说,随着事态的进展,自国际非洲协会成立以来,我通过积极参与协会的工作,留下了最深的印象。这广袤的地区是在利奥波德国王的宽宏大量下为广播文明的影响而开放的,它为我们的商人和传教士,尤其是我们的有色

---

① Colin Legum, *Congo Disaster*. Baltimore, Maryland: Penguin Books, Ltd, 1961, p. 24.
② Ibid.

人种公民的企业提供了自由创业的机会。但眼下危险仍然存在,特别是从事这项工作的我国公民斯坦利先生和他的助手极易被视为海盗,因为他们的旗帜并不是一个国际认可的标志,这就是驱使我同时向相关方和总统提出交涉,使得我国政府正式承认其主权的另一个原因。①

亨利·桑福德有价值的服务,帮助催生了在非洲的殖民主义的一大异类——刚果自由邦。② 随着刚果殖民地的建立,利奥波德国王允许桑福德大使收集刚果(金)的象牙和其他产品,以及刚果搬运工、建筑和船运,作为"桑福德刚果探险"的一部分。但是,国王并没有贯彻他的全部承诺,自掏腰包为利奥波德的"刚果自由邦"游说的桑福德最终倾家荡产在愤懑中死去。③ 当然这不是我们所关心的重点。我们关注的是证明刚果自由邦是由美国支持的人类历史上最暴虐的政权之一,以至于在1908年,在其残酷的殖民政权受到压倒性的全球抗议后,利奥波德被迫将其私人殖民地移交给比利时政府,自此刚果正式成为一个比利时的殖民地,被称为"比属刚果"。这就是我们所说的"比利时解决刚果问题"。

这里列举的其他主要因素包括:(1) 对葡萄牙产品的抵制,因为其在非洲使用强迫劳动(特别是收获可可豆)。这一活动由英国慈善人道主义者领导;(2) 主要西方列强在富有自然和矿产资源的刚果(金)的竞争再次浮出水面。法国和德国都渴望瓜分富饶的刚果(金)。美国总统罗斯福也暗示,他愿意参加在英国召开的国际会议,以讨论"刚果(金)的命运"。④

除了非裔美国记者和历史学家乔治·华盛顿·威廉姆斯(George Washington Williams)以外,当时没有其他任何人主张"刚果(金)的解决方案"应是刚果(金)的自治。在此之前,威廉姆斯采访了非洲人,询问了他们在征服者统治下的经历,还采访了利奥波德国王本人。他主张刚果(金)"当

---

① Colin Legum, *Congo Disaster*. Baltimore, Maryland: Penguin Books, Ltd, 1961, p. 24。
② Lysle E. Meyer, "Henry Stanford and the Congo: A reassessment", *African Historical Studies*, 1971, Vol. 4, No. 1, pp. 19-39。
③ Adam Hochschild, *King Leopold's Ghost*. London: Papermac/Macmillan Publishers Ltd, 2000, pp. 91—93。
④ Ibid., pp. 103-113,257。

地自治"。①

当刚果（金）成为"比属刚果"，当地的奴隶劳动状况变得更加糟糕，主要因素是：(1) 比利时不得不偿还国王先前累积的所有债务，后者通过从美国银行大量借贷以实现他的"刚果自由邦"项目。还贷的钱必须来自刚果（金）。美国学者霍克希尔德引用比利时外交家和历史学家朱尔斯·马卡尔（他花了20年研究刚果来自的强迫劳动情况）的研究证明，所有这些资金都不是来自比利时的纳税人，而是从刚果本地通过强迫劳动榨取的；②(2) 若没有刚果（金）的强迫劳动，西方世界特别是比利时不可能赢得两次世界大战并加速经济复苏。事实上，随着第二次世界大战的开始，在刚果（金）的法定最高劳动时间增加到每人每年120天。③

圭亚那学者和历史学家沃尔特·罗德尼（Walter Rodney）在其《欧洲如何使非洲欠发达》一书中引用罗伯特·戈丁（Robert Godding）的话说，比利时流亡的政府在二战期间仍与刚果占领当局直接联系。书中记录：

> 在战争期间，刚果（金）能够资助比利时政府在伦敦的所有支出，包括外交服务费用，以及我们军队在欧洲和非洲的总军费，共计40万英镑（64.176万美元）。事实上，在刚果（金）的资源支撑下，在伦敦的比利时流亡政府没有借一先令或一美元，而比利时的黄金储备也得以保持稳定。④

所有主要西方列强也从刚果（金）的殖民剥削中受益，包括英国和美国。正如科迪拉·滕迪卡（Kodila-Tedika）和富兰克林·基安义马·穆特巴（Francklin Kyayima-Muteba）写道，虽然比利时仍然是比属刚果（金）的主要合作伙伴，但是，无可否认的事实是，在1946年至1956年之间，比属刚果的贸易伙伴得到了多样化，特别是与美国的直接交易。⑤

---

① Adam Hochschild, *King Leopold's Ghost* . London: Papermac/Macmillan Publishers Ltd, 2000, p. 258.
② Ibid. , p. 259.
③ Ibid. , p. 279.
④ Walter Rodney, *How Europe Underdeveloped Africa*. London: Bogle-L'Ouverture Publications, 1972, p. 188.
⑤ Oasis Kodila-Tedika and Francklin Kyayima-Muteba, "Sources of Growth in DRC before Independence: A cointegration analysis", *Munich Personal RePEc Archive*, September 19, 2010, http://mpra. ub. uni-muenchen. de/39922/1/MPRA_paper_39922. pdf, consulted on September 19, 2013.

殖民时期,美国通过刚果(金)巨大的自然财富获得了战略利益,使用刚果矿山生产的铀制造了世界上第一批核武器——投放在广岛和长崎的原子弹。制造这两颗原子弹超过 80% 的铀来自刚果南部加丹加省戒备森严的希科洛布韦(Shinkolobwe)矿山。[1] 盟军还需要更多的橡胶为成千上万的军用卡车、吉普车和战机保养轮胎,刚果人民再次受到橡胶奴隶劳动的压迫。[2] 因此,毫无疑问可以得出结论:没有刚果(金)的铀矿、工业用钻石和其他天然矿物资源作为武器制造原料,同盟国也很难赢得第二次世界大战(见表3)。很多学者,如亚尼内·法瑞尔-罗伯特(Janine Farrell-Robert)已经对这一事实进行了广泛的研究。[3]

表3　比属刚果铀矿石的出口(吨)

年	1940	1941	1942	1943	1944
出口量	1.089	——	1.100	8.287	7.969

来源:Paul Angoulvent, "La situation économique en Belgique", *Persée/Etudes et Conjoncture-Economie Mondiale*, Vol. 3 N0.3, 1948, pp. 151 – 220.

Force Publique 或"公共力量"是自 1885 年由利奥波德国王在刚果(金)成立的一支殖民军,作为他的私人军队,由白人军官和刚果步兵组成。在"公共力量"效力的刚果步兵常常被命令对他们的刚果同胞施以暴行。

然而,在第一次世界大战特别是 1916 年和 1917 年的东非军事行动中,协约国不得不依靠"公共力量"打败德属东非(坦噶尼喀)的德国殖民军。进入塔波拉后,"公共力量"经过激烈的战斗,获得了辉煌的胜利。战争结束后,由于"公共力量"在东非的英勇作战,国际联盟奖励了比利时,将前德国殖民地卢旺达-乌隆迪转让给了后者。

"公共力量"也参加了盟军在非洲其他地区的军事行动。在二战期间,"公共力量"在阿比西尼亚的法拉杰、阿索萨、甘贝拉和赛欧都击败了意大利

---

[1] Jonathan Helmreich, "The negotiation of the Belgian Uranium Export Tax of 1951", *Revue belge de philologie et d'histoire*, Vol. 68, No. 2, pp. 320 – 351.
[2] Adam Hochschild , *King Leopold's Ghost*, p. 279.
[3] Janine Farrell-Robert, *Glitter & Greed*:*The Secret World of the Diamond Cartel*. New York:The Disinformation Company Ltd, 2007.

殖民军。① 在非洲、亚洲和中东（罗得西亚、阿比西尼亚、尼日利亚和缅甸等）的各种军事行动中，"公共力量"为抗击法西斯纳粹势力付出了沉重的代价。他们已经被遗忘了。②

第三节 刚果独立时期至冷战结束前后的资源掠夺

刚果独立运动领袖帕特里斯·卢蒙巴强有力的独立日讲话是对刚果殖民统治的一个很好的评估：这是一个不公正、充满压迫和剥削的制度。③

刚果学者乔治·恩荣格拉-恩塔拉耶认为，随着第二次世界大战的结束和冷战的爆发，美国及其西方盟国不愿意让非洲人对自己的战略原材料进行有效地控制，担心这些资源落入敌方即苏联阵营之手。④ 埃贝尔·尼奥巴尼（Ebere Nwaubani）说，在20世纪50年代，因为欧洲经济的复苏和繁荣以及美国原材料需求的上升，非洲作为地缘战略地带变得更加重要。此外，苏联的影响必须得到遏制。⑤ 尼奥巴尼对美国介入撒哈拉以南非洲的研究——从富兰克林·罗斯福（Franklin Roosevelt）到约翰·肯尼迪（John Kennedy）——是基于最近解密的材料。⑥

罗斯福政府被其所谓的"殖民地宪章"封装的"强烈的和持续不断的反对殖民主义"，正如福斯特·瑞亚·杜勒斯（Foster Rhea Dulles）和杰拉尔

---

① 来自维基百科自由百科全书，"Belgian Congo"，http://en.wikipedia.org/wiki/Belgian_Congo. 登录时间2013年9月10日。
② Hugues Dorzée, "Nos vétérans congolais spoliés et oubliés de l'histoire", *Le Soir*, 3 avril 2013, http://www.lesoir.be/218519/article/actualite/belgique/2013-04-02/nos-veterans-congolais-spolies-et-oublies-l-histoire. 登录时间2013年9月18日。
③ Antoine Roger Lokongo, "Patrice Lumumba's relevance", *Pambazuka News*, Issue 163, January 16, 2013, http://pambazuka.org/en/category/features/85969. 登录时间2013年9月21日。
④ Georges Nzongola-Ntalaja, "Patrice Lumumba: the most important assassination of the 20th century", *The Guardian*, January 17, 2011, http://www.theguardian.com/global-development/poverty-matters/2011/jan/17/patrice-lumumba-50th-anniversary-assassination. 登录时间2013年9月19日。
⑤ Ebere Nwaubani, "The United States and the Liquidation of European Colonial Rule in Tropical Africa, 1941—1963", *Cahiers d'études africaines*, Vol. 171, 2003, pp. 505 - 551, http://etudesafricaines.revues.org/214. 登录时间2013年9月23日。
⑥ Ebere Nwaubani, *The United States and Decolonization in West Africa, 1950—1960*. New York: Rochester University Press, 2001, pp. 59 - 66.

德·莱丁格（Gerald Ridinger）所说①，只是一种"错视画"的策略。托马斯·诺尔（Thomas Noer）说，美国领导人认为独立的殖民地不仅有害于西欧的经济复苏和反苏联盟，而且认为这"会导致无法抵御莫斯科的渗透和对弱国的颠覆"②。

乔纳森·科尔（Jonathan Cole）称，有必要超越冷战阴谋的层面看到，对艾森豪威尔政府的官员而言，和其他任何非洲国家相比，刚果（金）的独立对美国在非洲大陆的利益来说是一个严重的威胁，特别是在卢蒙巴阐述的非洲愿景中。③

科尔引用马德琳·卡尔布（Madeline Kalb）④和斯蒂芬·韦斯曼（Stephen Weissman）⑤这两位美国外交政策学者的研究，强调了以下两个方面：

一方面，如卡尔布所言，在阻止共产主义的干预方面，美国在刚果（金）的政策取得了巨大成功。约瑟夫·蒙博托将军在1963年的掌权崛起标志着美国遏制苏联在刚果威胁的胜利。⑥

另一方面，中情局扶植蒙博托之后，韦斯曼对美国干预刚果（金）批评更加强烈。他认为，美国的政策夸大了苏联干预的威胁，其代价是牺牲了一个更加民主的由非洲人自我主导国家建设的政府。⑦ 换句话说，就是不让刚果（金）基于自己的文化和传统找到适合自己的政治和经济发展路径。在《非洲战场：在刚果（金）的冷战（1960—1965）》一书中，莉莎·纳米卡斯（Lise Namikas）认为，西方和共产主义的意识形态之争，代表了西方列强在一种教

---

① Foster Rhea Dulles and Gerald E. Ridinger, "The Anti-Colonial Policies of Franklin D. Roosevelt", *Political Science Quarterly*, Vol. 70, No. 1, March 1955, pp. 1–18.
② Thomas Noer, *Cold War and Black Liberation: The United States and White Rule in Africa: 1948—1968*. Columbia: University of Missouri Press, 1985, 17, 64, 70.
③ Jonathan Cole, "The Congo question: Conflicting visions of independence", *Emporia States Research Studies*.
④ Madeline Kalb, *The Congo Cables: The Cold War in Africa—From Eisenhower to Kennedy*. New York: Macmillan Pub Co, 1982.
⑤ Stephen Weissman, *American Foreign Policy in the Congo, 1960—1964*. New York: Cornell University Press, 1974.
⑥ Madeleine Kalb, *The Congo Cables: The Cold War in Africa—From Eisenhower to Kennedy*. New York: Macmillan Pub Co, 1982, p. 373.
⑦ Stephen Weissman, *American Foreign Policy in the Congo, 1960—1964*, p. 95.

条支配下对这个国家的理解——或者更常见的是误解。①

最怕失去在刚果利益的是英国。20世纪60年代,在独立后的刚果(金)处于危机之中时,杜浩特加丹加矿业联盟的股东查尔斯·沃特豪斯爵士(Sir Charles Waterhouse)曾尝试说服当时的英国外交部部长约翰·普罗富莫(John Profumo),支持由摩西·冲伯(Moise Tshombe)领导的加丹加省分离运动。英国非常担心在罗得西亚出现"卢蒙巴效应"。② 摩西·冲伯本人是由英国培养的刚果(金)第一个卫理公会牧师。

据比利时学者鲁德·维特(Ludo De Witte)的解释,1961年1月17日卢蒙巴遇刺是西方干预刚果(金)的高潮。他补充道,布鲁塞尔、华盛顿和纽约(联合国)都害怕卢蒙巴——或者更确切地说,他们害怕由卢蒙巴化身和领导的反殖民运动。他的个人魅力和对刚果人民群众的团结、他的激进的承诺,以及他坚定的原则,在西方战略家眼里,都代表了一种"深水炸弹"。他们确信卢蒙巴和他的民族主义运动将使新殖民主义的复苏和延续变得非常困难。③

1965年,随着由中央情报局支持的蒙博托政变的成功,美国"在非洲把更多服从性的领袖扶上台"的策略成功了。尽管过去的刚果自由邦和比属刚果已更名为刚果民主共和国,美国和欧洲还是在长达32年的时间里确保了对刚果(金)的矿产资源的持续性剥夺。④ 蒙博托的崛起带来了一个有利于美国的政治稳定局面。实际上,美国在扎伊尔总统办公室安插了一个投资顾问团队。⑤

然而,随着苏联的解体和冷战的"结束",蒙博托对美国人来说已不再"有用"了。1996年4月,美国国会通过了一项决议,呼吁蒙博托下台。⑥ 到

---

① Lise Namikas, *Battleground Africa*: *Cold War in the Congo*(1960—1965). Lyndhurst, New Jersey: Barnes & Noble, 2012.
② David Gazi, *Zimbabwe's Colonial Legacy*: *Racism and the Land Question*. London: Tiger Publishing, 2004, p. 115.
③ Ludo De Witte, *L'Assassinat de Lumumba*, Paris: Karthala, 2000, p. 121.
④ Vincent Gelas, "Il y a cinquante ans: 17 janvier 1961, dans l'ex-Congo Belge L'assassinat de Patrice Lumumba", *Lutte Ouvrière*, No. 2217 du 28 janvier 2011.
⑤ Stewart Smith, *U. S. Neocolonialism in Africa*. New York: International Publishers, 1974, p. 91.
⑥ Ellen Ray, "U. S. Military and Corporate Recolonization of the Congo", *Covert Action Quarterly*, No. 69, Spring-Summer 2000.

南非拜访曼德拉的美国国务卿詹姆斯·贝克(James Baker),由他的"非洲先生"赫尔曼·科恩(Herman Cohen)陪同,于1990年3月曾在金沙萨作中途停留。他告诉蒙博托,美非关系的新时代即将开始,未来将没有蒙博托及其同党的位置。①

为了不让一种叛逆的、公开敌视西方利益的力量发展,美国希望带来通过支持由洛朗·德西雷·卡比拉领导的叛军进行一种可控的变革。② 事实上,比尔·克林顿总统派遣当时的美国常驻联合国代表比尔·理查森(Bill Richardson)坦率地要求蒙博托下台。③ 美国没有永远的朋友,只有永远的利益。

一个个权力游戏接踵而来。卡比拉让西方国家相信,通过协助革命军队推翻蒙博托,他们将有机会获得一个更稳定的开发矿产的机会。事实上,为保证某些跨国公司的特权,以便在卡比拉革命成功之后获得刚果(金)的矿产财富,据说一些前期合同已早早签订(包括柏克德公司、美国矿场公司、英美公司、南非简科有限公司、巴里克黄金公司等)。④ 美国甚至动员卢旺达和乌干达军队协助推翻蒙博托。⑤

然而,甫一在金沙萨安定下来,卡比拉便来了一个大转变,违反了所有蒙博托与西方跨国矿业公司签订的合同,甚至包括他自己与美国和南非的矿业公司签署的合同(包括当他还是叛军首领的时候签署的)。卡比拉认为,作为一个反抗运动领袖的时候,他签署的矿业合同不具合法性,并且要求:如果外国矿业公司希望获得采矿合同,它们应该为未来几十年的利润先期支付税款。卡比拉也违背了蒙博托已经签约的140亿美元的债务,这激怒了国际货币基金组织和世界银行。当西方列强意识到,洛朗·卡比拉"不是

---

① Helmutz Strizek, "Central Africa – 15 years after the Cold War: The International involvement", *Internationales Afrikaforum*, Vol. 40, No. 3, September 2004, pp. 273 – 288.
② Baffour Ankomah, "How America ran, and still runs, the Congo war: America's covert activities in the Great Lakes Region exposed!" *New African*, September 2001, http://www.africasia.com/archive/na/01_09/cover1.htm. 登录时间 2012 年 9 月 21 日。
③ Ludo Martens, *Kabila et la révolution congolaise: panafricanisme ou néocolonialisme?* Anvers: Editions EPO, 2002, pp. 222 – 223.
④ Dani Nabudere, "Conflict Over Mineral Wealth: Understanding theSecond Invasion of the DRC", *Institute for Global Dialogue (IGD)*, *Occasional Paper*, No. 37, 2003, pp. 40 – 66.
⑤ Antoine Roger Lokongo, "The Suffering of Congo", *New African*, September 2000, http://www.africasia.com/archive/na/00_09/cover_story_congo.htm. 登录时间 2012 年 9 月 21 日。

一个可与之做生意的人",他们就想出了另一个政权更迭的策略。于是,他们利用乌干达、卢旺达和布隆迪的代理人军队(南非也在一定程度上充当了这一角色)①,使刚果(金)陷入了漫长而血腥的战争,并且夺去了800万名刚果人的生命。2001年1月16日,卡比拉总统最终被暗杀,且几乎与卢蒙巴在同一日期和相同的情况下遇害(1961年1月17日)。卡比拉的儿子约瑟夫·卡比拉继任总统。

  在他担任总统之初,在父亲洛朗·卡比拉被暗杀的情况下,约瑟夫·卡比拉决定转向西方。相比之下,老卡比拉作为总统进行的前十次出国访问都仅仅是在非洲大陆境内,随后西方国家认为"不可接受的"事情便发生了。老卡比拉没有去华盛顿、巴黎和布鲁塞尔"购买"另一种合法性,而是在1997年12月14日飞到了中国。② 实际上,比利时记者和非洲大湖地区事务专家考莱特·布拉科曼(Colette Braeckman)认为,在他的父亲因不受西方列强喜欢而被暗杀后,约瑟夫·卡比拉赢得2006年选举的部分原因,是从2002—2006年,他适度地与西方列强玩起了一种"让人放心"的游戏。他对外国投资者颁布了一个非常开放和自由的矿业法;他承诺进行国有企业的私有化,并保证国际委员会(the International Committee in Support of the Transition or CIAT)提出的所有要求会得到满足。③

  举例来说,美国的麦克莫兰自由港公司(Freeport MacMoran),在位于加丹加省滕凯·丰古鲁梅(Tenke Fungurume)的世界上最大的铜矿和钴矿储备带上进行开采作业。在这个项目中,刚果国家持股不超过20%。一些企业,如加拿大的BANRO公司,在刚果东部的南基伍省和马尼埃马省持有独资的私人金矿开采特许权(矿区面积几乎与法国领土面积相当)。④ 实际

---

① Chris Talbot, "The Congo: Unanswered questions surround Kabila's assassination", *World Socialist Website*, January 25, 2001, http://www.wsws.org/en/articles/2001/01/cong-j25.html. 登录时间2012年9月21日。
② Ludo Martens, *Kabila et la révolution congolaise: panafricanisme ou néocolonialisme?* Anvers: Editions EPO, 2002, pp. 88-94.
③ Colette Braeckman, "Comment les Américains suivirent le match Kabila-Kamerhe", *Le Soir*, 6 février 2011, http://blog.lesoir.be/colette-braeckman/2011/02/06/comment-les-americains-suivirent-le-match-kabila-kamerhe/. 登录时间2012年9月21日。
④ Antoine Roger Lokongo, "A lecture tour without a real Q&A session", *Pambazuka News*, Issue 638, July 10, 2013, http://www.pambazuka.org/en/category/features/88186. 登录时间2012年9月21日。

上,比利时独立研究者拉夫·卡斯特(Raf Casters)在《原材料猎人》(*Chasseurs de matières premières*)一书中清楚地描述了美国和加拿大政府如何通过各种可资利用的压力和干扰手段来捍卫自己的超大矿业公司的利益,如麦克莫兰自由港公司和第一量子矿业集团(First Quantum Mining Group)等。①

2006年的选举后,当约瑟夫·卡比拉向西方国家寻求援助时,后者却明确表示,尚有其他事情需要完成。也许对约瑟夫·卡比拉来说,这是个警示。在纽约时报的一次专访中,约瑟夫·卡比拉本人解释,他转向中国寻求帮助是因为他对西方的空头支票很失望。②

全球金融机构如国际货币基金组织、世界银行和巴黎俱乐部的债权国都向约瑟夫·卡比拉施压,逼迫其放弃中刚投资协议,即中刚矿业有限责任公司(Socomin Limited Liability Company)或中刚矿业协议——这是一家总部设在北京的合资公司,参与方包括刚果国国家矿业总公司(Gecamines)和一批中国国有企业——作为刚果(金)得到债务减免的条件。中刚矿业协议最终从90亿美元下调至60亿美元,因为国际货币基金组织担心刚果(金)在清偿目前的债务的同时将无法承担额外的债务。③

正如彼得·昂格勒贝(Peter Englebert)写道,毫无疑问,外国的侵略、跨国和非正式行动网络对刚果自然资源的剥夺,以及与外国利益勾连的众多国内叛乱活动,④都构成了刚果(金)不发达的外部因素,这导致了深刻的思想殖民化,以及对刚果人民心理的腐蚀。此外,内部因素也不可忽视,如政治赞助、新家长作风、侍从主义、事务主义、部落主义、裙带关系、盗贼统治、专制等,简言之,这构成了刚果国家的弱点,尤其是刚果政治精英的贪婪,蒙

---

① Raf Custers, *Chasseurs de matières premières*. Bruxelles: Éd. Investig'action, Couleur Livres, 2013, chapitre 7.
② Jeffrey Genttleman, "An Interview with Kabila", *New York Times*, April 3, 2009, http://www.nytimes.com/2009/04/04/world/africa/04kabilatranscript.html? pagewanted=all. 登录时间 2012 年 9 月 21 日。
③ Stephen Barboza, "Congo's ＄6bn China accord: deal of the century or Africa's 'Great Chinese Takeout'?" *TradeMark Southern Africa*, March 2, 2011, http://www.trademarksa.org/node/3894. 登录时间 2012 年 9 月 21 日。
④ Pierre Englebert, "Why Congo Persists: Sovereignty, Globalization and the Violent Reproduction of a Weak State", Paper written for the Queen Elizabeth House Carnegie Project on "Global Cultural and Economic Dimensions of Self-Determination in Developing Countries.", Queen Elisabeth House Working Paper Series No. 95, Oxford, 2003.

博托就是一个典型。

然而，那些总是把人民利益放在第一位的刚果领导人总会与西方陷入麻烦。当卢蒙巴认为没有经济独立的政治独立是没有什么意义的时候，他与西方列强陷入了麻烦，因为后者计划在刚果独立后依然双手紧握刚果（金）的财富。当洛朗·卡比拉独立于西方列强制订了自己的国家重建计划，并为实施这一计划而转向中国时，他也与西方列强陷入了麻烦。

事实上，刚果领导人转向"传统的西方伙伴"之外的其他合作伙伴，是因为他们需要帮助，而患难之友才是真正的朋友，这并不意味着一定要让东风压倒西风。约瑟夫·卡比拉转向西方后，刚果（金）几乎濒临破产的边缘。刚果（金）的外汇储备在2008年4月已超过2.25亿美元，次年2月初就已下跌至3600万美元。[1]

第四节　本章结论

笔者认为，虽然刚果人民不能忽视比利时殖民时期为刚果（金）带来的积极变化，包括基础设施（如铁路、公路、船运、航空、医院和其他医疗服务等）、现代化的农业和工业、贸易机制、基础教育和管理等，但是利奥波德国王的"基督教文明使命"带给刚果人民的是一场噩梦，因为他们一直遭受着残杀、酷刑和强迫签署的条约的折磨，这就是利奥波德国王"……必须给予我们的一切"（剥夺模式）。[2]

事实上，利安德·赫尔德林（Leander Heldring）和詹姆斯·罗宾逊（James Robinson）认为："总而言之，很难把现有的证据与合理的反事实联系在一起，以证明如今有任何一个撒哈拉以南非洲国家是因为它曾被欧洲人殖民过而更发达，事实正相反！"[3]另外，刚果学者和历史学家，如恩济爱马

---

[1] Antoine Roger Lokongo, "Sino-DRC contracts to thwart the return of Western patronage", *Pambazuka News*, Issue 422, March 5, 2009, http://www.pambazuka.org/en/category/africa_china/545673. 登录时间2012年9月21日。

[2] Adam Hochschild, *King Leopold's Ghost*. London: Papermac/Macmillan Publishers Ltd, 2000, p. 71.

[3] Leander Heldring and James A Robinson, "Colonialism and development in Africa", *Vox, Research-based policy analysis and commentary from leading economists*, January 10, 2013, http://www.voxeu.org/article/colonialism-and-development-africa. 登录时间2012年9月11日。

甚至认为,比利时殖民主义应对刚果(金)的现状负责。① 例如,在 2002 年,比利时成立了一个委员会调查该国在卢蒙巴遇刺事件中的作用,并承认其负有"道德责任"(而不是直接的政治责任)。这导致布拉科曼得出结论:许多灰色地带仍然存在,特别对于这个 20 世纪最重要由美国参与的暗杀事件来说,这一事件带来的后果实际上在今天被代理资源战争蹂躏的刚果(金)仍旧是可见的。② 实际上,今天刚果(金)不同地区的动荡大都可追溯到 20 世纪 60 年代的冲突,正如埃米泽蒂·基桑加尼(Emizet Kisangani)在他的著作《刚果民主共和国内战:1960—2010》中所描述的那样。③

笔者觉得他可以客观地得出结论,西方文明亏欠刚果(金)的一切,而不是相反:从通过奴隶劳动获取美国制作自行车和汽车轮胎所需要的象牙和橡胶,到利用工业用钻石和铀制作使第二次世界大战末问世的第一枚原子弹,再到目前对于手机、夜视镜、光纤、卫星和电容器的制造必不可少的钶钽铁矿。西方文明的发展令刚果人民付出了沉重的代价,这是黑人的负担,而不是相反。所以,我们可以客观地推断,刚果(金)的矿产财富一直是解决西方每一次经济危机(1920、1930、1914、1920、1930、2008)的关键因素,这一切都建立在刚果人民的牺牲之上。

上述对于美刚关系历史的总结可以帮助我们了解美国冷战后对刚果(金)的利益、政策,以及它们今天在刚果(金)的影响。

(1)首先,刚果(金)的人力、自然和矿产资源成为柏林会议之前西方列强争夺的主要战利品。没有"刚果问题",柏林会议就不会召开。为了解决关于谁应该拥有刚果(金)的争议,列强在柏林召开会议,决定把刚果(金)定为"自由贸易区领域",各个大国都得以去那里剥夺财富。这一史实与我们将要分析的美国对刚果(金)的第一政策相连接,即 1982 年美国政府发布的《钴:政策方案和战略矿产》。这一政策的目的是确保对于刚果钴的控制和

---

① Isidore Ndaywel è Nziem, "Le Congo et le bon usage de son histoire", In J.-L. Vellut (ed.,), *La mémoire du Congo: le temps colonial*, Tervuren: Musée royal de l'Afrique centrale, 2005, pp. 29 - 35.
② Colette Braeckman, *Lumumba: Un Crime d'Etat*. Bruxelles: Collection: Sur des charbons ardents. Edition Aden, 2002.
③ Emizet F. Kisangani, *Civil Wars in the Democratic Republic of Congo: 1960—2010*. Lyndhurst, New Jersey: Barnes & Noble, 2013.

垄断,以保障美国军工复合体的利益,当这一切受到动摇时,就会产生直接的西方军事干预。

(2) 欧洲大国和美国之间就刚果(金)达成的柏林会议协议,即使在刚果独立之后仍然是有效的。事实上,在刚果自由邦期间,西方私人公司就通过与当地首领签订条约将自己改装成主权国家。① 这一史实正好对应了1997年美国柏克德公司起草"刚果重建方案"并在没有事先咨商的情况下将之强加给刚果政府的行为,这是一种再造刚果自由邦的企图。刚果政府对这一计划的拒绝导致了代理资源战争(我们将在下一章详细阐述这点)。

(3) 在美国外交政策中的双重标准源自美国的两大建国支柱:对土著人的种族灭绝和对非洲人的奴役。美国是一个"定居者殖民地",这一类国家还包括加拿大、澳大利亚、新西兰和南非,甚至以色列也理所应当被归入其类。实际上,伊萨·阿瓦德·曼苏尔(Awad Issa Mansour)将以色列称为"犹太复国主义的案例",就是因为他认为以色列是一个仍然处于创建阶段的定居者殖民地,因为它仍然占据着更多的巴勒斯坦土地。②然而,就在欧洲移民对美国土著进行种族灭绝并对非洲人进行奴役之后,美国在其宪法第一页就供奉了双重标准,并宣布人人生而平等。然而,美国却恰是第一个支持利奥波德国王在刚果(金)的恐怖统治的国家。

正是在人道主义理想(如自由贸易、消除阿拉伯奴隶贸易和通过基督教之光"教化野蛮的刚果人"等)的幌子下,利奥波德获得刚果殖民地。因此,这一史实与我们将要分析的美国的第三个刚果政策相联系,即《200年刚果民主共和国救济、安全和民主促进法》。在其幌子下,资源战争在刚果(金)仍在继续。

然而,由美国支持的利奥波德国王在刚果(金)的恐怖政权引起了人权人士的反弹,因此使得刚果(金)成为现代国际人权组织的摇篮。由埃德蒙·德内·莫雷尔(Edmund Dene Morel)发起的"刚果(金)改革协会"是20

---

① Adam Hochschild, *King Leopold's Ghost*. London: Papermac/Macmillan Publishers Ltd, 2000, p. 71.
② Awad Issa Mansour, "Orientalism, Total War and the Production of Settler Colonial Existence: The United States, Australia, Apartheid South Africa and the Zionist Case", PhD Thesis at the University of Exeter: The Exeter Research and Institutional Content archive (ERIC), http://hdl. handle. net/10036/3153, February 15, 2011. 登录时间2013年10月1日。

世纪的第一个重要的人道主义运动。① 莫雷尔于 1919 年在英国曼彻斯特全国劳动出版社出版《红橡胶》一书引起了全世界的注意。非裔美国传教士，如威廉·谢泼德（William Sheppard），在刚果南部的开赛地区花了 44 年（1865—1909 年），反对利奥波德国王代理人的暴行，并在美国被判无罪。② 英国领事和爱尔兰爱国者罗杰·凯斯门特（Roger Casement）在见证刚果（金）的暴行后，成为一名活动家，并反对他所谓的"白人在非洲的暴行"。③ 他的报告被证明是在利奥波德国王的刚果自由邦统治的分水岭。④

作为反击这些指责的一部分，利奥波德聘请美国游说者，如亨利·惠灵顿·瓦克（Henry Wellington Wack）⑤和亨利·科瓦尔斯基（Henry Kowalsky）⑥来改善他的形象，为其私人属地刚果自由邦发生的暴行辩护，并且影响美国的政策。这再一次证明美国对于刚果（金）的惨剧负有道德责任。

值得一提的是，利奥波德国王的野心从刚果自由邦一直延伸到尼罗河上游（今苏丹南部），这与英国、法国和德国产生了矛盾。⑦ 对亚当·霍克希尔德的著作最大的批评是，他并没有提到刚果人民对利奥波德剥削统治的英勇抵抗。在利奥波德对刚果自由邦的 23 年统治期间，保尼（Baoni）起义就持续了 15 年之久。而"保尼"正是比利时训练的刚果部队"公共力量"的一部分。⑧

（4）柏林会议最初召开的特别动因是当时的欧洲大国（英国、法国和德国）之间围绕对富饶的刚果（金）的控制权进行的内斗。实际上，在 1998 年 8

---

① Adam Hochschild, *King Leopold's Ghost*. London: Papermac/Macmillan Publishers Ltd, 2000, pp. 185—234.
② Ibid., pp. 103-113、257.
③ Ibid., pp. 195-208.
④ Roger Casement (Author), Seamas O Siochain (Editor), *The Eyes of Another Race: Roger Casement's Congo Report and 1903 Diary*. Dublin: University College Press, 2004.
⑤ Henry Wellington Wack, *The story of the Congo Free State; social, political, and economic aspects of the Belgian system of government in Central Africa*. New York and London: G. P. Putnam's sons, 1905.
⑥ Adam Hochschild, *King Leopold's Ghost*. London: Papermac/Macmillan Publishers Ltd, 2000, pp. 246—249.
⑦ Roger Anstey, *King Leopold's legacy*. Oxford: Oxford University Press, 1966, p. 3.
⑧ Guy de Boeck, *Baoni: Les Révoltes de la Force Publique sous Léopold II: Congo 1895—1908*. Anvers: Epo Editions, 1987.

月 2 日的战争爆发后,卢旺达总统保罗·卡加梅要求召开"第二次柏林会议"以重绘刚果(金)的边界,并将刚果东部(基伍地区)交给卢旺达。另外,卢旺达开始流传一张老地图,以此主张其民族统一主义的和扩张主义的诉求。根据这些资料,在柏林会议之前,刚果东部地区的基伍地区曾经是卢旺达的一部分。① 此外,乌干达总统约韦里·穆塞韦尼被称为"非洲的俾斯麦",这本身也已经说明了问题。② 这两位图西族领导人在刚果东部的军事冒险是由美国支持的,这一地区富有战略矿产。当时克林顿政府国务卿马德琳·奥尔布赖特把在1998年在刚果(金)爆发的战争称为"非洲的第一次世界大战"。③ 我们都知道,第一次世界大战起因正是围绕非洲展开的争夺,最终德国失去了它所有的非洲殖民地。④

今天,刚果东部和南部地区在经济上连接到非洲东部和南部(前英国和葡萄牙的殖民地)。刚果西部和中部地区在经济上连接到非洲中部和西部(前法国殖民地)。这已经被解释为刚果经济上的巴尔干化。因此,这与我们将要分析的美国的第四项刚果政策相联系,即2013年"作为刚果危机补救办法的南斯拉夫式或苏丹式的解决方案"政策,亦即美国企图利用刚果(金)东部邻国卢旺达和乌干达作为代理人达成以下目的:第一,执行刚果(金)的不稳定政策;第二,执行在刚果(金)的割据政策;第三,通过无休止的侵略战争来分裂该国,并以屠杀和强奸作为战争手段,在此过程中,攫取价值数十亿美元的战略矿物并将其提供给美国和其他北约国家。⑤

利奥波德国王本人从未涉足刚果(金)。然而,通过代理人和铁腕手段,他统治着一个比比利时大80倍的殖民地。他很好地利用了"分而治之"的策略,使当地各民族互相敌对。在《刚果》一书中,托马斯·特纳(Thomas

---

① René Lemarchand, *The Dynamics of Violence in Central Africa*. Philadelphia: University of Pennsylvania Press, 2008, p. 64.
② Joseph Oloka-Onyango, "'New-Breed Leadership', Conflict and Reconstruction in the Great lakes Region of Africa: A socio-political Biography of Uganda's Yoweri Kaguta Museveni", *Africa Today*, Vol. 50, No. 3, Spring 2004, pp. 29 – 52.
③ "Bloody history, unhappy future", *The Economist*, January 22, 2009, http://www.economist.com/node/12970793. 登录时间2013年10月1日。
④ Richard Rathbone, "World War I and Africa: Introduction", *The Journal of African History*, Vol. 19, No. 1, 1978, pp. 1 – 9.
⑤ Gérard Prunier, *Africa's World War: Congo, the Rwandan Genocide, and the Making of a Continental Catastrophe*. Oxford: Oxford University Press, 2008.

Turner)认为,目前这种策略也正在刚果(金)所发生的所有代理资源战争中被采用。①

(5)虽然人们常说,美国没有任何非洲殖民地,因此没有殖民过非洲,②但是,很明显,美国在刚果(金)奉行的是一种"间接殖民主义"政策:

在柏林会议上,美国是第一个承认利奥波德的刚果自由邦以换取自由贸易红利的国家,这就是"间接殖民主义"或"外围殖民主义"政策,即虽然美国在刚果(金)不是正式的宗主国,但是却完全享受了比利时在刚果(金)的所有好处,在那里赢得了永久性的自由贸易。即使在今天,北美公司在刚果(金)的采矿业也享受着"狮子的份额"。

一些美国银行对刚果自由邦进行了投资,因此参与了"争夺刚果(金)",如罗斯柴尔德和摩根大通,这些投资机制今天仍在运作,这表明西方银行所得的原始资本来自奴隶制和殖民主义。

上面的历史背景说明美国目前对刚果(金)的政策和权利要求有历史的原因,而且解释了作为现在唯一超级大国的美国在后冷战时期的刚果政策。14世纪以来使用的剥夺模式如今仍在上演,美国财富的大部分来自刚果(金)等美国以外的地方,如图1所示:

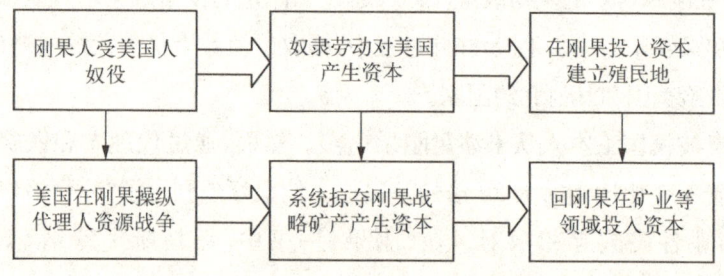

图1 美国资本如何回收刚果(金)的财富

---

① Thomas Turner, *Congo*, Lyndhurst, New Jersey: Barnes & Noble, 2013.
② 这种说法是由大卫·希恩,前美国驻埃塞俄比亚大使(1996年到1999年)于2013年1月31日在中国国际广播电台节目上提出。链接:http://english.cri.cn/8706/2013/01/31/2861s746139.htm。

第二章　美国的刚果(金)政策：地缘政治与经济利益的互动(1982—1997)

在本章中，笔者展开讨论的首要前提是：由于刚果(金)富有美国稀缺并亟需的战略矿物，美国对刚果政策的终极目标是以军事手段控制刚果(金)的资源，并阻遏新兴国家(中国、印度、俄罗斯、巴西等)参与开发这些资源。

第二个立论前提是：美国在战略矿产储备方面的脆弱性迫使其在刚果(金)执行新殖民主义政策——直接军事干预或扶植代理人势力，攫取、控制并垄断资源，即保证刚果(金)成为其固定的原材料供应地。这使得本章的考察极具针对性——将焦点集中在美国1982年和1997年(即冷战末期与冷战结束前期)分别对刚果(金)采取的两大政策，因为其分别与接连发生在刚果(金)的两大外驱性资源战争相对应。

为证实以上立论前提的正确性，本章将提供来自如下信源的事实：重要档案文件、官方声明、学术文章、在线外交政策杂志及新闻媒体报道等。作者将运用"地缘政治及经济战略动态分析"方法，考察美国利益与刚果(金)资源战争之关系(1982—2014)，以及美国政策与刚果资源战争(1982及1997年)之间的联系。这直接关系到我们的研究题目：美国利益与刚果(金)资源战争关系研究(1982—2014)。本章将分析政策的制定过程(为什么提出这些政策)，了解潜在的政策原则，确定在制定和实施过程中涉及的主要参与人(美国人和非洲当地代理人)，找出政策演变趋势、目标和意义或影响，以及这些政策的普遍适用性(它们在世界其他地方是如何适用的)。我们将会提供从学术研究得出的事实，并在本章的最后得出结论。在其他章节中，我们将使用相同的模式。

这里所探讨的两个美国政策是由诸多决策者参与制定的,包括美国国会、国务院、军方(五角大楼)和跨国公司(柏克德公司)智库学者、美国的盟友,尤其是以色列政府的游说等诸多因素①,美国学者克莱尔·伍德赛德(Claire Woodside)认为这些影响最终将导致在非洲的军事化外交战略政策。②

美利坚大学教授赵全胜提到在华盛顿的新准则制定过程中,一个关键性的团体是政策精英的"三头政治",也被称为"哈佛网络",即三位具有学术背景、在美国国防和外交政策部门任职的高级官员——约瑟夫·奈(Joseph Nye)、傅高义(Ezra Vogel)和库尔特·坎贝尔(Kurt Campbell),基辛格集团也在美国的外交政策中扮演着重要角色。他们一起组成了美国外交政策的智囊团。③

赵全胜认为,美国外交政策形成的必要条件包括:

(1) 核心力量,如"三头政治";

(2) 训练有素的专业人士;

(3) 长远的战略眼光;

(4) 创新想法,通常反对墨守成规并勇于建议新的方向;

(5) 宽容的政策辩论环境,使对立双方充分表达自己的观点;

(6) 驾驭新政策方向的能力也很重要。这个关键转变对亚太地区国际关系的挑战具有持久影响,也构成了奥巴马政府在本地区政策的基础。④

大卫·威利(David Wiley)写道,在西方国家,许多专家学者在特定的国家和地区是政府决策的一分子。⑤ 这些有想法的人被霍勒斯·坎贝尔

---

① Mahdi Darius Nazemroaya and JulienTeil (Introduction by Cynthia McKinney), "America's Conquest of Africa: The Roles of France and Israel,"*Global Research*, October 6, 2011, http://www.globalresearch.ca/america-s-conquest-of-africa-the-roles-of-france-and-israel/26886. 登录时间 2014 年 1 月 7 日。

② Claire Woodside, "West Africa: America's foreign policy post 9/11 and the 'resource curse', a head on collision", *Journal of Military and Strategic Studies*, Vol. 9. N0. 4, Summer 2007.

③ Zhao Quansheng, "Strategic Action Core Force' and the Shift of American Policy towards Asia-Pacific", *Foreign Affairs Observer*, July 15, 2014, http://www.faobserver.com/NewsInfo.aspx? id=4457. 登录时间 2015 年 1 月 6 日。

④ Ibid.

⑤ David Wiley, "Militarizing Africa and African Studies and the U. S. Africanist Response", *Zero Anthropology*, June 11, 2013 http://zeroanthropology.net/2013/06/11/militarizing-africa-and-african-studies-and-the-u-s-africanist-response/. 登录时间 2014 年 1 月 7 日。

(Horace Campbell)称为"意见塑造者"。无论是卡内基国际和平基金会、国际战略研究中心、大西洋理事会、布鲁金斯研究所、伍德罗·威尔逊国际学者中心,还是保守的传统基金会,都设有美国研究人员工作的基本工作单位。这些研究人员被接纳进美国军事战略家协会(USMSA),而这些智库也被整合到不同的期刊出版机构及美国军事和情报服务的分支机构。[1]

第一节 "钴:政策方案和战略矿产"及其导致的战争

一、政策的形成

哈里·杜鲁门(Harry Truman)总统在1951年创立的"总统原料政策委员会"(President's Materials Policy Commission)发现,自第一次世界大战爆发后,美国在几乎每一种金属或矿物燃料类方面的消费,从一开始已经超过了全世界其他地方使用这些材料的总和。"总统原料政策委员会"也发现,美国石油消费约占全世界石油消费总量的60%。美国最重要的战略矿产中,有80%以上通过进口获得,包括:铬、铂族金属合金、锰、钴、稀土素等;其中18种矿物100%依赖进口,而其中61%都产自中国。[2]

事实上,美国是64种"战略和重要的"非燃料矿产和金属的净进口国。在1979年美国的"关键材料储存修订法案"(公法96-41)中,"战略和重要的材料"定义为在国防紧急情况下必须提供以满足美国军事、工业和民用之所需,且供应依赖进口的那些原料。此时,国防和经济储备,特别是八种主要矿物:铝、铬、钴、铜、铅、锰、铂(和其他铂族金属合金)和锌。国防储备只能在战争时期使用,而经济储备是一个缓冲库存,目的在于消除由于单一矿物局部中断产生的短缺和突然的价格涨势。[3]

据美国专家鲁迪·威金斯(Rudy Wiggins)的研究,美国缺乏几乎所有的非

---

[1] Horace Campbell, "Beyond the fanning of US militarism in Africa", *Pambazuka News*, August 8, 2013, http://pambazuka.org/en/category/features/88560. 登录时间2014年12月3日。

[2] Kent H. Butts, Presentation at the "Rare Earth Conference", organized by the Center for Strategic Leadership, U. S. Army War College, November 2, 2011, http://www.ncpa.org/pdfs/rare_earths_conference/Panel-2-Speaker-2-BUTTS.pdf. 登录时间2014年12月3日。

[3] Cobalt: Policy Options for a Strategic Mineral, Congressional Budget Office, Special Study, September 1982, pp. ix-xii.

燃料矿物,其中包括战略矿产,也就是说,当美国国家安全和/或经济面临国外威胁的时候,那些在国内未发现或无法产出足够数量的矿物将无法满足其需求。在工业化国家消费的24种重要非燃料矿物中,美国大幅依赖进口的有21种,特别是铬、钴、锰和铂主要依赖从非洲进口。①

因此,美国的外交政策战略家们认识到,这种状况将使美国处于弱势地位,因为如果战略矿产的供应被外部强国破坏,将对美国的国防生产能力构成直接的威胁。② 这就是为什么卡伦·奥康纳(Karen O'Connor)和拉里·萨巴托(Larry Sabato)等人把美国的外交政策等同于美国政府为了其海外国家利益而采取的行动,以确保美国人的安全和福祉以及美国经济的实力和竞争力。③

在这一章里笔者不赞成"不能把美国政府的利益和美国跨国公司的利益放在同一个篮子里"这一理论。实际上,在使用其力量以维护自己利益的过程中,美国的跨国公司、军事工业复合体和其他利益集团的作用非常重要,它们代表美国的海外利益。在《跨国公司和非洲的冲突》一书中,罗斯·恩贡巴·罗斯(Rose Ngomba-Roth)认为,跨国公司不仅是独立的行动者,而且也参与了其宗主国的帝国主义政府的国内外整体政策的制定。有些公司甚至可能通过腐败或其秘密服务关系来促成它们的目的,如19世纪欧洲各国政府瓜分非洲以确保它们的经济势力范围一样,当前的政府也在干预,以此捍卫它们在国外经营的跨国公司的利益。④

据斯图尔特·史密斯(Stuart Smith)分析,美国政府与美国的私人公司的既得利益、目的和目标有密切的联系和相关性,他们形成一个复杂的、紧

---

① Rudy Wiggins, "U. S. Reliance On Africa For Strategic Minerals", Thesis Submitted In Partial Fulfillment of Requirements for Written Communications At The Marine Corps Command and Staff College, Quantico, Virginia Major R. A. Hagerman, United States Marine Corps, April 6, 1984, http://www.globalsecurity.org/military/library/report/1984/HRA.htm. 登录时间2013年11月13日。
② Ibid.
③ Karen O'Connor and Larry Sabato, *American Government: Continuity and Change*. New York: Pearson, 2006, pp. 125 – 156.
④ Rose Ngomba-Roth, *Multinational Companies and conflicts in Africa*. New Brunswick, New Jersey and London: Transaction Publishers, 2007, pp. 90 – 91.
另见:汪段泳:《海外利益实现与保护的国家差异——一项文献综述》,《国际观察》2009年第2期,第29—37页。

密相关的子范畴,①并无本质差别。美国在伊拉克和阿富汗的做法也证明了这一点。②那里,美军部队偷走了数千万美元通过贿赂、盗窃和作弊的合同。③柏克德公司、哈里伯顿公司和其他美国公司在伊拉克和阿富汗战争中的作用显示了美国政府和公司之间的共谋。④

丹·布赖奥迪(Dan Briody)在《哈里伯顿议程:石油和金钱的政治》一书中指出,迪克·切尼(Dick Cheney)被任命为哈里伯顿的首席执行官离不开他和政府的关系。切尼并无商业经验,却于1995年被哈里伯顿聘用,因为他了解国家的政治倾向,并在国会山(Capitol Hill)和五角大楼拥有广泛的联系(他深知"铁三角"的内部工作原理,即美国政治、商业和军事上的合流)。⑤布赖奥迪还认为,切尼成为副总统后从未断绝与哈里伯顿的联系,例如,在伊拉克,政府将非投标合同给了与副总统切尼有明确关系的一家公司;这家公司之前与前美国总统林登·约翰逊(Lyndon Johnson)和其他杰出政治家有密切关系,并有与恐怖主义国家做生意的历史和侵吞政府钱款的习惯。⑥

在非洲经营的美国跨国公司获得利润丰厚合同的途径,不仅有政权演变、军事叛乱和暗杀,还有贿赂。例如,从20世纪90年代末到2002年,为换

---

① StewartSmith, *U. S. Neocolonialism in Africa*. New York: International Publishers, 1974, pp. 7-8.
② Anthony H. Cordesman, "How America Corrupted Afghanistan: Time to Look in the Mirror", *Centre for Strategic and International Studies* (*CSIS*), September 8, 2010, http://csis.org/publication/how-america-corrupted-afghanistan-time-look-mirror. 登录时间2015年4月29日。
③ Julia Harte, "The Fraud of War: U. S. troops in Iraq and Afghanistan have stolen tens of millions through bribery, theft, and rigged contracts", *Slate.com*, http://www.slate.com/articles/news_and_politics/politics/2015/05/u_s_troops_have_stolen_tens_of_millions_in_iraq_and_afghanistan_center_for.html. 登录时间2015年5月7日。
另见:Tim Elfrink, "Jeb Bush Nigerian Bribery Scandal Is Back in Court", *New Times*, July 12, 2013, May 9, 2015, http://www.ocnus.net/artman2/publish/Dark_Side_4/Jeb%20Bush%20Nigerian%20Bribery%20Scandal%20Is%20Back%20in%20Court.shtml. 登录时间2015年5月9日。
另见:David Kocieniewski, Jesse Westbrook, Tom Schoenberg and Dave Michaels, Michael J. Kavanagh and Paul Burkhardt, "The Dealmaker Who Helped a U. S. Hedge Fund Score Congo Oil Prize", *PanAtlantic Journal*, May 8, 2015, http://www.pa-journal.com/dealmaker-helped-u-s-hedge-fund-score-congo-oil-prize/2/#/dealmaker-helped-u-s-hedge-fund-score-congo-oil-prize/4/?&_suid=14311973337900429750862755564295. 登录时间2015年5月10日。
④ Joel Roberts, "Two U. S. Firms Hit Iraq Jackpot", *CBS News*, February 11, 2009, http://www.cbsnews.com/2100-500257_162-570624.html. 登录时间2013年10月29日。
⑤ Dan Briody, *The Halliburton Agenda: The Politics of Oil and Money*. Hoboken, New Jersey: John Wiley & Sons, Inc., 2004, p. vii.
⑥ Ibid., p. 230.

取建设液化天然气工厂的合同,哈里伯顿非法贿赂尼日利亚税务机关大约240万美元。① 另外,英国跨国公司,特别是英国军备生产公司,在沙特阿拉伯和在加纳也证明了这一点。②

为了赢得民心,尤其是在其所需的自然资源丰富的地方,美国所使用的另一个策略是"软实力"。这就是约瑟夫·奈(Joseph Nye)所描述为"让别人需要你想要的东西的能力",并且"使别人乐意向你的意愿和要求屈服",换句话说,就是"软实力"。③(信息技术、好莱坞及其他各种娱乐和文化逐渐由美国人或美国企业如硅谷所统领,美国语言日益成为世界的语言,大量外国移民涌入美国……)这使得美国人对他们的国家感觉良好,并为自己的能力自豪(美国军事情结),尤其是其慷慨、无私和利他主义。这就是所谓的"美国全球霸权领导稳定"理论。④ 事实上,在柏林墙倒塌后,美国前国家安全顾问兹比格列夫·布热津斯基将美国被描述为"第一个、最后一个,以及唯一一个全球超级大国"⑤。

按照这种观点,美国例外论源于独立战争的革命,成为政治学家西摩·马丁·利普塞特(Seymour Martin Lipset)口中的"第一个新国家",并基于美国的自由、平等主义、个人主义、共和主义、民粹主义和自由放任等价值观,发展成一个独特的美国意识形态"美国精神"。这个意识形态本身通常被称为"美国例外论"⑥,且怀有某种使命感——将价值观传播到世界其他地区,承担起整个世界的重任和"白人的责任"。⑦ 换句话说,美国声称要占据全球领导地

---

① Dan Briody, *The Halliburton Agenda: The Politics of Oil and Money*. Hoboken, New Jersey: John Wiley & Sons, Inc., 2004, p. 233.
② Cameron Duodu, "Who Promotes Corruption in Africa?" *New African*, No. 489, November 2009.
③ Joseph S. Nye Jr., *Soft Power: The Means To Success In World Politics*. New York: Public Affairs (Perseus Books Group), 2004
④ Kim Richard Nossal, "Lonely Superpower or Unapologetic Hyperpower? Analyzing American Power in the Post-Cold War Era", Paper for presentation at the biennial meetings of the South African Political Studies, Association Saldanha, Western Cape 29 June-2 July 1999, http://post.queensu.ca/~nossalk/papers/hyperpower.htm. 登录时间2014年1月2日。
⑤ 引自Samuel Huntington, "Lonely superpower," *Foreign Affairs*, March/April 1999, No. 78, pp. 35-49.
⑥ Seymour Martin Lipset, *American Exceptionalism: A Double-Edged Sword*, New York: W. W. Norton & Co., Inc. 1996, p. 1, pp. 17-19, pp. 165-174, p. 197.
⑦ Johan Höglund, "Taking up the White Man's Burden? American Empire and the Question of History", *European Journal of American Studies*, 2007, Vol. 2, pp. 2-15.

位,并希望"站在外国势力的金字塔顶端"。①

哈罗德·高洪柱(Harold Hongju Koh)确信:"美国最重要的真正独特之处在于国际事务、国际法和促进人权等领域,即其杰出的全球领导力和行动力。"他认为:"直到今天,美国仍然是唯一的超级大国,其有能力且时常愿意为构建、维持及推动致力于推动国际法、民主和人权事业的国际体系提供实际的资源并做出实际的牺牲。经验告诉我们,当美国倡导人权时,从纽伦堡到科索沃,其他国家都会跟随他的步伐。"②

然而,在非洲的例子里,正如美国学者威廉·D.哈腾(William D. Hartung)和布里基特·莫伊斯(Bridget Moix)强调,美国政府为了其海外国家利益而采取的行动,导致非洲国家及其人民面临暴力冲突、政治不稳定和全球最低的地区经济增长率等问题——这起相反作用的冷战政策在很长时间内影响着美非关系。③

美国非洲司令部(U. S. AFRICOM or African Military Command)体现着美国对非洲自然资源的军事化控制政策。正如霍勒斯·坎贝尔所说:"有足够的证据表明,美国非洲司令部推动了资源开发和帝国扩张,煽动更多的暴力,加剧地区冲突,破坏区域组织和非洲联盟的权威。"④

虽然美国非洲司令部在非洲的军事行动被笼罩在崇高目标,如反恐战争、加强主要非洲国家和地区合作伙伴的防御能力、在有引导的前提下为人道主义援助提供军事支持等等,⑤但是它们有其他隐藏的意图。分析人士认为其中包括:

(1) 美国以反恐为借口发动全球战争,就是为了增加获取非洲的石油、天然气和其他矿产资源如黄金、钻石、铜、钴、锡、钶钽铁矿——特别是在刚

---

① Stewart Smith, *U. S. Neocolonialism in Africa*, New York:International Publishers, 1974, p. 12.
② Harold Hongju Koh, "On American Exceptionalism", Faculty Scholarship Series, Paper 1778, 2003,http://www.cbo.gov/sites/default/files/cbofiles/ftpdocs/50xx/doc5043/doc15-entire.pdf. 登录时间 2013 年 11 月 13 日.
③ William D. Hartung and Bridget Moix, "Report:U. S. Arms To Africa And The Congo War-World Policy Institute-Research Project", *World Policy Journal-World Policy Institute*, January 2000, http://www.worldpolicy.org/projects/arms/reports/congo.htm. 登录时间 2014 年 3 月 21 日.
④ Horace Campbell, "Dismantle Africom", *Pambazuka News*, Issue 610, December 13, 2012, http://pambazuka.org/en/category/features/85780. 登录时间 2013 年 10 月 25 日.
⑤ Café Pan-Afrika, "AFRICOM and the Recolonisation of Africa", *Modern Ghana*, October 25, 2012, http://www.modernghana.com/news/426168/1/africom-and-the-recolonisation-of-africa.html. 登录时间 2013 年 10 月 25 日.

果(金)——等财富的机会。在刚果东部、埃塞俄比亚欧加登地区、索马里、也门、尼日利亚以及几内亚湾的其他国家发现了大量的世界级高品质石油储备,因此该地区引起了美国的关注。①

(2) 遏制并最终消除中国在非洲的影响力。②

事实上,2008 年 2 月 18 日,在麦克奈尔要塞举行的非洲司令部会议上,副海军上将罗伯特·默勒(Robert Moeller)公开宣布,非洲司令部的指导原则是保护"自然资源从非洲到全球市场的自由流动",继而指出中国在该地区日益增长的存在是"对美国利益的挑战"。③

2007 年,当时的美国国务院顾问彼得·帕姆博士(Dr. Peter Pham)评论说,非洲司令部的战略目标是:"保护对非洲富有的碳氢化合物和其他战略资源的获取,这一任务包括确保免受自然资源脆弱性的影响,并确保没有任何其他利益相关方,如中国、印度、日本或俄罗斯,能够获得垄断或优惠待遇。"④

根据穆罕默德·A. 伊诺和奥马尔·A. 伊诺(Mohamed A. Eno and Omar A. Eno)的观点,倘若非洲偏爱中国,迫使美国退出矿产资源的开采,且政治和外交途径无法扭转这一局面,那战争将不可避免。⑤ 大卫·麦克维雷雷(David Makwerere)和罗纳德·齐派克(Ronald Chipaike)评论道,"非洲司令部有潜力为未来美国在非洲的军事行动打下基础,新的冷战实际上可能会变成美国和中国之间为非洲的战略资源而进行的真实而直接的

---

① Café Pan-Afrika, "AFRICOM and the Recolonisation of Africa", *Modern Ghana*, October 25, 2012, http://www.modernghana.com/news/426168/1/africom-and-the-recolonisation-of-africa.html. 登录时间 2013 年 10 月 25 日。
② Nile Bowie, "USAFRICOM and the Militarization of the African Continent: Combating China's Economic Encroachment", *Global Research*, March 23, 2012, http://www.globalresearch.ca/usafricom-and-the-militarization-of-the-african-continent-combating-china-s-economic-encroachment/29919?print=1. 登录时间 2013 年 10 月 27 日。
③ Julie Lévesque, "America's Secret War in Africa", *Global Research*, October 13, 2012, http://www.globalresearch.ca/americas-secret-war-in-africa. 登录时间 2013 年 10 月 25 日。
④ J. Peter Pham, "Strategic Interests, AFRICOM Stands Up", *World Defense Review*, October 2, 2008, http://worlddefensereview.com/pham100208.shtml. 登录时间 2014 年 7 月 25 日。
⑤ Mohamed A. Eno and Omar A. Eno, "US-China competition for African resources: Looming Proxy wars amid possible alternatives", *Asian Journal of Social Sciences, Arts and Humanities*, Vol. 2, N0. 1, 2014, pp. 20 - 35.

战争"①。

　　实际上,美国非洲司令部代表着另一种美国的"非洲支点",因为它类似于美国的"亚洲支点"——现名为"亚洲再平衡"。它是一种战略,旨在东南亚,尤其是在南中国海周围,加强(旨在加强因为美国一直保持着军事存在)美国军事联盟和战略合作伙伴关系(包括跨太平洋伙伴关系,意指美国同日本、韩国和澳大利亚的军事同盟以及其他类似的与印度、菲律宾、印尼、越南、柬埔寨、老挝、泰国、蒙古和哈萨克斯坦等国的军事和经济双边协议),以及对整个印度洋和太平洋地区的美国军事力量进行重组和重新定位。但实际上,其最重要的目标,是"控制崛起中的中国"甚至为与中国进行战争做好了准备。② 华盛顿旨在控制南海岛屿,此地被认为拥有丰富的油气资源,且是多条航线的必经之路。③ 前美国国务卿希拉里·克林顿认真促进了这项政策。④

　　赵全胜认为,2011年,奥巴马总统呼吁建立"亚洲支点",这似乎意味着20世纪90年代以来美国的另一个政策转变(苏联解体后)。这一次,美国关注的是"战略行动的核心力量"概念(SACF)及其在美国亚太地区外交政策的关键转变上所起到的作用。⑤

　　今天,中国作为世界上最大的经济崛起的强国,已经成为美国主要担忧的问题,因为它将直接挑战并削弱美国在世界上的地位,特别是在9·11恐怖袭击和2008年全球金融危机重创腐朽的美国金融体系之后。因此,崛起的中国必须受到限制(牵制)。思想上,中国已取代苏联在美国战略家们的

---

① David Makwerere and Ronald Chipaike, "China and the United States of America: A New Scramble or a New Cold War?" *International Journal of Humanities and Social Science*, Vol. 2, No. 17; September 2012.
② Justin Logan, "America's Pivot: One Big Contradiction", *The Diplomat*, January 25, 2013, http://thediplomat.com/2013/01/25/contradictions-at-the-heart-of-the-pivot/. 登录时间2014年10月25日。
另见:James Cogan, "US military intensifies training for a war with China", *World Socialist Web Site*, May 7, 2014, http://www.wsws.org/en/articles/2014/05/07/asia-m07.html. 登录时间2014年5月8日。
③ Eric Talmadge, "Obama's pivot toward the Asia-Pacific region all about China", *National Post*, November 11, 2012, http://news.nationalpost.com/2012/11/20/obamas-pivot-toward-the-asia-pacific-region-all-about-china/. 登录时间2013年10月27日。
④ Hillary Clinton, "America's Pacific Century", *Foreign Policy*, November 2011. http://www.foreignpolicy.com/articles/2011/10/11/americas_pacific_century. 登录时间2014年10月25日。
⑤ Zhao Quansheng, "Strategic Action Core Force and the Shift of American Policy towards Asia-Pacific", *Foreign Affairs Observer*, July 15, 2014.

心中的地位。① 最初的遏制手段便是加强亚太军事部署。②

美国在刚果（金）的政策导致了该国的不稳定，并通过直接军事控制和代理势力压榨该国的资源，使得刚果（金）的发展在如此困难的环境下步履维艰。要理解这一切，我们需要谨慎地对两大案例加以研究和评估，即美国1982年发布的《钴：关于战略矿物的政策选择》以及柏克德公司的"刚果重建方案"（题为《刚果民主共和国：国家发展的一种途径》）。

二、政策的历史背景

1982年，由参议院委员会依据商务、科学和运输的要求制定出来被称为《钴：政策方案和战略矿产》的国会预算办公室报告，③定义钴是"战略性和关键性的矿物"，因为其应用范围从提供硬化喷气涡轮机的叶片到穿甲弹，工业涂料、陶瓷、磁铁和高性能钻尖，都依赖于其坚硬与耐高温的性质，然而美国没有值得挖掘的钴，因此钴必须进行战略储备购买（1981年3月，美国政府为其战略储备制定了一个520万磅的钴购买方案，这是20年来的首次重大收购）。

报告最后指出，世界64%的钴储量都在加丹加省铜矿带，也就是从刚果东南部延伸到赞比亚北部的广大地区。因为刚果（金）和赞比亚有满足西方经济体未来几十年钴需求的充足供应，控制该地区对美国继续拥有战争制造能力是重要的。摩洛哥和博茨瓦纳也是钴的小生产国。

这意味着，刚果（金）、赞比亚、摩洛哥和博茨瓦纳等非洲四国拥有世界已探明储量的52%。④

联邦紧急事务管理署（Federal Emergency Management Agency，FEMA）的报告提出，在1982年，美国钴储存仅为计划总量的49%。⑤ 所以，作为应急

---

① Gregory Copley, "The great Africa switcheroo: U. S. policy is now ideological, while China's is pragmatic", *WorldTribune.com*, July 22nd, 2014, http://www.worldtribune.com/2014/07/22/great-africa-switcheroo-u-s-policy-now-ideological-chinas-pragmatic/. 登录时间2015年1月8日。
② Deng Fan, "US policy toward China in the post - 9/11 era /(2001—2011): a cross-level study", PhD Thesis, Shanghai Jiaotong University, Centre for Marxism in China, 2013.
③ Cobalt: Policy Options for a Strategic Mineral, Congressional Budget Office, Special Study, September 1982, p. iii.
④ Ibid., p. 20.
⑤ Rudy Wiggins, "U. S. Reliance On Africa For Strategic Minerals", Thesis Submitted In Partial Fulfillment of Requirements for Written Communications At The Marine Corps Command and Staff College, Quantico, Virginia Major R. A. Hagerman, United States Marine Corps, April 6, 1984.

计划的一部分,美国永久性钴储存在任何时间决不会收缩降低。为了达到目的,内政部在1982年设立了矿物政策研究和分析办公室(Office of Mineral Policies,Research and Analysis,OMPRA)作为该政策的主要参加者。在OMPRA的主持下,一个由政治家和矿物专家组成的小组设计了刚果(金)和赞比亚这两个主要的钴供应商的一系列可能的政治前景。对于每一种政治前景,该小组都评估了与之相应的钴供应短缺的概率、幅度或规模和持续时间。政治上的不稳定会导致供应中断和突发的价格暴涨。专家们认为,20世纪80年代刚果钴输出发生短缺的概率大于0.3。专家们对赞比亚得出了类似的结论,在"最坏情况"的政治形势下,发生钴输出短缺的概率超过0.7,增加一个加权平均概率要耗费美国14.4亿美元成本。然而,普遍的看法是,非洲中部发生任何供应中断的规模是有限的。从刚果(金)和赞比亚开始的所有供应中断几乎不可能发生。① 然而,1977年和1978年,刚果(金)发生了军事冲突(本章后面将进一步分析)导致了钴供应的中断。

三、政策制定的过程

政策的制定分为以下四个阶段。

第一个阶段:脆弱性分析。

从某种意义上说,这项研究是一种"脆弱性分析",因为该政策试图找出与美国钴供应短缺相关的漏洞和风险,以及如何消除或减轻这些问题。它特别强调美国的两种脆弱性:

(1) 军事性质:在没有外国供应钴的可能性之下发动一场战争。比如说,战时刚果(金)和赞比亚海运和航空的封锁导致钴进口完全断裂,扎伊尔和赞比亚持有世界已知钴储量的64%。②

(2) 经济:国外供应中断及伴随的价格突增对经济造成的影响,例如在20世纪70年代末全球钴供应的教训(见图2)。③

---

① Report: "Cobalt: Policy Options for a Strategic Mineral", Congressional Budget Office, September 1, 1982, p. 21.
② Ibid., p. 24.
③ Ibid., p. ix.

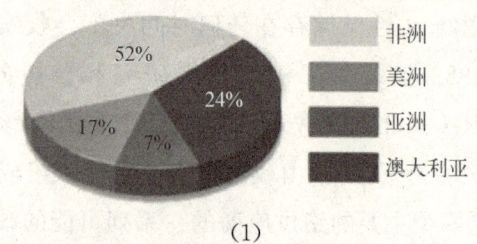

(1)

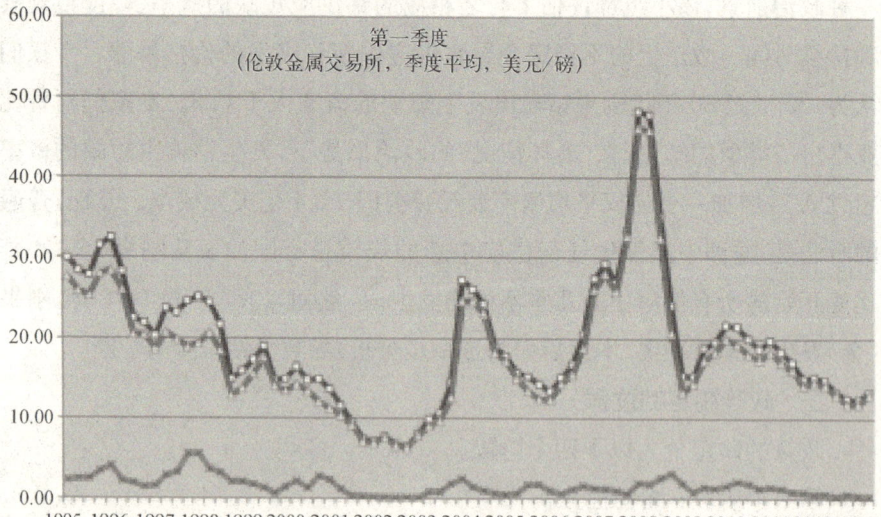

(2)

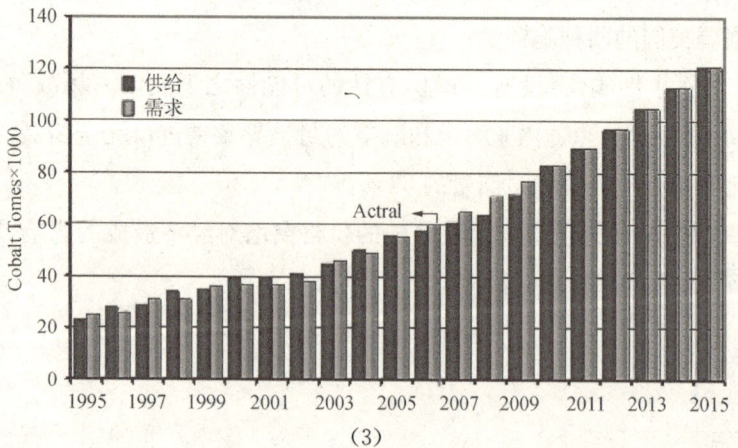

(3)

图 2 钴的供应

(1) 钴的供应链,(2) 1995—2013 年钴价(2008 年高价格上涨,因为全球金融危机),(3) 世界钴供应与需求(1995—2013 年)。

来源:(1) Globalcobaltcorp. com,(2) Cobalt Facts, 2013, CDI,(3) Cobalt Development Institute.

第二个阶段：识别战略钴矿的稳定来源。

美国的战略家们认识到，刚果（金）、赞比亚、摩洛哥和博茨瓦纳四个非洲国家拥有52%的自由世界钴储量，其中来自赞比亚、摩洛哥或博茨瓦纳的产出损失将对市场产生重要影响。而刚果（金）的钴产量超过世界自由钴产量的60%，美国要购买其中的65%，失去刚果（金）的钴将会对美国国防和工业（见图3）①造成严重影响（在美国，虽然海洋矿产资源也可能在未来生产大量的钴，但是其开采成本是一个天文数字）。②

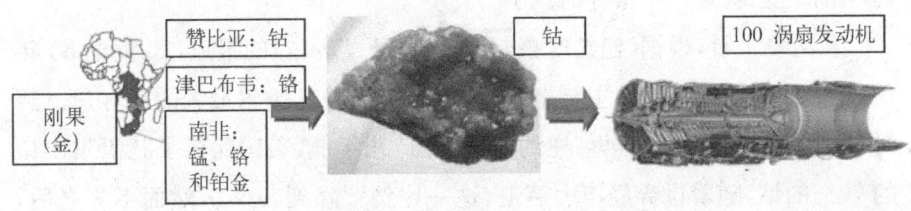

图3　生产飞机引擎钴是必不可少的

第三个阶段：政策目标的规定。

据美国学者肯特·巴茨（Kent Butts）的分析，这一政策的主要三个目标是：

（1）使战略资源满足国家安全战略的目标。

（2）振兴国防储备。

（3）承认美国地质调查局（U. S. Geological Surveys，USGS）作为国家资源安全部门，并增加其资金，以收集、分析和分发矿物数据。③

（4）应对其他竞争者的出现，特别是被视为威胁到了美国钴供应垄断地位的"新兴快速发展工业经济体"④（expanding industrial economies）。尽管这项政策的文件并没有提及这种"新兴快速发展工业经济体"，但是，我们都知

---

① John A. Toohey and Howard H. McWilliams, "Assessment of Potential Mineral Shortages: Chromium, Cobalt, and Platinum", Research study prepared at the Air Command and Staff College, Air University, Maxwell, Air Force Base, Alabama, May 1976, p. 79.
② Report: "Cobalt: Policy Options for a Strategic Mineral", Congressional Budget Office, Sept. 1, 1982, p. 20.
③ Kent H. Butts, Presentation at the "Rare Earth conference", organized by the Center for Strategic Leadership, U. S. Army war College, November 2, 2011.
④ Cobalt: Policy Options for a Strategic Mineral, Congressional Budget Office, Special Study, Sept. 1982, p. x.

道,1982年美国政府的"钴:政策方案和战略矿产"与从1982年开始的中国改革开放在时间上相对应。我们都知道1982年开始的中国改革开放代表中国的经济重新崛起的开始,那时(1980和1990年代),一些亚洲国家(中国、印度、日本、印度尼西亚、韩国、马来西亚、菲律宾、新加坡、泰国和越南)在美国经济并不景气的同时创造了非常高的国内生产总值增长率。

第四个阶段:在美国的势力范围内,丰富国家战略矿产资源储备,特别是钴。为了实现这一目标,美国支持傀儡政权来开采并储备钴以备不时之需,刚果(金)就是一个很好的例子。

从历史上看,根据《纽约时报》(New York Times)的报道,20世纪80年代,扎伊尔是世界上钴的主要生产国,美国是当时扎伊尔最大的钴客户。当时,一个扎伊尔的专家告诉《纽约时报》说:"几年前,美国购买了扎伊尔出口的70%的钴,随着世界经济大衰退,这一比例下降到50%。然而不久之后,里根政府增购了价值7800万美元的钴战略储备,这一增购是与美国政府的'钴:政策方案和战略矿产'相一致的。"①

因为刚果(金)是钴出口的最大国家,32年来,美国一直依靠约瑟夫·蒙博托政权以有备无患地增加钴的储存量,这已经被美国学者珍妮·法雷尔·罗伯特(Janine Farrell Robert)证明。② 当地的执行者在政策执行过程中的作用是至关重要的。例如,乔纳森·奎特尼(Jonathan Kwitny)认为,美国继续支持蒙博托政府是基于以下假设:如果没有蒙博托政府,西方在扎伊尔的战略矿产工业可能会被一个"左派"政府切断,③其中美国离不开的刚果战略矿产正是钴。从1965年到1991年,扎伊尔收到了美国超过1.5亿美元的经济和军事援助。作为回报,美国的跨国公司增加了它们在扎伊尔庞大

---

① Alan Cowell, "Zaire's bloody past makes cobalt's future uncertain", *The New York Times*, August 30, 1981, http://www.nytimes.com/1981/08/30/weekinreview/zaire-s-bloody-past-makes-cobalt-s-future-uncertain.html. 登录时间2013年10月28日。
② Prepared Statement of Janine Farrell Roberts at the Special U. S. Congressional Hearing on Africa, Rayburn House Office Building, Washington, D. C., April 6, 2001.
另见:Götz Bechtolsheimer, "Breakfast with Mobutu: Congo, the United States and the Cold War, 1964—1981", A thesis submitted To the Department of International History of The London School of Economics for the degree of Doctor of Philosophy, London, March 2012.
③ Jonathan Kwitny, "Where Mobutu's Millions Go", *The Nation*, May 19, 1984, http://www.questia.com/library/1G1-3272990/where-mobutu-s-millions-go. 登录时间2013年10月28日。

的矿物资源的所有权份额。①

由于美国视蒙博托为稳定的保证,于是他执政了32年,"服务"了从林登·约翰逊(Lyndon Johnson)到比尔·克林顿(Bill Clinton)的九位美国总统,不仅成为美国利益在该地区的关键组成部分,对美国在冷战期间的非洲政策而言也是一个"威权"和"成功的故事"(即牵制苏联,特别是在相邻的安哥拉)。

在扎伊尔,美国实行我们所称的"遥控殖民主义"(remote colonialism),也就是说,美国安置和武装一个忠诚的军事政权,目的是满足其所有战略资源需求,并保持该国坚定地处于其监控之下而作为它"反对共产主义的缓冲区"。这样做的目的是换取一个"符合美国议程"政权的持续无条件支持,只要矿产资源供应安全性不被干扰,就没有"政权更迭"。

国会预算办公室题为《钴:政策方案和战略矿产》的报告给出了更广泛的政策选择,以减少美国钴供应短缺的脆弱性,包括改进战略储存的管理。1946年的《战略和关键材料储存法案》,于1979年进行了修订,该法案要求为美国的国防、军事、工业和民用,特别是在更换旧商业飞机领域储存钴,这些储存水平必须足以维持美国军方和工业部门的正常工作,并且能够在一项为期三年的战争行动中不受供应方面的限制。②

这个政策选择对本研究非常重要。如果在1982年,美国钴储存仅为计划总量的49%,那么这将显著增加美国国防开支以及更换老化商业航空公司机队的需求。所以,美国抵销这种风险是很必要的,甚至先发制人:增加钴的战略储备,而此钴则来自刚果(金)。因此,政策背后的原则是"先发制人的剥夺模式"。"先发制人剥夺模式"的原则意味着这样一种行动,即消除重要战略物资不足所产生的风险(这是必要的,因为无论在战争时期还是在和平时期,这种物资对一个国家的国防、军事、工业和民用都具有不可缺少的作用),并通过控制(垄断)或政治、军事胁迫作为手段来剥夺一个具有丰

---

① Ellen Ray, "U. S. Military and Corporate Recolonization of the Congo", *Covert Action Quarterly*, Spring / Summer 2000, http://www.thirdworldtraveler.com/Africa/US_Recolonization_Congo.html. 登录时间 2013年12月17日。
② Cobalt: Policy Options for a Strategic Mineral, Congressional Budget Office, Special Study, Sept. 1982, p. 25.

富关键战略物资的领土来实现这一效果(剥夺模式),这意味着对该地区的封锁,威慑并驱逐其他竞争者的进入。

以上即是关于"先发制人剥夺"原则的定义,它显然符合国会预算办公室的报告《钴:政策方案和战略矿产》所宣称的意图,并且也符合布什(Bush)政府"先发制人的战争"的理论。

在冷战的这一时期,美国尽其所能不让扩张的苏联在这个地缘战略地区立足,以确保不受阻碍地获得有价值的矿物。出于美国经济的考虑,这些矿物必须得到保证。①

该政策也有其普适性,当虑及美国在非洲的其他"强人",如多哥的纳辛贝·埃亚德马(Gnassigbe Eyadema)、埃及的胡斯尼·穆巴拉克(Hosni Mubarak)等,我们得出这样的结论:在冷战期间,蒙博托"威权"的"成功的故事"在整个非洲和世界其他各洲都被复制了。这个故事就是创建一些顺从的反动政府,它们通过压迫自己人民来巩固自己的利益,并作为本地代理人,来保证帝国主义列强的利益。

最后需要回答的问题是:在什么程度上该政策与当时的资源战争相关联?如果该政策背后的原则是"先发制人的剥夺模式",而且它呼应布什(Bush)政府"先发制人的战争"的理论,那么在伊拉克的美国和盟国的直接军事干预保护石油也像在 1978 刚果(金)和它的盟国(法国、比利时、摩洛哥和埃及)的直接军事干预保护钴一样。使用"地缘政治和经济战略动态分析"研究方法调查这些相似的行为模式已被证明是成功的。

下面的事实表明,美国通过蒙博托政权剥夺、控制并垄断刚果(金)的钴激发了刚果人民的反抗,这导致了美国和盟国的愤怒,从而导致资源战争。

四、钴政策与资源战争的关联

在 1977 年、1978 年、1984 年和 1985 年,美国对刚果(金)的《钴:政策方案和战略矿产》政策,即钴供应受到了刚果(金)国内爱国运动的威胁。

1977 年,解放刚果国民阵线(National Front for the Liberation of Congo, FNLC)叛军发动了对蒙博托政权的战争。刚果(金)解放国民阵线

---

① Jonathan Kwitny, "Where Mobutu's Millions Go", *The Nation*, May 19, 1984.

(共 3000 人)是以前加丹加分裂军队的一部分(他们也被称为"老虎"或"加丹加宪兵")①,但被蒙博托的军队驱逐流亡到安哥拉。在拿但尼·姆本巴(Nathanael Mbumba)的命令下,他们试图通过使军方和矿业部门双管齐下,来达到遏制蒙博托系统的目的。因此,在安哥拉爆发了 1977 年沙巴(Shaba)②第一次战争,又称为"80 天战争"。他们做的第一件事就是切断在科卢韦齐地区所有采矿设施的主电源线,然后淹没钴矿山,大部分西方专家承包商被疏散了。③ 截至 1978 年,扎伊尔由采矿业主导的正规部门已经下降了 17%,低于 1974 年的水平,并且进口下降到 50%以下。④

在 1977 年第一次沙巴战争之后,虽然蒙博托仍然享受着西方列强的支持,但也面临着巨大压力,于是从这些西方国家引进了一些民主改革,如议会成员的选举(但是聪明的蒙博托选择的是自己人,那时议会的所有成员都是坚定的蒙博托主义分子)。

1978 年,刚果(金)解放国民阵线从赞比亚发动了第二次战争。1984 年,洛朗·德西雷·卡比拉(Laurent-Désiré Kabila)在刚果东部发动了一场叛乱,被称为"莫巴一"(Moba 1)来反对蒙博托的军队,但是失败了。1985 年,卡比拉再次发动叛乱,被称为"莫巴二"(Moba 2),仍然以失败告终。蒙博托曾派人渗透卡比拉的战士,卡比拉直到在 1996 年再次出现之前都在秘密地活动。在解放刚果国民阵线和卡比拉之间,有了一些联系协调(同样的抗战,但方式与地方不同)。⑤

解放刚果国民阵线的两场战争是冷战的后果之一,因为它们与冷战驱动的安哥拉内战有关。在冷战时期,蒙博托已经加盟了西方阵营,部署了军队支持由霍顿·阿尔瓦罗·罗伯托(Holden Álvaro Roberto)领导的安哥拉

---

① 加丹加分裂国家由莫伊兹·冲伯(Moise Tshombe)领导,它历时 3 年(1960—1963 年)。
② 沙巴(Shaba)是蒙博托给加丹加省(Katanga)起的一个新名字。在斯瓦希里语中这意味着铜,因为它盛产铜。
③ Elisa Alonso, Frank Field, Jeremy Gregory and Randolph Kirchain, "Material Availability and the Supply Chain: Risks, Effects and Responses", *Environmental Science & Technology*, 2007, Vol. 41, No. 19, pp. 6649–6656.
④ James Putzel, Stefan Lindemann and Claire Schouten, "Drivers of Change in the Democratic Republic of Congo: The Rise and Decline of the State and Challenges For Reconstruction-A Literature Review", Working Paper No. 26 (series 2), 2008, London, UK: Crisis States Research Centre, 56.
⑤ Dieudonné Tebangasa Apala, *Le personnage de Laurent Désiré Kabila dans la presse congolaise*. Paris: L'Harmattan, 2010, p. 21.

民族解放阵线,来反对由阿戈斯蒂纽·内托(Agosthino Neto)领导并由苏联支持的安哥拉人民解放运动(People's Movement for the liberation of Angola,MPLA)。尽管受到蒙博托的军事支持,安哥拉民族解放阵线依然无法攻克首都罗安达,尤其是随后古巴远征军进行了干预。这次失败之后,安哥拉的武装冲突愈演愈烈,特别是由于蒙博托首先支持卡宾达飞地解放阵线(Front de Liberation de l'Enclave de Cabinda,FLEC),后来又支持安哥拉完全独立全国同盟(National Union for the Total Independence of Angola,UNITA),以反对安哥拉人民解放运动(Movement of the People for the liberation of Angola,MPLA)。

正是这些事实使得安哥拉人民解放运动支持解放刚果国民阵线反对蒙博托的军事进攻,首次进攻是在1977年3月7日从赞比亚展开,后来又于1978年5月在整个采矿省沙坝(目前加丹加)包括重点城市科卢韦齐发动叛乱。为了得到西方的军事支持,蒙博托警告反对共产主义威胁。由于安哥拉内战,曾为扎伊尔出口矿物主要交通线的本格拉铁路已经关闭,来自加丹加的钴和其他矿物供应几乎中断。①

这两个战争造成钴供应突然中断,并且造成了钴的全球价格从每磅6美元增至45美元,因此美国很快建立了一种紧急国防储备(National Defense Stockpile,NDS)。②两次战争也引发了铜和钴生产的采矿总会(Gécamines)即刚果(金)的国有矿山企业的进一步崩溃,尽管采矿总会是国家经济的引擎和世界第六大矿业公司。③

比利时、美国和法国以保护其国民为由进行直接军事干预,很快派出一个空降部队提供军事支持,以挽救蒙博托政权。④ 同时,埃及提供了50名飞行员和技师,而摩洛哥部署了大约1500人的部队。这种支持使当时的扎伊

---

① Benjamin Rubbers, "La dislocation du secteur minier au Katanga (RDC)", *Politique Africaine*, 2004, Vol. 1, No. 93, pp. 21 - 41.
② Richard Mills, "A nation's metallurgical Achilles'heel", *Mining.com*, March 17, 2012, http://www.mining.com/a-nations-metallurgical-achilles-heel/. 登录时间2014年2月10日。
③ Ingrid Samset, "Conflict of Interests or Interests in Conflict? Diamonds and War in the DRC", *Review of African Political Economy*, 2002, Vol. 9, No. 3, pp. 463 - 480.
④ Aleth Manin, "L'Intervention Française au Shaba (19 Mai - 14 juin 1978)", *Annuaire Français de Droit International*, Vol. 24, N0. 24, 1978, pp. 159 - 188.

尔武装部队开始重新征服加丹加省,并挽救了钴矿山和蒙博托政权。① 称这两场战争为"资源战争"是合情合理的。那时,3000多名欧盟国家公民(比利时和法国)在铜和钴矿镇的科卢韦齐居住,并且都在加丹加地区刚果(金)国有矿山企业经营矿山的采矿总会(Gécamines)工作。欧洲人因为希望保护他们在科卢韦齐等地的利益,而被卷入了这场战争。②

随着苏联的解体以及1991年柏林墙的倒塌,冷战到了一个戏剧性的终结点。美国是留下来的唯一超级大国,可以直接与支持过苏联的国家"做生意",而不必担心竞争或共产主义威胁的扩张。在某种意义上,冷战的结束为美国提供了一个机会,可以在拥有丰富石油、天然气、自然和矿产资源的这些地区进行连续、稳定的石油与矿产开采作业。美国-安哥拉关系是一个具体案例。

那时,美国在非洲中部地区不再需要蒙博托的"反共"服务。最重要的是,白宫的新房客(克林顿政府)试图改变非洲当地玩家以重新安排后冷战世界的秩序并巩固他们自己的利益。冷战时期"美国治下的和平"(Pax Americana)被新一代军事统治合作伙伴取代,正如赫尔穆特·斯特里泽克(Helmut Strizek)所说,③他们希望有自己的新朋友并积累美国新的钴储存。为了摆脱蒙博托,美国对他施加了内部和外部的压力,直到他的政权在1997年如同纸牌搭的房子一般崩溃了。④

在外部,美国、法国和比利时(被称为"扎伊尔的三驾马车")召集了蒙博托进行民主化改革。国际货币基金组织(IMF)和世界银行要求蒙博托提高

---

① Jean-Paul Tsasa Vangu, "La R. D. Congo en guerre: Que nous révèlent les chiffres?" *Memoire de Licence*, Université Protestante au Congo, Septembre 2009, http://www.memoireonline.com/12/09/2985/La-rd-congo-en-guerre-que-nous-revelent-les-chiffres.html. 登录时间2013年11月9日。
② Roger Rousseau, *Légion je t'accuse, La face cachée de Kolwezi*. Le bourg-22320-La Harmoye: Edition Rexy, 2008.
另见:Davidson Nicol, "Africa and the U. S. A. in the United Nations", *The Journal of Modern African Studies*, Vol. 16, No. 3, 1978, p. 375.
③ Helmutz Strizek, "Central Africa – 15 years after the Cold War: The International involvement", *Internationales Afrikaforum*, Vol. 40, No. 3, September 2004, pp. 273–288.
④ Colette Braeckman, *Les nouveaux prédateurs: Politique des puissances en Afrique centrale*. Paris: Fayard, 2003, pp. 44–47.

透明度并增强财政自律,直到 1993 年它们与扎伊尔关系破裂。① 国际人权组织也呼吁蒙博托结束侵犯人权的行动,而不要阻碍民主转型的进程。所有这些机制的实施使蒙博托明白他的时代结束了。

在内部,西方列强在这个国家支持了新的"变革力量",包括当地反对党。最后,美国选择支持洛朗·德西雷·卡比拉和他的"解放刚果(金)民主力量联盟"(法语:"Alliance des Forces Démocratiques pour la Libération du Congo", AFDL)的反叛运动。在 1997 年 5 月,随着一场只持续了七个月的快速战争(1996—1997),②卡比拉控制了金沙萨,迫使蒙博托流亡到摩洛哥,于四个月后,即 1997 年 11 月 7 日逝世(讽刺的是蒙博托的最后居住地是"喀比拉"(Khabila),拉巴特的一个高档社区)。蒙博托的悲惨下场证明夸梅·恩克鲁玛是正确的,他说:"非洲领导人都必须牢记,从长远来看,当人民因不满日增而改变主意,当他坏事做尽而好事了了的时候,他将会被扫地出门。当人们都已无法忍受这些以权谋私的当权者的时候,任何子弹或警察都无法再阻止他们。没有什么可以替代'基于被统治者同意的统治'。"③

"钴:政策方案和战略矿产"政策导致了作为卡比拉战争前奏的两场沙巴战争(和两场莫巴战争)和钴供应的中断,造成了美国一直害怕出现的那种局面。1982 年的"钴:政策方案和战略矿产"与 1998 年美国柏克德公司(Bechtel)的"刚果重建方案"之间有联系性,这是因为两场沙巴战争(和两场莫巴战争)使蒙博托的西方强大的盟友和最有力的帮手逐渐地放弃了由他所提供给他们战略矿物(特别是钴)的服务。两场沙巴战争(和两场莫巴战争)也预示着蒙博托政权开始垮台以及美国冷战政策的范式转换。卡比拉战争受自然资源因素的影响到了何种程度?对美国的刚果政策,即 1997 年

---

① 据世界银行评估,蒙博托在总统任职期间花了大约 67% 的贷款,而仅 33% 用在国家的其他地方。见下文:"DR Congo News Brief/Report from Marek Enterprise", Reliefweb, 23 Jun 1997, http://reliefweb.int/report/democratic-republic-congo/dr-congo-news-brief-23-jun-1997. 登录时间 2013 年 11 月 19 日。

② 卡比拉的手下最初有 4.7 万名刚果人,这些人后来得到了经历过残酷战斗,经验丰富和训练有素的 3000 名卢旺达和乌干达军官(其中还有埃塞俄比亚和厄立特里亚军官)的帮助,以期使这项计划(推翻蒙博托)获得成功。

另见: Christian Castéran et Blaise-Pascal Talla, "Laurent Desire Kabila: 'Le Peuple Vaincra!'", *Jeune Afrique Economy*, NO 286 - Du 3 au 16 Mai 1999.

③ Colin Legum, "This is how change will come about in Africa", Politicsweb, November 19, 2012, http://www.politicsweb.co.za/politicsweb/view/politicsweb/en/page71651?oid=341417&sn=Detail&pid=71651. 登录时间 2013 年 11 月 14 日。

美国柏克德公司(Bechtel)的"刚果重建方案"的分析将能够进一步揭示这个问题。

这项政策可以在美国与新兴大国在刚果(金)的竞争与对抗的背景下被理解。这是因为,它与其他因素一起导致了在刚果(金)现在的局势。这项政策明确指出,"新兴市场和扩张的工业经济体"(中国、印度、巴西……)[①]被视为对美国在刚果(金)的钴垄断的威胁。虽然这是《钴:战略矿产的政策选择》文件中唯一明确提及的"新兴市场和扩张的工业经济体",但很清楚的是,它含蓄地提到了中国,旨在通过阻止其获取非洲自然资源削弱中国的全球力量。刚果(金)含有占世界上超过一半的钴(因此美国有关于刚果(金)的钴的政策)。值得重申的是,刚果(金)持有三分之一的钻石,非常值得注意的是,占世界上整整四分之三的铌钽铁矿或"钶钽铁矿"资源——是计算机微芯片和印刷电路板的主要组成部分,也是移动电话、笔记本电脑等现代电子设备的必要组成材料。[②]

还有,自 2005 年以来,中国在刚果(金)的存在变得多元化,涉及外交服务、矿业集团、林业集团、化石燃料、电信集团,建立小型企业等各方各面。[③]

美国外交政策的最终目标是凭借军事控制获取非洲和中东的资源,以阻止中国和俄罗斯的经济增长,从而控制整个欧亚大陆。华盛顿的目的是避免美国经济和美元体系遭遇危机,并阻止整个二战结束后建立的超级大国结构的解体。[④] 以美国在西非的外交政策为例,这些政策主要受到美国石油集团游说、反恐战争、能源安全需求以及与中国的竞争的影响。此类影响在首要专注于非洲军事化的外交政策战略中达到顶点。[⑤]

[①] Axelle Degans, "Ces pays émergents qui font basculer le monde", *Sciences Humaines*, 17/01/2013, http://www.scienceshumaines.com/ces-pays-emergents-qui-font-basculer-le-monde_fr_27711.html, consulted on September 20, 2014.

[②] William F. Engdahl, "China and the Congo Wars: AFRICOM, America's New Military Command", *Global Research*, November 26, 2008, http://www.globalresearch.ca/china-and-the-congo-wars-africom-america-s-new-military-command/11173. 登录时间 2015 年 1 月 2 日。

[③] Nuah Makungu, "Is the Democratic Republic of Congo being Globalized by China? The Case of Small Commerce at Kinshasa Central Market", *Quarterly Journal of Chinese Studies*, Vol. 2, N0. 1, 2012, pp. 81 - 101.

[④] William F. Engdahl, "'Arab Spring is about controlling Eurasia'", *RT*, November 12, 2011, http://rt.com/news/arab-engdahl-us-africa-273/. 登录时间 2013 年 10 月 25 日。

[⑤] Claire Woodside, "West Africa: America's foreign policy post 9/11 and the 'resource curse', a head on collision", *Journal of Military and Strategic Studies*, Vol. 9, N0. 4, Summer 2007.

尽管在美刚贸易关系中存在不平等的贸易条件,但是华盛顿仍然自称是刚果(金)传统的合作伙伴。美国已经从刚果(金)榨取了成百上千吨的钴,并建立了自己的储备,对此刚果(金)有什么可申辩的?

《钴:战略矿产的政策选择》政策显示,美国担心中国将取代其在刚果(金)的地位。中国在刚果(金)的采矿业中的存在是基于互惠原则的,这对基于控制和垄断的美国旧秩序来说是一个挑战。美国对其在刚果(金)的政策和游戏规则作出的调整引人注目。中国的存在也迫使刚果(金)当局变得更加高效,并改革被西方势力用来抑制刚果(金)发展的控制机制,尤其是国际货币基金组织和世界银行。

许多非洲评论员称,国际货币基金组织和世界银行使当地人民变得贫穷,其严重程度远远超过腐败的当地领导人、亲信和政客坏影响的总和。例如,一些地区问题专家表示,国际货币基金组织在肯尼亚的"改革政策"导致了该国纺织行业在外部倾销的打击下崩溃,经济增长停滞不前,失业率达到了50%左右。在莫桑比克,由于世界银行颁布法令迫使政府加强保护当地的产业,致命大量腰果加工厂关闭。对津巴布韦的制裁也表明,切断源头的能力可以说意味着隐藏在像国际货币基金组织这样的国际组织背后的政治利益可以成就或损害一国政府。[①]

五、政策的总结

总结本节(也是笔者的评价),我们同意 W. C. J. 范·伦斯堡(W. C. J. Van Rensburg)关于美国对进口极为依赖的观点,因为美国在维持其军事工业所需战略矿产方面的能力较差[②](这里美国面临着穷人的困境:我已经很穷了,如果再丢失现在拥有的该怎么办?)。所以,有些事情"不得不做来胜过新竞争对手"。

第一,美国还担心会很快面临来自中国的竞争。因此,"必须做些事情"来胜过新对手。

第二,刚果(金)拥有丰富的战略矿产,特别是钴,对美国的国防和民用工

---

① Christine Stone, "The New World Order Turns Against an Old Friend", *anti-war. com*, June 4, 2000, http://www. antiwar. com/stone/stone040600. html. 登录时间 2015 年 1 月 13 日。
② W. C. J. Van Rensburg, "Global competition for strategic mineral supplies", *Resources Policy*, Volume 7, Issue 1, March 1981, p. 4 - 13.

业都具有战略重要性。美国认为军事干预是解决其自然资源依赖严重的唯一方式。因此,美国通过军事政变、支持独裁和战争等采取了先发制人的策略和可持续获得刚果战略矿产的政策,并且当其利益受到威胁时,就进行直接军事干预。

第三,美国剥夺扎伊尔的钴,不是基于市场经济供需关系的基本规律,而是促进扎伊尔的某些政治和军事状态以获得优惠待遇,并保持刚果(金)在其势力范围影响之下,这在冷战期间尤其明显。除美国之外,其他有影响力的大国不能搞势力范围。这就是"门罗主义"在冷战时期的全球化。

第四,采矿业是刚果(金)的经济命脉。如果美国控制、剥削和垄断了刚果(金)的矿产财富,刚果经济将会停滞,社会将不会进步。从长远来看,刚果人民无法接受美国控制、剥削和垄断刚果矿产财富的事实,这就解释了为什么他们在1977年、1978年、1984年和1985年(就在《钴:政策方案和战略矿产》政策出台的时候)组织了抵抗。当钴供应被切断时,就引发了美国和其盟国的直接军事干预,一个资源战争就随之而来。

第五,冷战后,美国改变了调子。它想继续剥削非洲的自然资源和矿产资源,但这一次通过"民主选举的政权",而不是通过它权力安排的独裁者——通过"政变",我们称之为"改变卫队"但没有"改变目标"的战略。因此,第三轮资源战争依照"钴:政策方案和战略矿产"政策,这个政策见证了老卡比拉于1997年推翻蒙博托而上台,这一政权更迭得到了克林顿政府的暗中支持。在实施"钴:政策方案和战略矿产"政策过程中,主要的本地演员蒙博托,最终成为一个失败者。蒙博托担任了32年美国、法国和比利时的利益代理人,最后被抛弃并被扔进了历史的垃圾桶。

在1998年,另一场资源战争爆发了,因为老卡比拉变卦了,并拒绝成为另一个蒙博托。老卡比拉明确而公开地拒绝了美国放在他桌子上的矿产开发计划,这就是1997年美国柏克德公司(Bechtel)的"刚果重建方案",标题为:"刚果民主共和国:一个国家发展的方法"。然而对美国而言,最不能容忍的事情是受到挑战、遭到拒绝和颜面扫地,尽管事实是,在未经事先咨询或通知的情况下,该计划被放在老卡比拉的桌子上。这就是被笔者称之为美国在冷战结束后仍然起作用的"剥夺模式"。

在研究过程中,笔者采访了来自乔治亚州的国会第 4 选区的民主党国会议员辛西娅·麦金尼(Cynthia McKinney)。正是她向笔者解释了卡比拉政府为什么拒绝了这家公司的计划。她也能够为柏克德公司(Bechtel)的"刚果重建方案"的真实性提供有力证明。她解释道柏克德公司为了获得领先于其竞争对手的优势与卡比拉政府开始了接触并向后者建议可以帮助其展开资源方面的研究。她进一步谈到当她在 1998 年访问金沙萨与卡比拉的能源部长皮埃尔-维克托·姆波约(Pierre Victor Mpoyo)时,却被一个来交付文档的柏克德公司的高管所打断,事后姆波约部长告诉她此人正是柏克德公司的代表。麦金尼甚至提及:"我目睹了卡比拉政府指责柏克德的愚蠢行为。卡比拉政府对交付的文档不满意。"①

第二节 "刚果重建方案"及其导致的战争

一、政策的历史背景

美国柏克德公司的"刚果重建方案"政策,题为"刚果民主共和国:一个国家发展的方法"②,这一政策的历史背景表明它是美国和刚果(金)关系的一个转折点,因为刚果政府拒绝了它。

该政策制定的历史背景为,1997 年 11 月 12 日,洛朗·德西雷·卡比拉,一位马克思主义革命家和游击队领导人,长时间以来一直坚持战斗,终于在 1997 年 5 月 17 日推翻了蒙博托政权。除了美国的支持以外,卡比拉收到了来自他的非洲盟友包括卢旺达、乌干达、安哥拉、津巴布韦和南非的支持。③ 老卡比拉上台四个月后,美国柏克德公司——肯定地在其网站 betchtel.com 上自称是进行工程、施工及项目管理,以及其多样化投资组合,包括能源、交通、通信、采矿、石油和天然气和政府服务各个方面,都是"世界上的头号选择",并且把

---

① 来自笔者的 2015 年 6 月 11 号的电子邮件采访。
② "Democratic Republic of Congo: An Approach to National Development", a draft document of Bechtel's Congo reconstruction plan presented to the Congolese Government on November 1997, p. 2. 笔者拥有实际的文档。
③ Colette Braeckman, *Les nouveaux prédateurs: Politique des puissances en Afrique centrale*. Paris: Fayard, 2003, pp. 57—59.

一个惊人的雄心勃勃的50亿美元的重建计划放在老卡比拉的桌子上。①

柏克德把自己的刚果重建计划描述为"一个对刚果政府、国际金融界、援助国和跨国公司的聚集点",并认为如果各方能够得到集体支持的话,就可以细化文件中提出的战略来制定具体的发展项目、财务计划、开发进度与周期、法律框架和机构职责分工(企业对社会的责任)等。②

柏克德刚果重建计划的第一次专业分析是由总部位于伦敦的经济学家完成的。后者把它的刚果重建方案称为"一种针对刚果(金)的'马歇尔计划'(Marshall Plan)",该国家是欧洲联盟面积的四分之三大小,有着超过7000万的人口(其中大部分是年轻人和穷人),140亿美元的债务(是在前蒙博托政权期间积累的),不到100公里(62英里)的道路和一个崩溃的经济。刚果(金)的重建蓝图是,在短期内指导该国重建,帮助它实现市场经济并使得其公民的生活质量与该国的资源相称。

在刚果(金)可以剥夺的七种财富来源,包括在东南部的铜和钴带、南方的钻石、东方的黄金和锡、刚果河上的水力发电、西部的石油、经济作物和林业。(见图4)。③

该计划的主要内容包括:

第一,由私人出资项目来开发刚果(金)的资源,以启动刚果经济。

第二,该计划还希望将许可证卖给成千上万的非法黄金和钻石矿工和走私者以使他们可以合法地从事自己的工作。

第三,在马塔迪(Matadi)的大西洋港口附近建立一个自由贸易区,修建一条铁路以减少运输矿物到海岸所需的时间,从几星期减为几天(就像在比利时殖民时期,交通基础设施的唯一目的只是将刚果财富输送到西方)。

第四,公共和私人资金将用于支付公路、铁路、医院、学校和电气化建设。

第五,在帮助刚果(金)之外,柏克德公司也希望能帮助自己赢得更多额

---

① 有可能还有已被提出的其他合作伙伴计划,但我们选择的却是柏克德公司计划,因为它被正式提交给了老卡比拉总统。其他的计划,可能只是作为"世界上头号选择"的柏克德公司系统性刚果重建计划的一种细化。
② "Democratic Republic of Congo: An Approach to National Development", a draft document of Bechtel's Congo reconstruction plan presented to the Congolese Government on November 1997. 笔者拥有实际的文档。
③ "Business in Africa: Building with Bechtel", *The Economist*, November 13, 1997, http://www.economist.com/node/352661, consulted on November 14, 2013.

外的业务。

第六，合同应该迅速并透明地由专业团队授予，其中包括国际知名的大型发展项目专家。①

图 4 描述柏克德发展集群：

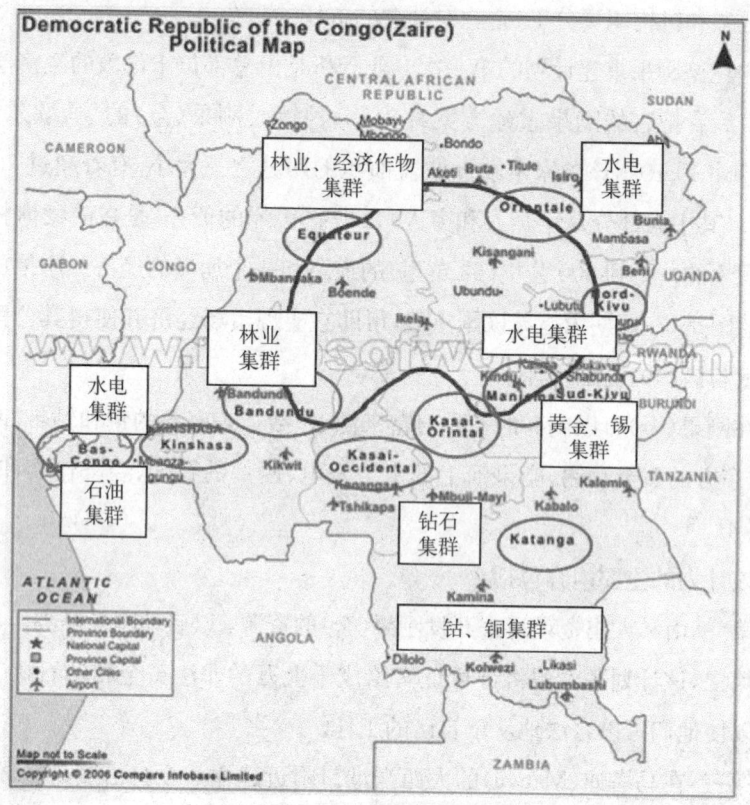

图 4　柏克德发展集群

二、政策的动机或真实意图、原则和目标

当然，柏克德刚果重建方案有很多积极的方面，如：

(1) 一个国家建设的机会；

(2) 一个旨在为建设一个强大的国家提供一个高效结构和透明过程的

---

① "Democratic Republic of Congo: An Approach to National Development", a draft document of Bechtel's Congo reconstruction plan presented to the Congolese Government on November 1997, p. 2. 笔者拥有实际的文档。

战略；

（3）一个旨在自然资源丰富却又有特殊需求的土地上实现国家建设项目的战略；

（4）一个鼓励公共和私营伙伴关系的政策，能使政府有更多的控制权，以帮助创造一个可持续发展的经济、稳定的政治和高品质的生活等等。①

然而，该方案也需要一个关键的评估。利用地缘政治分析的方法来揭开在柏克德策略背后的动机或真实意图、原则和目标是很重要的。

首先，全球经济专家、学者和记者证明，柏克德计划背后的原则是"零和博弈"，刚果政府不得不接受它。这就像一种从上到下的方法或者一种主从关系。

全球经济专家的观点如下：《经济学人》警告刚果政府，说如果金沙萨拒绝接受柏克德的计划，捐助者和外国投资者可能会离开这个国家。"非洲有自己的改变外人宏伟设计的方式。如果刚果政府拒绝这个计划并坚持其糟糕的旧方式，捐助者和外国投资者可能会嫌弃这个国家。"②这就是一种"恐吓的政治"，强大的国家总是使用这一招来威胁相对弱小的国家。当然，这个方案被实施得很专业，但是不应该有强加成分。珍视主权的刚果人民能够学习该计划并且实现它的"刚果化"，而不是盲目地接受刚果经济的美国化。

学者的观点如下，虽然柏克德计划显得很有系统结构，但是英国学者乔纳森·霍顿（Jonathan Haughton）把柏克德计划背后的真实意图描述为一个自私自利、自然资源集中导向的发展版本，其中采矿业支撑着经济的其他领域，然而农业，特别是粮食作物、工业、服务业如银行，基本上被忽略不计，并且很少重视发展教育或其他技能。③ 马克·皮利索克（Marc Pilisuk）和迈克尔·纳格勒（Michael Nagler）认为柏克德公司在刚果（金）的投资只能称

---

① "Democratic Republic of Congo: An Approach to National Development", a draft document of Bechtel's Congo reconstruction plan presented to the Congolese Government on November 1997, p. 2. 笔者拥有实际的文档。
② "Business in Africa: Building with Bechtel", *The Economist*, November 13, 1997, http://www.economist.com/node/352661. 登录时间 2013 年 11 月 14 日。
③ Jonathan Haughton, "The Reconstruction of a War-Torn Economy: The Next Steps in the Democratic Republic of Congo", *Consulting Assistance on Economic Reform II*, Discussion Paper No. 24, August 1998.

为"机密的并且超政府的黑色计划"。①

"对刚果柏克德的马歇尔计划"或是"为刚果(金)的马歇尔计划"——美国重建并援助欧洲的"马歇尔计划"对刚果(金)具有重大意义,因为它揭露二战结束后美国外交政策的"大趋势"。虽然在马歇尔计划下,欧洲由于美国的资本得到了重建,但是它创建并维护了美国和其他西方大国之间的巨大差距。② 所以刚果人民关心的是"对刚果柏克德的马歇尔计划"或许不是"为刚果(金)的马歇尔计划"。

套用刚果学者约翰-皮埃尔·姆贝卢(Jean-Pierre Mbelu)的话,我们需要问的基本问题如下:在"柏克德的马歇尔方案"下,即使美国在扎伊尔犯有罪行,即支持蒙博托掠夺性的32年政权,刚果(金)应该把所有的资源交给一家在美国军工复合体核心的美国公司吗?③ 为什么是一个"对刚果(金)的马歇尔计划"而不是一个"为刚果(金)的马歇尔计划"?

姆贝卢认为,"对刚果(金)的马歇尔方案"将进入新殖民主义的方向和家长式的逻辑("剥夺模式"),让柏克德寻找新的土地和现成的原料;同时利用当地廉价和奴性的劳动力,发展殖民地精神;使美国"一石二鸟":在蒙博托的政权时期,通过攫取刚果(金)的财富,美国变得更加富裕。现在,通过"柏克德的马歇尔方案",美国又想完全控制刚果(金)的财富。同时,刚果(金)必须偿还蒙博托从国际货币基金组织、世界银行、巴黎俱乐部和从其他西方国家的双边和多边捐助者借贷的超过140亿美元的贷款。④ "为刚果(金)的马歇尔方案"会朝着人民相互依存的方向发展(双赢原则,尊重刚果主权以保证领土重建的决策不受外国政府控制)。⑤

对刚果(金)来说,最好的前进办法就是制订自己的国家重建计划,然后

---

① Marc Pilisuk and Michael Nagler, *Peace Movement Worldwide: History and Vitality of Peace Movements*. Westport: Praeger Publishers, 2010, p. 69.
② Fidel Castro, "Bells are tolling for the dollar", *Marxistindia*, Ocober 10, 2009, http://cpim.org/pipermail/marxistindia_cpim.org/20091010/000275.html. 登录时间2013年11月17日。
③ Jean-Pierre Mbelu, "Le Plan Marshall et le capitalisme prédateur. L'Est du Congo pourrait faire exception", *Ingeta.com*, http://www.ingeta.com/le-plan-marshall-et-le-capitalisme-predateur-lest-du-congo-pourrait-faire-exception/. 登录时间2013年11月17日。
④ Jean-Pierre Mbelu, "Le Plan Marshall et le capitalisme prédateur. L'Est du Congo pourrait faire exception", *Ingeta.com*, http://www.ingeta.com/le-plan-marshall-et-le-capitalisme-predateur-lest-du-congo-pourrait-faire-exception/. 登录时间2013年11月17日。
⑤ Ibid.

寻求其他合作伙伴的支持来实施该计划。通过这种方式,刚果(金)可以使其合作伙伴多样化,并自由选择它认为的更好的交易地方,这就是市场经济背后的原则:你在哪里能够得到一个更好的交易你就去哪里。

记者的观点如下:据美国作家霍华德·弗伦奇(Howard French)所说,柏克德"仓促地"(这是笔者的重点)提出了刚果重建蓝图,期待巨大的土木工程交易,[①]目的是在其他投资者之前赶到那里并取得垄断地位,所以柏克德的刚果重建计划排除了其他刚果(金)的合作伙伴参与国家重建,并且没有给刚果政府根据自身的发展道路或主权标准选择发展伙伴的自由。

如果柏克德计划背后的原则是"零和博弈",那么该计划的主要目标就是刚果公共资产的"大规模私有化",也可以称为"刚果资源的柏克德化"或者"刚果资源的美国化"。为达到此目的,柏克德直接从美国国家航空航天局(NASA)购买了刚果采矿资源的全部卫星研究报告,就是让它获得对刚果矿产财富的全面知识。[②] 这意味着柏克德公司显然想与美国政府合作来实现该计划,也意味着美国政府和美国跨国公司的政策是一致的。

三、柏克德公司及其他的相关利益集团与美国政府的密切关系

柏克德公司是美国一家大跨国公司。1996年,柏克德公司的营业额就达80亿美元,几乎是刚果年生产总值的两倍。此外,柏克德公司美国政府内具有很强的、密切的联系。柏克德公司的前首席执行官卡斯帕·温伯格(Caspar Weinberger)是罗纳德·里根(Ronald Reagan)执政时期美国的国防部长。温伯格上任后,他做的第一件事是把美国军事预算增加到以前从来没有达到过的水平。在1997年,柏克德公司的副总裁考德尔·赫尔(Cordel Hull)主持了一个"工作组",其任务是重组中央情报局(CIA)。[③]

另外,兰顿·麦卡特尼(Laton McCartney)在1989年出版的题为《在高层有朋友》的书中,全面记录了美国中央情报局与柏克德公司(一家工程和

---

① Howard French, "The Chinese and Congo take a giant leap of faith", *The New York Times*, September 21, 2007, http://www.nytimes.com/2007/09/21/world/asia/21iht-letter.1.7595719.html. 登录时间 2013 年 11 月 17 日。
② Robert Block, "U. S. Firms Seek Deals in Central Africa", *The Wall Street Journal*, October 14, 1997, p. A17.
③ Ludo Martens, *Kabila et la révolution congolaise: panafricanisme ou néocolonialisme?* Anvers: Editions EPO, 2002.

建筑公司)之间的合作关系。①

这意味着柏克德公司要与美国政府合作来实现该计划,并且在资源代理战争中,美国政府和美国跨国公司的政策是一致的。

事实上,柏克德公司的刚果重建计划是由一位瑞士裔加拿大人,前柏克德公司顾问罗伯特·斯图尔特起草(耗资5亿美元)。在进入非洲矿业和石油项目私营部门之前,斯图尔特曾任7年加拿大驻非外交官。在起草的时候,他是"美国矿场"公司(American Mineral Fields,AMF)的首席执行官,"美国矿场"是由约翰·雷蒙德·布勒(Jean Raymond Boulle)成立的一家跨国矿业公司,总部设在美国阿肯色州,但在加拿大的多伦多证券交易所上市——阿肯色是比尔·克林顿的出生地,并且当前卢旺达总统保罗·卡加梅,也在成立于阿肯色州莱文沃斯的美国陆军指挥与参谋学院参加了他的军事训练(稍后我们将研究这两个政客在刚果惨剧中所起的作用)。斯图尔特还曾为克虏伯(Krupp)即一家德国钢铁和军火制造商集团工作。②

中国学者汪段泳通过对国外官方文件、智库报告的解读,对不同类型国家海外利益界定的层级差异进行了分析。他认为,今天的海外利益不再是一个单纯的经济、外交或政治的概念,而是被承认为整体国家利益不可分割的重要部分,并纳入了国家总体战略的视野。当然,要观察一个真正全球性大国的海外利益界定,没有比美国更为典型的样本了。为了维护与实现其海外利益,美国使用一切必要途径、手段,包括:保护海外公民和跨国公司安全与合法权益并提供给海外公民坚强后盾、保护并实现其海外经济利益通过军事手段。③

在刚果(金),美国政府、加拿大政府和北美矿业和能源跨国公司之间的关系反映出一种"利益联姻"。

2001年7月和8月,德娜·蒙塔古(Dena Montague)和弗里达·贝里根(Frida Berrigan)披露,美国菲尔德矿产公司(American Mineral Fields,AMF)——其首席执行官是迈克·麦克默罗(Mike McMurrough),为克林顿总统的密友——在1997年与洛朗·卡比拉达成了一个价值10亿美元协议。

---

① Laton McCartney, *Friends In High Places: The Bechtel Story: The Most Secret Corporation and How It Engineered the World*. New York: Ballantine Books, 1989.
② Tony Busselen, *Une histoire populaire du Congo*. Brussels: Les Éditions Aden, 2010, pp. 136, 144-145.
③ 汪段泳:《海外利益实现与保护的国家差异——一项文献综述》,《国际观察》2009年第2期,第29—37页。

这些谈判在1997年2月卡比拉攻占戈马(卢旺达边境的一座城市)后即告开始,由卡比拉美国训练的理财专员具体负责。该协议允许美国菲尔德矿产公司对重启拥有高锌铜矿床的基普希(Kipushi)矿山进行可行性研究。该公司还获得了估计有140万吨铜和27万吨钴(约10倍于当前世界的钴产量)专属勘探权。①

根据德娜·蒙塔古和弗里达·贝里根的报告,卡比拉更加频繁地与负责非洲的前美国国防情报局副局长理查德·奥尔特(Richard Orth)进行了频繁的接触。美国国防情报局是五角大楼的一个部门,为作战人员和世界各地的武器经销商提供军事情报。在克林顿政府期间,奥尔特被任命为美国驻卢旺达首都基加利的武馆,此后不久卡比拉开始他的解放战争并推翻了蒙博托。此外,前五角大厦官员还担任卡比拉在戈马的军事顾问,由此而产生一个危险的混合商业、政治和军事力量。②

德娜·蒙塔古和弗里达·贝里根得出结论,刚果(金)的矿物对维持美国的军事优势、经济繁荣和消费者的满意度非常重要。因为美国国内没有许多重要的矿物,美国政府确定了战略矿产资源,特别是在第三世界国家,然后鼓励美国公司投资和促进生产所需要的材料。从历史上看,刚果(金)(此前称之为扎伊尔)一直是美国战略矿产资源的重要来源。在1960年代中期,美国政府支持蒙博托的独裁统治,以确保美国在30多年的时间里获取这些矿物。今天,美国声称,除了和平解决当前的战争以外,它在刚果(金)没有其他利益。然而,美国商人和政治家们仍然会用极端的手段来获取和维持对刚果(金)矿产资源独家开采权。为了保护这些经济利益,美国政府继续提供数百万美元的武器和军事训练给著名的人权滥用者和不民主的政权。因此,刚果(金)的矿物财富既是战争的推动力,又是战争结束的绊脚石。③

此外,据《经济学人》杂志报道,加拿大政府前所未有地将其利益与加拿

---

① Dena Montague and Frida Berrigan,"Dollars and Sense:The Business of War in the Democratic Republic of Congo:Who Benefits?" *World Policy Institute-Research Project*,July/August, 2001,,http://www.worldpolicy. org/projects/arms/news/dollarsandsense. html. 登录时间2015年4月12日。
② Ibid.
③ Dena Montague and Frida Berrigan,"Dollars and Sense:The Business of War in the Democratic Republic of Congo:Who Benefits?" *World Policy Institute-Research Project*,July/August, 2001,,http://www.worldpolicy. org/projects/arms/news/dollarsandsense. html. 登录时间2015年4月12日。

大矿业和能源公司的利益紧密地结合在了一起。根据《经济学人》杂志的报道,加拿大政府承诺将保护其海外矿业和能源公司的声誉,"如果它们举止得体的话"。因此,加拿大政府创立了"声誉管理部"。①

四、柏克德公司策略与资源战争的关联

柏克德公司策略的影响在什么程度上导致了当时的资源战争?洛朗·德西雷·卡比拉同柏克德公司和美国政府的翻脸有很多原因:

(1) 内源性发展而不是外源性发展。正如博茨瓦纳学者娜娜阿杜-皮皮米·邦杜阿(Nana Adu-Pipim Boaduo)所言,非洲通过国家和公民的努力启动其工业和经济发展的时间和行动已经开始了,乞讨和借款的习惯加上殖民主义、新殖民主义和跨国公司的指责等,都应该被放弃,这需要重新考虑经济和社会发展方面战略与可持续发展问题,非洲应该站在自己立场上启动工业和经济发展议程,实现其自身的潜力。②

刚果政府在历史上首次制定了"刚果经济稳步回升"方案(*Programme de Stabilisation et de Relance de l'Economie Congolaise*),③不管柏克德是否参与,这是刚果(金)自己的国家发展计划,该计划是在没有国际货币基金组织和世界银行"帮助"下制定的。④ 它强调民主进程、宏观经济稳定、经济复苏(基础设施重建、运输服务恢复、农业、能源、碳氢化合物、采矿和机构改革)以及同人力资源退化作斗争(健康、清水、环境、教育和强化组织与人力)。该项目获得约13亿美元的资助,其中"刚果(金)的朋友"(西方捐助者)贡献3.77亿美元,国家贡献4.31亿美元,私营部门和半国营的企业贡献5.06亿美元。⑤

---

① The Economist, "Reputation Management: Canada's natural-resources companies", *economist. com*, Nov 22nd 2014, http://www. economist. com/news/business/21633871-government-promises-keep-promoting-miners-and-energy-firms-interests-abroad-if-they? fsrc=scn/tw_ec/reputation_management. 登录时间2015年4月12日。

② Nana Adu-Pipim Boaduo, "Africa's Political, Industrial and Economic Development Dilemma in the Contemporary Era of the African Union", *The Journal of Pan African Studies*, Vol. 2, No. 4, June 2008, pp. 93–106.

③ Programme de Stabilisation et de Relance de l'Economie Congolaise: Communication du Gouvernement a la Reunion des Amis de la Republique Democratique du Congo (Bruxelles, 3–4 Decembre 1997), *Congo Afrique*, Vol. 38, No. 321, Janvier 1998, pp. 20–59.

④ Tony Busselen, "The present situation in the Democratic Republic of Congo", *LalkarOnline*, March 2008, http://www. lalkar. org/issues/contents/mar2008/congo. php, consulted on November 22, 2013.

⑤ Programme de Stabilisation et de Relance de l'Economie Congolaise: Communication du Gouvernement a la Reunion des Amis de la Republique Democratique du Congo (Bruxelles, 3–4 Decembre 1997), *Congo Afrique*, Vol. 38, No. 321, Janvier 1998, p. 56.

该计划基于人民需要,强调一种内源性发展,其主要行为体是人民本身而不是跨国公司,也就是说,人民定义自己的优先事项,农业和乡村将作为农村发展的主体和客体,因为村庄构成了刚果传统社会的基本单位,并且农业是主要经济活动。该计划将产生重大的政治与历史意义。由于文化在任何国家的发展项目中都是一个重要的基本要素,至少是帮助国家前进的一种最佳要素,这就是阿寒湖民族人①"桑科法"(Sankofa)的看法(意思是"回到过去向前进")。② 正如中国国家主席习近平2014年3月28日在德国柏林柯尔柏基金会演讲时所称:"历史是最好的老师,它忠实记录下每一个国家走过的足迹,也给每一个国家未来的发展提供启示。"③

柏克德公司刚果重建计划没有考虑任何刚果(金)现有的社会文化机制,包括传统的团结机制,如"里克伦巴"(Likelemba)。在非洲尤其是刚果(金)的一般概念中,"里克伦巴"是一个团结的储蓄机制,几个成员把一笔钱放在一个"锅"中,锅里的总金额每个月将捐赠给其中一个会员,该会员将拥有一大笔钱去做一些重大的事情,如打破经济困难或走出在出生、结婚、死亡、朝圣等家庭活动中的困境。④ 在刚果(金)的农村,一群人轮流互相帮助做农活也被称为"里克伦巴",这就是非洲人的生活哲学或者"Ubuntu"("乌邦图",非洲人文主义,即非洲社区人文精神):"我存在因为我们同在",在共同体之外,我什么都不是。

(2) 泛非主义,而非新殖民主义:坦桑尼亚学者伊萨·席福基(Issa Shivji)称泛非主义为全球化及全球化、私人垄断资本和帝国主义结合的反论题。⑤ 同样地,对于洛朗·德西雷·卡比拉来说,以经济自由主义为代表的国际金融,或者美国学者罗伯特·赖克(Robert Reich)认为的"赌场资本主义"⑥,只会导

---

① 今天居住在西非的加纳和科特迪瓦地区。
② Yatta Kanu, "Tradition and Educational Reconstruction in Africa in Postcolonial and Global Times: The Case for Sierra Leone", *African Studies Quaterly*, Volume 10, No. 3, Spring 2007, pp. 66 - 84.
③ "Chinese president speaks in Berlin", CCTV. com, March 29, 2014, http://english.cntv.cn/2014/03/29/VIDE1396039077777643.shtml. 登录时间2014年3月30日。
④ 从http://en.wikipedia.org/wiki/Likelemba采取。
⑤ Issa Shivji, "Pan-Africanism or imperialism? Unity and struggle towards a new democratic Africa", *Pambazuka News*, Issue 427, April 9, 2009, http://www.pambazuka.org/en/category/comment/55473, consulted on November 19, 2013.
⑥ Robert Reich, "Why Obama Should Be Attacking Casino Capitalism—Both Romney's Bain and JPMorgan", *The Huffington Post*, May 22, 2012, http://www.huffingtonpost.com/robert-reich/obama-bain-romney_b_1537449.html. 登录时间2013年11月18日。

致刚果(金)的自然资源长期受到西方跨国公司的剥夺以满足其股东利益的大规模私有化。

1998年6月29日,在刚果首都金沙萨举行的第三次东南非共同市场峰会(Common Market for Eastern and Southern Africa,COMESA)上,卡比拉总统明确地概述了他的民族主义和泛非主义想法,以及刚果(金)将在这个共同市场和整个非洲发挥的作用。他解释说:"独立已超过40年的非洲给世界展现的是一个由自己儿女们共谋导致的被掠夺、被羞辱的大陆的悲惨景象。"他表示希望"看到非洲完全独立于外国干预的走进21世纪",并宣布刚果(金)的独立和主权之争是为非洲的整体利益而战。

卡比拉说:"我们国家有向其他非洲国家输送和平、发展和安全的天职,一个弱的刚果(金)意味着一个从中心上虚弱的非洲,一个没有心脏的非洲。"①

亚萨曼·萨阿达特曼德(Yassaman Saadatmand)认为,国际货币基金组织和世界银行所设计的结构调整政策的意图是发展中国家开放市场,减少政府作用,并且它们希望使这些国家成为全球经济的更大参与者。然而,在20世纪80年代,随着结构调整计划的开展,一种激进的新自由主义政策强加给了发展中国家,并且成为接收任何来自国际货币基金组织和世界银行国际援助的一个前提条件,许多负债累累的发展中国家别无选择,只能接受结构调整计划,开放不受政府监管的市场,优待不受限制的全球经济。一些研究人员已经表明,通过结构调整计划,新自由主义哲学在非洲的实现仅仅取得了极少的成功案例;并且他们认为这些计划的实施带来了比最初预期更多的损失:包括缺乏足够的基础设施,经济增长放缓造成的经济增长障碍以及无力偿还贷款等。②

那么问题是,如果在蒙博托政权期间,该结构调整计划让刚果人民失望,那么为什么卡比拉还要采用它们? 另外,如果增加私有化、自由化以及减少政府支出就是柏克德刚果重建方案的所有相关事项,那么为什么卡比

---

① Ludo Martens, *Kabila et la révolution congolaise: panafricanisme ou néocolonialisme?* Anvers: Editions EPO, 2002, p. 357.
② Yassaman Saadatmand, "Neo-Liberal Policy and Foreign Direct Investment in Africa", *International Journal of Business and Social Science*, September 2012, Vol. 3, No. 17, pp. 1-8.

第二章 美国的刚果（金）政策：地缘政治与经济利益的互动(1982—1997)

拉还要采用它们？

卡比拉对西方开出的条件说"不"：美国的政治分析师爱德华·马立克(Edward Marek)指出，尽管是在结构调整计划(Structural Adjustment Program, SAP)之下，世界银行依然期待经济和政治改革以恢复援助计划，但是卡比拉总统的经济哲学思想希望在经济中能够提升政府的参与程度，这意味着在工业所有权中政府所占有的比重高，而结构调整计划的需要恰恰相反，即增加私有化、自由化并减少政府支出。① 这正是罗德·艾金斯·阿杜塞(Lord Aikins Adusei)的意思，他说："通过国际货币基金组织，世界银行，美国和欧洲的企业强加给了非洲，这些企业又卷入了非洲腐败领导人的案件之中，并且盗窃了价值数万亿美元的资源。"②

作为一个叛军领袖，洛朗·德西雷·卡比拉与许多北美公司签署了矿业合同，③包括与"美国矿场"公司(American Mineral Fields, AMF)④的托马斯·卡拉吉(Thomas Callaghy)及其他人大约十亿美元的交易，该公司为此提供一架飞机运输卡比拉和他的同事，⑤同时也获得在基桑加尼买钻石的权利，叛军攻占城市之后，每天的交易总额可达10万美元。⑥ 实际上该公司

---

① "DR Congo News Brief/Report from Marek Enterprise", *Reliefweb*, http://reliefweb.int/report/democratic-republic-congo/dr-congo-news-brief-23-jun-1997 23 Jun 1997. 登录时间2013年11月19日。
② Lord Aikins Adusei, "Multinational corporations: The new colonisers in Africa", *Pambazuka News*, Issue 436, June 4, 2009, http://www.pambazuka.org/en/category/comment/56716. 登录时间2013年11月21日。
另见：Lord Aikins Adusei, "Corruption in Africa: Where Does the Buck Stop?" *Modern Ghana*, January 12, 2011, http://www.modernghana.com/news/311705/1/corruption-in-africa-where-does-the-buck-stop.html. 登录时间2015年4月30日。
另见：Lord Aikins Adusei, "Switzerland: A Parasite Feeding on Poor African and Third World Countries?" *Modern Ghana*, June 17, 2009, http://www.modernghana.com/news/222415/1/switzerland-a-parasite-feeding-on-poor-african-and.html. 登录时间2015年5月7日。
③ Jeffrey Herbst, "Let Them Fail: State Failure in Theory and Practice." In ed. Robert I. Rotberg, *When States Fail: Causes and Consequences*, Princeton, NJ: Princeton University Press, 2004, pp. 306 – 308.
另见：Filip Reyntjens, "Briefing: The DemocraticRepublic of Congo, from Kabila to Kabila," *African Affairs*, 2001, Vol. 100, No. 399, 2001, pp. 311 – 317.
④ Stephen Coplan, "AMF executive in Congo talks", *American Metal Market*, February 6, 1998, Vol. 106, N0. 24, p. 2. 另见：Olivier Vallée et François Misser, "Les diamants de la guerre," *Politique Internationale-La Revue*, No. 91, Printemps 2001.
⑤ Thomas M. Callaghy, "Networks and Governance in Africa: Innovation in the Debt Regime", in Thomas M. Callaghy, Ronald Kassimir and Robert Latham (editors), *Intervention and Transnationalism in Africa: Global-Local Networks of Power*, Cambridge: Cambridge University Press, 2001, p. 2.
⑥ Dani Nabudere, "*Conflict Over Mineral Wealth: Understanding the Second Invasion of the DRC*", Institute for Global Dialogue (IGD), Occasional Paper, 2003, No. 37, pp. 40 – 66.

曾与美国军方及国际防务和安全（International Defense and Security，IDAS）都有过联系，而后者的大部分成员是美国退役的前军官。①

然而，卡比拉当总统后，他显然不会同意一家周利润是刚果年生产总值两倍的美国公司去垄断和控制整个刚果资源。这是老卡比拉政府最有可能拒绝的选项，因为这些选项没有给刚果政府任何根据自身主权标准选择发展道路与合作伙伴的自由。克里斯·塔尔博特（Chris Talbot）据此认为，卡比拉让他的军事支持者以及柏克德等西方矿业公司失望了，因为他违约出售采矿权，拒绝接受国际货币基金组织提出的必须归还蒙博托政权累积的巨额公共部门债务的建议。② 卡比拉认为，当自己还是一个反抗运动领袖时，他没有合法签署矿业交易的权力，并要求如果外国矿业公司希望获得采矿合同，就应该提前为未来几十年的利润支付税款。卡比拉也否认了蒙博托签订的140亿美元债务，因为他并没有看到这笔钱投入到任何开发项目上。实际上，贷款人也知道蒙博托是一个小偷，如果你把钱借给一个小偷，就必须预料到他可能不会归还这笔钱的结果。

捐助者没有兑现承诺给刚果（金）的捐助：1997年12月，在布鲁塞尔举行了一个世界银行资助的"刚果（金）之友"会议，17个国家和国际机构一同出席会议，包括国际货币基金组织、联合国开发计划署、世界粮食计划署、非洲开发银行、美国国际开发署、欧盟、债权人巴黎俱乐部等等都参加了该会议。来自欧洲、北美、亚洲和非洲约20个国家的代表也参加了该会议，包括德国、比利时、丹麦、芬兰、法国、英国、爱尔兰、意大利、挪威、荷兰、俄罗斯、瑞典、瑞士（欧洲）；加拿大和美国（北美）；中国、日本、马来西亚（亚洲）；以及南非和乌干达（非洲）等等。③ 对刚果政府来说，这是一个适合发展的框架，不仅可以促进紧急援助，而且可以帮助刚果启动与外部合作伙伴的对话。④

---

① Ludo Martens, *Kabila et la révolution conolaise: panafricanisme ou néocolonialisme?* Anvers: Editions EPO, 2002, p. 247.

② Chris Talbot, "The Congo: Unanswered questions surround Kabila's assassination", *World Socialist Web Site*, January 25, 2001, http://www.wsws.org/en/articles/2001/01/cong-j25.html. 登录时间2013年11月19日。

③ Programme de Stabilisation et de Relance de l'Economie Congolaise: Communication du Gouvernement a la Reunion des Amis de la Republique Democratique du Congo (Bruxelles, 3-4 Decembre 1997), *Congo Afrique*, Vol. 38, No. 321, Janvier 1998, p. 20.

④ Ibid.

刚果政府的重建预计花费17亿美元,计划从捐赠者那里得到5.75亿美元,但是别的捐助者仅仅承诺提供4.5亿美元,条件是卡比拉政权可以在政府管理和民主化领域有新的突破,目前只有比利时和欧盟分别预付了2000万和8600万美元。①

会议决定:

① 创建一个信托基金,将更好地控制和评估已经预先使用的1.06亿美元。秘书处及其管理由世界银行委托给一个中立国瑞典负责;② 在联合国开发计划署的领导下,建立一个专业的培训(能力建设)援助计划;③ 建立关于外债管理关键问题和欠款的多边机构之间的协商框架(这项措施不公开宣布);④ 捐助者的援助协调责任委托给了世界银行;⑤ 1998年上半年还需要再次举行会议,以评估取得的进展,特别是在善政、民主化和实施应急计划方面,来定义一个更加广泛的经济计划。②

据卢多·马滕斯(Ludo Martens)观察,西方捐助者显然已经给独裁者蒙博托提供大量现金,致使该国外债高达140亿美元。但是他们却拒绝给卡比拉政府提供来最低资金需求的资助,用于重建一个被盗贼统治并摧残了32年的国家。③

(3)南南合作的前进之路:在掌权后,卡比拉作为总统的前十次出访目的国都在非洲大陆,包括安哥拉、南非、布隆迪、厄立特里亚、纳米比亚、乌干达、坦桑尼亚、卢旺达、赞比亚和津巴布韦。接下来他的行为便被西方列强评价为"不可接受":他没有前往华盛顿、巴黎和布鲁塞尔"获取新一轮的合法性",或成为像蒙博托或"由克林顿扶植的政府"一样的"美国的走狗"(1998年5月20日,《先驱论坛报》)④,而是在1997年的12月14日飞赴中国与中国政府签署了许多合作协议。他花了整整一周的时间访问中国,随

---

① Programme de Stabilisation et de Relance de l'Economie Congolaise: Communication du Gouvernement a la Reunion des Amis de la Republique Democratique du Congo (Bruxelles, 3-4 Decembre 1997), *Congo-Afrique*, Vol. 38, No. 321, Janvier 1998, p. 21.
② Robert Block, "Congo to appeal for emergency aid to help stabilize its decayed economy", *The Wall Street Journal*, December 1, 1997, p. A16.
③ Ludo Martens, *Kabila et la révolution conolaïse: panafricanisme ou néocolonialisme?* Anvers: Editions EPO, 2002, p. 237.
④ Ibid.

行的大代表团包括负责9个关键部门的9名部长:经济、规划、农业、PTT(邮政、电话和电信)、交通运输、土木工程、财务、外事以及体育和青年事务。①

卡比拉总统对中国的迅速发展印象深刻:迅猛增长的现代城市、大企业、农村地区增加的农业产量……这都基于中国人民自身的努力。他承认,中国有很多值得刚果人民学习的地方。他们需要从中国的发展模式中汲取灵感,中国与刚果经历了同样的磨难,他希望中国人民和刚果人民可以为刚果(金)的发展并肩作战。卡比拉总统表示,希望中国参与刚果(金)的重建并参与投资,刚果(金)将与中国建立一个互赢的合作伙伴关系。②

卡比拉总统对中国进行正式访问期间,刚果政府和中国政府签署了非常重要的协议,包括通讯方面的四大合同。根据协议,中国国有公司中兴电信(ZTE)将:① 在刚果(金)修复整个电话网络;② 建立一个电话设备制造工厂,产品将用于刚果(金)并向其子区域出口;③ 在金沙萨安装地面电站:并使金沙萨的整个电信网络现代化,该网络将拥有一个联通一万条线路的通讯中心;④ 负责安装设施,将刚果农村电话系统连接到国际网络。③

中国给予刚果(金)2500万美元的优惠贷款,卡比拉总统决定将其用于国家服务。值得注意的是,国家服务汇聚了来自全国各地的年轻人,他们在心灵和思想上接受了国家统一和民族意识教育,以使他们能够一起工作,学习对社会有用的新技能,并对他们进行思想政治教育,从而使他们获得新的价值观,如公共利益先于自己的利益、热爱工作、与人诚实相处、廉洁正直、遵守纪律、维护国家团结统一。

北京承诺将参与卡比拉总统的国家重建计划。双方签署了四个协议,包括:① 于1998年1月签署的土木工程协议,重点是建设连接全国十一个主要省市的高速公路;② 关于建立摩托车和缝纫机装配工厂以及冰箱制造厂;③ 关于刚果农业的机械化和现代化;④ 规定了刚果国有的国家矿业总

---

① Ludo Martens, *Kabila et la révolution conolaïse: panafricanisme ou néocolonialisme?* Anvers: Editions EPO, 2002, p. 281.
② Conférence de presse du Chef de l'Etat du mercredi 24 decembre 1997, *Agence Congolaise de Presse* (ACP), 24 décembre 1997.
③ "La Chine et la RDC signent des accords", *Agence Congolaise de Presse* (ACP), 18 décembre 1997.

公司和中国矿业公司间的合作形式。①

卡比拉在与西方的每一次谈判中,都会被对方强加条件,而在与中方会谈时,他说:"所有这些协议都有一个特点:没有强加任何条件。对中国来说,它对刚果(金)当局独有的能力给予了信任。"②

五、中刚关系的演变

1. 殖民主义时期

一般来说,刚果(金)和中国有着相似的历史遭遇:被奴役、成为殖民主义和新殖民主义的受害者。然而事实上,中国仅是半殖民地,而刚果(金)被殖民统治近100年。中国受殖民的影响较小,并设法将其文化保留了下来,而深受殖民之害的刚果(金)却没有。

在《利奥波德国王的幽灵》一书中,美国历史学家亚当·霍克希尔德写道,中国在刚果(金)的存在可以追溯到1892年。当时,在比利时国王利奥波德二世的要求下,来自中国澳门和香港的540名工人被带去修建刚果自由邦的第一条铁路。实际上,1898年,清朝政府与刚果自由邦签订条约,允许刚果自由邦从中国招募劳工。③ 中国还与欧洲列强签订了有关非洲的条约,如涉及从中国向殖民地派送劳工的条约。这一时期,中国在南非、埃及、马达加斯加和莫桑比克设有领事馆,双方主要是民间往来,非洲各国获得独立后,双方开始直接交往。④

刚果河河口夹在法属刚果-布拉柴维尔和葡属安哥拉中间[刚果(金)、刚果(布)和安哥拉都是刚果王国的一部分]。受因加瀑布的制约,刚果河在金沙萨和大西洋海岸之间没有通航线路。比属刚果的唯一选择,是修建一条绕过瀑布的铁路以突破内陆的包围。铁路修建期间,华人和非洲人(有些是刚果当地人,有些来自西非,有些则是从遥远的加勒比岛屿巴巴多斯被带来的)不得不用锄子开凿岩石。他们辛苦劳作,被铁路民兵(招募自桑给巴尔岛)无情地鞭打和奴役,并由200名欧洲白人(绰号Bula Matadi或"碎石器")监督。这些顽强的劳动者戴着镣铐劳作,许多人死于事故(爆破岩石

---

① "Chine-Congo: 4 accords…", *Agence Congolaise de Presse* (ACP), 4 février 1997.
② "Chine-Congo: Un remaniement ministerial", *AgenceCongolaise de Presse* (ACP), 23 décembre 1997.
③ 王铁崖编:《中外旧约章汇编》,第一卷,北京三联书店1982年版,第76—77页。
④ 李安山:《非洲华侨华人史》,中国华侨出版社2000年版,第419—431页。

时被炸得粉身碎骨)、痢疾、天花、脚气病和疟疾等。糟糕的饮食加剧了他们的困境,有时他们甚至没有住处。①

平均每年有 132 名白人和 1800 名非白人(官方数据)在铁路工地上殉难。300 名华人被奴隶劳动折磨致死,有些人逃入丛林再无影踪,有些人后来则在超过 500 英里外的内陆(他们与当地居民融合)被发现。一些中国人工作时面朝东方,试图逃到非洲东海岸,然后回家。②

下面这幅金沙萨中央火车站的大型油画描绘了华人和刚果人(包括妇女在内)在白人监工的皮鞭下艰苦修建刚果第一条铁路的场景。有趣的是,在中央车站旁边,正是华为公司为培养电信专业人士而修建的当地培训中心新址(见图 5)。

图 5　修建刚果第一条铁路

来源:笔者拍摄于 2012 年 8 月。

因此,中国在刚果(金)的存在是被迫无奈的。这之后,刚果(金)、美国和中国的关系就受到了冷战的影响。

2. 刚果独立时期

刚果独立于 1960 年 6 月 30 日,在刚果独立时,周恩来总理和外交部长陈毅对卢蒙巴政府表示了祝贺。当年 8 月,两国政府开始会谈,旨在建立外交关系,但这一进程因反对卢蒙巴的蒙博托的政变而短暂中断(成千上万的中国工人在中国共产党的领导下向卢蒙巴表达了敬意)。

1961 年 2 月 19 日,中国正式承认基赞加领导的政府是唯一合法的刚果

---

① Adam Hochschild, Adam Hochschild, *King Leopold's Ghost*. London: Papermac/Macmillan Publishers Ltd, 2000, pp. 170 - 172.
② Ibid.

政府,并于 1961 年 2 月 20 日与以基桑加尼为基地的新政府建交。但卢蒙巴拥护者并非铁板一块。同年 9 月 18 日在金沙萨,基赞加加入了由西里尔·阿杜拉(Cyrille Adoula)总理领导的受美国支持的民族统一政府。然而,由于阿杜拉政府和台湾政权建立了所谓的"外交关系",中国决定召回其大使。中国和刚果(金)的关系因此中止。

3. 蒙博托统治时期

历史表明,在 1972 年 11 月 20 日,务实的中国和扎伊尔实现了外交关系的恢复和邦交正常化(10 个月后,美国总统尼克松首次访华),两国政府建立了重要的军事和经济关系。蒙博托曾五次访问中国(1973 年 1 月,1974 年 12 月,1980 年 3 月,1982 年 6 月和 1994 年 10 月)。①

1972 年 11 月,扎伊尔对中华人民共和国、朝鲜和东德予以承认,次年蒙博托即到北京进行了国事访问,在这里他得到了中国给予 1 亿美元经济援助的承诺。中国资助和建造了一系列重大项目,如人民宫即议会大厦和烈士体育场,是非洲最大的,跟在北京的鸟巢体育场相似,但比鸟巢体育场大,由洛朗·卡比拉重命名,因为 1966 年 6 月 2 日五旬节(天主教的公众假期)那天,四名政治家被蒙博托绞死在那里。蒙博托指控前部长杰罗姆·阿纳尼(Jerome Anany)、埃瓦里斯特·基姆巴(Evariste Kimba)、亚历山大·马汗巴(Alexandre Mahamba)和参议员伊曼努尔·邦巴(Emmanuel Bamba)预谋要杀害他。这四人被称为"五旬节四烈士"。中国还建立了中刚友谊医院、Lotokila 制糖厂、金沙萨的邮局分拣中心、恩吉利水稻农业试点项目、金沙萨沼泽河农场的试点项目。

后来,在老卡比拉和小卡比拉统治时期,作为中国与刚果(金)之间发展合作的一部分,中国建造了许多基础设施,包括:金沙萨的一所小学、基桑加尼的一所综合性学校、金沙萨的中刚贸易中心、中-刚友谊医院、在金沙萨的邮局里分拣信件中心、在金沙萨的农业技术示范中心、50 独立周年纪念医院被称为"Hôpital du Cinquantenaire"和宗戈 2(Zongo Ⅱ)水电站大坝。

---

① Third Ministerial Conference of the Forum On China-Africa Relations (November 3-5, 2006), Profile on each country participant, Democratic Republic of Congo, http://www.china.org.cn/english/features/focac/183553.htm. 登录时间 2015 年 1 月 12 日。

4. 洛朗·德西雷·卡比拉统治时期

在他任职（金）总统的前七个月，洛朗·卡比拉制定了他的外交政策，旨在实现两个目标：（1）首先，保证刚果（金）的主权和民族独立；（2）在南南合作的框架下，通过地区和大陆一体化实现刚果（金）的发展。在保持独立的前提下，确保刚果（金）融入世界经济。①

在前面的章节中，我们已经充分分析了为什么卡比拉会拒绝柏克德的"刚果重建计划"而制定自己的本土重建计划——"美国和加拿大矿业公司发现自己两手空空，没有签订任何合同"②——并决定"向东看"即以中国为样板，为这一计划的实施寻求支持。

现在的根本问题是：为什么卡比拉选择中国作为刚果（金）发展的榜样？要回答这个问题，有必要审视卡比拉的三重属性：革命者、政治家及其与西方国家特别是美国的关系。

笔者认为，卡比拉并不反对西方。他只是想明确传达一个信息，那就是刚果（金）不是用来买卖的，这个国家需要的是合作伙伴而不是外来的主人。事实上，正是西方国家（尤其是美国）的"剥夺模式"使得刚果（金）务实的领导人（爱国的民族主义者）转向了中国。对他们来说，中国在刚果（金）的到来代表着一个新的开始，因为刚果（金）和西方大国之间的关系不适合"双赢政策"。《执行情报评论杂志》的编辑劳伦斯·弗里曼（Lawrence Freeman）认为，非洲可以养活自己，并为世界其他国家提供食物，但是西方更喜欢让人死于饥荒和战争，而不是让这些国家发展。西方国家不愿意开发非洲的潜力，他们只想把非洲作为可以获得原料的地方。③

所有西方在刚果（金）的投资计划，包括柏克德的"刚果重建计划"，以及国际货币基金组织和世界银行的结构调整政策（控制机制），都不支持刚果人民的利益。它们只会在刚果（金）导致贫困和不平等。柏克德的"刚果重建计划"旨在将刚果（金）融入混乱的全球化进程，但这一进程使西方的"驱逐模式"更

---

① Agence Congolaise de Presse (ACP), 20 janvier 1998.
② Christine Stone, "The New World Order Turns Against an Old Friend", *anti-war.com*, June 4, 2000, http://www.antiwar.com/stone/stone040600.html 登录时间 2015 年 1 月 12 日.
③ Lawrence Freeman, "The West refuses to develop Africa's potential", *RT*, February 10, 2014, http://rt.com/op-edge/west-refuses-to-develop-africa-356/. 登录时间 2015 年 1 月 13 日.

加不可避免,因为他们以刚果(金)必须实现现代化为借口。而实际上,在私有化过程中,刚果人民的矿产、木材、水资源和劳动力等仍然遭到剥削。

事实上,作为学者和中国政府第一位非洲事务特别代表的刘贵今大使表示,美国和其他西方大国对非洲的干预使中非关系面临一个更为复杂的外部环境。① 卡比拉总统访问中国时,带回了足以改变刚果(金)的具体项目(技术转让、工业化、农业机械化、国防和安全、政治和经济主权)。

5. 约瑟夫·卡比拉统治时期

如前一章所解释的那样,2013年12月6—7日,在巴黎召开的法非峰会期间,美国国务卿克里和参议员法因戈尔德在接受法国国际广播电台(RFI)的采访时公开表示:"20年来发生在刚果东部旷日持久的冲突,包括乌干达和卢旺达,在不改变刚果边界的情况下是无法解决的。"②

其实,旷日持久的冲突正是由英国和美国精心策划,由卢旺达和乌干达具体执行,旨在将刚果(金)分割成小块,然后将刚果东部并入卢旺达和乌干达。塞巴斯蒂安·佩里莫尼(Sébastien Périmony)认为,美国采取的是双重标准,用于刚果(金)的政策和用于卢旺达、乌干达的政策完全不同。这种双重政策基于对刚果矿产资源控制权的争夺,从而导致了刚果战火不断,并已造成800万人死亡。③

埃里克·德莱策(Eric Draitser)揭露说:"近年来,美国在非洲进行的前所未有的军事扩张几乎从未引起美国公众的注意。"这种扩张的目的是"审视中国日益增长的影响力",不管这是否会引起"广泛的代理战争"。德莱策进一步认为,在美国非洲司令部和中情局的有效参与下,美国制造的对抗规模并不令人吃惊,就像其在索马里做的那样,"将钱和武器输送给华盛顿最喜欢的军阀 ④(在非洲大湖地区的典型就是乌干达的穆塞维尼和卢旺达的卡加梅)"。

---

① 刘贵今:《美国非洲战略及其对中国的启示》,《党建网》,2013年第5期,第62—64页。
② "Les Etats-Unis plaident pour l'ouverture d'un dialogue dans la Région des Grands Lacs", *Radio France Internationale (RFI)*, 7 déc. 2013.
③ Sébastien Périmony, "RDC: la stratégied'Obama pour《balkaniser》l'Afrique", *Solidarité et Progrès*, dimanche 5 janvier 2014, http://www.solidariteetprogres.org/orientation-strategique-47/rdc-balkanisation-afrique-10772.html 登录时间2015年1月16日。
④ Eric Draitser, "US expands military net over Africa, checking China's influence", *RT*, February 21, 2014, http://rt.com/op-edge/us-expands-military-net-africa-081/. 登录时间2015年1月14日。

佩里莫尼进一步认为,约瑟夫·卡比拉总统试图通过与中国建立伙伴关系摆脱西方列强(伦敦金融帝国和华尔街)对其原材料的控制。① 佩里莫尼引用了剑桥大学政治与国际研究系讲师德文·柯蒂斯博士(Devon Curtis)的观点,其中提到了签订于 2007 年 9 月的"中刚 90 亿美元基础设施开发资源支援资金(IDRF)协议"[它是一种不会让国家负债的实物交易,因为刚果(金)的矿产储备可保证交易安全]。② 在本文的第四章中,我们将提供更多的细节关于这个协议。

洛朗·卡比拉总统访华后,那么当时发生了什么? 对中国的正式访问结束后,卡比拉很快在美国那里失宠。美国不能原谅他对柏克德"刚果重建计划"的拒绝,让刚果国家矿业总公司和中国矿业公司之间签订合作协议,从而打破了美国的钴垄断。从这开始,题为《刚果民主共和国:一个国家发展的途径》的柏克德"刚果重建计划"开始影响中刚关系。

事实上,作为学者和中国政府第一位非洲事务特别代表的刘贵今大使认为,美国和其他西方大国对非洲的干预使中非关系面临更为复杂的外部环境。相反,中国所坚持平等原则、互利共赢和不干预非洲内政的做法才是正确和适当的政策。与此同时,中国必须维护自己的利益。事实上,随着西方"新殖民主义"理论在非洲兴起,中国的崛起引发了西方的焦虑,他们担心中非合作将把他们从"世袭领地"驱离。③

西方列强污蔑中国为掠食者或寻找脆弱猎物(非洲)的殖民者——在西方文学中普遍存在的象征。④ 一份由维基解密泄露的美国外交电报称,中国是"没有道德的危险经济竞争者"⑤。贺文萍提出:"近年来中非政治和经贸关系的快速发展,使国际媒体、西方智库以及学术界有关中非关系的报道和

---

① Sébastien Périmony,"RDC: la stratégie d'Obama pour《balkaniser》l'Afrique", *Solidarité et Progrès*, dimanche 5 janvier 2014. p176.
② Devon Curtis, "Hope in the Heart of Africa? Chinese Engagement with the DRC", Draft Paper presented at the *School of Oriental and African Studies* (SOAS) lecture, organized by the Royal African Society on 06 May 2008.
③ 刘贵今:《美国非洲战略及其对中国的启示》,《党建网》,2013 年第 5 期,第 62—64 页。
④ Mohamed A. Eno and Omar A. Eno,"US-China competition for Africa resources: Looming Proxy wars amid possible alternatives", *Asian Journal of Social Sciences, Arts and Humanities*, Vol. 2, N0. 1, 2014, pp. 20 - 35.
⑤ David Smith, "China's booming trade with Africa helps tone its diplomatic muscle", *The Guardian*, March 22, 2012, http://www.theguardian.com/world/2012/mar/22/chinas-booming-trade-africa-diplomatic. 登录时间 2015 年 1 月 8 日。

讨论有急剧升温之势,中非关系的新发展已引起人们的广泛关注。然而,在如何认识'中非关系发展'这一命题上,中国和外部世界(主要是西方媒体和智库)则存在相当程度上的差异。在中国学者看来,近年来中非关系的发展是半个多世纪以来中非全天候友好合作关系的自然发展和延伸,是互相尊重、真成友好和平等互利的具体体现。而在某些西方媒体和智库看来,中国重视发展对非关系是出于对石油等战略资源的剥夺,在非洲政治经济影响扩大是一种'新殖民主义'的表现,会阻碍西方在非洲推动的民主和人权事业的进展,等等。"(实质上,前美国国务卿希拉里·克林顿在访问赞比亚时,进行了一番鼓吹"杀死龙"的煽动,她提醒非洲和其他接受中国的各方"警惕捐赠者更感兴趣的是攫取你的资源而不是构建你的能力"。)①

中国学者罗建波认为,美国和中国可以克服分歧和相互之间的不信任,在非洲进行更开放的对话,得到一个有利于各方的双赢结果。贺文萍也认为,如果撇开一些价值观分歧和发展援助模式差异问题,从推动非洲发展进步、构建稳定的中美战略互信这一视野出发,我们不难发现中美在非洲存在很多利益聚合点,包括在安全领域、政治发展领域、基础设施建设和能源开发领域、贸易和投资领域、教育和公共卫生领域,等等。②

周海金认为,西方国家并没有对非洲的身份认同、文化和价值观给予应有的认可。相比之下,正如张春所说,中国正在作出另一种努力:与非洲分享显示其国家神奇飞跃的"关键指标",③特别是在西方国家不愿有效参与非洲事务的情势下。④ 在提供一些事实后,伯杰·阿克塞尔(Berger Axel)、黛博拉·布劳提根(Deborah Brautigam)和菲利普·鲍姆加特纳(Philipp Baumgartner)认为,中国作为世界上第一大经济体参与非洲事务应该受到

---

① 贺文萍:《中美在非洲的利益竞争、交汇与合作》,《亚非纵横》2007年第3期,第26—29页。
另见:Jian Junbo, "The myth of the 'China model' in Africa", *Asia Times Online*, September 14, 2011, http://www.atimes.com/atimes/China/MI14Ad01.html, . 登录时间2015年5月16日。
② 罗建波:《中国与西方国家的对非外交:在分歧中寻求共识与合作》,《世界经济与政治》2009年第4期,第26页至第35页。
另见:贺文萍:《中美在非洲的利益竞争、交汇与合作》,《亚非纵横》2007年第3期,第26—29页。
③ Institute of Security Studies (ISS), "International Research Symposium." Seminar Report, Addis Ababa, Ethiopia 22 May 22, 2012, http://www.issafrica.org/eventitem.php?EID=825.登录时间2015年1月8日。
④ Ibid.

欢迎，尤其是眼下面对来自西方国家的财政压力时。① 事实上，在《龙的礼物：中国在非洲的真实故事》一书中，布劳提根揭开了笼罩在关于中国在非洲的存在的神话和事实上的面纱。②

美国和中国在与撒哈拉以南非洲国家交往过程中强调不同的政策和方法。2012年的一份报告中，美国政府责任办公室（Government Accountability Office）简明扼要地指出，美国在非洲的目标包括加强民主制度。2009年7月，奥巴马总统在加纳议会演讲时称，"非洲不需要强人，需要强大的机构"，同时却支持非洲的威权领导人，如卢旺达总统卡加梅和乌干达总统穆塞韦尼，维护美国在非洲的利益、加强地区安全与稳定、促进良好治理和市场改革、支持人权、通过发展援助改善医疗和教育、帮助撒哈拉以南非洲国家建立全球贸易等。③ 相比之下，中国政府已经表示通过寻求中非之间的互惠互利和互不干预国家内政的政策，来与非洲国家建立更紧密的联系。④

中非关系基于"双赢"或"给予和获得"的原则，可以充实非洲人民的生活。这一政策不同于西方国家，后者通过其政策在非洲有力地追求所谓的"政治民主"，把对非洲的援助与民主相联系，而这一切都是为了让非洲进入其控制的轨道。这一政策严重抑制了非洲国家的民族自豪感和民族情感，引起了社会动荡。

六、美国对中非关系的关注

2013年7月，奥巴马作为第一位美国黑人总统进行了他的第一次非洲之旅，这位父亲是肯尼亚人而母亲是美国白人的总统证明了他作为美国领导人，是去非洲捍卫和促进美国的战略利益的，而不是非洲的利益。西方媒体特别是美国媒体的头条新闻大都在奥巴马非洲之行期间支持了这一点：

---

① Berger Axel, Deborah Brautigam and Philipp Baumgartner, "Why are we so critical about China's engagement in Africa", *The Current Column*, August 15, 2011, http://www.die-gdi.de/uploads/media/Column_Berger.Brautigam.Baumgartner.15.08.2011.pdf. 登录时间2015年1月8日。
② Deborah Brautigam, *The Dragon's Gift: The Real Story of China in Africa*, New York: Oxford University Press Inc, 2011.
③ Peter Brookes and JiHye Shin, "China's Influence in Africa: Implications for the United States", *Backgrounder, the Heritage Foundation*, No. 1916, 2006.
另见：陈积敏、罗建波：《奥巴马政府对非外交评析》，《现代国际关系》2013年第3期，第29—35页。
④ U.S. Government Accountability Office, 2012 Report, titled "Sub-Saharan Africa: Trends in U.S. and Chinese Economic Engagement", available online here: http://www.gao.gov/assets/660/652041.pdf. 登录时间2015年1月2日。

(1)《奥巴马非洲之行的目标:对抗中国》,CNN 国际频道,2013 年 6 月 26 日。

(2)《坦桑尼亚:美中竞争体现在奥巴马对坦桑尼亚的访问》,美国之音,2013 年 6 月 25 日。

(3)《奥巴马为何在非洲对中国实行高压政策》,CBC,2013 年 7 月 2 日。

(4)《非洲投资——奥巴马的非洲势力计划可以与中国相比吗?》,路透社,2012 年 7 月 2 日。

(5)《奥巴马人在非洲,但关注的是中国》,NBC 新闻,2013 年 7 月 1 日。

(6)《奥巴马去非洲的真正原因:用 1 亿美元让中国远离非洲的石油是非常值得的》,费城杂志,2013 年 7 月 1 日。

(7)当奥巴马结束非洲之旅时,BBC 的加布里埃尔·盖特豪斯问道:"非洲决定与美国做生意还是选择加强与中国的贸易?"

从上述新闻标题中,我们可以得出这样的结论:奥巴马非洲之行的目的是制衡中国在非洲的影响力。奥巴马总统还推出了他的"70 亿美元力量非洲倡议"。虽然这一举措似乎是值得称赞的,但是其只针对几个被认为是"美国的朋友"的特定国家。①

2014 年 8 月 4—6 日,首届美非领导人峰会在华盛顿召开。之所以举办这次峰会,是因为非西方国家,尤其是中国,已深入非洲,正在挑战西方对非洲资源的控制、压制和垄断。正如查尔斯·奥努奈尤(Charles Onunaiju)所说的,如果非洲要实现可持续发展,就必须克服这样的控制。奥努奈尤指出:"这次峰会是为了寻求与非洲建立长期全面而富有成效的友好关系,还是仅仅在非洲的全球形象日益突出以及许多重要的参与者(尤其是中国)已经与非洲进行建设性接触的形势下而作出的一个下意识反应?答案在未来会逐渐清晰。"②

中国从根本上提出了一种精神:中美两国应在非洲进行真诚的合作而

---

① Antoine Roger Lokongo, "A lecture tour without a real Q&A session", *Pambazuka News*, Issue 638, July 10, 2013, http://www.pambazuka.net/en/category/features/88186. 登录时间 2015 年 1 月 18 日。
② Charles Onunaiju, "Between Sino-Africa and US-Africa summits", *Punch*, August 11, 2014, http://www.punchng.com/opinion/between-sino-africa-and-us-africa-summits/. 登录时间 2015 年 1 月 18 日。

非两败俱伤的竞争,后者只会损害中美非三方的利益。① 习近平主席在达累斯萨拉姆的演讲中说:"中国希望中非关系能越来越好,也希望非洲同其他国家的关系能越来越好。"②

然而,美国却一意孤行地推进"老大哥"式的对抗性竞争。穆罕默德·A. 伊诺与奥马尔·A. 伊诺对美国在非洲与中国竞争的本质以及这种竞争可能带给非洲的影响进行了广泛研究。他们认为,美国在非洲与中国针对资源的竞争具有安全方面的影响,因为中国的崛起已经引起了华盛顿极大的焦虑。

这一论点有以下依据:

(1) 某些分析人士,如本·施赖纳(Ben Schreiner)认为,近期美国和西方介入非洲一些地区的战争并不是为抗拒基地组织所做的战略性努力,而是作为一个"隐藏议程"以挑战中国在外交和经济方面对非洲大陆产生的强大影响力。③

(2) 西方以极端分子预谋对法国、美国或任何其他奉行牵制中国战略的人或国家进行攻击为借口,在马里进行军事部署;④

(3) 对利比亚的袭击旨在打击在石油和基础设施项目上投资约 200 亿美元的中国企业,迫使 3.6 万名中国工人回国,意在"制衡中国日益增长的影响"。

(4) 为了通过病毒的爆发来推进其帝国主义在非洲的进程(包括恫吓中国),美国甚至制造了埃博拉病毒(出自一些西方学者和专家的观点)。⑤ 美国在西非部署了 4000 人的军队以应对埃博拉疫情,如奥巴马总统所称,这是

---

① Mohamed A. Eno and Omar A. Eno, "US-China competition for Africa resources: Looming Proxy wars amid possible alternatives", *Asian Journal of Social Sciences, Arts and Houmanties*, Vol. 2, N0. 1, 2014, pp. 20 – 35.

② Zhang Hongwei, "President Xi Jinping Talks About China-Africa Relations And China's Policy Towards Africa", *The Chinese People's Institute of Foreign Affairs (CPIFA) Magazine*, Issue No. 108, Summer 2013.

③ Ben Schreiner, "Hidden Agenda behind America's War on Africa: Containing China by 'Fighting Al-Qaeda'", *Global Research*, January 29, 2013, http://www.globalresearch.ca/hidden-agenda-behind-americas-war-on-africa-containing-china-by-fighting-al-qaeda/5320939. 登录时间 2015 年 1 月 8 日。

④ Stephen Walt, "Maladroit in Mali?" *Foreign Policy*, January 17, 2013, http://foreignpolicy.com/2013/01/17/maladroit-in-mali/. 登录时间 2015 年 1 月 8 日。

⑤ Antoine Roger Lokongo, "Ebola: Who created this terrible virus and why?" *Pambazuka News*, Issue 708, January 8, 2015, http://pambazuka.net/en/category/features/93681. 登录时间 2015 年 1 月 18 日。

一个严重的国家安全问题。① 中国认为其应对埃博拉危机应与其他发展中国家团结行动。中国派出了1000名医护人员派往几内亚、利比里亚和塞拉利昂以抵制埃博拉病毒的蔓延,并为当地卫生工笔者提供专业培训。② 洛朗·卡比拉明确表示,中刚关系并不是排他性的。"我们不拒绝与其他国家合作,尤其是西方国家。我们之所以决定支持与中国的合作,是因为中国总是通过实质性成果履行协议。事实上,从37年与西方令人失望的合作汲取的经验中,我们认为支持与中国的合作是非常正确的,因为中国一直真诚地向南方国家提供援助。他们所采取的原则通常对他们自己来说很昂贵,即帮助者与被帮助应处于平等地位(真诚的帮助而非口头协议),对此我们很感激。"③

卡拉比时期的美刚关系

洛朗·卡比拉的民族主义是拒绝妥协的:绝不出让刚果主权,绝不背离刚果人民一切利益以及绝不取悦西方大国。④ 他拒绝屈从于"一个选举,两个权力合法性来源"的约束,也就是说,非洲民选政府或执政党必须通过参与或承诺参与西方战略利益来从西方国家"购买"另一种合法性,否则他们就被赶下台。⑤

1998年8月2日美国政府和柏克德公司在刚果(金)爆发的战争中起到了什么样的作用? 时任美国国务卿的马德琳·奥尔布赖特(Madeleine Albright)称它为非洲的"第一次世界大战",是因为这次在战争中存在如此多的行动者。⑥

---

① Abayomi Azikiwe, "US using Ebola to advance imperialist agenda in Africa", *Press TV*, September 9, 2014, http://www.presstv.ir/detail/2014/09/09/378229/us-uses-ebola-to-advance-imperialist-agenda/. 登录时间 2014年12月31日。
② Antoine Roger Lokongo, "Ebola-hit Africa expecting positive news from APEC", *CNTV.com*, Nov 13, 2014, http://english.cntv.cn/2014/11/13/ARTI1415842451091436.shtml. 登录时间 2015年1月8日。
③ Conférence de presse du Chef de l'Etat du mercredi 24 decembre 1997, *Agence Congolaise de Presse* (ACP), 24 décembre 1997.
④ Joseph Kimba, "Laurent-Désiré Kabila et Patrice-Emery Lumumba: 'Un destin commun'", *Agence Congolaise de Presse*, 12 Janvier 2001, http://www.acpcongo.com/index.php?option=com_content&view=article&id=5741:laurent-desire-kabila-et-patrice-emery-lumumba-un-l-destin-commun-r&catid=44:decouvertes&Itemid=65. 登录时间 2013年11月20日。
⑤ Antoine Roger Lokongo, "The distorted democracy in Africa: Examining the cases of South Africa, Libya and Ivory Coast", *International Critical Thought*, Vol. 2, No. 2, June 2012.
⑥ "Central Africa: Bloody history, unhappy future", *The Economist*, Jan 22, 2009, http://www.economist.com/node/12970793. 登录时间 2013年11月22日。

在西方旧的"分而治之"原则下,1998年8月2日刚果(金)爆发的涉及卢旺达、乌干达和刚果叛军的战争既是代理人之战又是资源之战。① 美国利用了曾在1996—1997年解放战争期间支持过卡比拉的卢旺达和乌干达人来除掉卡比拉。以下事实证明美国政府和柏克德的作用是根本的,因此,在掠夺刚果(金)的资源(特别是通过代理人战争和资源战争)中,美国秘密行动和公司的作用很明显。

(1)通过代理人战争。首先,美国指责卡比拉阻挠联合国调查其军队对胡图族难民的暴行或大屠杀②;尽管卡比拉的卢旺达图西族盟友是军事指挥的重要组成部分,但是据托马斯·特纳(Thomas Turner)指出,"在卡比拉周围的这些有权的图西族人就像一张网一样"③。其次,正如赫尔曼·科恩所言,在1998年7月27日,当卡比拉意识到针对他的暗杀阴谋时,他正式要求卢旺达和乌干达把他们的军队和顾问从刚果(金)撤出——但奉命撤离的军队很快又作为入侵者回到了刚果(金)。④ 恰在此时,卡比拉也被美国指控发动了反图西族的战役。⑤ 这解释了为什么这场战争被伪装成了反对卡比拉政府的"刚果图西族巴尼亚穆伦格人(Banyamulenge)"发动的⑥、被称为"刚果民主联盟-戈马"(The Rally for Congolese Democracy-Goma,RCD-Goma)的叛乱。作为北基伍省省会,戈马是最接近卢旺达的刚果城市。事实上叛乱是在南非发动的。当时卡比拉的外交部长比齐马·卡拉哈(Bizima Karaha)本身就是一个"巴尼亚穆伦格"。他对当时美国驻卢旺达大使罗伯

---

① Gauthier de Villers et Jean Omasombo Tshonda, "La bataille de Kinshasa," *Politique Africaine*, décembre 2001, No. 84, http://www.politique-africaine.com/numeros/pdf/084017.pdf. 登录时间2013年11月21日。
② David Williams, "Riddle of toppled Kabila", *Daily Mail*, January 16, 2001, http://www.dailymail.co.uk/news/article-16001/Riddle-toppled-Kabila.html. 登录时间2013年11月22日。
③ Thomas Turner, "Kabila Returns, in a Cloud of Uncertainty", *African Studies Quarterly*, Vol. 10, No. 1, Spring 2008, http://www.africa.ufl.edu/asq/v1/3/3.htm. 登录时间2013年12月15日。
④ Herman Cohen, "The United States and Africa: Non-Vital Interests Also Require Attention", *American Diplomacy*, August 2003, http://www.unc.edu/depts/diplomat/archives_roll/2003_07-09/cohen_africa/cohen_africa.html. 登录时间2015年3月1日。
⑤ International Crisis Group, "How Kabila Lost His way: The Performance of Laurent-Désiré Kabila's Government," *Africa Report*, N°3, Brussels/Nairobi, 21 May 1999, http://www.crisisgroup.org/en/regions/africa/central-africa/dr-congo/003-how-kabila-lost-his-way-the-performance-of-laurent-desire-kabilas-government.aspx. 登录时间2013年12月15日。
⑥ "巴尼亚穆伦格"是在刚果(金)的图西族人,原来是从卢旺达来的饲养牛的图西族人。他们逃离了,因为在他们的国家经常发生种族灭绝事件。热情好客的刚果土著允许他们定居在"穆伦格"高山,该山在南基伍刚果省,离坦噶尼喀湖不远(因此"巴尼亚穆伦格"意味着"穆伦格"的居民)。

特·格里宾(Robert E. Gribbin)说:"大使,我们来这儿是为了[寻找]另一盏绿灯"①,然后飞到南非加入了叛乱。一个月后,时任卢旺达副总统保罗·卡加梅在与纳尔逊·曼德拉总统见面时,承认其武装部队在刚果领土的存在。② 很明显,各种"叛军"已被创建出来,入侵已经开始。③

正如一位比利时记者和非洲大湖地区④事务的专家考莱特·布拉科曼(Colette Braeckman)所言,战争的爆发是毫不奇怪的,任何人,无论是在美国还是在欧洲,甚至是在非洲国家的首都,都知道战争就要爆发了。尽管每个人都假装相信这是一场反对卡比拉独裁政权的叛乱;但实质上,一个由外部势力策划并且由非洲当地的行动者执行的代理人战争,就要开始了。⑤ 布拉科曼进一步透露,在行动开始几天后,一位在基加利的卢旺达情报官员在不愿透露姓名的条件下告诉了她战争背后的真正原因。"美国人已经要求我们除掉卡比拉,因为他并不合他们的意",这位情报官员如是说。⑥

1998年8月2日,卢旺达和乌干达军队兵分几路入侵刚果(金),完成了一次壮观的、覆盖2000公里的空降行动,攻克了金沙萨西部的基托纳(Kitona)军事基地。为达目的,他们劫持了民用客机,这在国际法上是恐怖行动,但打击全球恐怖活动的美国从来没有谴责过它。事实上,这架飞机是由两艘美国军舰导航到了香蕉港口,这是美国参与的另一个证据。后来美国人撤回了这两艘军舰并且在关闭了金沙萨的美国大使馆,因为克林顿总统正忙于轰炸苏丹,特别是在喀土穆的一个医疗工厂(该轰炸是想让公众关注焦点从与他与莫尼卡·莱温斯基的绯闻中转移)。⑦

---

① Robert Gribbin, *In the Aftermath of Genocide: The U. S. Role in Rwanda*. Bloomington: iUniverse, Inc., 2005, p. 280.
② Colette Braeckman, "La rébellion exploite le sous-sol et ponctionne les provinces conquises. Les richesses minières du Congo financent la guerre", *Le Soir*, 5 février 1999, http://archives.lesoir.be/la-rebellion-exploite-le-sous-sol-et-ponctionne-les-pro_t-19990205-Z0GC8X.html. 登录时间2013年12月15日。
③ Filip Reyntjens, *La deuxième guerre du Congo: plus qu'une réédition*, *L'Afrique des Grands Lacs*. Annuaire 1998—1999, Paris: L'Harmattan, 1999, p. 282.
④ 非洲大湖地区意味着非洲跨湖地区,包括 维多利亚湖、坦噶尼喀湖、基伍湖、爱德华湖和阿尔伯特湖周边之间的区域或者布隆迪、肯尼亚西部的部分、坦桑尼亚北西部、卢旺达,乌干达和刚果东部地区。
⑤ Colette Braeckman, *Les nouveaux prédateurs*, pp. 62-63.
⑥ Ibid.
⑦ Ludo Martens, *Kabila et la révolution congolaise: panafricanisme ou néocolonialisme?* Anvers: Editions EPO, 2002, pp. 380-436.

通过用假美元贿赂在基托纳军事基地受训的前蒙博托军队的士兵,总共有 3000 名侵略者获释并向金沙萨前进。乌干达精英突击队切断了英戈大坝的电力。首都金沙萨断水断电长达几个星期(此举导致包括育婴箱中的许多婴儿的死亡)。后来,当卢旺达和乌干达侵略者被津巴布韦和安哥拉军队包围在英戈大坝的时候,美国国务卿奥尔布赖特命令美国外交官们尽一切所能拯救那些卢旺达和乌干达士兵。然而,国务院继续把它称为一个内部刚果危机,并且只能通过民主进程解决。①

当卢旺达和乌干达军队进入首都金沙萨后,遇到了来自金沙萨人民的激烈抵抗。他们赤手空拳,杀死了一些侵略者,把另一些移交给当局;但是,当时的美国国务卿奥尔布赖特打电话给卡比拉总统,指责他"消灭了图西族人"。卡比拉总统回应时解释,刚果(金)刚刚被外来侵略者攻击了,并质问国务卿:"因为您知道得很清楚,刚果(金)被入侵了,所以刚果人民进行自卫,难道入侵者是您部署的吗?"卡比拉总统拒绝对奥尔布赖特作进一步解释,他挂断了电话,因为在这个悲惨的时候,许多刚果人被卢旺达和乌干达部队杀害了。②

1999 年 3 月 7 日,三个美国雇佣军伪装成传教士在津巴布韦的哈拉雷机场被逮捕。他们在津巴布韦和刚果(金)都有组织。后来,这三个美国特种部队成员都承认,他们将要前往刚果(金)去暗杀卡比拉总统。另外,在 1999 年 3 月 9 日,五个英国人和一个美国官员在金沙萨的一个军事基地因间谍案被捕。③

有意思的是,在 2000 年,来自乔治亚州国会第 4 选区的民主党国会议员辛西娅·麦金尼(Cynthia McKinney)提出:"克林顿政府一直给卢旺达、乌干达、布隆迪联盟开绿灯或'全权委托'他们侵略刚果(金)。"④麦金尼于 2001

---

① Ludo Martens, *Kabila et la révolution congolaise : panafricanisme ou néocolonialisme*? Anvers: Editions EPO, 2002, pp. 380 – 436.
② 从 2000 年 12 月 21 日,在加蓬首都利伯维尔,洛朗·卡比拉(Laurent Kabila)总统在会见刚果移民的时候的讲话采取。
③ Ludo Martens, *Kabila et la révolution congolaise : panafricanisme ou néocolonialisme*? Anvers: Editions EPO, 2002, pp. 530 – 539.
④ Cynthia McKinney, "Clinton is Assisting Uganda, Rwanda to Wreck Havoc in Congo", *The East African*, August 10, 2000.

年5月17日在关于"在非洲中部的冲突"的美国参议院对非洲事务外交关系小组委员会的听证会上提出:"刚果冲突尤其令人作呕的是美国和欧洲公司——以及卢旺达和乌干达——在掠夺刚果资源上所扮演的角色。"①事实上,美国的战略是将敏感的军事行动伪装为多边方案,甚至私人活动,并且那些最令人反感是通过秘密渠道指挥那些行动从而掩盖它们存在的事实。② 在卢旺达,美国的政策旨在通过不对等的军事支持来稳定卢旺达军队(卢旺达享有特殊的五角大楼预算),作为在东非创建一种"影响区"计划的一部分。③ 1998年刚果战争开始的时候,在被问及美国对卢旺达大规模军事援助的问题时,一位克林顿政府的成员宣称:"为了强制使用军事方案解决冲突,有必要在非洲大湖地区建立一个非常强大的军事政权。"④

卢旺达和乌干达都受益于美国在非洲发起的军事训练,包括快速干预部队(Rapid Intervention Force, RIF)、非洲危机反应倡议(African Crisis Response Initiative, ACRI)、国际军事教育和培训(International Military Education and Training, IMET)、联合交流培训(Joint Combined Exchange Training, JCET)和卢旺达跨机构评估小组(Rwandan Interagency Assessment Team, RIAT),⑤甚至非洲司令部。

---

① "Suffering and Despair: Humanitarian Crsis in the Congo", Hearing Before the Subcommittee on International Operations and Human Rights of the Committee on International Relations House of Representatives, One Hundred Seventh Congress, First Session, May 17, 2001.
另见: John Perkins. The *Secret History of the American Empire*, New York: Penguin Group, 2007, pp. 257 - 258.

② Elizabeth Liagin, *Excessive force: Power, politics, and population control*, Washington: Information Project For Africa, Inc, 1996, p. 17.

③ Lynne Duke, "U. S. Military Role in Rwanda Greater Than Disclosed", *Washington Post Foreign Service*, August 16, 1997, http://nointervention.com/archive/Africa/military/usrole.html. 登录时间 2014 年 1 月 8 日。

④ Lynne Duke, "U. S. Faces Surprise, Dilemma in Africa", *Washington Post Foreign Service*, July 14, 1998, http://www.washingtonpost.com/wp-srv/national/longterm/overseas/overseas3a.htm. 登录时间 2014 年 1 月 8 日。

⑤ Remigius Kintu, "Terror incognito: the U. S. conspiracy behind Museveni's wars", Paper presented at The Baltimore Maryland Peace & Justice Annual Conference, April 19, 1997.
另见:Remigius Kintu,"The Truth Behind the Rwandan Tragwedy: Document was prepared upon request and presented to the U. N. Tribunal on Rwanda, Arusha, Tanzania, March 20, 2005", *UgNet*, April 4, 2005, https://www.mail-archive.com/ugandanet@kym.net/msg18926.html. 登录时间 2015 年 3 月 20 日。

加拿大学者米歇尔·绍苏多夫斯基教授(Michel Chossudovsky)称卢旺达是"一个在少将保罗·卡加梅领导之下的英美保护国"①。

事实上,卢旺达已成为非洲大湖地区的"中情局监听站"。在卡里辛比山(Karisimbi)的顶部(卡里辛比位于卢旺达和刚果边境的维龙加山脉),一个中情局情报站已被建立起来。② 卢旺达东部的布格塞拉(Bugesera)地区即将建起一个新国际机场,其目的是疏导拥挤在首都基加利附近亦即当前卡农贝(Kanombe)国际机场的运力,那里将很快成为一个军用机场。卢旺达的加比罗(Gabiro)步兵学院在该国首次开设了一门指挥官课程,它是由卢旺达、英国和美国(在非洲司令部领导之下)的教官联办的。③

乌干达也在首都坎帕拉以北 75 英里处的卡科拉(Kakola)开办了辛戈(Singo)军事训练学校。它是由乌干达军方经营的一个训练营,但该军校是由军事专业资源顾问公司(Military Professional Resources Incorporated, MPRI))以及总部设在该地区的附属公司 L-3 通信公司指挥的。该公司是美国国务院的四家承包商之一,负责训练将要部署到索马里的非洲军队。

就柏克德而言,笔者在前文中已经介绍了柏克德前高管罗伯特·斯图尔特(Robert Stewart)——他起草了柏克德刚果重建计划。现在让我们来分析他在第二次刚果战争中的作用。刚果政府取消了美国矿场公司在科卢韦齐(Kolwezi)的铜和钴尾矿开采特许权之后,蒙博托政权的前比利时军事顾问威利·马兰特(Willy Mallants)上校在 1996 年—1997 年期间担任了反卡比拉的"解放刚果(金)民主力量联盟"经济顾问。美国矿场公司首席执行官罗伯特·斯图尔特也于 1998 年 5 月在布鲁塞尔宣布成立"刚果民主联邦共和国委员会"并自命为该委员会的经济、工业、外交和金融顾问,其目标是

---

① Michel Chossudovsky, "Twenty Years Ago, The US was Behind the Genocide: Rwanda, Installing a US Proxy State in Central Africa", Global Research, April 06, 2014, http://www.globalresearch.ca/twenty-years-ago-rwanda-installing-a-us-proxy-state-in-central-africa-the-us-was-behind-the-genocide/5376742. 登录时间 2014 年 4 月 10 日。
② Colette Braeckman, "Bush à Kigali. L'ami qui vous veut du bien", Le Soir, février 20, 2008, http://blog.lesoir.be/colette-braeckman/2008/02/20/bush-a-kigali-lami-qui-vous-veut-du-bien/. 登录时间 2013 年 12 月 11 日。
③ "RDF impresses in joint military exercise", The New Times, December 13, 2012, http://www.newtimes.co.rw/news/views/article_print.php?i=13904&a=15966&icon=Print. 登录时间 2013 年 12 月 11 日。

在一年的时间内推翻卡比拉总统。1998年9月,在南非举行的不结盟运动峰会上,斯图尔特以"刚果民主联邦共和国委员会"顾问的身份与会。据斯图尔特称,该委员会是由试图在刚果(金)恢复民主的一群流亡的"专家政治论者"组成。在这里,非洲知识分子在非洲的资源战争和西方的"剥夺模式"之中的作用是明确的。①

同时,卡比拉呼吁南部非洲发展共同体成员国(Southern African Development Community,SADC)的帮助,刚果(金)是该组织的新成员。在南部非洲发展共同体共同防御条约下,南共体国家必须在一个成员国遭受攻击或受到外国侵略时提供帮助。作为回应,津巴布韦②和纳米比亚派遣了军队来保护金沙萨机场。拥有该地区最强大、作战经验最丰富军队的安哥拉派出了装甲和空中部队,在金沙萨附近击溃了卢旺达和乌干达入侵者。但是,刚果(金)的东部侵略者又抬头了。金沙萨说服了正与争取安哥拉彻底独立全国同盟内战的安哥拉军队支持卡比拉,又因为卢旺达正与某些前蒙博托麾下的将军结盟(蒙博托军队支持过UNITA),安哥拉也认为这是对自己安全的一种威胁。③因为此次战争有多股力量卷入,所以它被称为非洲的"第一次世界大战"。据赫尔曼·科恩所言,刚果(金)的反抗力量也是不可忽视的重要行动者;特别是生活在被占领土上的刚果青年纷纷拿起武器反对卢旺达和乌干达势力。这些游击队战士称自己为"马伊-马伊"("Maï-Maï or Mayi-Mayi")④,并开始有效地骚扰卢旺达和乌干达部队。⑤

1999年7月10日,在联合国主持下,各交战国签订了卢萨卡和平协议。该协议呼吁包括叛军在内的外国军队在180天之内逐步撤离,而不是按照非洲联盟所要求的那样马上撤离。这意味着叛军会留在刚果(金)。无论如

---

① Ludo Martens, *Kabila et la révolution congolaise: panafricanisme ou néocolonialisme*? Anvers: Editions EPO, 2002, p. 331.
② Michael Nest, "Ambitions, Profits and Loss: Zimbabwean Economic Involvement in the Democratic Republic of Congo", *African Affairs*, July 2001, Vol. 100, NO. 400, pp. 469-490.
③⑤ Herman Cohen, 完整参考见 p. 122④。
④ "马伊-马伊"的意义来自斯瓦希里语。意思是,当地战士在使用恋物癖,如护身符和魔法威力的液体药水。他们相信使用这些药水喷洒在脸上,或者喷撒在身体上,可以保护他们不受敌人子弹的伤害。

何,有关最后期限的承诺从未得到过履行,外国军队也从未离开过。① 事实上,1999年11月30日,津巴布韦国防总部发表声明,表示美国雇佣军为对抗刚果卡比拉政府的叛军提供了大炮和通信设备。② 因此,比利时学者让-克劳德·威拉米特(Jean-Claude Willame)有时候将卢萨卡和平协议描述为一个"假协议",③或者有时候描述为一个"鱼目混珠的和平协议"。④ 他认为,和平协议并没有突出刚果经历了"外来侵略"的事实。安理会仅仅重申了"尊重刚果(金)的领土完整和国家主权的义务,而并未指出乌干达、卢旺达和布隆迪这些真正的攻击者和侵略者——而非作为其代理人的叛军——才是最应该与刚果(金)签订和平协议的国家"⑤。

(2) 通过资源战争。莱夫·韦纳(Leif Wenar)认为,一种常见的趋势是:拥有这么丰富的高价值自然和矿产资源(如石油、天然气、金属和宝石)的国家总是倾向于采用独裁政治;它们内战风险更高,往往受累于经济功能失调因素,如腐败、环境破坏和经济增长放缓,最重要的是危及进口国家的核心利益。在西方学术界和政策界,这种现象对于经济发展而言被称为"资源诅咒"而非祝福。这种趋势在"五大"非洲石油出口国都可以观察到:阿尔及利亚、安哥拉、利比亚、尼日利亚和苏丹;还包括推动了塞拉利昂长达十年之久内战的矿产资源争夺战争"血钻",以及在金属资源丰富的刚果(金)已付出数百万生命代价的持续冲突等;这都已构成了令人关注的研究案例。这种现象不仅仅发生在非洲,譬如叙利亚、也门和土库曼斯坦也深受"资源诅咒"困扰。⑥ 不过,笔者提出的问题是:它是"资源诅咒"还是"资源掠夺"呢?在这种情况下,剥夺等于资源诅咒吗?如果是的,是谁诅咒谁?

然而,莱夫·韦纳不将自己束缚在仅仅分析内部因素是这些国家"资源

---

① Ellen Ray, "U. S. Military and Corporate Recolonization of the Congo", *Covert Action Quarterly*, Spring/Summer 2000.
② *The Associated Press*, "Zimbabwe claims American mercenaries helping Congo rebels", *amarillo. com*, November 30, 1999, http://amarillo.com/stories/1999/11/30/usn_LA0689.001.shtml. 登录时间2013年12月20日。
③ Jean-Claude Willame, *Les faiseurs de paix au Congo. Gestion d'une crise internationale dans un Etat sous tutelle*, Bruxelles: GRIP-Editions Complexes, 2006, p. 15.
④ Ibid., p. 28.
⑤ Ibid., p. 19.
⑥ Leif Wenar, "Fighting the Resource Curse", *Global Policy*, Volume 4, Issue 3, September 2013, pp. 298-304.

诅咒"的根本原因方面。他也反对仅仅将研究焦点集中在资源出口国家而非主要资源进口国家,特别是法律、政策和战略驱动"资源诅咒"的"八国集团"。① 这一结论是可信的,特别是在了解了美国如何通过代理人干预刚果(金)之后。

这一轮的战争变成了由美国策划并基于我们称为"虐待性剥夺"策略的"资源战争",也就是说,通过战争来掠夺如矿产等自然资源,同时通过屠杀、强奸和强迫迁移来镇压(刚果人的)抵抗。② 所以,人民是非法开采自然资源的受害者,正如美国作家安·加里松(Ann Garrison)所言,外国势力和跨国公司决心控制刚果(金)的钴及其他密集型矿产资源,这造成二战以来最致命的冲突。③

实际上,美国、卢旺达和乌干达提到战争起因是通过攻击乌干达叛军和卢旺达胡图族极端分子来保证边界安全,但这已难以掩盖他们的真正的意图,即一个掠夺刚果财富的无耻行动,特别是黄金、钻石、咖啡、锡、珍贵木种,甚至包括在塞姆利基(Semilinki)山谷发现的石油等等。④

另外,在"刚果民主共和国自然资源和其他形式财富非法开采"这一报告被点名的85家跨国公司中,5家是加拿大的,20家是比利时的,12家是英国的,另外48家是总部在南非的益格鲁,其中19家是美国本身的。⑤

事实上,刚果学者乔治·恩荣格拉·恩塔拉耶(Georges Nzongola-Ntalaja)编著的《刚果(金)——从利奥波德到卡比拉——人民的历史》一书的主要论点是,1998—2003年非洲国家间的战争基本上是一种分裂和掠夺

---

① Leif Wenar, "Fighting the Resource Curse", *Global Policy*, Volume 4, Issue 3, September 2013, pp. 298-304.
② Chris Talbot, "UN report accuses Western companies of looting Congo", *World Socialist Web Site*, October 26, 2002, https://www.wsws.org/en/articles/2002/10/cong-o26.html. 登录时间 2013 年 11 月 21 日。
③ Ann Garrison, "Obama's Congo Moment: Genocide, the U.N. Report and Senate Bill 2125", *Global Research*, October 03, 2010, http://www.globalresearch.ca/obama-s-congo-moment-genocide-the-u-n-report-and-senate-bill-2125. 登录时间 2013 年 10 月 29 日。
④ Colette Braeckman, "Congo: a war without victors", *Le Monde Diplomatique*, April 7, 2001, http://mondediplo.com/2001/04/07congo. 登录时间 2013 年 11 月 26 日。
⑤ Report of the Panel of Experts on the Illegal Exploitation of Natural Resources and Other Forms of Wealth of the Democratic Republic of the Congo, Letter dated 12 April 2001 from the Secretary-General to the President of the Security Council, http://www.un.org/news/dh/latest/drcongo.htm. 登录时间 2014 年 11 月 21 日。

的战争。①

法国学者杰拉德·布鲁尼耶(Gérard Prunier)认为,这种系统性的掠夺是由穆塞韦尼总统的两个近亲萨利姆·萨利赫(Salim Saley)将军和陆军准将詹姆斯·卡齐尼(James Kazini)操纵的。② 在基伍省的东部,大湖采矿公司(Société Minière des Grands Lacs,Somigl)垄断了钶钽铁矿的购买权。大湖采矿公司到卢旺达出口矿石,然后被那里的三家公司,即比利时的非洲商贸(Africom)、卢旺达的原型机械公司(Prototype Mechanics Company,Promeco)和南非的通信公司(Compagnie Générale de Communications,Cogecom)输送到欧洲和美国。③

对于津巴布韦,卷入刚果战争也是一个经济事务。穆加贝总统耗资2亿美元以支持第一次战争(1996—1997年),并参与了第二次刚果战争(1998年开始),以捍卫刚果主权完整,支持他的老朋友老卡比拉,而且也保护了自己的投资,自此,津巴布韦军队在刚果(金)都存在着一个军事和经济的势力。

苏丹军队也来帮助卡比拉,以炸弹袭击基桑加尼和刚果北部其他城市。利比亚也帮助了卡比拉,特别是通过支持前来帮助刚果政府军的乍得军队。④ 需要指出的是,1983年7月,蒙博托派遣军队到乍得以帮助侯赛因·哈布雷总统(Hissène Habré)在奥祖地带对利比亚的边境战争,因为利比亚支持了一个由古库尼·韦戴(Goukouni Oueddei)领导的乍得代理人叛乱,蒙博托希望被视为反卡扎菲分子以讨好美国。⑤

此外,南非的参战目的非常明确:纳尔逊·曼德拉总统反对南非发展共同体在刚果(金)对卢旺达和乌干达进行军事干预,认为南非发展共同体"不

---

① Georges Nzongola-Ntalaja, *The Congo from Leopold to Kabila: A People's History*. London and New York: Zed Books, 2002.
② Gérard Prunier, "L'Ouganda et les guerres congolaises", *Politique africaine*, Octobre 1999, No. 75, pp. 43-58.
③ Colette Braeckman, Les nouveaux prédateurs:Poutique des puissances en Afrique central,paris:Fayard,2003, pp. 44-47.
④ Thomas Turner, "War in the Congo", *Foreign Policy in Focus*, February 1, 1999, http://fpif.org/war_in_the_congo/. 登录时间 2013年12月29日。
⑤ Jean-François Bastin, "Le maréchal Mobutu, allié obligé de l'Amérique", *Le Monde Diplomatique*, septembre 1983, http://www.monde-diplomatique.fr/1983/09/BASTIN/37536. 登录时间 2013年12月29日。

应该加剧局势紧张而应该主张和平"。① 尽管自1996年以来,卢旺达在中非地区一直扮演为美国政策服务的代理人的角色(同时不断加强其在该地区的领导地位),但是它得到了南非的军事和外交支持。② 开普敦大学的米川正子(Masako Yonekawa)也对此进行了强调。米川正子认为,南非对卢旺达和乌干达军队穿越它们国界并闯入刚果领土视而不见,这意味着南非有跟其经济利益相关的不同意图,包括给卢旺达提供武器及剥夺矿物。③

只有该地区的主要军事强国——安哥拉,对刚果战争的参与相对比较单纯,其主要推动力是安全考虑:来对付由若纳斯·萨文比(Jonas Savimbi)领导的安哥拉彻底独立全国同盟的叛军。④

联合国专家小组在2001关于"刚果民主共和国自然资源和其他形式财富非法开采"的报告不言自明。⑤

2005年12月19日,国际法院发现乌干达犯有严重罪行,包括"对刚果民主共和国的军事干预,并在1998—2002年间对刚果领土军队犯下暴行,负有严重违反不使用武力和不干预原则的国际责任,同时违反人权法和国际人道主义法(包括通过乌干达军队来剥削和掠夺刚果自然资源)。⑥ 卢旺达会受到制裁的。

这次军事行动,要么是美国同意的,要么是它赞助的,被看作是"一种闪电战"(blitzkrieg)。⑦ 鉴于美国与南非政府对卢旺达、乌干达军事和经济的

---

① Ludo Martens, *Kabila et la révolution conolaise: panafricanisme ou néocolonialisme?* Anvers: Editions EPO, 2002, p. 414.
② Steven Metz. *Refining America's strategy in Africa.* Carlisle Barracks: Strategic Studies Institute, 2000.
③ Masako Yonekawa, A Critical Analysis of South African Peacemaking in the Conflicts in the Great Lakes Region, A Dissertation submitted in partial fulfillment of the requirements of the award of the Degree of Master of Social Science, Department of Political Studies, University of Cape Town, 2009, http://uctscholar.uct.ac.za:1801/webclient/StreamGate? folder_id=0&dvs=1385520923656~222. 登录时间2013年11月27日.
④ Ibid.
⑤ Report of the Panel of Experts on the Illegal Exploitation of Natural Resources and Other Forms of Wealth of the Democratic Republic of the Congo, Letter dated 12 April 2001 from the Secretary-General to the President of the Security Council, http://www.un.org/news/dh/latest/drcongo.htm. 登录时间2013年11月21日.
⑥ Pieter H. F. Bekker, "The 2005 Record of the International Court of Justice", *Chinese Journal of International Law*, Vol. 5, NO. 2, pp. 371-380.
⑦ Colette Braeckman, "Congo: a war without victors".

大力支持,这也不难理解。① 但是由于刚果盟友的支持,该闪电战没有实施。

同时,美国学者赫伯特·霍伊(Herbert Howe)将所有交战的非洲国家作为"雇佣军国家"。② 然而区分由英国和美国支持的卢旺达、乌干达和布隆迪的侵略者和被邀请作为卡比拉合法政府盟友的津巴布韦、纳米比亚和安哥拉是合乎逻辑的。英国和美国在两次世界大战期间没有盟友吗?一旦邀请了津巴布韦,纳米比亚和安哥拉,刚果政府必须承担战争成本也是合乎逻辑。卡比拉别无选择,只能使用国家自然资源来兑现承诺。安哥拉提供了空军力量,纳米比亚提供了 3000 兵力,津巴布韦提供了 8000(后来增加到1.2万)兵力。③

此外,联合国专家小组的"刚果民主共和国自然资源和其他形式财富非法开采"报告后来证明,纳米比亚和安哥拉为支持刚果(金)承担了军事财政负担而且没有剥夺矿产。津巴布韦给联合政府提供了大量的兵力,但也为它军事支持刚果(金)的行为付出了沉重代价(据津巴布韦财政部透露,津巴布韦每月花费 3000 万美元,截至 2000 年底,津巴布韦在刚果战争中一共花费大约 2.5 亿美元)。④ 需要指出的是,1986 年,在当时莫桑比克总统萨莫拉·马谢尔(Samora Machel)的请求下,津巴布韦在莫桑比克部署了 4000兵力来捍卫贝拉走廊(Beira Corridor)并反对由南非种族隔离支持的莫桑比克全国抵抗运动(Renamo),简称抵运叛军。贝拉走廊是跨越莫桑比克的路线,给陆地锁定南非的反帝国主义战线国家(如津巴布韦、赞比亚、马拉维和博茨瓦纳)提供一个到印度洋的重要出口。

八、政策的总结

总结本节(笔者自己的评价),我们赞同提摩太·萧(Timothy Shaw)和马尔科姆·格里夫(Malcolm Grieve)对非洲问题——包括资源战争——特别是关于冲突和不发达根源的研究。他们认为,这些问题是由非洲内部和

---

① Ellen Ray,"U. S. Military and Corporate Recolonization of the Congo", *Covert Action Quarterly*, Spring / Summer 2000.
② Herbert Howe, Presentation at the Global Coalition on Africa Seminar on Privatization of Security in Africa, Washington, DC, March 12, 1999.
③ International Crisis Group, "Zimbabwe in crisis: Finding a way forward", *Africa Report*, July 13, 2001.
④ Ibid.

外部因素造成的,这两种因素都是殖民主义的产物,①包括:

(1) 生态巧合:何种资源属于该国的经济财富,是石油还是矿产资源?

(2) 外部要求:限于当时的技术和消费水平,什么货物是外国利益追求的目标?

(3) 响应依赖:由于外部需求为国家资源,主要反应是协作还是对抗?

(4) 国家意识形态:总体上,国家是否根据其经济战略和结构提倡"社会主义"或"资本主义"?

(5) 经济战略:国家是根据当前的国际分工来确定其职能,还是尝试指定自己的工业化和多样化计划?

(6) 小帝国的潜力:国家是否通过主导次区域在外围为中心提供服务?

(7) 阶级形成:在半工业化时期,经济增长在何种程度上加剧了阶级意识和矛盾冲突?

萧和格里夫的第一和第二点很符合柏克德公司的刚果重建计划:柏克德知道什么资源位于刚果(金),特别是在矿产储量、石油、水电潜力、经济作物和林业方面,尤其是在购买美国航空航天局的卫星图像并研究刚果自然资源储备之后,这就是我们所说的"企业情报"。柏克德为了军事工业复合体的利益,牺牲了刚果人的利益,试图通过对刚果国有资产的私有化来控制和垄断对刚果资源的开发,柏克德计划在刚果经济中给北美跨国公司和银行直接的权力。

萧和格里夫的第三、四、五、六、七点都解释了为什么卡比拉政府没有正式接受柏克德计划。卡比拉总统的这一立场导致了柏克德策略的变化:从刚果(金)的"重建"到刚果(金)的"爆炸"(即卢旺达和乌干达入侵)。这就涉及美国对非洲的军事干预问题(其政策的军事化),这也是"殖民主义剥夺模式"和"零和博弈"政策与卡比拉总统的"收回模式"(收回刚果人民在本国的尊严、主权和自由选择权利)、"双赢合作"和"自力更生发展模式"的对抗。

卡比拉选择了对抗而不是盲从(与上述的第三点有关)。在意识形态

---

① Timothy M. Shaw and Malcolm J. Grieve, "The Political Economy of Resources: Africa's Future in the Global Environment", *The Journal of Modern African Studies*, Vol. 16, No. 1, 1978, pp. 1-32.

上,他选择了与其他非洲国家进行泛非合作。然而,在2013年8月发表的一份法国国防部报告指出,泛非主义在非洲代表着对西方国家利益的威胁。①卡比拉总统也同样选择了与中国进行南南双赢合作(与上述的第四点有关)。然而,中国在非洲威胁到了西方国家利益,卡比拉总统也促进了自力更生的发展模式(与上述的第五点有关),这就是说,除了区域合作(与上述的第六点有关)之外,他想停止对西方援助的依赖,并独立进行决策。最后,卡比拉总统提出了一个覆盖整个国家的重建计划(与上述第七点有关),而超越了自己家人、朋友、部落和出生地区的利益。然而,卡比拉对柏克德计划的拒绝,导致刚果(金)发生了另一场资源战争。

第三节 本章结论

在本章中,笔者对美国在1982、1997年对刚果(金)所采取的两大刚果政策和与之对应的同时期的两次资源战争之间的关系进行了研究。这些研究基于广泛搜集的资料和原始文件,并运用了历史和地缘战略分析方法。此前尚无人对这两大刚果政策与两次资源战争之间的关系做过类似的研究。

正如在第一章绪论所提到的,笔者认为,"资源战争"语境下争夺自然资源的主角是西方势力。这与新自由主义概念的情形不同。后者认为,非洲本身是应该承担责任的主体。因此,我们可以得出这样的结论:在非洲,哪里有资源,哪里就会有战争,这些战争背后隐藏着美国旨在获取这些资源的外交政策。这就是为什么美国为了永恒的战争而在非洲投入巨大的军事力量的原因。②这表明经济因素是这些冲突产生最重要的温床。这些导致世界上资源丰富国家发生资源战争的政策有助于理解美国作为冷战后唯一超级大国的行为。在本章中,笔者确定,这两个政策(1982、1997年)引发了刚果战争的两轮周期。

美国通过代理战争在刚果(金)实行的控制加遏制政策旨在维持其在非

---

① Délégation aux affaires stratégiques, Horizons stratégiques, ministère de la Défense, 5 août 2013.
② Shashank Bengali, "U. S. military investing heavily in Africa", *Los Angeles Times*, October 20, 2013, http://www.latimes.com/world/la-fg-usmilitary-africa-20131020,0,4805969.story#axzz2iu4N8Iet.登录时间2013年10月25日。

洲大湖地区的影响力，以保证美国跨国公司对当地资源开发的垄断。美国跨国企业的因素尤为重要，因为其一直通过游说政府、国会、公务员、官僚和决策者左右美国的对外政策。几乎任何外交政策的制定背后都有跨国公司利益的影子，在刚果（金）也不例外。因为刚果（金）的钶钽铁矿、钴矿和铜矿都对美国的高新技术、宇宙工业以及各类军用民用产业具有重要的战略意义，因此美国必须确保对这些矿物的控制，特别是面对中国在这一地区日益强大的存在之时尤其如此。

这里所分析的两大政策的两项基础性原则包括——"先发制人的剥夺模式"和"零和博弈"。所有这些原则，都在背后支持着美国为其在海外的国家利益而采取的行动，从而确保其安全和美国人的福祉，以及美国经济的优越、强大和竞争力。这便涉及所谓的"美国例外论"，并反映了这里分析的两大政策的目标所在。这使得美国对刚果（金）所采取的政策不公正的、少有建设性的，并且不够客观的。这种趋势不仅在刚果而且在世界的其他地方也可见或明显，从而证明了"美国的外交政策一直是世界各地的灾难"，这是美国奥斯卡奖电影制作人奥利弗·斯通（Oliver Stone）的原话。①

然而，中国与非洲希望可以共同努力为建议一个更公正、世界秩序和系统，以及一个更稳定、均衡和民主的国际关系。② 实际上，中国作为世界上第一经济大国崛起，③所以，美国的零和游戏正在一点一点的减弱。2009年，中国已取代美国成为非洲最大的贸易合作伙伴。据中国政府估计，截至2012年，其与非洲大陆的贸易额达到了2000亿美元，2014年这一数字达到2480亿美元，2015年可达到4000亿美元。

我们认同在华盛顿特区的非洲信仰和正义网的报告，即美国应该更正其在刚果（金）的行为，因为美国的刚果政策对于刚果人民来说一直是一种

---

① Interviewed by Yang Rui, "Reflections on film and history", *CCTV Dialogue*, April 19, 2014, http://english.cntv.cn/2014/04/22/VIDE1398121320524797.shtml. 2014年4月27日查看。
② Visit of H. E. Mr. Li Keqiang Premier of the State Council of the People's Republic of China to the African Union Commission: Joint Statement on Comprehensively Deepening China-AU Friendly Cooperation, Addis Ababa, Ethiopia, 5 May 2014.
③ IMF's World Economic Outlook Database, October 2014, http://www.imf.org/external/pubs/ft/weo/2014/02/weodata/weorept.aspx? sy=2012&ey=2019&scsm=1&ssd=1&sort=country&ds=.&br=1&pr1.x=62&pr1.y=11&c=924%2C111&s=PPPGDP&grp=0&a=#download. 登录时间2015年4月4日。

负担而非福祉。在暗杀卢蒙巴并且支持蒙博托 32 年的独裁政权后,美国通过其盟国卢旺达和乌干达对卡比拉的早期支持,更多体现在要求刚果(金)向北美矿业公司开放丰富的矿产资源而非摆脱蒙博托政权问题上。报告也强调,美国政府之前在刚果的政策一直以美国自己的利益为中心,是一种典型的新殖民主义,且这些政策已经与刚果的暴力行为联系起来。今天,美国的刚果的利益仍然强烈依赖于自然资源的开采。①

这意味,美国人的安全和福祉以及美国地缘政治、地缘战略和经济的实力和竞争力都是基于美国的外交利益(特别是战略资源),否则这样的安全和福祉是无法实现的。

这两个结论都过于绝对。从外交政策而言,政治和经济往往互相联系。下一章将审查美国在 2006、2013—2014 年对刚果(金)所采取的两大刚果政策和与之对应的同时期的两次资源战争之间的关系,即:(1)"2006 年刚果民主共和国救济、安全和民主促进法"的政策,(2)2013 年"作为刚果危机补救办法的南斯拉夫式或苏丹式的解决方案"的政策,它们在本质上是政治的。在 1982—2014 年间(也就是说,自从冷战结束就开始了)美国在刚果(金)采取的四大政策的案例研究说明这四大政策与在刚果(金)的四次由外部煽动的资源战争周期相对应,对于这些政策的研究是有现实意义的。

---

① Africa Faith and Justice Network Report, "Evaluating Peace and Stability in the RDC and US Policy in the Great Lakes Region", November 2009, http://www.afjn.org/focus-campaigns/promote-peace-d-r-congo/30-commentary.html? start=36. 登录时间 2013 年 12 月 13 日。

第三章　美国的刚果（金）政策：奥巴马的新计划（2006—2014）

巴拉克·胡塞因·奥巴马（Barack Hussein Obama）于 2008 年 11 月 4 日当选为美国第 44 任总统，并于次年 1 月 20 日发表了就职演说，正式成为美国有史以来首位非洲裔领导人。这一重大的社会历史事件催生了一种观点：这位父亲是肯尼亚人、母亲是欧洲人的新总统不但将对美国国内的种族关系的发展有着重要意义，更将为美国与其他国家的关系带来举足轻重的变化，特别是说非洲来说——一些非洲国家领导人均已在公开场合表达了这一看法。①

因此，人们期待着美国能够在这位新总统的领导下将美非关系引向一个新的轨道，期待着他与肯尼亚之间的纽带能够将他与这片大陆和人民更亲密地联系在一起，做到历任美国总统所没有做到的事情。②

当奥巴马还是参议员时，其所持的政治、经济及意识形态立场似乎迎合了对上述观点的支持和期许，特别是关于刚果（金）的《2006 奥巴马刚果民主共和国援助、安全及民主促进法案》。然而，当奥巴马于 2008 年上台后，其关于解决"刚果内部"问题（这些问题都是美国积极构建并维持的，包括直接军事干预及代理资源战争）的表态遭遇了现实的考验。

本章立论的第一个前提是，刚果人民最初对"奥巴马刚果法案"是欢迎的，认为其标志着"对结束恐惧的希望，在冲突和纷争中实现目标的统一、互惠和相互尊重"（奥巴马就职演讲中如是说）。然而在掌权后，奥巴马政

---

① Sehlare Makgetlaneng, "Obama's United States Foreign Policy towards Africa", *Race and History*, March 8, 2008, http://www.raceandhistory.com/historicalviews/2009/0803.html. 登录时间 2015 年 2 月 3 日。
② Ibid.

府仍然没有告别以扩张、伪善、保守、军事化、野蛮与残忍为核心的对外政策。在竞选之时，奥巴马便鼓吹美国应继续充当"自由世界的领袖"，领导世界"对抗迫在眉睫的罪恶并促进终极的福祉"。在奥巴马看来，美国的使命在于推行正义的事业，"促进自由的传播"。在上台后，奥巴马便明确宣称他的政府将致力于保卫并拓展美国在非洲及其他南方国家的战略利益；换言之，就是积累和扩张美国的软实力、硬实力及话语控制范围。值得注意的是，美国的大人物们，譬如亿万富翁、银行家戴维·洛克菲勒（三边委员会及美国对外关系委员会的创始人，在美国行政当局中扮演着核心角色）和兹比格列夫·布热津斯基［三边委员会的共同创始人及首任理事长（1973—1976），并曾任卡特政府的国家安全事务顾问］，都是奥巴马角逐白宫的重要幕僚。① 一切都不言自明：奥巴马任命三边委员会成员在其政府中出任要职完全是一种回报。②

　　第二个立论前提是：2008 年民主党胜选后，奥巴马选择重新起用了小布什和克林顿政府的高级官员（如苏珊·赖斯和希拉里·克林顿）③执行其刚果政策。因此，"奥巴马刚果法案"并未对终结刚果（金）的惨剧起到任何实质性作用。本章将尽力列举论据，以证实"奥巴马刚果法案"代表了美国对外政策的伪善本质：它仅仅是一个短期的救济方案，旨在使美国的行为在水深火热、顽强抗争的刚果人民眼中更能被接受，意图使刚果人民将美国视为一支能够带来希望和积极变革的力量，一支为正义而战的力量，一支以道德权威协调刚果（金）、卢旺达和乌干达三方的力量，一支最终能为本地区的发展与繁荣带来和平与稳定的力量。"我们并未寻求主动背负历史要求我们背负的重担，但美国人将会选择背负它们，我们必须背负它们。"奥巴马曾如

---

① Sehlare Makgetlaneng, "Obama's United States Foreign Policy towards Africa", *Race and History*, March 8, 2008, http://www.raceandhistory.com/historicalviews/2009/0803.html. 登录时间 2015 年 2 月 3 日。
② Patrick Wood, "Obama: Trilateral Commission Endgame", *The August Review*, 29 January 2009, www.newswithviews.com/Wood/patrick133.htm. 登录时间 2015 年 2 月 3 日。
另见：Nick Ivanovich, "Change'? -Obama Backed by Consumate Insider: The One World Trilateral Commission's First Executive," *rense.com*, 25 August 2007, www.rense.com/general79/cjang.htm. 登录时间 2015 年 2 月 3 日。
③ Sehlare Makgetlanen, "Obama's United States Foreign Policy towards Africa", *Race and History*, March 8, 2008.

是说。①

事实上，这一政策的主要目的在于保证美国在刚果（金）的利益与需求，因为在各方卷入乱局之后，刚果局势正日渐失控。尽管刚果（金）付出了沉重的代价，抵抗仍在持续，卢旺达和乌干达企图令刚果（金）屈服的任务失败了。

奥巴马为刚果（金）开出的药方（良政、民主、负责任的政府，对自然资源的良好管理，对部落主义、权力寻租和腐败的政治文化的遏制，服务公共福祉等等）看上去冠冕堂皇，但这些药方也同样适用于有着相同病症的卢旺达和乌干达这两个美国的忠实盟友，而不应因为卢旺达曾经发生的惨剧而为其寻找借口（讽刺的是，奥巴马在参议员时期曾反复投票支持小布什政府对占领伊拉克行动的财政援助）。② 更何况，倘若是刚果局势构成了"对美国国家利益和安全的威胁"，这一危机又是如果产生的？谁又从反人类罪行和刚果（金）的混乱局面中受益？有鉴于此，本章将尽力证明：从长远来看，"奥巴马刚果法案"就是美国用于控制刚果局势的欺骗工作，为美国肢解刚果（金）作准备。换言之，倘若刚果（金）无论如何都不愿接受只保护美国利益的美国非洲司令部，只愿将满足非洲人民的首要需求和愿望放在首位，那么美国将不顾刚果人民的意愿分裂刚果（金）。这与美国历届政府在刚果独立后一贯坚持的主张并无不同。刚果（金）被描述为"世界上受干预最多的国家之一"，部分是因为美国的政策。③ 在前面的章节中，我们已经充分揭示了美国如何为卢旺达和乌干达提供军事、后勤和财政支持以及政治和外交方面的掩护，这些都是为了将其权力注入刚果（金），通过在刚果境内制造一系列叛乱以保护他们有利可图的贸易路线。④ 这就是贺文萍所说的"新干预主义在非洲的合法化"⑤。这也就意味着对美国"拯救刚果危机的南斯拉夫或苏丹

---

① Sehlare Makgetlanen,"Obama's United States Foreign Policy towards Africa", *Race and History*, March 8, 2008.
② Ibid.
③ Armin Rosen, "Getting Congo Right: Can the West Fix Past Failures?" *World Affairs*, September/October 2013, http://www.worldaffairsjournal.org/article/getting-congo-right-can-west-fix past-failures. 登录时间 2015年2月2日。
④ Ibid.
⑤ He Wenping quoted in Ben Schreiner, "Hidden Agenda behind America's War on Africa: Containing China by 'Fighting Al-Qaeda'", *Global Research*, January 29, 2013, http://www.globalresearch.ca/hidden-agenda-behind-americas-war-on-africa-containing-china-by-fighting-al-qaeda/5320939. 登录时间 2015年1月14日。

式'解决方案'"的正当化。

本章将提供来自各方信源的事实,包括重要档案、官方声明、学术期刊、在线外交政策杂志以及其他媒体消息等,并从中提取出我们自己的结论(评价)。我们将采用"地缘政治和政治战略动态分析"来探寻美国这两大政策背后的真实动机和战略考量,以及其对刚果(金)的未来发展、与新兴国家间的关系所造成的影响。用卢库佐·穆拉帕(Rukudzo Murapa)的话说,这将使我们从美国全球利益及其为保卫这些利益所设计的对外政策的层面审视美国在刚果(金)的活动。[1]

第一节 "刚果民主共和国救济、安全和民主促进法"及其导致的战争

一、政策的历史和理论背景

关于政策制定的历史背景,奥巴马在担任参议员期间针对刚果(金)提议的唯一法案是参议院2125号令。它被描述为"促进刚果民主共和国的救济、安全和民主",在参议院和众议院经过集会通过之后,由美国前总统乔治·布什在2006年12月签署通过。[2] 该政策目标旨在促进刚果(金)的和平与稳定。法案首要任务是协助刚果政府建立一个文官控制下的尊重人权和法治的可信任的国家军队和警察部队。[3] 该法案为美国对刚果政策的发展确立了14项原则,如授权为刚果(金)增加25%人道主义援助,呼吁布什政府为刚果东部任命一个特使,并请政府利用其在联合国安理会的发言权和投票权,加强联合国维和部队为该国部分地区提供的安全保证。[4]

---

[1] Rukudzo Murapa, "The Political Economy of the United States Policy in Southern Africa", *Review of Black Political Economy (RBPE)*, Vol. 7, No. 3, Spring 1977.

[2] U. S. Senate, 109th Congress, 2nd Session (January 3, 2006), "S. 2125, Democratic Republic of the Congo Relief, Security, and Democracy Promotion Act", http://thomas.loc.gov/cgi-bin/bdquery/z? d109:S2125. 登录时间 2013年11月22日。

[3] Aaron Hall and Sasha Lezhnev, "U. S. Congo Policy: Matching Deeds to Words to End the World's Deadliest War", *enoughproject.org*, October 4, 2010, http://www.enoughproject.org/publications/us-congo-policy-matching-deeds-words-end-world's-deadliest-war. 登录时间 2013年11月22日。

[4] Africa Faith and Justice Network, "Evaluating Peace and Stability in the RDC and US Policy in the Great Lakes Region", *Africa Report*, November 2009, http://www.afjn.org/focus-campaigns/promote-peace-d-r-congo/30-commentary.html? start=36. 登录时间 2013年11月22日。

在本质上,"2006 年刚果民主共和国救济、安全和民主促进法"政策是有人道主义原因的。因此,"人道主义干预"和"保护的责任"是该政策深层次的原则。

"人道主义干预"的传统定义是:"由国家、国家集团或国际组织使用或威胁使用武力,其主要目的是保护目标国家的国民免于受国际公认的人权剥夺。"[1]因此,根据人道主义干预定义,政府和其他人就可以名正言顺地强行应对另一个国家严重到无法改善的、完全内部化的侵犯人权行为。[2] 这一概念的重要性在于它使得使用武力在某些情况下合法化了。[3]

"人道主义干预"的一个更明确的定义是由牛津大学教授和英国社会科学院院长的亚当·罗伯茨(Adam Roberts)提供。他定义为"在另一个国家没有同意的情况下,使用一个或多个国家武装力量采取强制行动,目的是防止广大居民的痛苦或死亡"。因此他认为,这一术语涵盖广泛可能的行动,包括经济制裁和外交压力,只有在最极端的情况下才涉及武力。[4]

诺里·麦奎因(Norrie MacQueen)认为,人道主义干预在后冷战时期变得突出,对刚果"内部冲突"的军事干预(1960—1964 年)被认为是最初的联合国人道主义干预做法。[5](众所周知,美国利用联合国作为掩饰,杀死刚果首任民选领袖帕特利斯·卢蒙巴,并安排了一个由蒙博托领导的为美国利益服务傀儡政权。[6])

冷战结束后,出现了一个新概念——"保护的责任"(Responsibility to

---

[1] Sean D. Murphy, *Humanitarian Intervention: The United Nations in an Evolving World Order*. Pennsylvania: University of Pennsylvania Press, 1996, pp. 11 - 12.
[2] Rex Martin, "Walzer and Rawls on Just Wars and Humanitarian Interventions", in Steven P. Lee (ed), *Intervention, Terrorism, and Torture: Contemporary Challenges to Just War Theory*. Dordrecht, The Netherlands: Springer, 2007, pp. 75 - 80.
另见:Christopher C. Joyner, "The Responsibility to Protect: Humanitarian Concern and the Lawfulness of Armed Intervention", *Virginia Journal of International Law*, Vol. 47. No. 4, 2007, pp. 693 - 697.
[3] Joshua Muravchik, "Protection Racket: 'Responsibility to Protect' Becomes a Doctrine", *World Affairs*, July/August 2011, http://www.worldaffairsjournal.org/article/protection-racket-'responsibility-protect'-becomes-doctrine. 登录时间 2013 年 12 月 1 日。
[4] Alex Palmer, "Beyond Humanitarian Intervention", *Harvard International Review*, December 23, 2010, http://hir.harvard.edu/pressing-change/beyond-humanitarian-intervention. 登录时间 2013 年 12 月 9 日。
[5] Norrie MacQueen, *Humanitarian intervention and the United Nations*. Edinburgh: Edinburgh University Press, 2011, p. 1.
[6] Stephen R. Weissman, "An Extraordinary Rendition", *Intelligence and National Security*, Vol. 25, No. 2, April 2010, pp. 198 - 222.

Protect，R2P）原则，按照这个理论，当东道国从事种族屠杀、战争犯罪、种族清洗和反人类罪的时候（如科索沃、卢旺达和叙利亚等案例），旁观的国家都有共同的责任从这种大规模暴行中保护超越国界的人口。因此，"保护的责任"限制这些罪行，并要求采取果断行动。①

考虑到这一理论背景后，出现的问题是：美国在刚果（金）的人道主义干预的深层原因是什么？

詹姆斯·帕特森（James Pattison）在他的题为《跨国公司和非洲的冲突》一书中提出了"人道主义干预"和"保护的责任：谁应该干预？"的问题。他概述了在国际社会中承担人道主义干预的责任的标准，或者当干预成为必要的时候谁有权利或义务这样做。为此，他采用了所谓"温和的工具主义的方法"（Moderate Instrumentalist Approach，MIA）。这种方法需要足够的效率来成为道德上最重要的行为体；也就是说，干预者是否会在地区和国际上促进或伤害人权，同时也要考虑到对该国公民产生的利益或后果（结果主义或功利主义——consequentialism or utilitarianism）。②

詹姆斯·帕特森的结论是，美国和它主导的北约符合该法案。③ 通过此法案，美国通过非洲司令部④、自身的援助机构和"稳定刚果（金）的联合国特派团"（即 MONUSCO）试图帮助刚果政府预防战争、重建国家。美国是联合国特派团这个世界上最大的联合国维和部队最大的捐助者⑤，每年提供6100万美元。⑥

然而，考虑到自身利益，美国通过的"奥巴马刚果法案"一开始就认为，

---

① Luke Glanville, "The Responsibility to Protect Beyond Borders", *Human Rigths Law Review*, January 24, 2012, http://hrlr.oxfordjournals.org/content/early/2012/01/23/hrlr.ngr047.full.pdf+html. 登录时间 2013年12月1日。

② James Pattison, *Humanitarian Intervention and the Responsibility to Protect: Who Should Intervene?* Oxford: Oxford University Press, 2010.

③ Ibid.

④ "Africa: Africom is Partnering to Prevent Conflict-Gen. Rodriguez", *All africa.com*, October 7, 2013, http://allafrica.com/stories/201310070001.html?viewall=1. 登录时间 2014年3月8日。

⑤ Aaron Hall and Sasha Lezhnev, "U.S. Congo Policy: Matching Deeds to Words to End the World's Deadliest War", *enoughproject.org*, October 4, 2010.

⑥ "Strategie Internationale de Soutien a la Securite et la Stabilite Pour la République Démocratique du Congo", Rapport trimestriel de la Mission de l'Organisation des Nations Unies pour la stabilisation en RD Congo (MONUSCO), Janvier à mars 2011.

刚果(金)这样一个自然和矿产资源丰富的国家,一旦陷入疾病、战争和贫困,将会成为恐怖主义的滋生地,还将威胁到美国的利益。因此,那里需要美国"人道主义干预"去传播自由、和平和价值观。然而,美国在刚果(金)的人道主义干预需要被重审,因为美国是刚果(金)最近的战争背后的推动力量。这是我们之前已经证明的,即柏克德公司的"刚果重建方案"——"刚果民主共和国:一个国家发展的方法"。

因此,美国在刚果(金)的"人道主义干预"是"双重标准主义"这一特点昭然若揭。实际上,刚果裔美国学者乔治·恩荣格拉·恩塔拉耶(Georges Nzongola-Ntalaja)认为,国际社会在包括掠夺刚果(金)的资源战争中——尤其是在实施国际法中——的双重标准是显而易见的。[1]

正如格伦·福特(Glen Ford)所言,美国在非洲的政策是制造混乱,再作为救世主出现。经济上,除了操纵交易和无尽的债务以外,美国没有为非洲提供任何东西。[2] 因此,非洲从美国的干预主义的政策中几乎没有受益。

如果按照奥巴马刚果法案,刚果(金)是美国的"永久利益",[3]其原因就应该是巩固和提高美国对刚果(金)的自然资源和矿产资源的控制。如果刚果(金)是美国的"永久利益",那对于刚果(金)发生的任何事情,华盛顿都不能仅仅是一个"旁观者"。

通过该法案,美国展现了它最好的"人道主义面孔",并且通过利用其非洲司令部、联合国、国际货币基金组织、世界银行、美国国际开发署、非洲增长与机遇法案(African Growth And Opportunity Act, AGOA)等在刚果东部着手帮助恢复某种秩序。这正是人道主义干预成为美国软实力魅力攻势的一部分。

尽管美国近几年来双边援助刚果年度总额总计达到2亿—3亿美元,包括每年大约5000万—1.5亿美元的紧急人道主义援助,以及每年向

---

[1] Georges Nzongola-Ntalaja, "The International Dimensions of the Congo Crisis", *Global Dialogue*, Volume 6, No. 3-4, Summer/Autumn 2004, pp. 116-126.

[2] Glen Ford, "Far from a Humanitarian Savior, the U. S. Causes Vast Misery In Africa", Black Agenda Report, July 24, 2012, http://blackagendareport.com/content/far-humanitarian-savior-us-causes-vast-misery-africa. 登录时间 2013 年 11 月 23 日。

[3] U. S. Senate, 109th Congress, 2nd Session (January 3, 2006), "S. 2125, Democratic Republic of the Congo Relief, Security, and Democracy Promotion Act" (see Section101), http://thomas.loc.gov/cgi-bin/bdquery/z? d109:S2125. 登录时间 2013 年 11 月 22 日。

MONUSCO 提供 4 亿—6 亿美元的捐助,①但是,奥巴马刚果法案并不代表美国对刚果政策的转变,而是通过与具体情况结合的一种有偏见的、机会主义的和非一致性的调整。②

二、奥巴马刚果法案及其意义

本章的基本问题在于:意在终结刚果人民苦难的"奥巴马刚果法案"于 2006 年签署后,为何在两年后才生效?在这两年中发生的事情给出了答案。大规模的强奸、杀戮、抢劫和破坏行为在刚果丝毫不见缓解,因为美国和北约继续依靠乌干达、卢旺达和布隆迪军事力量的作用在非洲东部和中部来执行他们的目标:控制刚果(金)的自然资源和矿产资源,而不是刚果(金)的稳定。③ 据估计,超过 1300 家美国上市公司在刚果冲突地区获取矿物资源。2015 年 4 月,全球见证(Global Witness)和大赦国际(Amnesty International)联合发布了一份题为"深挖透明性:美国公司如何只是对冲突矿产做了肤浅的报告"的文件,声称亚马逊、谷歌、IBM 和甲骨文占据五个没有满足美国在冲突矿产立法方面需求的美国公司 79% 的份额。④

实际上,当美国利益受到威胁时,其(与盟友或单独)在世界各地随时进行人道主义干预及执行保护责任的想法是基于美国"自我分配"的自由促进者的角色定位。⑤

这种"行使其全球领导力去解决世界上人道主义需求,并增长其大哥保护责任的角色"经常由奥巴马提起。奥巴马对美国在任何情况下的干预制

---

① Alexis Arieff and Thomas Coen, "Democratic Republic of Congo: Background and U. S. Policy", *Congressional Research Service*, July 29, 2013, http://www.fas.org/sgp/crs/row/R43166.pdf. 登录时间 2013 年 11 月 26 日。
② Nicolas Van De Walle, "U. S. policy towards Africa: The Bush Legacy and the Obama Administration", *African Affairs*, Vol. 109, No. 434, pp. 1-21.
③ Abayomi Azikiwe, "Mining and military interests underlie Congo war", *Workers World*, November 30, 2012, http://www.workers.org/articles/2012/11/30/mining-and-military-interests-underlie-congo-war/. 登录时间 2014 年 3 月 26 日。
④ Global Witness and Amnesty International, "Digging for transparency: How USA companies are only scratching the surface of conflict minerals reporting" Report, April 2015, https://www.globalwitness.org/campaigns/democratic-republic-congo/digging-transparency/登录时间 2015 年 4 月 25 日。
另见: Emily Chasan, "Just Four Companies Had Conflict Mineral Reports Audited", *The Wall Street Journal/CFO Journal*, September 18, 2014, http://blogs.wsj.com/cfo/2014/09/18/just-four-companies-had-conflict-mineral-reports-audited/? mod=yahoo_hs. 登录时间 2014 年 9 月 19 日。
⑤ Stephen Wertheim, "A solution from hell: the United States and the rise of humanitarian interventionism, 1991—2003", *Journal of Genocide Research*, December 2010, Vol. 12, No. 2-3, pp. 149-172.

定了三个标准：

（1）利于美国国家利益；

（2）推进美国国家安全（先发制人的）；

（3）使美国在世界上扮演一个"善"的力量，在任何时候给任何需要人道主义干预和保护责任的地方提供支持。①

奥巴马刚果法案是在卢旺达和乌干达侵略刚果（金）8 年之后出现的，由此引发了疑问，推动政策的表面变化因素包括：

第一，大多数刚果人民拒绝一种"有限主权"或一种"共享主权"并想顽强地保持祖国的统一。美国在刚果（金）的试验失败使其意识到，如果在刚果制造一个混乱局面，那么即便不是整个非洲大陆，至少这个地区会陷入混乱；刚果问题实际上涉及了撒哈拉以南非洲的每一个主要地区。因此，一个安全、和平和繁荣的刚果（金）将对整个非洲的进步产生深远的影响。法国裔阿尔及利亚学者弗朗茨·法农（Franz Fanon）曾说："非洲的地图像一把左轮手枪，刚果（金）就是扳机。"②刚果（金）会引发整个非洲大陆的灾难还是繁荣，取决于扣动扳机的人的意图。美国意识到如果刚果（金）成为各种恐怖分子的温床，将威胁到美国的长远利益。因此，美国调整了自身去适应刚果内部和区域的局势动态，如同尼古拉斯·范德瓦尔提出的那样，美国的这种调整是有偏见的、机会主义的和非一致性的。

第二，2000 年底，钶钽矿的短缺使其价格一夜之间由每磅（454 克）49 美元上涨至 275 美元。在价格上涨的时期，刚果东部暴力正急剧激化。事实上，早在 2000 年 3 月，一位英国飞行员布莱恩（"运动"）·马丁（Brian "Sport" Martin）就透露，他从卢旺达和乌干达进入叛军控制的刚果城市基桑加尼，空运了 Ak-47 突击步枪和联合国儿童基金会医疗援助及其官员。③由此看出，在非洲一些人道主义援助货物中包含了送给叛军的枪支。

---

① Franklin Foer and Chris Hughes, "Barack Obama Is Not Pleased: The president on his enemies, the media, and the future of football", Interview with *The New Republic*, January 27, 2013, http://www.newrepublic.com/article/112190/obama-interview-2013-sit-down-president/. 登录时间 2013 年 12 月 3 日。

② Franz Fanon, *Towards the African Revolution*, New York: Grove Press, 1967; Reprint: New York: Grove Press, 1994, p. 419.

③ "Gun-running pilot tells his tale", *The Observer*, September 2, 2000, http://www.theguardian.com/uk/2000/sep/03/ethicalforeignpolicy.foreignpolicy. 登录时间 2014 年 3 月 21 日。

2012年,五角大楼报告建议美国储备钶钽铁矿和其他8种战略矿产,因为没有了钽,美国将无法继续制造该国最先进的武器装备。另外,那年由卢旺达和乌干达支持的最大的反叛运动"刚果民主联盟-戈马"(The Rally for Congolese Democracy-Goma, RCD-Goma)每月给总部位于加拿大、英国、澳大利亚、南非、美国和其他国家的矿业公司提供价值100万美元的钶钽铁矿。此外,美国和加拿大公司负责采集刚果(金)超过三分之二的铜和钴。① 这就是一种"微妙的干预"——通过奥巴马刚果立法,美国在刚果(金)的干预变得更加微妙。

正如约翰·拉斯克(John Lasker)所言,2001年和2003年联合国专家小组报告、人权组织以及独立的新闻记者都已证明,卢旺达直接支持的一些暴力民兵组织已经使刚果东部地区不稳定,非法交易价值数百万美元金、钶钽铁矿、锡石等矿物。这些矿物从刚果(金)被带到卢旺达,最终在国际市场上被出售,这其中当然包括美国。在2000年,丹麦记者比约恩·威勒姆(Bjorn Willum)在得到卢旺达国家银行数据后发现,美国的非洲盟友卢旺达自己的矿山生产了83吨钶钽铁矿,但那一年该国出口的同类矿物却达到了603吨。他还发现,当时由美国军方资助和培训的卢旺达军队通过从刚果(金)偷售来的矿产赚了2.5亿美元,这些矿产最有可能是从他们的影子民兵那里购买的。②

据比利时学者菲利普·雷金斯(Filip Reytjens)所言,卢旺达政府在其"外部安全组织"中建立了一个"刚果局",其中包括一个部门"生产",它负责刚果资源的开发与贸易,乌干达军队和商人从事类似的活动。③ 早在2000年,卢旺达每年仅从刚果钶钽铁矿的开发活动中就获利8000万—1亿美元,大致相当于整个国防预算,但大部分的钱从未进入过卢旺达国库。同时,外

---

① Giunta Carrie, "Blood Coltan: Remote-controlled Warfare and the Demand for Strategic Minerals", *Pambazuka News*, November 21, 2013, http://pambazuka.org/en/category/features/89735. 登录时间2014年4月20日。
② John Lasker, "Following the Mineral Trail: Congo Resource Wars and Rwanda", *Toward Freedom*, February 18, 2010, http://toward freedom.com/home/content/view/1864/1/. 登录时间2013年12月13日。
③ Filip Reyntjens, "Rwanda: Ten Years On: From Genocide To Dictatorship", *African Affairs*, 2004, Vol. 103, No. 411, pp. 177 - 210.

国捐助者每年为卢旺达提供高达 50% 的预算。①

卢旺达和乌干达入侵刚果（金）导致"刚果大部分领土附庸国化"，其原因是刚果国家的极度脆弱。这反过来又导致了刚果公共空间的私有化和犯罪化，所有这些也使它的两个邻国以及当地的、区域的和国际上的"不安全企业家"有利可图。② 虽然卢旺达没有钻石矿，它的钻石出口从 1998 年的 166 克拉增加到 2000 年的 3.05 万克拉。③

因此，很容易理解为什么奥巴马刚果立法并没有任何作用！鉴于美国的直接战略利益，它没有被立即执行，因为从刚果（金）抢劫的战略矿产仍然通过卢旺达和乌干达流向美国，这就是为什么这场战争持续了 20 年之久，战争就是做生意！

第三，奥巴马刚果法案被签署成为法律一年后，美国国际开发署大猩猩保护基金会继续秘密地在财政上支持中部非洲的秘密行动。④ 而它恰恰是美国的政府组织。

另外，国会授权美国政府问责局（Government Accountability Office，GAO）审查美国机构实地采取行动来迎合这些目标。政府问责局得出的结论是，刚果（金）的安全局势不稳定，治理太弱，其丰富的自然资源管理不善且缺乏基础设施，这些是阻碍实现奥巴马刚果法案目标的主要相关挑战。⑤

---

① Howard W. French, "The Case Against Rwanda's President Paul Kagame", *Newsweek*, January 14, 2014, http://www.newsweek.com/case-against-rwandas-president-paul-kagame-63167. 登录时间 2014 年 1 月 22 日。

另见：Judi Rever, "Paul Kagame's trips to the West not worth the headache", *Digital Journal*, Oct 17, 2013, http://digitaljournal.com/article/360392. 登录时间 2014 年 4 月 25 日。

② Filip Reyntjens, "Rwanda, Ten Years On: From Genocide To Dictatorship", *African Affairs*, 2004, Vol. 103, No. 411, pp. 171-210.

③ Steven Hiatt, ed. *A Game As Old As Empire: The Secret World of Economic Hit Men and the Web of Global Corruption*. Ockland: Berrett-Koehler Publishers, Inc, 2007, p. 95.

④ Georgianne Nienaber and Keith Harmon Snow, "Are USAID Gorilla Conservation Funds Being Used To support Covert Operations in Central Africa?" *Global Research*, September 29, 2007, http://www.globalresearch.ca/are-usaid-gorilla-conservation-funds-being-used-to-support-covert-operations-in-central-africa/6828. 登录时间 2013 年 12 月 29 日。

另见：Linda de Hoyos, "World Wide Fund For Nature Commits Genocide in Africa", *Executive Intelligence Review* (*EIR*), November 7, 2008, p 24, http://www.larouchepub.com/eiw/public/2008/2008_40-49/2008_40-49/2008-45/pdf/28-29_4435.pdf, consulted on March 19, 2015.

⑤ "The Democratic Republic of Congo: Systematic Assessment is Needed to Determine Agencies' Progress toward U. S. Policy Objectives", The United States Government Accountability office (GAO), Report to Congress, December 2007.

虽然这种评估是正确的,但是它再次把重点完全放在刚果政府的责任上,而不是卢旺达和乌干达的战争参与上,这就是一种"指责受害者"的政策。正如拉斯克所言,美国对刚果东部资源战争多年的漠不关心之后,终于开始采取措施以帮助结束这场冲突;美国参议院推动"2009 年刚果矿物冲突法案"[1],此时奥巴马 2006 年刚果立法签署成为法律已经三年了。因此,在提交"他的刚果法律"三年之后(他当参议员时提案的唯一法律),奥巴马当选上了美国总统,如果他还没有因此而有所作为,他一定会很尴尬。因此,奥巴马施压卢旺达和刚果共同努力去消除他所谓的"真实或可感知的"反乌干达、卢旺达和布隆迪政府武装组织,这种武装组织依然是区域不稳定的主要根源,并继续作为邻国干预刚果(金)的借口。

奥巴马刚果法案几乎对卢旺达和乌干达在刚果(金)的战争参与只字未提。据1961 年对外援助法案,奥巴马刚果法案的第 105 节授权国务卿确定任何一个破坏刚果(金)稳定的"外国",并拒绝对该"外国"进行援助,但不包括拒绝人道主义救援、维和、反恐和其他援助。201 节第 7 点迫使在刚果地区的国家帮助促使结束在刚果(金)的暴力行动,这两节没有点名卢旺达和乌干达。然而,101 节第 6 点和第 7 点指出,真实的或可感知的反乌干达、卢旺达和布隆迪政府武装组织的存在,依然是区域不稳定的主要根源,并继续作为邻国干预刚果(金)的借口。因此,美国的目标是,在适当的时候,支持刚果政府、联合国特派团和其他实体解除武装、复员并遣返"解放卢旺达民主力量"(Democratic Forces for the Liberation of Rwanda,或被称为"Forces Démocratiques de Libération du Rwanda",其法语缩写为 FDLR)和其他非法武装团体。

由于卢旺达和乌干达继续破坏刚果(金),本节的恰当解释是,国务卿被授权拒绝对卢旺达和乌干达提供援助。事实上,奥巴马总统在呼吁美国的盟友卢旺达和乌干达停止资助在刚果(金)的武装组织,只要他们继续发动

---

[1] John Lasker, "Following the Mineral Trail: Congo Resource Wars and Rwanda", *Toward Freedom*, February 18, 2010, http://toward freedom. com/home/content/view/1864/1/. 登录时间 2013 年 12 月 13 日。

刚果冲突,美国就不再资助卢旺达和乌干达。①

卡加梅总统曾表示,卢旺达在刚果东部的任何战略演习,包括定期的卢旺达军队部署,其目的保持对参加1994年大屠杀团体的压力,这就是他无休止的借口(笔者称之为"不合理的战争理由")。②

然而,美国并不是不知道,卢旺达军队把胡图族囚犯带到了基伍,目的是在那里挑起动乱,并证明其在这个卢旺达人口和经济出口地区的长期存在。③ 事实上,在刚果东部的一些针对平民的暴行是由卢旺达政府精心策划的,最终归咎于"解放卢旺达民主力量"的胡图族民兵,在胡图族民兵被排除的情况下,又把罪责归咎于刚果军队,因为:

(1) 刚果军队的名声欠佳;

(2) 犯下这些罪行的卢旺达士兵们,合法地穿着刚果军队正式制服通过刚果图西族反叛运动(National Congress for the Defense of the People, GHDP)部队,随后又与刚果国民军合并。④

经过实地调查后,美国学者大卫·巴鲁斯基(David Barouski)得出结论,卡加梅从监狱释放胡图人并派他们到刚果(金)去掠夺矿产、强奸和杀人。⑤

然而,卡加梅总统常常提出,胡图族人从刚果(金)威胁安全。⑥

早在2002年,在基加利驻扎的一位高级北美外交官证实,卢旺达士兵与胡图族民兵合作来继续维持他们占领并掠夺这个面积27倍于卢旺达且矿产资源丰富的区域。那个外交官提出:"卢旺达入侵刚果(金)去追逐联攻派民

---

① Kambale Musavuli, "Congo-Kinshasa: Why President Obama Called Out Congo's Neighbors Without Mentioning Names?" Friends of the Congo Statement (Washington DC), July 4, 2013, http://allafrica.com/stories/201307041264.html. 登录时间2014年3月16日。
② John Lasker, "Following the Mineral Trail: Congo Resource Wars and Rwanda", *Toward Freedom*, February 18, 2010.
③ Colette Braeckman, "Congo: a war without victors", *Le Monde Diplomatique*, April 7, 2001, http://mondediplo.com/2001/04/07congo. 登录时间2013年11月26日。
④ 同上。
⑤ David Barouski, "Blood Minerals in the Kivu Provinces", *Global Policy Forum*, June 1, 2007, http://www.globalpolicy.org/component/content/article/181/33658.html. 登录时间2013年12月13日。
⑥ Steven Hiatt, ed. *A Game As Old As Empire: The Secret World of Economic Hit Men and the Web of Global Corruption*. Ockland: Berrett-Koehler Publishers, Inc., 2007, p.94.

兵(Interahamwe)①,并让自己作为土地的主人。现在,联攻派民兵是卢旺达掠夺刚果(金)的一个非常方便的借口。也许联攻派民兵构成20%的威胁,但80%只是一个表演。"②

相反,奥巴马的刚果立法的第104节表达了国会的立场,如果它对实现政策目标(包括满足卢旺达和乌干达的要求)没有明显的进展,国务卿就该扣压提供给刚果政府的援助,于是美国又回到了"零和博弈"的手段。所以奥巴马刚果法案导致了下面的战争。

三、奥巴马刚果法案与资源战争的关联

奥巴马刚果法案导致了下面的战争:

2009年由奥巴马策动针对胡图族民兵但并不成功的刚果(金)-卢旺达联合秘密军事行动,代号为"*Umoja Wetu*"(斯瓦希里语,意为"团结则存")。③ 实际上,2009年1月20日,就在奥巴马宣誓就任美国历史上第一位黑人总统的同一天,卢旺达军队根据"*Umoja Wetu*"秘密军事行动方案,派遣3000名士兵秘密地进入刚果(金)来追捕"解放卢旺达民主力量"的胡图族民兵④,以逮捕洛朗·恩孔达,但MONUSCO并没有参与。实际上,卢旺达和刚果(金)那时均受到压力,刚果(金)必须允许卢旺达军队进入。⑤ 在现实中,考莱特·布拉科曼(Colette Braeckman)认为,对欧洲大国而言,卡比拉总统之星的光辉正在没落。事实上,刚果(金)与中国协商的矿业合同,让欧洲大国[特别是刚果(金)的前宗主国比利时]非常不安;在这之后,没有欧洲国家愿意派遣军事力量到基伍省去帮助承担一些联合国保护平民的责任(中国随后派遣联合国维和部队到基伍)。布拉科曼进一步指出,在非洲阵营方面,通常与刚果(金)友好的国家,如安哥拉,对于是否要与被视为无效

---

① 卢旺达语,意为"一起站在/工作/打/夹击的那些人"。他们是一个胡图族准军事组织,被指控在卢旺达犯有种族灭绝罪行。
② James Astill, "Rwandans wage a war of plunder", *The Guardian*, August 4, 2002, http://www.theguardian.com/world/2002/aug/04/congo.jamesastill. 登录时间2014年11月26日。
③ Koen Vlassenroot and Timothy Raeymaekers, "Kivu's Intractable Security Conundrum", *African Affairs*, Volume 108, No. 432, pp. 475 - 484.
④ Ann Garrison, "Obama's Congo Moment: Genocide, the U. N. Report and Senate Bill 2125", *Global Research*, October 03, 2010, http://www.global research.ca/obama-s-congo-moment-genocide-the-u-n-report-and-senate-bill-2125. 登录时间2013年10月29日。
⑤ 约瑟夫·卡比拉屈服于美国的压力,也许是因为他还记得,帕特里斯·卢蒙巴和他自己的父亲洛朗·卡比拉,就在美国的权力转移之中被暗杀了。

的和不可靠的刚果军队并肩作战感到犹豫不决。①

至于卢旺达,瑞典、挪威和荷兰暂停对其提供援助,以抗议它在基伍的操纵行为,即训练、资助和武装洛朗·恩孔达(Laurent Nkunda)。②

威廉·F.恩格达尔(William F. Engdahl)总结道,恩孔达很明显是非洲司令部的一个传声筒。奥巴马总统挑选代理人的标准就是看他是否为了支持恩孔达的敢死队而试图假以"恢复民主"的名义来削弱刚果总统约瑟夫·卡比拉。③

从地缘战略和经济竞争的角度来看,奥巴马刚果法案可以说是对美国对(金)实行的军事干预主义政策的掩盖。尽管这项政策旨在"重建刚果(金)的和平与稳定",但与此同时,美国也在针对中国。例如,由于卢旺达支持的 M23 图西族叛军的攻击和对戈马市(与卢旺达接壤)的控制,包括中兴在内的一些中国企业退出了刚果(金)并转移至卢旺达和乌干达"等待下一步行动"。据中国驻刚果大使馆的业务部门称,当前刚果(金)共有来自 43 家中国机构(包括企业、专家小组和医疗队)的 3093 人。国家进出口银行首席风险分析师赵昌会表示,当前刚果(金)的形势非常不利于中国企业扩大投资。④ 这就是"奥巴马刚果法案"对中刚关系的影响。

在刚果(金),维和是美国和中国之间在稳定该国局势的一个可能的合作领域。但在 2014 年,美国常驻联合国代表萨曼莎·鲍尔(Samantha Power)在美国企业公共政策研究所(AEI)阐述了美国的新维和原则,因此即便在这个领域,新政策也阻止美国与中国合作。

美国的新维和原则称,美国对加强维和力量很感兴趣并扮演着重要的角色,是因为它可以支撑美国的利益,可以让美国更安全。然而,正如奥巴马总统在西点军校所说的那样,"美国在世界舞台上必须始终保持领先",但

---

① Colette Braeckman, "The Great Lakes Grand Alliance", *Le Journal des Alternatives*, 21 April 2009, http://journal.alternatives.ca/spip.php?article4708. 登录时间 2013 年 12 月 15 日。
② Ibid.
③ William F. Engdahl, "China and the Congo Wars: AFRICOM. America's New Military Commanf", *Global Research*, November 26, 2008, http://www.global research.ca/china-and-the-congo-wars-africom-america-s-new-military-command/11173. 登录时间 2015 年 1 月 14 日。
④ Xu Weiwei, "Chinese companies withdraw from Democratic Republic of Congo", *The Morning Whistle*, November 26, 2012, http://www.morning whistle.com/html/2012/Politics Society_1126/215623.html. 登录时间 2015 年 1 月 14 日。

"我们不应该孤军奋战"。①

鲍尔大使认为,美国不能也不应该派遣美国军队到所有战火喧嚣、平民涂炭或极端分子潜伏的地方。美国拥有世界上最强大的军事力量本身并不意味着它应该承担本应由国际社会共同承担的风险和负担。

维和行动应确保其他国家协助承担责任,贡献军事力量及共同承担财务成本。维和的多边性质有助于解决我们今天在很多国际安全问题中看到的"搭便车问题"——从埃博拉病毒的传播到"伊斯兰国"的兴起,再到雇佣外国恐怖主义战士——即在应对威胁时,由既得利益国家依靠美国从事更多的工作。维和行动要让其他国家参与进来而非袖手旁观。②

首先,我们要解决的问题是:"倘若美国不能或不应将军事力量派遣到所有冲突频繁、平民涂炭或极端势力潜藏的地区",美国对一些冲突地区进行有选择的干预的标准又是什么？是否只是出于自身利益的考量？倘若战争就是生意,那些美国认为不必要干预的冲突又是否能为美国带来利益？例如,根据美国法律,无论何时何地发生了大屠杀事件,美国都必须介入；然而对卢旺达的惨剧,美国却选择了坐视不理,甚至同为民主党人的萨曼莎·鲍尔也指责克林顿政府在卢旺达大屠杀期间"袖手旁观"。③ 所以,美国未干预卢旺达必有其他的理由和动机。鉴于此,笔者才选择了对美国冷战后对非洲大湖地区尤其是刚果(金)采取的政策作为探讨对象。

其次,笔者也认为,鲍尔的大使引用"搭便车问题"引人注目。在刚果民主共和国,中国并不是搭便车的一方。虽然"奥巴马刚果法案"旨在加强联合国的维和力量,为部分国家提供安全,但是美国并没有派遣任何维和人员。而中国已在刚果东部部署了维和部队。

到目前为止,联合国驻刚果民主共和国稳定特派团(Mission Onusienne de Stabilisation du Congo, MONUSCO)的"蓝盔"人员有 2.1 万(包括 1000

---

① Remarks by Ambassador Samantha Power: "Reforming peacekeeping in a time of conflict", Remarks as delivered at AEI on November 7, 2014, http://www.aei.org/publication/remarks-ambassador-samantha-power-reforming-peacekeeping-time-conflict/print/. 登录时间 2015 年 1 月 14 日。
② Ibid.
③ Samantha Power, "Bystanders to Genocide", *The Atlantic*, Sep 1, 2001, http://www.theatlantic.com/magazine/archive/2001/09/bystanders-to-genocide/304571/?single_page=true. 登录时间 2015 年 2 月 8 日。

名警察)。自2001年以来,他们一直待在这个国家,但刚果东部仍然是不稳定的。相反,一些维和人员对刚果女性实施了性侵犯——这个事实已由维多利亚·丰唐(Victoria Fontan)研究报告证明。她是在哥斯达黎加和平大学的学术发展与和平与冲突研究部主管①——有些还参与了非法矿产交易。这就表明为什么2015年3月,刚果(金)一家名为Les Points的研究所进行的民意测验显示,金沙萨、布卡武和戈马91%的居民由于联合国刚果特派团15年以来不成功的结果,强烈反对再派遣任何新的联合国刚果特派团。在这一调查中,23%的人表示特派团应该逐步撤出,61%的人持相反的观点,认为刚果(金)应立即断绝与特派团的关系。他们都认为,特派团一直忙着为保护民兵,如"刚果图西族反叛运动"(National Congress for the Defense of the People)、"解放卢旺达民主力量"(Democratic Forces for the Liberation of Rwanda)、M23等,而不是为停止他们的活动。他们也都认为特派团涉嫌卷入矿物非法走私和矿物非法贩运丑闻。所以,自1999年11月以来,联合国特派团已经成为刚果人民的一个沉重的负担。②

相比之下,中国的第12维和部队则值得称赞。据新华社报道,由军事工程师和医务人员组成维和团队成功地完成了任务,包括道路和桥梁建设、医疗援助、疫情控制和人道主义援助。根据兰州军区的维和事务办公室于2011年7月30日发布的一份声明,在2010年11月被派往刚果(金)后,该团队的218名成员翻新了102公里的公路,修建了14座桥梁,并且为1878人提供了治疗。③

这里需要解释一下洛朗·恩孔达其人其事。此人出生在卢旺达,但成

---

① Victoria Fontan, "Welcome to the Hotel Uvira: Such a Lovely Place...", *University for Peace : Peace and Conflict Monitor*, August 23, 2012, http://www.monitor.upeace.org/innerpg.cfm?id_article=930. 登录时间2015年1月14日。
② Jeannot Kayuba, "Sondage: 91% des Congolais opposés à la prorogation du mandat de la Monusco", *Agence D'Information D'Afrique Centrale*, Mercredi 25 Mars 2015, http://www.adiac-congo.com/content/sondage-91-des-congolais-opposes-la-prorogation-du-mandat-de-la-monusco-29841, http://www.monitor.upeace.org/innerpg.cfm?id_article=930. 登录时间2015年4月27日。
另见:Philippe Tunamsifu Shirambere, "Illegal Trafficking of natural resources by the UN peacekeepers in the Eastern Part of the DR Congo," *The A38 Journal of International Law*, Volume 1, No. 2, Oct 2012, pp.1-20.
③ Antoine Roger Lokongo, "Is the DRC slowly falling into the trusteeship of the UN?" *Pambazuka News*, Issue 569, February 8, 2012, http://pambazuka.org/en/category/features/79760. 登录时间2015年1月14日。

长在刚果边境。① 从2010年,一个由洛朗·恩孔达领导,被称为"保卫人民全国大会"的针对胡图族民兵的"刚果图西族反叛运动"(National Congress for the Defense of the People,CNDP)以失败告终,②为什么?

2003年,当1998年开始的"非洲第一次世界大战"在刚果(金)"结束"的时候,恩孔达被委任为刚果军队的军事指挥官,但他害怕即将发生的战争罪指控,于是就拒绝了这个任命③——恩孔达和其他人一起被指控2002年在基桑加尼为期三天的血腥战争之中,参与杀害超过150名平民。④ 后来他和他的部队撤退到北基伍省马西西的森林之中,并组成了刚果图西族反叛运动。恩孔达麾下有8000—8500人,主要是前卢旺达士兵、已经复员的前民兵组织的成员,他们除了打仗之外没有任何技能。⑤ 刚果图西族反叛运动的目的是打击"解放卢旺达民主力量",一个被卢旺达政府指控为种族灭绝者胡图族民兵。然而,当刚果政府要求恩孔达把他所有的战士整合到刚果军队而不是自行其是——这一个军事行动被称为整编——并在平行的指挥下与胡图族士兵战斗时,恩孔达拒绝了,因为这样世界会知道他指挥的战士是卢旺达人,不是刚果人,并且他将不再享有对矿区的全面控制。于是他成立了一个平行的管理机构,控制了大片的马西西地区,即从戈马(Goma)北部通过塞肯(Sake)、基罗里韦(Kirolirwe)到基查加(Kitchanga)。⑥

同时,据联合国报告,一些卢旺达血统的士兵仍然留在刚果军队之中,他们的唯一目的就是向刚果图西族反叛运动汇报所有发生的事情。⑦

---

①⑤ David Blair, "DR Congo rebels recruited from Rwanda army", *The Telegraph*, November 20, 2008, http://www. telegraph. co. uk/news/worldnews/africaandindianocean/democraticrepublicofcongo/3488938/DR-Congo-rebels-recruited-from-Rwanda-army. html. 登录时间2014年9月4日。

② Colette Braeckman,"The Great Lakes Grand Alliauce", Le J*ouraul des Alternatives*, al April 2009.

③ "DR Congo Mutineers and the Role of Rwanda", *digitaldjeli. com*, June 23, 2012, http://digitaldjeli.com/2012/dr-congo-mutineers-and-the-role-of-rwanda/. 登录时间2013年12月11日。

④ Koen Vlassenroot and Timothy Raeymaekers,见p.150③。

⑥ 从维基百科(*Wikipedia*)采取:"National Congress for the Defence of the People", http://en. wikipedia. org/wiki/National_Congress_for_the_Defence_of_the_People. 登录时间2014年1月4日。

⑦ Letter dated 14 May 2009 from the Chairman of the Security Council Committee established pursuant to resolution 1533 (2004) concerning the Democratic Republic of the Congo addressed to the President of the Security Council, http://www. poa-iss. org/CASAUpload/ELibrary/S-2009-253. pdf. 登录时间2013年12月13日。

在卢旺达的鼓励下,恩孔达随后又开始战斗,并在 2004 年与朱勒·朱穆特比西(Jules Mutebutsi)——刚果民主联盟—戈马反叛运动的另一个上校——一起占领了南基伍省省会城市布卡武(Bukavu)。

2004 年联合国专家小组报告中清楚地声明,卢旺达直接或间接支持了恩孔达和穆特比西的行动,[①]其目的是控制北基伍省和南基伍省,并且将这块领土割让给卢旺达。

实际上,帕斯卡尔·扎卡里(Pascal Zachary)认为刚果东部那块战火连天而又愚昧的连贯区域,通过联合经济繁荣的附近区域将作为一个独立国家迎来更好的变化趋势。在地理上,它通过刚果(金)的边境城市戈马与卢旺达相连,而卢旺达作为东非贸易区的一部分,可以作为刚果(金)在部分地区经济事务中的枢纽。如果这听起来过于乐观,人们不应该回避一个尖锐的问题:既然刚果东部已成为当今最贫穷的地区,且位列世界最糟糕的经营场所之中,独立怎么可能会让事情变得更糟糕呢?[②] 恩孔达也受到了联合国驻刚果(金)特派团的支持,两者之间有一个同谋。[③]

随着与刚果政府的和平谈判,虽然恩孔达后来妥协并同意部队接受刚果政府军的整编,但是他仍坚决不同意其部队在除基伍两省以外的刚果其他地方重新受训或安置。那么,如果你是一名刚果士兵,你怎么可能接受只能在靠近卢旺达的边境地区而不能在刚果境内其他地区服役的要求?这一立场背后的意图是什么?事实上,前 CNDP 军队控制了边境地区,促进了卢旺达新兵对刚果(金)的渗透,并且促使矿物和其他掠夺的走私货物通过边境进入卢旺达。这也使得 CNDP 征收边境税,并进行未申报商品的走私活动以换取贿赂。[④]

2009 年 1 月初开始的"*Umoja Wetu*"军事行动仅限于北基伍省,1 月 25 日即宣告结束。1 月 25 日后,由于和金沙萨之间签订了协议,基加利"据

[①④] Koen Vlassenroot and Timothy Raeymaekers,"Kivu's Intractable Security Conundrum", *African Affairs*, Vol. 108.
[②] Pascal Zachary, "Africa needs a new map", *Foreign Policy*, April 28, 2010, http://www.foreignpolicy.com/articles/2010/04/23/global_strikeout. 登录时间 2014 年 1 月 3 日。
[③] "UN Congo probes Indian officer over rebel 'support'", *Reuters*, Jul 10, 2008, http://www.reuters.com/article/2008/07/10/idUSL10314078. 登录时间 2014 年 2 月 21 日。

说"从刚果（金）"撤出"了军队，这一行动失败的原因包括：

这次行动并未歼灭所有胡图族民兵。尽管"Umoja Wetu"军事行动据说已经削弱了"解放卢旺达民主力量"的胡图族民兵的力量（包括"解放卢旺达民主力量"的胡图族民兵在内的 2000 名胡图人被遣返到卢旺达，另有 4000 名被迫撤退到森林深处），但是，根据信仰与正义网络报告，在"Umoja Wetu"军事行动于 2009 年 2 月 25 日正式宣布结束且卢旺达军队据信从刚果领土撤出后不久，①"解放卢旺达民主力量"的胡图族民兵就回到了他们之前的集结地，并且迁移到许多新的区域，强奸、抢劫和残杀无辜的刚果平民。他们在北基伍省攻击了马西西（Masisi）、卢贝罗（Lubero）、鲁丘鲁（Rutsuru）和瓦利卡莱（Walikale）地区，甚至将战火燃烧到位于南基伍省的更多地区，包括卡莱亥（Kalehe）、沙本达（Shabunda）、姆文加（Mwenga）、卡巴雷（Kabare）。2009 年 5 月 22 日，他们在南基伍省的卡胡兹-别加国家公园（Kahuzi Beiga National Park）伏击了一辆汽车，造成 10 人死亡，8 人受伤。5 月 24 日，他们在穆隆圭（Mulongwe）烧毁了 70 所房屋。

另外，根据信仰与正义网报道，由于担心在"Umoja Wetu"军事行动中"解放卢旺达民主力量"胡图族民兵的报复，受害者向刚果政府寻求帮助。作为回应，刚果政府发动了对"解放卢旺达民主力量"的胡图族民兵的"Kimia II"（林加拉语意为"第二次和平行动"）军事行动。这两场军事行动没有带来和平，只能眼看着胡图族军事力量犯下更多罪行，其真正目的是掠夺矿产资源。所以，奥巴马刚果法案就导致了一场资源战争。

而 2010 发起的另一个军事行动被称为"Amani Leo"（斯瓦希里语，意为"今日和平"），其攻势的激烈程度并未超过前次行动。②"Kimia II"和"Amani Leo"都是在联合国特派团的支持下进行。"Kimia II"不同于"Umoja Wetu"，并未公开调遣正规军，而是将后者伪装成 CNDP 部队，正式部署后他们便开始继续凭借武力进行卢旺达一直在刚果（金）所做的非法勾

---

① "Kinshasa confirme le début de retrait des troupes rwandaises", *Radio Oakpi*, février 21, 2009, http://radiookapi.net/sans-categorie/2009/02/21/kinshasa-confirme-le-debut-de-retrait-des-troupes-rwandaises/. 登录时间 2013 年 12 月 17 日。
② Lotta Themnér and Peter Wallensteen, "Armed conflict, 1946—2010", *Journal of Peace Research*, Vol. 48, No. 4, Jul 28, 2011, pp. 525 – 536.

当——强奸、杀人和掠夺矿产。所以,奥巴马刚果法案以及有奥巴马协调的针对胡图族民兵的卢旺达—刚果联合军事行动导致了另一场资源战争。所不同的是,这次是由得到刚果支持并且使用刚果资金和设备的 CNDP 军队继续为卢旺达(也就是为美英等国)工作。① 也就是说,已经重返刚果政府军的 CNDP 军队是在刚果-卢旺达联合军事行动"Umoja Wetu"的名义之下,以追捕胡图族军事力量为幌子,实质上为卢旺达效力的军队。所以,"Umoja Wetu"是为卢旺达、美国和英国工作的,因为这场军事行动的倡议者正是奥巴马。所以,奥巴马刚果法案导致了另一场资源战争。

在刚果(金)方面并不知情的情况下,卢旺达邀请英国军队参与了"Umoja Wetu"军事行动的谋划。② 在军事行动结束后,并非所有的卢旺达军队都已从刚果(金)撤出。两年后,即 2012 年 8 月 29 日,卢旺达国防部长杰姆斯·卡巴雷贝(James Kabarebe)单方面地宣布,卢旺达在刚果北基伍省的鲁丘鲁(Rutsuru)有两个团的特种部队(也就是总共 280 名士兵)和两个团的刚果特种部队并肩作战。他证实:"两年来他们一直留在那里。"③因此,我们可以得出结论,在"Umoja Wetu"行动结束后这两个卢旺达特种团便成为在此次行动结束后兴起的另一支名为 M23 的"刚果"叛军的一部分。表面上他们装扮成 M23 叛军,实际上他们是叛军来自卢旺达的新外援。

四、政策的结论

笔者认为,第二次世界大战后美国的干预主义,在任何世界的一部分,包括在越南、阿富汗、伊拉克、索马里、利比亚……没有带来和平与稳定,换句话说,美国的干预主义已经证明它不能产生稳定的附庸国(伊拉克、阿富汗和利比亚是最好的例子)。这也适用于美国通过奥巴马刚果法案对刚果(金)的干预。笔者认为,以上分析可推导出如下结论:

奥巴马刚果法案产生的原因是其担心冲突的进一步升级可能会使刚果

---

① Lotta Themnér and Peter Wallensteen, "Armed conflict, 1946—2010", *Journal of Peace Research*, Vol. 48, No. 4, Jul 28, 2011, pp. 525 - 536.
② "British military chief hails DRC operation", *The New Times*, December 13, 2011, http://www.newtimes. co. rw/news/views/article_print. php? 15243&a=13250&icon=Print. 登录时间 2013 年 12 月 11 日。
③ Colette Braeckman, "Cartes sur table: les quatre vérités du général James Kabarebe", *Le Soir*, 29 août 2012, http://blog. lesoir. be/colette-braeckman/2012/08/29/cartes-sur-table-les-quatre-verites-du-general-james-kabarebe/. 登录时间 2013 年 12 月 15 日。

(金)变得恐怖分子的滋生地,反过来威胁到美国利益。奥巴马刚果法案包庇了卢旺达和乌干达:选择性正义不能解决非洲大湖地区的问题。或许奥巴马刚果立法的确表示了美国对刚果(金)遭受连续的军事侵略的关心,但是,这些侵略是由美国的密切盟友卢旺达和乌干达在追捕犯有灭绝种族罪的借口下滥用"1994年种族灭绝信用"许可证,在刚果(金)进行的大规模屠杀和种族灭绝、大规模强奸以及对刚果财富的系统性掠夺造成的。被奥巴马刚果立法免除罪责以后,卢旺达和乌干达利用其作为"宣战事件"在刚果东部继续发动更多的资源战争,包括扶植图西人作为代理人领导"叛乱",以掠夺刚果(金)的战略矿产,并且满足美国工业的需求为目的。即使是受美国资助、由非洲联盟驻索马里特派团部署的卢旺达、乌干达和布隆迪的部队强奸了18岁以下的年轻的索马里穆斯林女孩,也从未受到美国的谴责。[1]

包括奥巴马刚果法案在内的美国关于非洲大湖地区的政策使得刚果(金)成为牺牲品,而让卢旺达和乌干达逍遥法外。

卢旺达领导人的罪行包括:

(1) 一个由图西族统治整个非洲大湖地区(乌干达、卢旺达、刚果民主共和国、布隆迪)其他民族的计划。[2]

(2) 保罗·卡加梅总统称刚果人民为"*Ibicucu*"(卢旺达语,意为"毫无价值,不重要的人",在对单个人时使用*Igicucu*,意为"不聪明的人,无法思考的人,可以被随意利用的人")。[3]

(3) 在1994年种族灭绝中幸存的一些图西族人承认并谴责这一事实,卢旺达政府在虚假的借口下在刚果犯下了难以言说的反人类罪。他们已经

---

[1] "Somalia: Sexual Abuse by African Union Soldiers", *Human Rights Watch Report*, September 8, 2014, http://www.hrw.org/news/2014/09/08/somalia-sexual-abuse-african-union-soldiers. 登录时间2014年9月8日。

[2] Christopher Black, "Who was Behind the Rwandan Genocide? The Rwandan Patriotic Front's Bloody Record and the History of UN Cover-Ups", *Global Research*, September 14, 2010, http://www.globalresearch.ca/who-was-behind-the-rwandan-genocide-the-rwandan-patriotic-front-s-bloody-record-and-the-history-of-un-cover-ups/21030. 登录时间2014年4月19日。

另见:Christopher Black and Alex Mezyaev, "Kagame's Mass Atrocities in Rwanda and the Congo", *Global Research*, November 04, 2014, http://www.globalresearch.ca/kagames-mass-atrocities-in-rwanda-and-the-congo/5346739? print=1. 登录时间2015年4月23日。

[3] Emmanuel Lubala Mugisho, "L'émergence d'un phénomène résistant au Sud-Kivu", *L'Afrique des Grands Lacs*, Annuaire 1999—2000, http://www.ua.ac.be/objs/00111068.pdf. 登录时间2014年4月19日。

明确表示,他们坚定地反对针对他人的犯罪行为,反对在他们的名义下在刚果犯下的罪行。①

(4) 美国战争罪办公室的负责人斯蒂芬·拉普(Stephen Rapp)警告包括保罗·卡加梅总统的有关人士可能会被指控在邻国犯下"帮助和煽动"反人类罪行,类似的例子是利比里亚前总统查尔斯·泰勒(Charles Taylor)在2012年5月被一个国际法庭判处50年有期徒刑。②

(5) 联合国卢旺达国际刑事法庭前检察长卡拉·德尔蓬特(Carla Delpont)透露,她有证据起诉卡加梅"触发"了卢旺达种族灭绝。③

(6) 在2007年底,法国法官约翰-路易·布鲁吉耶(Jean-Louis Bruguiere)起诉针对前卢旺达胡图总统朱韦纳尔·哈比亚利马纳(Juvenal Habyarimana)和同为胡图人的布隆迪总统西普里安·恩达吉雷拉米拉(Cyprien Ntwagirami)的行刺,并且他亲自向联合国秘书长科菲·安南(Kofi Annan)建议应由联合国卢旺达国际刑事法庭起诉卡加梅。④

(7) 2008年2月,西班牙法官费尔南多·安德鲁发布了180页的起诉书,其中明确控告卡加梅总统和其他40个卢旺达军官犯有种族灭绝罪、战争罪、危害人类罪,包括在种族灭绝中杀害30多万平民,以及包括6名西班牙传教士在内的9名西班牙公民。卡加梅围捕并用机枪射杀了数以千计手无寸铁的胡图族平民。一个经验丰富的联合国调查员罗伯特·格索尼(Robert Gersony)和他的团队调查了卢旺达领土的28%之后估计,在1994年4月和9月之间,多达3.5万名胡图族人以这种方式被杀死。⑤ 英国广播公司记者

---

① Alice Gatebuke, "Rwanda: The Hard Truths We Must Swallow-Rwanda Is Wreaking Havoc in Congo", *Pambazuka News*, August 14, 2014, http://allafrica.com/stories/201308191941.html. 登录时间2014年4月19日。
② Chris McGreal, "Rwanda's Paul Kagame warned he may be charged with aiding war crimes", *The Guardian*, July 25, 2012, http://www.theguardian.com/world/2012/jul/25/rwanda-paul-kagame-war-crimes. 登录时间2014年4月19日。
另见:Antoine Roger Lokongo, "Rwanda: From 'victim' to perpetrator of genocide", *Pambazuka News*, Issue 600, October 3, 2012, http://pambazuka.org/en/category/features/84507. 登录时间2015年2月11日。
③ Peter Erlinder, "The Rwanda War Crimes Cover up", *Global Research*, April 07, 2014, http://www.globalresearch.ca/the-rwanda-war-crimes-coverup/15037. 登录时间2014年4月19日。
④ Ibid.
⑤ Howard French, "How Rwanda's Paul Kagame Exploits U.S. Guilt", *The Wall Street Journal*, April 18, 2014, http://online.wsj.com/news/articles/SB10001424052702303603904579493440845328418. 登录时间2014年4月19日。

尼克·戈登（Nicholas Gordon）调查并报道，卡加梅政权在布加锡拉、鲁亨盖里、比温巴、基奔古、因运维（Bugasira, Ruhengeri, Byumba, Kibungo, Inyungwe）和其他地方建立了火葬场，在那里，每天成千上万的胡图人死于所谓的"人力职责"计划并被焚尸，而在现场的美国军事官员却视而不见。其目的是减少相对于图西族人占多数的胡图族人。①

（8）在2008年春天的联合国安理会议上，接替德尔蓬特成为联合国卢旺达国际刑事法庭检察长的冈比亚的哈桑·布巴卡尔·贾洛（Hassan Bubacar Jallow）承认，卡加梅的军队1994年针对卢旺达天主教领导人的暗杀负责。②

（9）在2001年，一位常驻巴黎的喀麦隆调查记者兼作家查尔斯·奥纳纳（Charles Onana）引起了轰动，他在题为"*Les Sécrèts du Génocide Rwandais-Enquête sur les Mystères d'un Président*"，即《卢旺达大屠杀——调查一个总统的奥秘》一书中透露，卢旺达现任总统卡加梅将军是击落载有当时卢旺达胡图总统哈比亚利马纳和他的布隆迪胡图总统西普恩达吉雷拉米拉的飞机的一个关键的煽动者，因此当时被胡图族政权认定为入侵者的来自乌干达的卢旺达爱国阵线推进后，一场酝酿已久的疯狂杀戮便拉开了序幕。2002年3月，卡加梅总统为此控告奥纳纳诽谤，但在法国高等法院败诉。③

然而，美国前国务卿奥尔布赖特认为，"卢旺达之于美国，正如瞳孔之于眼睛"，④很难看到任何卢旺达领导人因他们的罪行被调查。卢旺达就像是非洲大湖地区的"新以色列"，套用约翰·鲍狄埃（Johan Pottier）的话，在刚果东部，基加利关于事件和现状的表态将永远是权威性的。⑤

英国前首相托尼·布莱尔（Tony Blair）在其任期之内是卢旺达和乌干达在刚果（金）犯罪的主要合作伙伴。2003年4月10日英国战地记者詹姆

---

① Nick Gordon, "Return to Hell", *Sunday Express*, April 21, 1996.
② Peter Erlinder, "The Rwanda War Crimes Cover up", *Global Research*, April 07, 2014.
③ Antoine Roger Lokongo, "Kagame 0, Onana 1. (Rwanda)", *New African Magazine*, May 1, 2002.
④ Antoine Roger Lokongo, "The Suffering of Congo", *New African Magazine*, September 2000.
⑤ Johan Pottier, *Re-Imagining Rwanda. Conflict, Survival and Disinformation in the Late Twentieth Century*, Cambridge: Cambridge University Press, 2002, pp. 2-3.

斯·阿斯蒂尔(James Astill)曾说:"只要卢旺达和乌干达留在刚果(金),和平将是不可能的。不过,这两个国家超过半数的预算持续来源于西方的援助,而仅仅为他们的屠杀行为收到一个偶然和象征性的责骂。他们怎么能逍遥法外呢?"①

托尼·布莱尔现在担任卡加梅总统的私人顾问,而他的一个称为"非洲治理倡议"(the Africa Governance Initiative,AGI)的慈善组织雇用了大约10名卢旺达政府人士来帮助它运行得更有效。② 然而,自称成功地调解了北爱尔兰的宿敌天主教徒和新教徒的矛盾的布莱尔,却在鼓励卡加梅组织一个促使胡图族和图西族和解、分享权力并和平生活的跨卢旺达对话一事上退缩了。乌干达政府也必须与北方人和他们的上帝军(Lord Resistance Army,LRA)运动对话。这是为刚果东部地区带来长期持续和平的唯一方法。

尽管穆塞维尼和卡加梅的确应因为"扰乱刚果(金)"或"在刚果(金)引发火灾"而被起诉——正如布莱尔在他与美国亿万富翁霍华德·巴菲特(Howard Buffet)合著并发表在2013年2月21日《外交政策》杂志上的一篇文章中所写的那样(实际上,卡加梅总统本人把巴菲特作为卢旺达的"独特合作伙伴"③)——布莱尔还是认为,削减对卢旺达的援助将弊大于利,因为这会给"非洲伟大的成功故事之一"带来毁灭的风险。④ 因此,汤姆·墨菲(Tom Murphy)指责布莱尔和巴菲特阻碍在刚果东部的和平进程。⑤

---

① James Astill, "Counting the dead: Rwanda and Uganda are occupying Congo for largely bogus reasons-yet Britain continues to back them", *The Guardian*, April 10, 2003, http://www.the guardian.com/politics/2003/apr/10/congo.foreign policy. 登录时间2013年12月25日。
② Robert Mendick, "Tony Blair, trips to Africa and an intriguing friendship", *The Telegraph*, November 12, 2011, http://www.telegraph.co.uk/news/politics/tony-blair/8885987/Tony-Blair-trips-to-Africa-and-an-intriguing-friendship.html. 登录时间2013年12月25日。
③ James Munyaneza, "Rwanda values ties that support local priorities-Kagame", *The New Times*, December 12, 2013, http://www.newtimes.co.rw/news/index.php?i=15569&a=72862 l. 登录时间2013年12月25日。
④ Tony Blair and Howard G. Buffet, "Stand with Rwanda: Now is no timeto cut aid to Kigali", *Foreign Policy*, February 22, 2013, http://www.foreign policy.com/articles/2013/02/21/_stand_with_rwanda_aid_un_report#sthash.ho9wPQ2x.dpbs. 登录时间2013年12月25日。
⑤ Tom Murphy, "Why Blair and Buffett are wrong about giving international aid to Rwanda", *The Guardian*, April 12, 2013, http://www.theguardian.com/world/2013/apr/12/rwanda-kagame-blair-aid. 登录时间2013年12月25日。

正如刚果（金）作家何塞·纳韦杰（José Nawej）所言，由于1994年袭击非洲大湖地区的灾难爆发，国际社会已给刚果（金）贴上了作为该地区正在发生的灾难策源地的"阿尔法和欧米茄"（自始至终）的"替罪羊"标签。"解放卢旺达民主力量"的胡图族民兵问题源于刚果（金），民主力量同盟-乌干达民族解放军（Allied Democratic Forces/National Army for the Liberation of Uganda，ADF/NALU）也仍然被视为一个来自刚果（金）的问题。只有刚果（金）必须与其反政府武装和政治反对派对话，二十多年以来非洲大湖地区的问题现在只有从刚果（金）的角度才能被感知。在过去的二十多年里，刚果（金）本身作为"小白鼠"要吞下所有由其医生即"国际社会共同体"所开的药方——包括世界上绝无仅有的将叛乱行为合法化，开展内部对话，把一个"特殊的"或"全球独步"的与叛军分享权力的体制强加于合法的刚果政府之上，在与战争罪犯结合的基础上建立一支军队，必须时常在蔑视刚果主权的前提下追查"解放卢旺达民主力量"的胡图族民兵、民主力量同盟-乌干达民族军解放军、来自乌干达的上帝抵抗军等等。①

这就是纳韦杰所谓的"刚果撞击"，即受害的刚果（金）以削弱其主权地位为代价，来证明各种包括杀害、强奸、掠夺战略矿产和占领刚果原住民土地的干预行为都是正当的。②

可见，美国的"双重标准主义"并没有为刚果（金）带来和平。虽然众所周知乌干达和卢旺达也深受民主赤字或政治、社会代表性赤字困扰，美国也没有谴责过他们。时机已经到来，无论是卢旺达还是乌干达政府都要与所有内部和外部的政治和社会力量开展全国性的对话。下面的事实证明了这些：

刚果人民无需为1994年卢旺达种族灭绝事件负责。为什么他们要为此付出代价呢？奥巴马刚果法案并未对此问题进行阐释。实际上，1994年发生的卢旺达种族屠杀把美国的决心置于考验之中，真实地揭露了在美国外交政策中突出的"双重标准主义"。克里斯·麦格雷尔（Chris MacGreal）认

---

① José Nawej, "Grands Lacs: A chacun sa part des contrats", *Forum des As*, 11 décembre 2013, http://www.7sur7.cd/index.php?option=com_content&view=article&id=53422:grands-lacs-a-chacun-sa-part-des-contrats-&catid=11:forum-des-as. 登录时间 2013 年 12 月 9 日。
② Ibid.

为,当卢旺达胡图族极端政权谋杀成千上万图西人的时候,克林顿总统只是冷眼旁观(他拥有所有按他要求获取的卫星照片,并且掌握真相的关键)。①他的政府甚至不愿意使用"种族灭绝"这个词,因为他们害怕这会迫使美国进行干预。② 所以这里就产生了别的问题:如果克林顿事先知道会在卢旺达发生的事③——一些学者如格雷戈里·斯坦顿(Gregory Stanton),已经证实了这一事实④——他的"无为"是一个战略选择吗? 又为了何种目的呢? 在刚果(金)的资源争夺战是否已经回答了这些问题?

麦格雷尔得出的结论是,美国对卢旺达的政策至今都受到某种"英美式内疚"的影响。他进一步认为,未能对1994年的暴行进行干预导致美国和英国拒绝限制卡加梅总统在刚果犯下的暴行,其中卢旺达、乌干达和他们各种军事联盟一直都要对一系列掠夺、谋杀、集体强奸和种族清洗的行为负责,而这对其自身而言这也是场悲剧。他指出,美国使自己悲剧性的对外政策的失败层层叠加。⑤

法国学者罗兰·普尔捷(Roland Pourtier)认为,1994年的大屠杀暴行给卡加梅提供了"一种永久的免罚权和豁免权"。他说:"多年来,我们无法

---

① Keith Harmon Snow, "Pentagon satellite photos: New revelations concerning the 'Rwandan Genocide'", *Global Research*, April 11, 2012, http://www.globalresearch.ca/pentagon-satellite-photos-new-revelations-concerning-the-rwandan-genocide/30256. 登录时间2014年10月9日。
另见: Antoine Roger Lokongo, "Deduction from a BBC documentary", *Pambazuka News*, Issue 199, October 23, 2014, http://pambazuka.org/en/category/comment/93216. 登录时间2015年2月11日。
另见: Antoine Roger Lokongo, "The Tutsi contradictions: A response to Jean-Paul Kimonyo," *Pambazuka News*, Issue 614, January 24, 2013, http://www.pambazuka.net/en/category/features/86051. 登录时间2015年3月1日。
② Chris McGreal, "Rwanda's genocide and the bloody legacy of Anglo-American guilt", *The Guardian*, December 12, 2012, http://www.theguardian.com/commentisfree/2012/dec/12/rwanda-genocide-bloody-legacy-angloamerican-guilt. 登录时间2013年12月9日。
另见: Tom Blanton, Emily Willard, "Rwanda Pullout Driven by Clinton White House, U.N. Equivocation", *National Security Archive*, April 16, 2014, http://nsarchive.gwu.edu/NSAEBB/NSAEBB511/. 登录时间2015年4月23日。
③ Gregory H. Stanton, "The Rwandan Genocide: Why Early Warning Failed", *Journal of African Conflicts and Peace Studies*, Vol. 1, No. 2, 2009, pp. 5-25.
④ 1994年4月6日,在卢旺达和布隆迪总统的飞机被击落的一天后,在卢旺达的美国大使馆是第一个撤离的使馆。
另见: Joan Casòliva and Joan Carrero, "The African Great Lakes: ten years of suffering, destruction and death", *Cristianisme i Justícia*, January 2000, http://www.veritasrwandaforum.org/publicaciones/africa_llacs_en.pdf. 登录时间2014年1月8日。
⑤ Chris McGreal, "Rwanda's genocide and the bloody legacy of Anglo-American guilt", *The Guardian*, December 12, 2012.

想象受害者会转变成罪犯。一切都与美国积极的共谋、隐藏或减少针对前扎伊尔地区胡图族难民的屠杀真相有关。政治反对派的任何暗示都立即会被镇压以保持沉默,其理由是它不能折射出'负能量'。任何对胡图族受害者的提及、对屠杀真相的质疑都有违'政治正确',坦白地说,敢于揭露'种族灭绝是双向的(图西族人也杀了胡图族人)'这一事实是极度恶劣的行为。"①

然而随着时间流逝,真相渐渐大白,在2014年10月,英国广播公司就种族灭绝官方历史进行了辨析(把所有责任都推给胡图族人),并就卢旺达种族灭绝的复杂性进行了学术研究。② 不同研究人员的最新成果表明,成千上万的胡图人被杀,可能是卡加梅的卢旺达爱国阵线所为。两位美国学者在卢旺达国家法庭为控方和辩方工作的克里斯蒂安·达文波特(Christian Davenport)和阿伦·斯塔姆(Allan Stam),都试图执行相同的任务,即找到数据说明在这100天的屠杀中到底发生了什么。他们的结论是,已被接受的1994大屠杀事件是不完整的,也许卢旺达政府不想知道全部真相,但仍需要被挖掘出来。③ 一位卢旺达美国法律学者、纽约圣约翰大学教授、东非大学前教授、卢旺达爱国阵线前成员查尔斯·坎班达(Charles Kambanda)认为,在"卢旺达种族灭绝"和"图西族种族灭绝"之间一定有一些区别,因为后者倾向于排除胡图族种族灭绝的受害者。据坎班达说,那些被称为"卢旺达种族灭绝"的人④在卢旺达被起诉。⑤ 事实上,国家法庭的辩护律师和美国律师彼得·爱尔林德(Peter Erlinder)于2010年11月在卢旺达被捕了。⑥ 2014

---

① Roland Pourtier, "L'Afrique centrale dans la tourmente: les enjeux de la guerre et de la paix au Congo et alentour", *Herodote*, No. 111, quatrième trimestre 2003, http://www.herodote.org/spip.php?article109. 登录时间2013年12月15日。

② René Lemarchand, "Rwanda: The state of the research", *Online Encyclopedia of Mass Violence*, May 27, 2013, http://www.massviolence.org/RWANDA-THE-STATE-OF-RESEARCH,742. 登录时间2014年10月49日。

③ Christian Davenport and Allan Stam, "What Really Happened in Rwanda?" *Pacific Standard*: *The Science of Society*, October 06, 2009, http://www.psmag.com/navigation/politics-and-law/what-really-happened-in-rwanda-3432/. 登录时间2014年10月9日。

④ 令人惊讶的是,2011年4月17日,奥巴马总统在"纪念那些死去的人"的声明中,指的是"卢旺达种族灭绝",而不是"图西族的种族屠杀"。

⑤ Charles Kambanda and Ann Garrison, "The Rwanda Genocide: Who Killed the Hutus?" *Global Research*, April 17, 2011, http://www.globalresearch.ca/the-rwanda-genocide-who-killed-the-hutus/24372. 登录时间2014年10月9日。

⑥ Kate Gibson, "The Arrest of ICTR Defense Counsel Peter Erlinder in Rwanda", *American Society of International Law*, Vol. 14, No. 26. 2010.

年10月,英国广播公司2台播出了一期节目,题为"卢旺达不为人知的故事",其目的是提供一个新的视角,告诉人们1994年在卢旺达发生了与卢旺达官方版本相反的事件,并评述自1990年以来肆虐大湖地区的各类悲剧事件,包括在布隆迪、卢旺达和刚果(金)。节目牵涉到了由保罗·卡加梅领导的卢旺达爱国阵线(惊人地挑战了英国政府的立场。在当时英国,辩论是关于前总理托尼·布莱尔在伊拉克和非洲的战争中的作用)。节目采访了大部分涉及的行动者。虽然卢旺达政府拒绝接受采访,但是在播出之前,节目提供了调查结果给卢旺达政府。① 节目明显地吸引了来自卢旺达政府和一些学者的强烈批评,并描述它作为一种卢旺达大屠杀暴行开脱的策略。②

美国外交政策的双重标准:奥巴马刚果法案对于美国-刚果(金)关系而言,并不代表一种范式转移。它代表了美国对刚果(金)的政策的连续性,其隐藏动机是加强美国对刚果(金)的自然资源和矿产资源的控制。因此,奥巴马刚果法案是以美国而非刚果(金)为中心的。它是以美国在该地区的利益为中心,包括保护美国公司的投资。美国在刚果(金)的人道主义干预只是为了维护美国利益的一种掩饰,它被认为是有利于美国利益的立法,这只是一种达到其目的的手段。具有讽刺意味的是,在刚果(金),资源战争、矿产掠夺、谋杀、强奸、人道主义干预和保护责任一直纠缠在一起。

---

① John Conroy, "The making of Rwanda's Untold Story", *This Word*, *BBC 2*, October 2014, http://www. bbc. co. uk/programmes/articles/4GXplnBCF3RBslndxp1XgTL/the-making-of-rwandas-untold-story. 登录时间2014年10月9日。
另见:Gerard O'Donovan, "This World: Rwanda's Untold Story, BBC Two, review—'intense'", *The Telegraph*, October 1, 2014. 登录时间2014年10月9日。
另见:Jordi Palou-Loverdos, "A call for truth and justice in the African Great Lakes Region," *Pambazuka News*, Issue 712, February 5, 2015, http://pambazuka. net/en/category/features/93910. 登录时间2015年2月14日。
另见:Antoine Roger Lokongo, "Deductions from a BBC documentary", *Pambazuka News*, Issue 699, October 23, 2014, http://pambazuka. org/en/category/comment/93216. 登录时间2015年2月14日。
② Brian Martin, "Managing outrage over genocide: case study Rwanda", *Peace & Security*, Vol. 21, No. 3, October 2009, pp. 275-290.
"Rwanda rallies world against 'genocide denial'", *Xinhua/ ShanghaiDail. com*, Nov 13, 2014, http://shanghaidaily. com/article/article_xinhua. aspx? id=252266. 登录时间2015年2月11日。

第二节 "南斯拉夫式或苏丹式的解决方案"及其导致的战争

一、政策的历史和理论背景

2013年"作为刚果危机补救办法的南斯拉夫式或苏丹式的解决方案"政策(该题目来自时任美国非洲事务副国务卿强尼·卡森的政策声明)[1]制定的历史背景为,20世纪90年代,南斯拉夫战争最终导致南斯拉夫联盟解体成几个小国家,并且随着科索沃从塞尔维亚之中分裂出去,南斯拉夫成为一个更加单一种族的国家。2011年,苏丹南部从北部分离并建立新政府,苏丹也分裂成了两个新国家,这个过程通常被称为"巴尔干化"。[2] 在这两种案例之中,这种"自决"过程的基本因素是:基于强烈种族暴力的民族身份分裂、宗教和语言界限、区域偏袒、歧视、边缘化,以及对部分人口尤其对少数民族的忽视,还有基于社会和经济状况,比如不良治理、独裁主义、腐败导致的失败政体等等。

然而,分析南斯拉夫和苏丹的情况,马赫迪·大流士·纳齐姆洛阿亚(Mahdi Darius Nazemroaya)表明,前南斯拉夫的重组模型被北约应用恰恰是针对中东。他指出:"在这个意义上,科索沃提供了一个在'新中东项目'下,可以用于重建中东经济与边界的'蓝图'与'彩排'(地缘政治重配置)。"如果考虑美国的战略的话,纳齐姆洛阿亚的观点是有道理的,即美国对"伊斯兰恐怖分子"的支持,包括在叙利亚和伊拉克,为了"创造建设性的混乱"和"重新绘制中东地区的地图"。[3]

---

[1] Phillip Kurata, "State's Carson Calls for Global Effort to Help DRC", *International Information Programs* (IIP) *Digital*, February 12, 2013, http://iipdigital. usembassy. gov/st/english/article/2013/02/20130212142470. html#axzz2KoxYCyTA. 登录时间2013年12月21日。
[2] Franco Galdini, "The Balkanisation of Syria: Myth or Reality?" *Jadaliyya*, Aug 28 2012, http://www. jadaliyya. com/pages/index/7066/the-balkanisation-of-syria_myth-or-reality. 登录时间2014年3月24日。
[3] Mahdi Darius Nazemroaya, "Opening a Pandora's Box: Kosovo 'Independence' and the Project for a 'New Middle East'", *Global Research*, February 19, 2008, http://www. global research. ca/opening-a-pandora-s-box-kosovo-independence-and-the-project-for-a-new-middle-east/8132. 登录时间2014年3月24日。
另见:Julie Lévesque, "Obama's Gun-Running Operation: Weapons and Support for 'Islamic Terrorists' in Syria and Iraq. 'Create Constructive Chaos' and 'Redraw the Map of the Middle East'", *Global Research*, May 28, 2015, http://www. global research. ca/obamas-gun-running-operation-weapons-and-support-for-islamic-terrorists-in-syria-and-iraq-the-objective-was-to-create-constructive-chaos-and-redraw-the-map-of-the-middle-east/5450832. 登录时间2014年5月30日。

另外,美国对南苏丹独立运动的幕后操控也不应被低估。事实上,大西洋理事会非洲中心主任彼得·帕姆(Peter Pham)承认美国政府把自己看作独立的南苏丹的教父,并向它负有特殊责任。美国一直致力于保护、培育、提供生存能力给新国家,并作为新国家的国际政治和经济支持的担保人(除了石油利益和南苏丹的地缘战略位置)。①

套用习毅翀(Xi Yi-Chong)的话,非洲正在成为大国力量操纵的新棋盘,②尤其是美国在寻求扩大其在非洲大陆的影响。这是美国政策的一部分,即把非洲再次放在切菜板上,然后改变非洲国家的边界以获得非洲资源的大量份额。然而,佩里·帕米尔(Peri Pamir)认为,对非洲政治地图的民族重绘将产生超过 300 个新国家。③ 大量的新国家将为美国创造许多市场机会,包括给这些国家的国防部门出售武器。因此,正如法国学者安妮·塞西尔·罗伯特(Anne-Cécile Robert)所言,美国的首要目标是瞄准"宝贵的非洲",即自然和矿产资源丰富但仍有"脆弱轮廓"的非洲大国家(苏丹、刚果(金)、尼日利亚……)。④

为了支持美国企业资源积累,美国希望通过在非洲煽动军国主义实现这一目标,正如美国学者贺拉斯·坎贝尔(Horace Campbell)观察的那样。⑤ 事实上,美国军方和情报机构出于间谍的目的已经与其非洲联盟在非洲共同创建了一个由十几个空军基地组成的网络,涵盖了布基纳法索、乌干达、

---

① Mahdi Darius Nazemroaya, "Opening a Pandora's Box: Kosovo 'Independence' and the Project for a 'New Middle East'", *Global Research*, February 19, 2008, http://www.global research.ca/opening-a-pandora-s-box-kosovo-independence-and-the-project-for-a-new-middle-east/8132. 登录时间 2014 年 3 月 24 日。
另见:Julie Lévesque, "Obama's Gun-Running Operation: Weapons and Support for 'Islamic Terrorists' in Syria and Iraq. 'Create Constructive Chaos' and 'Redraw the Map of the Middle East'", *Global Research*, May 28, 2015, http://www.global research.ca/obamas-gun-running-operation-weapons-and-support-for-islamic-terrorists-in-syria-and-iraq-the-objective-was-to-create-constructive-chaos-and-redraw-the-map-of-the-middle-east/5450832. 登录时间 2014 年 5 月 30 日。
② Xi Yi-Chong, "China and the United States in Africa: Coming conflict or commercial coexistence?" *Australian Journal of International Affairs*, March 2008, Vol. 62, No. 1, pp. 16 - 37.
③ Peri Pamir, "Nationalism, ethnicity and democracy: Contemporary manifestations", *The International Journal of Peace Studies*, July 1997, Vol. 2, No. 2, pp. 1 - 12.
④ Anne-Cécile Robert, "Indispensable Afrique", *Le Monde Diplomatique*/《*Manière de voir*》n° 108 — Décembre 2009-janvier 2010, http://www.monde diplomatique.fr/mav/108/. 登录时间 2013 年 12 月 27 日。
⑤ Horace Campbell, "Beyond the fanning of US militarism in Africa", *Pambazuka News*, August 8, 2013, http://pambazuka.org/en/category/features/88560. 登录时间 2013 年 12 月 3 日。

卢旺达、南苏丹和其他国家。①

二、美国是如何在刚果（金）运用南斯拉夫和苏丹式的策略呢？

为了隐瞒其刚果政策的军事化以控制和垄断刚果（金）的自然和矿产资源的目的，美国开始描述在刚果（金）发生了什么。（1）有时为一场内战；（2）有时为一场部落战争；（3）有时为一场与胡图族民兵有关的战争，他们该为1994年卢旺达种族灭绝负责并仍然威胁着卢旺达的安全；（4）或一个由于对原籍为刚果（金）的图西族人的排斥引起的冲突；②（5）刚果（金）总是出现在失败国家指数列表的顶部。③巴兹尔·戴维森（Basil Davidson）在1994年提出："刚果（金）从来不应该是一个国家。它只是适应了比利时（刚果殖民时期的宗主国）的便利。"④美国和北约盟国使用相似的术语来描述在南斯拉夫和苏丹发生的冲突，以掩盖他们的军事干预。⑤然而，拉尔斯·许宁（Lars Huening）认为，这些宽泛的概念只提供相对简单的解释模型去理解在中部非洲发生了什么，但它们只是部分地解释了冲突。因此，更深入地理解为什么刚果（金）遭受所有这些（800万刚果人丧失生命）战争的原因是非常必要的。⑥两个主要的原因是刚果（金）丰富的矿产财富和美国的刚果策略。

正如阿明·罗森（Armin Rosen）所言："驱使战争的是刚果东部丰富的金、钨、铀、石油、天然气和钶钽铁矿，而仅仅是表层土地中的矿物质就足以保证全球技术和国防工业的嗡嗡声。"⑦

---

① Craig Whitlock, "U. S. expands secret intelligence operations in Africa", *The Washington Post*, June 14, 2012, http://www.washingtonpost.com/world/national-security/us-expands-secret-intelligence-operations-in-africa/2012/06/13/gJQAHyvAbV_story.html. 登录时间2014年1月7日。

② Thomas Turner, "Kabila Returns, In a Cloud of Uncertainty", *African Studies Quarterly*, Volume 1, Issue 3, 1997, pp. 23–37.

③ Elliot Ross, "Failed States are a Western Myth", *The Guardian*, June 28, 2013, http://www.theguardian.com/commentisfree/2013/jun/28/failed-states-western-myth-us-interests. 登录时间2014年1月3日。

④ Pascal Zachary, "Africa needs a new map", *Foreign Policy*, April 28, 2010, http://www.foreignpolicy.com/articles/2010/04/23/global_strikeout. 登录时间2014年1月3日。

⑤ Michel Chossudovsky, "Wiping Countries Off the Map: Who's Failing the 'Failed States'", *Global Research*, December 29, 2012, http://www.global research.ca/destroying-countries-transforming-syria-into-a-failed-state/5317160? print=1. 登录时间2013年12月30日。

⑥ Lars Huening, "Explaining the Congo wars", *African Historical Review*, Volume 41, Issue 2, 2009, pp. 129–150.

⑦ Armin Rosen, "The Origins of War in the DRC", *The Atlantic*, June 26, 2013, http://www.theatlantic.com/international/archive/2013/06/the-origins-of-war-in-the-drc/277131/. 登录时间2014年4月9日。

另外,美国学者威廉·哈同(William Hartung)和布丽姬特·穆瓦(Bridget Moix)认为,美国要对刚果(金)的惨剧直接负责。在刚果(金)正在进行的战争,展现了美国在非洲的政策,无论过去与现在都是令非洲人民失望的最典型的例子。尽管它种下了刚果冲突的种子,美国却没有承认其同谋行为或帮助创造一个可行的解决方案。①

刚果人民立场坚定地捍卫自己国家领土的完整,即使他们付出了800万生命的代价、自然和矿产资源系统地被掠夺、作为战争武器的强奸、土地被占用等等。最终,刚果人民的抵抗使美国的真实意图昭然若揭。实际上,刚果(金)的分裂是美国所有刚果政策的最终目标,该目标并不新。1958年,在加纳首都阿克拉举行的全非人民大会上,帕特里斯·卢蒙巴(Patrice Lumumba)——刚果(金)第一位民选领袖和独立英雄提出:"在这平静的和有尊严的民族解放斗争中,我们的运动利用一切可利用的力量来反对将国家领土巴尔干化的任何借口。"②

然后,在独立之后,美国与联合国的串谋和比利时这个前殖民大国显然策划了南部矿产丰富的加丹加省和南开赛省的分裂,以及随后卢蒙巴的垮台。卢蒙巴很快明白刚果前殖民宗主国打算推行刚果(金)的巴尔干化。

"阴谋已经准备好了。计划已经作出了,其中包括组织一个违背国家意愿的政府。比利时想对这个国家进行巴尔干化。刚果(金)的解体将是明天就会发生的事情。"③

为了更好地剥夺刚果,美国官员对将刚果巴尔干化并分裂成小的政治和经济独立单元表示了公开的支持。实际上,美国学者艾伦·雷(Ellen Ray)和比尔·沙普(Bill Schaap)观察到,从苏联和南斯拉夫的解体看出,在经过长久准备之后,美国认识到,当仅仅存在小型政权的时候,一个地区更

---

① William D. Hartung and Bridget Moix,"Report: U. S. Arms To Africa And The Congo War-World Policy Institute-Research Project," *World Policy Journal-World Policy Institute*, January 2000, http://www.world policy. org/projects/arms/reports/congo. htm. 登录时间2014年3月21日。
② Jean Van Lierde ed., *Lumumba Speaks: The Speeches and Writings of Patrice Lumumba, 1958—1961*, Boston: Little, Brown and Company, 1972, p. 185.
③ "Comment l'Américafrique, la Belgique, la Françafrique et l'Organisation des Nations Unies furent les fossoyeurs de Lumumba et de la démocratie congolaise naissante", *Pressafrique*, Octobre 8, 2005, http://pressafrique. com/m418. html. 登录时间2013年12月20日。

容易被统治。①

三、官方声明对该政策的阐述

早在1996年(那时蒙博托政权即将崩溃),乔治·布什(George W. Bush)政府非洲事务助理国务卿以及克林顿政府前国家安全内幕和国防战略矿产专责小组成员的沃尔特·坎斯坦纳(Walter Kansteiner),倡导了"刚果分裂政策",创建同质民族土地,需要重新划定国际边界并将需要大量的"自愿搬迁的努力"。② 坎斯坦纳预见这么大的人口转移之后,将创建单独的图西族和胡图族国家(类似于以色列-巴勒斯坦两个国家解决方案)。③ 当1996年卢旺达入侵前扎伊尔的时候,坎斯坦纳也在这同一年写他的计划,在刚果东部建立一个图西族国家,这是卢旺达、乌干达和他们的美国军事顾问所希望的。

四年后,坎斯特纳仍然坚信刚果(金)的未来是成为"巴尔干化"的独立国家。2000年8月23日,在匹兹堡邮报(*Pittsburgh Post-Gazette*)的一篇文章,坎斯坦纳表示,刚果(金)现在解体的可能性已经比20年或30年前更大。④ 坎斯特纳以前在国防部工作,在那里他就任于负责战略矿产的任务小组,钶钽铁矿属于该类别,这可能影响了他对刚果领土的完整性的思考。毕竟世界上80%的已知储量的钶钽铁矿是在刚果东部。该地区对美国军方是一个潜在的重要区域,跟波斯湾地区一样重要。⑤

在1999年6月8日关于"在非洲中部的冲突"举行的美国参议院外交关系小组委员会非洲事务听证会上,当时负责国务院非洲事务的助理国务卿

---

① 2001年5月17日,《种族灭绝和秘密行动在非洲:1993—1999》这本书的作者韦恩·马德森(Wayne Madsen),在美国众议院关于国际行动的小组委员会和人权听证会上作证指出的。
另见:Wayne Madsen, "Suffering and despair: Humanitarian crisis in the Congo," Hearings before the Sub-Committee on International Operations and Human Rights of the Committee on International Relations House of Representatives, 100th Seventh Congress, First Session, May 17, 2001, http://globalresearch.ca/articles/MAD111A.html. 登录时间2013年12月24日。
② Ibid.
③ Ibid.
④ 2001年5月17日,《种族灭绝和秘密行动在非洲:1993—1999》这本书的作者韦恩·马德森(Wayne Madsen),在美国众议院关于国际行动的小组委员会和人权听证会上作证指出的。
另见:Wayne Madsen, "Suffering and despair: Humanitarian crisis in the Congo," Hearings before the Sub-Committee on International Operations and Human Rights of the Committee on International Relations House of Representatives, 100th Seventh Congress, First Session, May 17, 2001, http://globalresearch.ca/articles/MAD111A.html. 登录时间2013年12月24日。
⑤ Ibid.

苏珊·赖斯(Susan Rice)提醒大家刚果危机是两个发展相交的结果:(1) 政治和体制上的真空,这是 30 年蒙博托的腐败和专制统治的遗产;(2) 利用刚果各叛乱团体来破坏邻国的稳定。① 同样,关注政策研究的美国全球智库卡内基国际和平基金会的高级经理和"民主法治项目"的主任的玛丽娜·奥特维(Marina Ottaway)也主张刚果(金)的分裂(见图 6)。

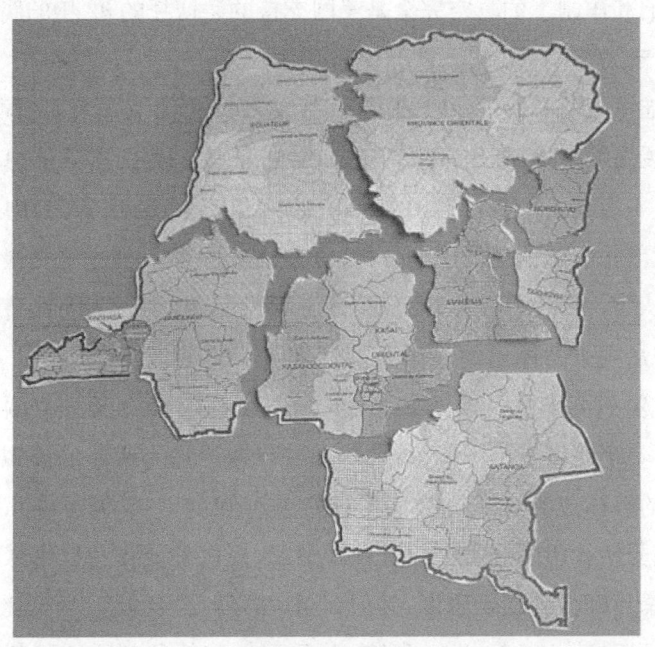

图 6　刚果(金)的巴尔干化项目旨在创造 9 个新的小国家
来源:ammafricaworld.com.

玛丽娜·奥特维在听证会上表示:"现在只要刚果(金)继续存在权力真空,其他国家就会持续直接干预或支持武装叛乱,以维护自身利益。在经历了 1994 年种族灭绝事件后,卢旺达不能忽视胡图族民兵在其边界的存在。这种威胁是真实的,除非刚果政府能防止其领土成为胡图族民兵的跨境突袭的场所,问题才能解决。乌干达和安哥拉对在刚果(金)发生的事情非常关注,因为他们的敌人也在使用刚果(金)的领土。

---

① Policy Remarks by Susan E. Rice, Assistant Secretary for African Affairs Testimony, Senate Foreign Relations Committee Subcommittee on African Affairs Washington, DC, June 8, 1999, http://1997-2001.state.gov/www/policy_remarks/1999/990608_rice_conflict.html. 登录时间 2014 年 3 月 27 日。

"因此,控制地区冲突的关键在于恢复刚果国家职能。然而这不会发生,除非卡比拉能够与叛乱分子协商,还能与所有政党、地区长官、民间社会组织和其他重要利益集团探讨,通过政治协商,以达成协议确定刚果(金)如何能够再次站稳脚跟。或者在有必要时,将刚果(金)分裂。"①

因此,刚果(金)分裂是当时美国做出的严肃并且可行的选择,尽管事实上刚果政治和体制上的真空完全是美国支持的蒙博托的32年的腐败和专制统治的遗产。

美国陆军战争学院的一项研究表明:在1997年6月5日,美国陆军战争学院的教授史蒂·梅斯(Steven Metz)(他曾任教于美国军队的总参谋部学院)发表了一篇题为《对扎伊尔的改革、冲突和安全》的报告,其中提供了关于1996年前扎伊尔情况的深刻分析,以评估美国军队可能需要提供的军事干预。他认为,由于刚果(金)的分裂是不可避免的,美国必须准备提供外交支持,并与从刚果解体出的新国家展开交流。史蒂·梅斯说:"一些观察家认为,扎伊尔不再作为一个国家存在——基伍省已经在经济上倒向了东部非洲;东开赛拒绝接受本国货币;加丹加省已被描述为南非的虚拟扩展。这种事实上的解体成为正式分裂的可能性是存在的……美国将几乎别无选择,只能接受从扎伊尔分裂出的所有新国家,提供外交支持以将伴随国家解体产生的暴力降低到最低限度,并向新国家开辟交流渠道。"②据比利时作家鲁德·马顿斯(Ludo Martens)所言,一系列的文件和美国的研究正在偏向于使刚果(金)走向分裂的方向。③

"非洲的第二次柏林会议"美国的要求:作为没有参加柏林会议的唯一超级大国,美国希望将非洲再次放在切菜板上,改变非洲国家的边界,以获得对非洲资源的"狮子份额"(最大的部分),这已经被已故的美国商务部的副国务卿罗恩·布朗(Ron Brown)在1997在访问乌干达的时候充分地解

---

① Marina Ottaway, Testimony Prepared for the Hearings "Conflicts in Central Africa", Subcommittee on Africa, US Senate, 8 June 1999, http://www.ephrem.org/dehai_archive/1999/m12962.html. 登录时间 2013年12月21日。

② Steven Metz, *Reform, Conflict, and Security in Zaire*. Carlisle Barracks: U. S. Army War College/ Strategic Studies Institute, 1996, p. vi.

③ Ludo Martens, *Kabila et la révolution congolaise: panafricanisme ou néocolonialisme?* Anvers: Editions EPO, 2002, p. 632.

释。在一次官方宴会中,非洲裔美国人的罗恩·布朗对到场嘉宾表示:"多年以来非洲的事务一直是欧洲人占领主导地位,而美国只能得到17%的市场份额。为了获得狮子份额,我们现在决心扭转这一点。"①

2007年,美国在与卢旺达和乌干达接壤的刚果北基伍省的省会戈马市成立领事馆,让很多刚果人民怀疑美国的做法,并谴责了刚果学者里戈贝尔·坎德宇基(Rigobert Kanduki)所谓的"基伍的科索沃化的一个持久的威胁"。② 卢旺达学者斯坦尼斯·布其亚利姆韦·马拉罗(Stanislas Bucyalimwe Mararo)③和英国学者大卫·钱德勒(David Chandler)④对科索沃冲突和刚果冲突的相似之处进行了广泛的比较研究。

"作为刚果危机补救办法的南斯拉夫式或苏丹式的解决方案"的政策:到2013年,美国政府最高层官员明确开始谈论美国对刚果(金)分裂的政策,并将其记录在案;这一次正式地称之为"作为刚果危机补救办法的南斯拉夫式或苏丹式的解决方案"的政策。从美国政府的观点来看,刚果(金)的分裂成了"既成事实"。

2013年2月11日,在布鲁金斯学会上,一个总部位于美国的致力于自主研发和创新的政策解决方案的私人非营利性组织,当时即将离任的美国非洲事务助理国务卿约翰尼·卡森(Johnnie Carson)表达了美国当前的关于刚果(金)的政策立场是"持久地解决不稳定问题"。作为美国提出解决方案的一部分,约翰尼·卡森提出的建议同时意味着刚果(金)的解体。这就是一种"鱼和熊掌兼得"的解决方案。

卡森表示:"一个复杂的国际性解决方案是唯一的出路。通过签订代顿条约,我们在前南斯拉夫能够实现这样一个结束冲突的解决方案。通过东

---

① Remigius Kintu, "Terror incognito: the U. S. conspiracy behind Museveni's wars", Paper presented at The Baltimore Maryland Peace & Justice Annual Conference, April 19, 1997.
② Rigobert Kanduki, "Le Consulat Américain à pied d'œuvre au Nord-Kivu", *Congo forum. be*, March 15, 2008, http://www. congoforum. be/fr/nieuwsdetail. asp? subitem = 1&newsid = 41293&Actualiteit = selected. 登录时间2013年12月28日。
③ Stanislas Bucyalimwe Mararo, "Du Kosovo au Kivu: deux crises internationales de causes ethniques", *Rwamycyo. com*, 2008, http://www. rwamucyo. com/index. php? id = 5&tx_ttnews%5Btt_news%5D = 467&cHash = f850666372. 登录时间2013年12月29日。
④ David Chandler, "Review Essay: Kosovo and the Remaking of International Relations", *The Global Review of Ethnopolitics*, January 2002, Vol. 1, No. 4, pp. 110 - 112.

非政府间发展管理机构各成员国元首(Heads of state of IGAD, the Inter Governmental Authority on Development)协商出的并被美国、挪威和英国支持的全面和平协议,我们能够结束作为非洲历时最长的内战的苏丹冲突。"①

然而,我们都知道南斯拉夫和苏丹已经解体了,并成为侏儒国。为换取和平(在美国制造的公式下)南斯拉夫分成了六个共和国:波斯尼亚和黑塞哥维那、克罗地亚、马其顿、黑山、塞尔维亚(有两个自治区:伏伊伏丁和科索沃)和斯洛文尼亚。从前苏丹的灰烬中,南苏丹共和国和苏丹共和国出现了。在这两个案例中,美国发挥了举足轻重的作用。

另外,随着前南斯拉夫和前苏丹的自决过程,进一步的冲突和民族分裂都没有避免。玛莎·莫尔费塔斯(Martha Molfetas)认为,前南斯拉夫解体以后,新成立的国家遭受了可怕的冲突(从在波斯尼亚的系统化强奸营到在科索沃的滥杀;即使有来自西方的巨大支持,这种转型仍然是一种复杂的转型)。② 即使在南苏丹,非洲最年轻的国家,也难以逃脱它的绝大多数兄弟国家所走过的道路,即很快陷入了内战。

美国对非洲大湖地区的国家重新划定边界的计划:非洲大湖地区的美国特使拉斯·法因戈尔德(Russ Feingold)提供了证明美国对刚果(金)的分裂计划是真实的最新证据。在2013年12月,拉斯·法因戈尔德在基加利与保罗·卡加梅总统会谈后,飞往巴黎参加法非安全峰会。法国国际广播电台采访了他。在采访过程中他强调关于刚果(金)的命运都是在内爆和巴尔干化的方面。他表示,"在非洲大湖地区的和平回归必然要以边界修正为前提"。③ 他提出一个地区性会议的想法,其重点是对殖民主义在非洲大湖地

---

① Phillip Kurata, "State's Carson Calls for Global Effort to Help DRC", *International Information Programs (IIP) Digital*, February 12, 2013, http://iipdigital.usembassy.gov/st/english/article/2013/02/20130212142470.html#axzz2KoxYCyTA. 登录时间2013年12月21日。
② Martha Molfetas, "Post-Conflict Transformation: Oil and International Development in the World's Newest Country", *Global Policy*, February 25, 2012, http://www.globalpolicyjournal.com/blog/25/02/2012/post-conflict-transformation-oil-and-international-development-worlds-newest-country. 登录时间2014年3月24日。
③ "Les Etats-Unis plaident pour l'ouverture d'un dialogue dans la Région des Grands Lacs", *Radio France Internationale* (RFI), 7 déc. 2013.

区继承边界的修订。① 此外,他在媒体上的一份声明表明,国际社会最终决定要推行其长期渴望修改刚果边界的想法。② 刚果人民一直反对这样一个古老的计划,但是西方大国一直在通过各种形式复苏它;包括通过策划代理战争等等。这一事实,从乌干达总统约韦里·穆塞韦尼被称为"非洲的俾斯麦"就说明问题了。③

美国媒体的作用,特别是纽约时报的宣传,活动以合法化刚果(金)的巴尔干:"非洲第一次世界大战"半年后爆发,1999年1月12日,纽约时报在头版发表了一篇标题为"刚果(金)的斗争可能会释放出广泛的冲突而导致非洲的重绘"的文章,其宣称重绘非洲边界的合法性,鼓励巴尔干化,从而为进一步的统治铺平了道路。

根据纽约时报"被一个世纪前统治这片大陆的欧洲人随意划定的非洲国家边界,被认为是不可侵犯的。然而,刚果(金)现在一分为二,并可能永远持续下去。虽然非洲统一组织在其1963宪章中体现了殖民边界,并已经尊重了这些边界35年,但是西方列强现在声称他们责怪自己在倒霉的非洲人身上实施了这些不自然的边界划分"。④

"作为刚果危机补救办法的南斯拉夫式或苏丹式的解决方案"的政策对刚果(金)的影响是,1994年在卢旺达发生的事件后,美国继续支持卢旺达和乌干达对危及刚果利益的武力扩张领土行动:⑤使用代理战争;意识到刚果人民继续抵制后,强加危及刚果(金)的主权和团结的和平协议;除了联合国维和部队之外,在美国政府的监督和资助下,部署了一个国际特遣部队,但

---

① "La RDC entre l'implosion et la balkanization", *Le Potentiel Online*, 9 décembre 2013, http://www.lepotentielonline.com/index.php?option=com_content&view=article&id=4678:la-rdc-entre-l-implosion-et-la-balkanisation&catid=85:a-la-une&Itemid=472. 登录时间2013年12月26日。
② Ibid.
③ Joseph Oloka-Onyango, "'New-Breed Leadership', Conflict and Reconstruction in the Great lakes Region of Africa: A socio-political Biography of Uganda's Yoweri Kaguta Museveni", *Africa Today*, Vol. 50, No. 3, Spring 2004, pp. 29-52.
④ Ian Fisher and Norimitsu Onishi, "Congo's Struggle May Unleash Broad Strife to Redraw Africa", *New York Times*, Jan. 12, 1999, http://www.nytimes.com/1999/01/12/world/congo-s-struggle-may-unleash-broad-strife-to-redraw-africa.html. 登录时间2013年12月31日。
⑤ Mark W. Zacher, "The Territorial Integrity Norm: InternationalBoundaries and the Use of Force", *International Organization*, March 2001, Vol. 55, No. 2, pp 215-250.

是仍然不是以维护和平为目的。① 所有以上做法,在欧美的领导下,都是为了削弱刚果(金),并在最后造成一种事实上的分裂。这一立场得到了法国学者约翰·弗朗索瓦·巴亚尔(Jean-François Bayart)的证实,他认为:"在刚果(金)的战争对非洲而言也许和三十年战争对于欧洲的影响一样:一场形成国家和形成地区国家系统的战争。"②

据卢旺达学者斯坦尼斯·布其亚利姆韦·马拉罗(Stanislas Bucyalimwe Mararo),该计划包括:

(1) 迫使基伍与刚果(金)的分离,并成为2013年成立的"东非国家联合会"的一部分,后者被认为是更有效率的;

(2) 基伍从刚果(金)的分离过程应该始于向该地区进行大规模的卢旺达和乌干达移民,目的是把基伍变成一个移民的殖民地。这样的集结将导致一个新的伟大的政治实体,构成所谓的"大非洲之角"(传统的非洲之角),③基伍将是它的一部分;

(3) 在1994年11月(卢旺达种族屠杀后)该项目成立了,它一开始是由克林顿政府作为纯粹的人道主义的表现正式提出的,然而通过在刚果东部爆发的每一阶段的战争,其政治性方面逐年呈现出来。④

四、解体方案与资源战争的关联

现在出现的问题是:在什么程度上,"作为刚果危机补救办法的南斯拉夫式或苏丹式的解决方案"政策的影响导致了当时的资源战争(政策意涵)即M23资源战争?

2012年4月,关于矿产的另一个代理人战争爆发了,随后600名图西族

---

① 令人惊讶的是在2003年7月1日,来自喀麦隆的联合国秘书长特别代表的纳曼加·恩古吉(Namanga Ngogi)被美国的威廉·莱西·斯温(William Lacy Swing)顶替了。在洛朗·卡比拉总统被暗杀的时候,威廉·莱西·斯温是驻金沙萨的美国大使。斯温先生也监督了支持刚果过渡政府的国际委员会(the International Committee in Support of the Transition,CIAT),其实是一个代表15个国家和国际组织的外交机构,并且从在2002年12月刚果交战双方之间签署的和平协议,明确了其职责。斯温先生被英国的艾伦·多斯(Alan Doss)顶替了,很明显英国和美国是卢旺达和乌干达在刚果的犯罪冒险的支持者。
② Jean-François Bayart, "Afrique: le manteau de la guerre", *Croissance*, No. 423, février 1999, p.50.
③ 事实上,在1994年11月,美国国际开发署提出了所谓的讨论的概念文件,题为:"在非洲之角克林顿总统的计划。建立粮食保障安全的基础和在大非洲之角的危机预防"。
④ Stanislas Bucyalimwe Mararo, "Le Nord-Kivu au coeur de la crise congolaise", in *L'Afrique des Grands Lacs. Annuaire* 2001—2002(sous la direction de Fillip Reyntjens et Stefaan Marysse), Paris: L'Harmattan, 2002, p.154.

士兵从刚果军队哗变,在这一区域带来了新一轮暴力袭击和毁灭的浪潮。这个新的起义被称为 M23。德国智库康拉德-阿登纳基金会的一份报告对其影响提供了许多见解。①

M23 或"March 23"(3月23号)为 2009 年 3 月 23 日刚果政府和图西族为主的"全国保卫人民大会"反叛运动(National Congress for the Defense of the People, CNDP),这是用现在已经失败了的双和平协议的日期命名的。和平协议是 2009 年 3 月 23 日在北基伍省的省会戈马签订的。正如我们上面指出,CNDP 是 2006 年 12 月在刚果(金)的基伍地区由洛朗·恩孔达(Laurent Nkunda)建立的。它是一个卢旺达支持的图西族的政治武装民兵。

2009 年 1 月,CNDP 分裂了,恩昆达似乎被卢旺达政府逮捕,但从未被转移到"他的国家"刚果(金)接受正义的审判。那时,笔者形容了他被逮捕为"一个门面或掩饰",并提出:"恩昆达就回到'车库'在卢旺达。意思是他去接受再培训。"由约翰·博斯科·恩塔甘达(Jean-Bosco Ntaganda)领导的其余 CNDP 分裂出来的小派别计划被集成到国家军队。② 在停火协议后,刚果政府和 CNDP 之间达成和平协议,该协议是在 2009 年 3 月 23 日在戈马北基伍省省会签署的。

他们同意了以下事情:

(1) CNDP 将会被批准作为一个政党;

(2) 政治囚犯将被释放,进一步加快和解的政治和经济措施的实施;

(3) 刚果政府将改革其军队和推进当地政府民主化。③ 德国智库康拉德-阿登纳基金会的一份报告,对关于刚果政府和 CNDP 之间的和平协议的条款影响提供了许多见解。④

---

① Steffen Krüge, "M23 Rebellion: A Further Chapter in the Violence in Eastern Congo", *International Reports of Konrad-Adenauer-Stiftung*, June 4, 2013, http://www.kas.de/wf/doc/kas_34621-544-2-30.pdf?130828103741. 登录时间 2014 年 1 月 4 日。

② 从维基百科(*Wikipedia*)采取: "National Congress for the Defence of the People", http://en.wikipedia.org/wiki/National_Congress_for_the_Defence_of_the_People. 登录时间 2014 年 1 月 4 日。

③ 同上。

④ Steffen Krüge, "M23 Rebellion: A Further Chapter in the Violence in Eastern Congo", *International Reports of Konrad-Adenauer-Stiftung*, June 4, 2013.

和平协议签署后,CNDP 成为约瑟夫·卡比拉总统的多数党掌权的联盟伙伴。然而,CNDP 觉得他们没有在政党联盟中产生任何影响;而在刚果东部的基伍省,他们变得越来越强大,并参与了黄金和其他原材料的走私活动。从 2012 年开始,刚果政府试图逐步解体 CNDP。为此,以打击胡图族民兵为主要目的的军事任务——"Amani Leo"被终止了。①

2012 年 4 月,约瑟夫·卡比拉总统宣布,他将协助国际社会(国际刑事法院)逮捕被起诉的战犯博斯科·恩塔甘达将军。博斯科·恩塔甘达将军于 2002 年和 2003 年,在刚果(金)的伊图里地区犯下反人类罪行。虽然刚果政府在过去曾经表示过,恩塔甘达有罪却不被追究的原因是逮捕他会破坏和平进程。②

与此相对的是,已经晋升为在刚果军队将军的 CNDP 的两个负责人——博斯科·恩塔甘达和苏丹尼棉·马克加,在大约 600 名士兵的支持下进行军事政变。几乎所有的前 CNDP 叛军都参与了这个新的反叛运动,并自称为 M23,用来纪念反叛活动失败的日子,即和平协议的签署日 2009 年 3 月 23 号。③

M23 重要的收入来源包括占领矿山以及在邻国乌干达的边境口岸的公路征收通行费。他们不仅提高税收,而且掠夺村庄。M23 甚至还提高了外国游客参观由其所占领的国家公园的门票费以募集资金。④

事实上,据一家名为"Enough Project"的非政府组织在 2013 年 10 月 9 日新发布的报告,M23 反叛集团已经接管了在刚果东部的黄金交易中非常有利可图的一部分,他们每年从刚果东部走私黄金至少 12 吨,价值大约 5 亿美元。⑤ M23 控制的领土成了国家。刚果(金)的分裂成了"既成事实"。

事实证明,M23 从国外特别是从美国得到了政治、外交和军事的大力支持:

---

①③④ Steffen Krüge,"M23 Rebellion: A Further Chapter in the Violence in Eastern Congo", *International Reports of Konrad-Adenauer-Stiftung*, June 4, 2013.
② David Zounmenou and Naomi Kok,"Is President Joseph Kabila's Call for Ntaganda's Arrest a Move Towards Justice in the DRC?" *Institute for Security Studies*, May 3, 2012, http://www.issafrica.org/iss-today/is-president-joseph-kabilas-call-for-ntagandas-arrest-a-move-towards-justice-in-the-drc. 登录时间 2014 年 4 月 11 日。
⑤ Ruben de Koning and the Enough Team, "Striking Gold: How M23 and its Allies are Infiltrating Congo's Gold Trade", *Enough Project Report*, October 9, 2013, http://www.enoughproject.org/reports/striking-gold-how-m23-and-its-allies-are-infiltrating-congos-gold-trade. 登录时间 2014 年 4 月 11 日。

(1) 美国:有足够的证据表明,在刚果东部爆发的新一轮战争也是美国为矿产而发动的一场代理人战争。事实上,"拯救刚果(金),让它分崩离析"①,是由 J. 彼得·帕姆(Peter Pham)写文章的标题。帕姆是大西洋理事会的非洲中心的主任。大西洋理事会与美国和北约关系密切。② 帕姆2012年11月25日在《纽约时报》上发表这篇文章的时机,令人惊讶地与在刚果东部爆发的又一轮战争重合——由英国、美国、卢旺达和乌干达支持的"M23图西族叛军"运动(M23 或 3 月 23 号)。

美国的国际非政府组织"人权观察"报道了 M23 谋杀、暗杀、强奸和屠杀平民的行为。此外,M23 强迫征募的士兵中还包括儿童和青少年。③ 正当 M23 在戈马和刚果东部其他地区城市杀人、强奸、抢劫时,帕姆以所谓的"种族与身份冲突"为由替 M23 的暴行辩护;此外,他认为卢旺达对 M23 的支持是完全正当合理的,因为他们是在同负有种族灭绝责任的胡图族民兵作战;最终他主张重新对第二次柏林会议确定的边界以及在刚果东部的一个图西族领地进行重新划定。在文章中,他指责作为受害者的刚果人民,而众所周知这是一个与刚果人民为敌的外来侵略;他还认为解决问题的办法是分裂刚果(金),并弱化了卢旺达和乌干达在刚果犯下的罪行,包括反人类罪、种族灭绝罪和系统化的屠杀、强奸及对矿产的掠夺。④

帕姆认为:"终结刚果冲突所需要的并不是国家建构,而恰恰相反,是拆解这个长期失败的政府,使其成为一个个小的有机体,这些有机体的成员拥有广泛的共识,或至少在个人或社会安全方面有着共同的利益。"⑤

他进一步指出:"如果刚果(金)被允许分裂成小的实体,国际社会就能

---

① J. Peter Pham, "To save Congo, let it fall apart", *The New York Times*, November 25, 2012, http://www.nytimes.com/2012/12/01/opinion/to-save-congo-let-it-fall-apart.html. 登录时间 2014 年 4 月 9 日。
② Rick Rozoff, "The Insiduous Role of the Atlantic Council: Securing The 21st Century For NATO", *Global Research*, April 30, 2010, http://www.globalresearch.ca/the-insiduous-role-of-the-atlantic-council-securing-the-21st-century-for-nato/18945. 登录时间 2014 年 1 月 4 日。
③ "DR Congo: War Crimes by M23, Congolese Army", Human Rights Watch, 5 Feb 2013, http://hrw.org/news/2013/02/05/dr-congo-war-crimes-m23-congolese-army. 登录时间 2014 年 1 月 4 日。
④ Milton Allimadi, "U.S. Condemns M23 While New York Times Op-Ed Defends The Rwanda-backed Bandits", *Black Star News*, December 2, 2012, http://www.blackstarnews.com/others/extras/us-condemns-m23-while-new-york-times-op-ed-defends-the-rwanda-backed-bandits.html. 登录时间 2014 年 4 月 9 日。
⑤ J. Peter Pham, "To save Congo, let it fall apart", *The New York Times*, November 25, 2012.

够将其日益珍贵的资源用于人道主义援助和发展,而非如联合国安理会所许诺的那样,用于维持一个名存实亡的国家的'主权、独立、统一和领土完整',而这个国家只对那些拼命钻营(以便掠夺刚果资源和靠金钱发展恩宠网络)以确保他们将会继续掌权的政治精英有价值。"①

他总结道:"刚果(金)并不是大到无法承受失败,而是大到无法获得成功。我们不应千方百计将这个国家整合在一起,相反,我们应该将其分裂。鉴于其混乱的现状及其对民生与资源的横征暴敛,西方应该抛开意识形态教条主义而采取政治家的那种实用主义,认识到如下事实:即至少在某些极端情况下,打破暴力循环的最好的办法是打破这个处于危机中的人为制造的国家,使其重新回到其真正的国民手中。"②

然而,在同一版本的《纽约时报》第 A6 页中,该报纸的东非记者杰弗里·吉特尔曼(Jeffrey Gettleman)在文件中指出了 M23 的一连串的战争罪行,包括:针对特定刚果官员和法官的谋杀和对戈马央行的掠夺。③

帕姆的文章证明,刚果(金)真正的巴尔干主义者都在西方,因此,刚果东部地区的各路图西族反叛势力都是他们的分包商。

(2) 卢旺达的作用:2012 年 7 月,刚果政府与 M23 叛军签署了停火协议。就在美国向卢旺达施加压力使其停止支持 M23 的同时,卢旺达却在 2012 年 10 月 18 日被选为联合国安理会非常任理事国,任期两年。④

如中国谚语所说,这是"明一套,暗一套"的做法。就在这个时候,联合国专家组发布了调查报告,并证明为了支持 M23 叛军,卢旺达提供了后勤、军事装备甚至提供武装部队。报告解释称,M23 领导人直接从卢旺达接受指令。调查集中在 20 世纪 90 年代与洛朗·卡比拉并肩反对蒙博托的卢旺达国防部长杰姆斯·卡巴雷贝(James Kabarebe)身上。据报告所言,除了经济利益,卢旺达把南、北基伍省作为重要缓冲区以保护自己免受胡图族民兵

---

① J. Peter Pham, "To save Congo, let it fall apart", *The New York Times*, November 25, 2012.
② Ibid.
③ Jeffrey Gettleman, "As Rebels Gain, Congo Again Slips Into Chaos", *The New York Times*, November 25, 2012, http://www.nytimes.com/2012/11/26/world/africa/as-rebels-gain-congo-again-slips-into-chaos.html. 登录时间 2014 年 4 月 10 日。
④ Ibid.

的攻击。尽管联合国专家组协调员史蒂夫·海格(Steve Hege)于2012年12月11日向美国众议院外交事务委员会提交了有关证据,但卢旺达政府对这些指控予以强烈地否认。①

在伦敦大学亚非学院讲授国际政治的讲师菲尔·克拉克(Phil Clark)认为这个报告的方法和结果都要受到更严格的审查,因为刚果政府的消息来源与卢旺达政府消息来源不对等,这会为未来有关此类的调查树立一个坏的先例。②

然而,根据前刚果联合国专家组协调员杰森·斯特恩斯(Jason Stearns)所言,时任美国驻联合国大使的苏珊·赖斯(Susan Rice)推迟了该篇对刚果(金)的中期调查报告的发布,她的理由是卢旺达应该得到首先阅读报告并作出回应的机会。

主要的问题是,赖斯进行干预的实际动机是什么?在这场战争中,美国是否能够获得实际的利益(尤其在矿产资源方面)?另外,美国代表卢旺达和乌干达的强大游说团体在刚果(金)的"巴尔干化"中是否极具影响力?③

事实上,斯特恩斯进一步解释到,虽然这些联合国的调查机构理应给被告作出回应和解释的机会,但是他们很少在发布之前让他们看到整个报告。该调查团称,卢旺达政府拒绝与其会见,但基加利对此表示否认。最后,调查团于6月份在纽约向卢旺达代表团简要介绍了该调查报告。尽管卢旺达

---

① 最终报告是由联合国安理会主席写发表。UN Security Council, "Letter dated 12 November 2012 from the Chair of the Security Council Committee established pursuant to resolution 1533 (2004) concerning the Democratic Republic of the Congo addressed to the President of the Security Council", S/2012/843, 15 Nov 2012, http://www.un.org/ga/search/view_doc.asp symbol=S/2012/84. 登录时间2014年1月4日。
② Phil Clark, "Why the Congo Experts Need More Scrutiny", *The Huffington Post Students*, January 2, 2013, http://www.huffingtonpost.co.uk/dr-phil-clark/congo-experts-need-more-scrutiny_b_2391470.htm. 登录时间2014年1月4日。
③ Elizabeth Liagin. *Excessive force: Power, politics, and population control*, Washington: Information Project For Africa, Inc, 1996,第12—17页。
另见:Gary K. Busch, "The Difficult Decisions for Joseph Kabila", *Ocnus. Net*, November 26, 2012, http://www.ocnus.net/artman2/publish/Editorial_10/The-Difficult-Decisions-for-Joseph-Kabila.shtml. 登录时间2014年1月6日。
另见:Gary K. Busch, "[Susan Rice] A Preventable Disaster," *Ocnus. Net*, September 11, 2012, http://www.ocnus.net/artman2/publish/Editorial_10/A-Preventable-Disaster_printer.shtml. 登录时间2014年1月6日。

人不出所料指责这项报告是有缺陷的,其最终依然得以发表。①

事实证明克拉克博士错了。2013下半年刚果军队发力攻击并打败了M23(卢旺达和乌干达立即对后者给予了庇护)。2013年10月,刚果军队以在MONUSCO内的南部非洲发展共同体军事力量(来自马拉维、坦桑尼亚和南非组成的部队)为后盾[也称为干预大队(Force Intervention Brigade, FIB)],在军事上挫败了M23。

2013年12月12日,另一个联合国专家组的报告记录了2013年内M23侵犯人权的事实,并证实M23收到了来自卢旺达方面各种形式的支持,包括募兵、部队增援、弹药运输和火力支援。该专家组表示,它收到的可靠情报表明M23领导人可以自由出入乌干达,且该组织持续在卢旺达征兵。②

该报告证实,刚果武装部队击败M23得益于两个主要因素:(1)刚果武装部队有数量优势和火力优势。最后一次的军事行动中,刚果部队至少有6000名士兵,并且在陆上得到了来自武力干预大队的400名士兵支持;(2)刚果部队和武力干预大队用直升机收集情报、运输、补给,以及进行空中攻击。刚果部队还使用了有强大火力的坦克、火炮和迫击炮……③军事行动的指挥官、上校马马杜·恩达拉(Mamadou Ndala)当之无愧地获得了奖章。不幸的是,在这次军事胜利后不久,他就死于一次伏击。

据该专家组报告,刚果部队对M23的胜利对东部其他武装团体发出了强烈的信息。报告称,2013年刚果东部持续发生经由邻国的矿产走私事件(特别是锡、钨和钽),破坏了国际认证与追溯机制的可信度与进展。该专家组还调查了发生在刚果东部的为获取象牙而偷猎大象的活动,所有这些偷

---

① Jason Stearns, "Susan Rice and the M23 crisis", *congosiasa. blogspot. com* relayed by *Africa Focus Bulletin*, November 24, 2012, http://www. africafocus. org/printit/mob. php? http://www. africafocus. org/docs12/ec1211a. php. 登录时间2014年1月4日。

② Letter dated 12 December 2013 from the Group of Experts on the Democratic Republic of the Congo addressed to the Chair of the Security Council Committee established pursuant to resolution 1533 (2004) concerning the Democratic Republic of the Congo The members of the Group of Experts on the Democratic Republic of the Congo had the honour to transmit the final report of the Group S/2013/433, prepared in pursuance of paragraph 5 of Security Council resolution 2078 (2012), http://www. securitycouncilreport. org/atf/cf/%7B65BFCF9B-6D27-4E9C-8CD3-CF6E4FF96FF9%7D/s_2013_433. pdf. 登录时间2014年1月5日。

③ Ibid.

猎走私活动都资助了该地区的武装团伙和犯罪网络。① 甚至关注于在刚果部分地区重建和平与稳定的利益集团的强力宣传也推动美国政府采取了一些措施,如《多德-弗兰克华尔街改革和消费者保护法案》(即针对冲突矿物的立法)以及切断对卢旺达的军事援助。

梅尔文·阿唷古(Melvin Ayogu)和杰尼亚·刘易斯(Zenia Lewis)写道,为了应对金融危机,《多德-弗兰克法案》(多德-弗兰克法案)重点关注对美国金融监管的改革,并且在2010年7月21日签署成为法律。在这份848页的法案中,位于最后10页中的第1502节,强制要求美国公司就他们使用的某些冲突矿物来源提供额外的报告。本节旨在由国会来解决这样一个问题:"源自刚果民主共和国和其邻国的矿物开采和贸易正在资助刚果东部地区以极端暴力——尤其是性暴力和基于性别的暴力——为特征的冲突,并造成了紧急的人道主义危机……"这项立法的相关国家包括南苏丹、乌干达、卢旺达、布隆迪、坦桑尼亚、马拉维、赞比亚、安哥拉、刚果(金)、中非共和国和刚果(金)。总的来说,该报告要求原产国确认其冲突矿物是否来自"刚果非冲突区",并且提供证据证明这一结论。②

然而,2011年12月2日联合国安理会报告说,多德-弗兰克法案的第1502节在刚果(金)增加了而不是减少了犯罪和冲突。前M23民兵的司令博斯科·恩塔甘达(Bosco Natganda)——他以前曾与刚果军战斗过并在2009年1月被"编组"到刚果军队——被维基百科确定为卢旺达图西族人,并且是1994年在基加利掌权的卢旺达爱国阵线的前成员③。该报告指责他完全控制了从刚果东部的戈马市到卢旺达的矿物走私,导致该地区在2011

---

① Letter dated 12 December 2013 from the Group of Experts on the Democratic Republic of the Congo addressed to the Chair of the Security Council Committee established pursuant to resolution 1533 (2004) concerning the Democratic Republic of the Congo The members of the Group of Experts on the Democratic Republic of the Congo had the honour to transmit the final report of the Group S/2013/433, prepared in pursuance of paragraph 5 of Security Council resolution 2078 (2012), http://www. securitycouncilreport. org/atf/cf/%7B65BFCF9B-6D27-4E9C-8CD3-CF6E4FF96FF9%7D/s_2013_433. pdf. 登录时间2014年1月5日。
② Melvin Ayogu and Zenia Lewis, "Conflict Minerals: An Assessment of the Dodd-Frank Act", *Brookings*, October 3, 2011, http://www. brookings. edu/research/opinions/2011/10/03-conflict-minerals-ayogu#. 登录时间2013年12月25日。
③ Ann Garrison, "UN on Congo: Dodd-Frank conflict minerals law increases conflict", *San Francisco BayView*, January 7, 2012, http://sfbayview. com/2012/u-n-on-congo-dodd-frank-conflict-minerals-law-increases-conflict/. 登录时间2013年12月25日。

年的走私量上升。① 正如美国作家安·加里松(Ann Garrison)总结,虽然美国立法旨在通过控制非法矿产贸易来减少在刚果(金)的致命冲突,但是它却起了反效果,进而事与愿违地——如之前联合国报告指出——使得此类贸易越发被民兵组织和国际犯罪网络所掌控。公司和产业团体的阻力导致国际贸易公司停止采购被认定为来自刚果(金)的矿物,从而增加了走私和武装冲突。②

此外,2014年3月一个由英国研究员本·拉德利领导、由瑞士政府资助的调查小组到访刚果东部,调查刚果(金)关于多德-弗兰克法案的看法。他们得出的结论是:多德-弗兰克法案在当地产生了负面的影响,包括:

(1) 欺诈和走私的增加——尤其是黄金的开采和非法销售更为容易;

(2) 很多以手工开采为生的家庭的生活条件恶化;

(3) 一些在多德-弗兰克法案颁布之前还是手工矿工的年轻人在法案颁布后因为缺乏其他生活来源成了民兵。该调查小组证明,基于当地的一些政治现状,情况比想象的更为复杂,而且美国所宣称的事实和在基伍当地的实际情况之间基本没有联系。③

另外,当作为奥巴马总统的顾问之一的凯斯·拉瓦尔(Kase Lawal)在试图从刚果东部走私矿物的时候被尴尬地当场抓获,其私人飞机被扣押,此事清楚地显示了多德-弗兰克法案的低效性。④

一些高科技公司(如 AMD 公司、苹果、戴尔、惠普、英特尔、微软和诺基亚……)宣布正在负起责任,通过无冲突冶炼厂项目(Conflict-Free Smelter Program, CFSP),在供应链涵盖采购自刚果(金)的冲突矿物这一问题上取

---

① Letter dated 29 November 2011 from the Chair of the Security Council Committee established pursuant to resolution 1533 (2004) concerning the Democratic Republic of the Congo addressed to the President of the Security Council, December 2, 2011, http://www.un.org/ga/search/view_doc.asp?symbol=S/2011/738. 登录时间 2013 年 12 月 25 日。

② Ann Garrison, "UN on Congo: Dodd-Frank conflict minerals law increases conflict", *San Francisco BayView*, January 7, 2012, http://sfbayview.com/2012/u-n-on-congo-dodd-frank-conflict-minerals-law-increases-conflict/. 登录时间 2013 年 12 月 25 日。

③ Trésor Kibangula, "RDC: les effets pervers de la 'loi Obama' au Kivu", *Jeune Afrique*, Mars 24, 2014, http://www.jeuneafrique.com/Article/ARTJAWEB20140324152627/. 登录时间 2014 年 4 月 20 日。

④ Denis Fitzgerald, "Congo News: How gold smuggling profits warlords not Congo", *Global Post*, February 7, 2012, http://www.globalpost.com/dispatch/news/regions/africa/120129/congo-news-gold-smuggling-kase-lawal-nba-star-dikembe-mutombo-bosco-ntaganda. 登录时间 2014 年 12 月 15 日。

得进展。这个项目由全球电子可持续发展推进协会(Global e-Sustainability Initiative,GeSI)以及电子行业公民联合(Electronic Industry Citizenship Coalition or EICC)总领,后者致力于使供应链对社会、环境和经济更加友好。三类主要的冲突矿物包括锡石、钶钽铁矿和钨锰铁矿,有时也缩写为"3T:Tin,Tantalum,and Tungsten",意指由它们衍生的锡、钽、钨金属。第四类冲突矿物是黄金。①

五、政策的总结

通过总结以上经验教训,笔者认为,通过以南斯拉夫和苏丹为蓝图来加快刚果(金)的内部崩溃和"巴尔干化"、分裂以及把刚果东部最终并入卢旺达、乌干达和布隆迪,美国扶植卢旺达和乌干达作为代理势力,后者又以他们派往刚果(金)的民兵作为代理人发动代理人战争。所以,这个政策的基本原则就是"创建民族矛盾和重划边界的代理战争"。同时,他们希望说服全世界:在刚果(金)发生的是内战或种族战争,而事实上并非如此。这是一场精心策划的,涉及美国军事、情报、智库、媒体和跨国公司的战争。

胡图人与图西人的战争仍在刚果(金)的土地上持续着,对刚果人民造成损害。如果美国不鼓励一个旨在寻求卢旺达政治问题解决方案的跨卢旺达对话,那么将没有办法保证在刚果(金)、卢旺达和广泛的非洲大湖地区的和平。这同样适用于乌干达。

在南苏丹,美国式体制的行事模式造成了对于美国信任的赤字,因为美国使南苏丹从苏丹分离的实验失败了。据美国非政府组织"和平基金会"2014年度失败国家指数,南苏丹一直位列世界上"最脆弱国家"之中。② 刚果人民已经了解了这种美国式体制的行事模式,并且通过强有力的抵抗来反对它。M23的军事失败恰好说明了一切。

---

① Nick Heath,"How Conflict Minerals Funded a War that Killed Millions", *TechRepublic*, April 14, 2014, http://www.techrepublic.com/article/how-conflict-minerals-funded-a-war-that-killed-millions/. 登录时间 2014年4月20日。
② Kendall Lawrence,"The World's Ten Most Fragile States in 2014", The Fund for Peace Fragile States Index 2014, published in June 24, 2014.

第三节　本章结论

在过去的17年中,刚果人民遭受着无以言说的痛苦,屠杀事件在这个国家到处发生:800万人死于非命,强奸被作为战争武器,矿产资源被系统性地掠夺,土地被强占。这一切都使得刚果(金)呈现出全球近年来以来最严重的人道主义灾难图景。① 然而,美国的两大刚果政策(即"奥巴马刚果法案"和"拯救刚果危机的南斯拉夫或苏丹式'解决方案'")才是刚果人民真正的梦魇。我们已成功证明了最初的立论前提是正确的,因为这两项政策以华丽的道德说辞掩盖了其真实的色彩。正如马哈茂德·曼达尼(Mahmood Mamdani)所认为的那样,刚果人道主义危机的背后,是若干来自当地、地区和全球的势力通过种种途径火中取栗。因此,"奥巴马刚果法案"代表的是"为一个由普遍性和特殊性利益构成的复合体服务的大国干预策略"。②

美国一面声称其有道德上的义务来拯救刚果人民脱离苦海,一面又在事实上宣称刚果人民唯有让美国对刚果(金)的自然资源予取予求才能得到拯救,即他们必须授受非洲司令部的摆布,必须接受国家疆界的更动,必须拒绝中国的援助,且必须拥抱美国的自由、人权、自由市场、民主政治等价值观。因此我们的结论是:这种人道主义干预的目标毫无人道主义色彩。刚果人民当然需要摆脱压迫获得自由,但有条件的自由(尤其是曾经的征服者强加的自由)无疑是被上了枷锁的自由。

在分析这四项美国对刚果(金)的政策之后,显而易见的是,美国在刚果(金)推行巴尔干化的常用手段便是制造机会主义的代理战争。为维护其在非洲大湖地区的利益,美国采取了无条件支持乌干达穆塞维尼政权和卢旺达卡加梅政权的策略,以便使卢旺达以牺牲刚果(金)的和平、稳定与发展为

---

① Stephen Gowans, "Faith in UN Intervention in Darfur Misplaced", *Global Research*, August 10, 2007, http://www.global research.ca/faith-in-un-intervention-in-darfur-misplaced/6500. 登录时间2015年2月4日。
② "Humanitarian Intervention: A Forum", *Global Policy Forum* (GPF), July 14, 2003, https://www.globalpolicy.org/component/content/article/154/26032.html. 登录时间2015年2月4日。

代价从大屠杀的创伤中复苏(美国和卡加梅最早让卢旺达大屠杀发生)。①中国古代有一个故事叫"狐假虎威",卢旺达就是那只借用老虎的力量来恐吓其他动物的狐狸——通过炫耀它强有力的社会关系来欺负或威胁其他国家,但这能持续多久呢?

讽刺的是,美国在非洲的目标包括加强民主制度(2009年7月,奥巴马总统在加纳议会演讲时称,"非洲不需要强人,需要强大的机构",同时却支持非洲的威权领导人,如卢旺达总统卡加梅和乌干达总统穆塞韦尼,维护美国在非洲的利益)。②

我们赞同丹尼尔·多诺万(Daniel Donovan)的结论:"在卢旺达人彻底放下种族灭绝的罪恶并找到一些表面上的民族和谐之前,这个国家作为一个整体很容易重燃血腥的内战并再现恐怖的屠杀。现在,卡加梅的西方盟友必须明白的是,用铁腕统治国家并攻击对手和邻国的行为就像一个犯罪组织的勾当,都与建立民主的理想完全背道而驰。只要不停止非法谋杀和资助邻国叛乱的行为,卢旺达就不能被视作非洲的宠儿。如果什么都不做,那么那些支持这种行为的人必须为接下来的卢旺达内战负责。"③

刚果人民是反对国家的巴尔干化的。虽然事实上已有数百万刚果人丧命,但美国在刚果犯下的所有战争罪行和反人类罪行都已经被刚果(金)的人权部门记录在案。④ 刚果人民需要的是发展、经济增长、和平、稳定、一种免责文化的结果以及正义;如果没有一个有效的和负责任的政权的话,这些将无法在他们的国家得以落实。

在下一章我们将会从历史的角度研究:是否存在某些对刚果内部因素

---

① 屠杀无可争议的目击者——加拿大罗密欧·达赖尔将军是联合国部队的统帅。2003年12月10日,他在接受法国日报的时候说道:"卡加梅和他的卢旺达爱国阵线(RPF)对于停止屠杀根本不在意。他们最在意的是获得政权。"当时正值卢旺达大屠杀10周年纪念日。达赖尔将军说,他正要赶往卢旺达,而这也正是他与卡加梅总统商讨的问题之一。也许笔者不会再次跟达赖尔将军见面,希望本文能提供一些答案。
② 陈积敏、罗建波:《奥巴马政府对非外交评析》,《现代国际关系》2013年第3期,第29—35页。
③ Daniel Donovan, "Paul Kagame's Iron Fist Could Rekindle Rwandan Civil War", *USNews*, January 10, 2014, http://www. usnews. com/opinion/blogs/world-report/2014/01/10/kagames-iron-fist-could-rekindle-rwandan-civil-war. 登录时间 2014年1月6日。
④ Ministère des Droits Humains, Cabinet du Ministre, *Livre Blanc sur les violations massive des droits de l'homme et des règles de base du droit international humanitaire par les agresseurs (Ouganda, Rwanda, Burundi à l'est de la RDC*, Décembre1998, http://repositories. lib. utexas. edu/bitstream/handle/2152/4523/3623. pdf? sequence=1. 登录时间 2014年4月28日。

产生了主要作用的外部因素？换言之，我们希望探究：本章中分析的美国的四项"干预主义政策"是否已经改变了刚果（金）的国家性质、其利益相关者和掌权者，以及在此过程中刚果（金）产生了何种领导机制。我们的研究将围绕以下两个问题：

一、是刚果（金）的外部因素决定了内部因素，还是相反？

二、是否应由外部因素（以我们已分析过的这四项政策为代表）单方面地对刚果问题负责？

第四章 美国的刚果(金)政策与刚果(金)政治制度的相关性(1982—2014)

刚果(金)是世界上最富有的国家之一,在各个领域,包括在科学领域,刚果精英不缺乏技能或专业知识。然而,刚果人民继续生活在苦难和社会剥夺中(低收入、水电缺乏、糟糕的教育与福利措施、自然灾害以及基础设施缺乏),他们渴望更自由、更繁荣的愿望被压制了。国家的性质,包括其合法性,必须由其本质定义:良好的治理、有力的领导和能成功满足人民需求。① 这意味着,政治制度必须是法治而非人治。法治意味着,即使这个国家的最高权力机构也应遵守法律。法治和政治问责是分不开的。在政治问责下,统治者要对人民的利益负责,而不只是为自己的利益统治,即使用国家作为一种手段来服务自己和家人。② 然而,在2013年联合国开发计划署发布的"人类发展指数"中刚果(金)排名靠后(187)。③在2012年透明国际清廉指数中,刚果(金)在176个国家中排名160。④在2012年世界银行的"商业活动"项目,刚果(金)也被评为世界上最难做生意的国家的第六名。⑤

然而,为了更好地实施解决刚果危机的方案,首先必须对刚果(金)的情

---

① Zhang Weiwei, "Meritocracy Versus Democracy", *Centre for Geopolitical Analysis*, September 11, 2012, http://icmu.nyc.gr/Meritocracy-Versus-Democracy. 登录时间2015年5月12日。
② Zhang Weiwei, "The China Model: A Dialogue between Francis Fukuyama and Zhang Weiwei", *Non-Profit Quaterly* (NPQ), Vol. 28. No. 4, Fall 2011, pp. 1-22.
③ United Nations Development Program (UNDP), "The Rise of the South: Human Progress in a Diverse World", *Human Development Report 2013*, http://hdr.undp.org/en/2013-report. 登录时间2014年10月5日。
④ Transparency International: Corruption Perceptions Index 2012, http://www.transparency.org/cpi2012/results. 登录时间2014年10月5日。
⑤ The World Bank/International Finance Corporation, "Doing Business in a more transparent world", *Doing 2012 Report*, http://www.doing business.org/~/media/GIAWB/Doing%20Business/Documents/Annual-Reports/English/DB12-Full Report.pdf. 登录时间2015年3月19日。

况,以及西方列强的政策对非洲国家体制的影响进行严格的审查。这是因为对非洲国家性质的争论是以欧洲为中心的理论主导,包括罗杰·斯克鲁顿(Roger Scruton)根据国际法中国家的定义①,马克斯·韦伯(Max Weber)的国家社会学的定义②,以及克里斯托弗·克拉彭(Christopher Clapham)③和迈克尔·内斯(Michael Nest)④基于由民众和其他政体认同其政治力量的国家的定义。

更普遍的情况下,争论点是非洲后殖民国家的性质,其特点是专制、裙带关系、管理不善、行政无能,并且未能提供一个可持续的和经济上切实可行的替代殖民模式的方案。

克劳福德·杨(Crawford Young)认为非洲国家的分裂不应责备于殖民者的遗留,因为被殖民国已被移入家长制独裁统治,并已经严重地侵蚀了许多非洲政体的"国家能力"或"国家性"。⑤因此,非洲国家目前遇到的问题必须从历史语境中脱离。

一些非洲学者(所谓的"Internalists"或"内因论者"),如乔治斯·阿耶提(Georges Ayittey),哀叹统治精英和贫穷的、无依无靠的普通民众之间的贫富差距。他们认为应该是非洲领导人为他们的国家的严峻局势负责而不是殖民主义。对他们来说,非洲领导人应该为这种危机负责。⑥这一学派的主要支持者认为非洲领导人已经背叛了他们的人民。⑦另一个"内因论者"安姆贝·恩乔伊(Ambe Njoh)认为,非洲的后殖民时代国家没有很好管理殖民地的政治、经济、社会、文化、思想、教育和行政遗产以改善人民的生活

---

① Roger Scruton, *A Dictionary of Political Thought*. London: Macmillan General Books, 1996, p. 528.
② Bernard E. Brown, *Comparative Politics: Notes and Readings*. Forth Worth, Texas: Harcourt Publishers, 2000, pp. 146–150.
③ Christopher Clapham, *Africa and the International System: the politics of state survival*. Cambridge: Cambridge University Press, 1996.
④ Michael Nest, "The Evolution of a Fragmented Sate: The Case of the Democratic Republic of Congo", New York University: *International Centre for Advanced Studies*, Working Paper, 2002, p. 5.
⑤ Crawford Young, "The end of the post-colonial state in Africa? Reflections on changing African political dynamics", *African Affairs*, Vol. 103, No. 410, 2004, pp. 23–49.
⑥ Mutumwa D. Mawere,"Defining the role of the state in post-colonial Africa", *New Zimbabwe*, December 11, 2009, http://www.newzimbabwe.com/pages/mawere102.17151.html. 登录时间 2014 年 10 月 5 日。
⑦ George Ayittey, *Africa Betrayed*. New York: Palgrave Macmillan, 1993.

水平。①

格兰·海登(Göran Hyden)在阿耶提的基础上谴责所谓的非洲"亲情经济",即看不见的新世袭的微观经济网络,如果被允许渗透社会,将逐渐拖垮宏观经济结构,并最终破坏整个系统。由于陷入由情感关系、权力寻租或裙带关系实施的再分配活动等很多诸如此类的推断,国家一直未能提供资本家需要的官僚秩序和可预测性来从事长期投资。②

然而,由于全球议程、当前全球系统的经济和政治关系仍由非洲大陆前殖民大国主导③,对西方的对非洲政策的关键检查是必要的。这种关键检查可以挑战乔治斯·阿耶提和其他"内因论者"对非洲不发达状态的指责,因为他们单方面一直有的相对应的说法是"非洲腐败国家的不足"。

另一些非洲学者(所谓的"externalists"或"外因论者")认为,非洲政治、经济和社会危机是由非洲大陆以外的力量和因素所致,如奴隶贸易、殖民主义、新殖民主义和帝国主义。这些都导致了非洲传统社会秩序的瓦解。其他不利于非洲的外部因素包括不公平的国际政治经济秩序、西方跨国公司的剥削、外国援助的短缺、国际货币基金组织和世界银行的新自由主义政策、外债、对西方的贸易和经济依赖、冷战阴谋、政治动荡、西方的政治控制等等。④

据乔伊·阿松阿祖·阿勒曼雄(Joy Asongazoh Alemazung)说,除了经济不平衡(西方利润损害非洲)以外,殖民主义阻碍了非洲的社会、文化、政治和经济的发展。从殖民主义的影响以及非洲与西方国家之间随后的关系中已经看出,非洲自从独立后,政治和经济繁荣的希望转变成了绝望,并且对西方更加依赖。即使西方对非洲进行有条件的援助,试图帮助非洲摆脱贫困和不发达的状况,但由于其背后的经济利益和自私的非洲国家领导人

---

① Ambe J. Njoh, "The impact of colonial heritage on development in Sub-Sharan Africa", *Social Indicators Research*, Vol. 52, No. 2, 2000, pp. 161-178.
② Göran Hyden, *No Shortcuts to Progress: African Development Management in Perspective*. London: Heinemann, 1983, p. 21.
③ Mutumwa D. Mawere, "Defining the role of the state in post-colonial Africa", *New Zimbalowe*, December 11, 2009.
④ Ali Mazrui, *The Africans: A Triple Heritage*. London: BBC Books, 1987.

之间的共谋,已经导致了相反的结果。①

随着20世纪80年代经济部门的私有化浪潮和90年代的市场化改革,非洲的不平等和贫富差距扩大,新阶级关系出现了,平等机会仍然是一个白日梦。②

国际货币基金组织的"结构性调整计划"使非洲国家重新陷入某种"委托人与保护者之间的关系安排",如加蓬和非洲其他前法国殖民地在一个新殖民主义的框架内一直与法国保持着紧密关系。③

例如,安全方面,法国及其所有的前非洲殖民地达成了一个未发表的特殊协议,授予法国"维护社会治安秩序"的权利。④在经济方面,中非法郎(Franc CFA)⑤,即西非八个独立的国家的货币仍然是由法国财政部控制。⑥这就是为什么非洲货币联盟计划一直受到法国的批评。⑦在科特迪瓦,经济体的大部分仍牢牢掌握在法国公司的手中(那里的总统府、议会大厦仍是法国政府的私有财产。科特迪瓦目前还只是一个租客,实际上是在对法国支付租金)。⑧非洲仍然是许多西方国家的生命线,尤其是法国。法国总统雅克·希拉克承认,"没有非洲,法国将下滑到第三[世界]权力的等级"。⑨在1957年,希拉克的前任弗朗索瓦·密特朗已经预言:"没有非洲,法国在21

---

① Joy Asongazoh Alemazung, "Post-Colonial Colonialism: An Analysis of International Factors andActors Marring African Socio-Economic and Political Development", *The Journal of Pan African Studies*, Vol. 3, No. 10, September 2010, pp. 62 – 84.

② Issa Shivji, "The State in the Dominated Social Formation of Africa: Some Theoretical Issues", *International Social Science Journal*, Vol. 32, NO. 4, 1980, pp. 730 – 742.

③ David Gardinier, "France and Gabon since 1993: The Reshaping of a Neo-Colonial Relationship", *Journal of Contemporary African Studies*, Vol. 18, No. 2, 2000, pp. 225 – 242.

④ Stewart Smith, *U. S. Neocolonialism in Africa*. New York: International Publishers, 1974, p. 156.

⑤ CFA表示在非洲中部金融合作 或 "Coopération Financière en Afrique central"(法语)或 "Financial Cooperation in Central Africa"(英语)。

⑥ Gary Busch, "Consensual Rape in Francafrique Currency Markets", *ThinkAfricaPress*, November 25, 2011, http://thinkafricapress.com/economy/consensual-rape-francafrique-currency-markets . 登录时间2014年5月26日。

⑦ Jennifer Wells, "African Monetary Union Stirs Criticism of France", *Business Week*, April 18, 2014, http://www.businessweek.com/articles/2014 – 04 – 17/african-monetary-union-stirs-criticism-of-france. 登录时间2014年10月7日。

⑧ Gary Busch, "The empire strikes back: France and the Ivory Coast", *Pambazuka News*, January 5, 2011, http://pambazuka.org/en/category/features/69808. 登录时间2014年5月26日。

⑨ Philippe Leymarie, "Résistances africaines", *Manière de voir*, No. 79, février-mars 2008.

世纪将没有未来。"①正如在2012年10月法国国防报告指出,非洲人民的泛非主义框架内的团结被法国认为是"对西方在非洲的利益有威胁的"。②英国和其前非洲殖民地之间的"联合体的安排"仍然是一个"非联邦的俱乐部"。

非洲国家独立经常意味着从殖民地到联邦、法语国家经济共同体、葡语国家经济共同体、货币联盟与前殖民大国等的嬗变,所以殖民政府制度安排被维护了。③ 对大多数非洲国家来说,政治独立并不意味着经济独立,其经济仍然依赖于原材料的出口,只能从商品在世界市场上的价格波动中得到微小的经济收益。非洲没有自己的技术来改造自己的资源,创造就业机会和市场。所以说非洲国家容易受到西方列强的政策影响,通过资源战争被剥夺,并巴尔干化。

约翰·伊固尾(John Igué)认为,从一开始非洲独立领导人面临的主要障碍是1960—1990年之间的冷战。非洲被夹在东西方对峙的中间,寻找一个自主的发展模式。民族主义狂热者认为只有在东方流行的左翼意识形态能帮助他们脱离西方人的控制。④

因为资本主义与殖民主义的本质是相同的,且一样邪恶和具有剥削性质,⑤几乎所有领导非洲独立的政党都是持马列主义的意识形态立场,他们将它更名为基于传统、平等和民主的社区公共所有权和生产的道德价值的"非洲社会主义"(不过,非洲社会主义变成"瑞士银行的社会主义")⑥,作为手段从殖民主义来实现真正的政治独立和在泛非主义的基础上团结非洲⑦:塞内加尔的非洲独立党、1946年成立于巴马科的马里的非洲民主联盟(有着

---

① François Mitterrand, *Présence française et abandon*. Paris: Plon, 1957.
② Theophile Kouamouo, "Chilling report by the French Ministry of Defense: Nationalism and Pan-Africanism presented as 'threats' to Western countries", *Le Nouveau Courrier Online*, October 18, 2012, http://www.biyokulule.com/view_content.php? articleid=5301. 登录时间2013年6月1日。
③ Ali. Mazrui, "Who killed Democracy in Africa? Clues of the Past, Concerns of the Future?" In *Development Policy Management Network Bulletin*, Vol. 9, NO. 1, 2002, pp. 15-23.
④ John O. Igué, "A New Generation of Leaders in Africa: What Issues Do They Face?" *International Development Policy*, Issue 1, 2010, pp. 115-133.
⑤ George Ayittey, "The End of African Socialism?" *The Heritage Foundation Lecture*, May 1, 1990.
⑥ George Ayittey, *Defeating Dictators: Fighting Tyranny in Africa and Around the World*. New York: Palgrave Macmillan, 2011.
⑦ William. H. Friedland, "Basic Social Trends of African Socialism." *In African Socialism*, eds. H. William Friedland, and G. Carl Rosberg. Stanford: Stanford University Press, 1965, pp. 15-34. 另见: Oseni T. Afisi, "Human Nature in Marxism-Leninism and African Socialism." *Thought and Practice: A Journal of the Philosophical Association of Kenya*, Vol 1, NO. 2, 2009, pp. 25-40.

名成员如在科特迪瓦的费利克斯·乌弗埃·博瓦尼、几内亚的艾哈迈德·塞古·杜尔和在马里的莫迪博·凯塔）、尼日利亚由奥巴费米·阿沃洛沃酋长（Chief Obafemi Awolowo）成立的行动组政党、加纳由夸梅·恩克鲁玛成立的人民大会党、肯尼亚由乔莫·肯雅塔成立的茅茅政治运动等等。①

坦桑尼亚独立运动领袖尤利乌斯·尼雷尔发起了他的"乌贾马运动"（斯瓦希里语的"大家庭"，是一种农村社会主义组织形式，于20世纪60年代开始推行）。② 在他的"乌贾马计划"下，他把现代社会主义建立在非洲的传统大家庭和社区上。③事实上，哈比卜·布尔吉巴（突尼斯）和加梅尔·阿卜杜勒·纳赛尔（埃及），甚至摩洛哥的国王，都对非洲自由战士训练提供了巨大的帮助，并用他们在阿尔及利亚独立战争时的经验帮助训练他们在民族解放阵线的阿拉伯兄弟。④

由于殖民"分而治之"的旧策略，很长时间之后，法国通过与费利克斯·乌弗埃·博瓦尼（Félix Houphouët-Boigny）联系起来，成功地分裂了非洲民主联盟，这给了统一的左翼行动重重一拳。这些领导人在关于非洲未来的基本问题上是严重分裂的。一方面，卡萨布兰卡集团，有国王穆罕默德五世（King Mohammed V）和他的继任者哈桑二世（Hassan II）的，并汇聚了亲西方的如科特迪瓦的费利克斯·乌弗埃·博瓦尼、塞内加尔的列奥波尔德·塞达·桑戈尔（Léopold Sédar Senghor）和喀麦隆的阿马杜·阿希乔（Amadou Ahidjo）。在另一边，加纳的夸梅·恩克鲁玛（Kwame Nkrumah）、几内亚的艾哈迈德·塞古·杜尔（Ahmed Sékou Touré）和利比里亚的威廉·理查德·托尔伯特（William Richard Tolbert）等热心的对立学说的支持者，创造了蒙罗维亚集团。在这些相互冲突的集团之间存在无偏见的参

---

① John O. Igué, "A New Generation of Leaders in Africa: What Issues Do They Face?" *International Development Policy*, Issue 1, 2010, pp. 115-133.
② Gie Goris, "Africa must control its own wealth", Interview given by Madaraka Nyerere, son of the legendary first president of Tanzania, *Mundiaal Nieuws*, June 28, 2013, http://www.mo.be/en/article/africa-must-control-its-own-wealth. 登录时间2014年5月26日。
③ Bonny Ibhawoh and J. I. Dibua, "Deconstructing Ujamaa: The Legacy of Julius Nyerere in the Quest for Social and Economic Development in Africa", *African Journal of Political Science*, Vol. 8, No. 1, 2003, pp. 59-83.
④ Cameron Duodu, "Face to face with the Congo", *Pambazuka News*, Part 2, Issue 535, June 16, 2011, http://www.pambazuka.org/en/category/features/74111/print. 登录时间2014年6月12日。

与者,如前达荷美现在被称为贝宁的苏鲁·米泔·阿皮蒂(Sourou Migan Apithy)、尼日利亚的本杰明·纳姆迪·阿齐克韦(Benjamin Nnamdi Azikiwe)、之前为上沃尔特现名为布基纳法索的阿布巴卡尔·桑古勒·拉米扎纳(Aboubacar Sangoulé Lamizana)和乍得的恩加尔塔·托姆巴巴耶(Ngarta Tombalbaye)。①

正是在这些思想差异的背景下,在1963年,非洲统一组织(非统组织)成立于亚的斯亚贝巴。非洲统一组织的目的是从非洲大陆完全根除殖民主义。泛非主义成为一个必要条件,以更好地应对非洲的巴尔干化的风险。泛非主义是一场政治运动,其目的是争取拥有非洲文明的国家和具有非洲血统的人民统一的运动。泛非主义和黑人文化认同紧密关联。黑人文化认同是一种使命性的文化运动,只要有黑人的地方,就需要重新建立非洲人民的历史和文化价值,以及寻求黑色人种的文化统一的认同。② 夸梅·恩克鲁玛(独立加纳第一任总统)是泛非主义和非洲统一主要支持者③,就像列奥波尔德·塞达·桑戈尔(独立塞内加尔第一任总统)是黑人文化认同主要支持者。这些不同的倾向也影响了知识精英和领导者的培训,直到1970年军政府时代的到来,把自己转变为政治的代理人。④

比如,在1952—1990之间有71次在非洲的军事政变,导致推翻在非洲大陆的60%国家的政府。在53个非洲国家之中,只有20个自独立以来没有经历军事政变。尼日利亚、布基纳法索和贝宁有6次军事政变。同时,加纳、塞拉利昂和苏丹过5次军事政变。这些政变、种族战争和内战,表明弱势政府组织的存在。它对暴力缺乏约束力。⑤

20世纪70年代的石油危机和80年代的债务危机造成了普遍的经济衰退、高债务水平,为了减少政府在经济中扮演的角色,鼓励自由市场改革所

---

① John O. Igué, "A New Generation of Leaders in Africa: What Issues Do They Face?" *International Development Policy*, Issue 1, 2010, pp. 115 - 133.
② Kwame Nkrumah, *I Speak of Freedom: A Statement of African Ideology*. London: William Heinemann Ltd, 1961, p. 5.
③ Aremu Johnson Olaosebikan, "Kwame Nkrumah and the proposed African common government", *African Journal of Political Science and International Relations*, April 2011, Vol. 5, NO. 4, pp. 218 - 228.
④ John O. Igué,同上①。另见: Ali. Mazrui, "Who killed Democracy in Africa? Clues of the Past, Concerns of the Future." In *Development Policy Management Network Bulletin*, Vol. 9, NO. 1, 2002, pp. 15 - 23.
⑤ Alex Thomson, *An introduction to African politics*. 2nd ed. London: Routledge, 2004, p. 131.

做的结构性调整计划,以及冷战后的现实(单边主义)……所有这些因素迫使许多非洲国家包括社会主义国家如坦桑尼亚,采取新自由主义政策(资本主义国家的自由市场经济政策)。①

很清楚的是,分析非洲殖民国家的失败,对非洲政治决策者的几个矛盾和腐败堕落的影响时必须考虑这一点:大国的持久霸权和由国际货币基金组织、世界银行代表的国际金融资本,同时还必须考虑非洲主要自然资源(石油、黄金、钻石、铀、钶钽铁矿、木材等)的经济利害关系。②巴德·奥尼莫德认为,当前经济全球化的趋势只会进一步破坏非洲经济体在国际资本主义体系内的作用,因为经济全球化和新的世界秩序无法提供解决非洲欠发达的问题的方法。③1998 年,世界前三名亿万富翁的资产超过了所有最不发达国家和其 6 亿人民 GNP 的总和。④

虽然国际环境可能不利于非洲的发展,但是领导人可以做出选择。一方面,非洲有一些屈服于外国的领导人,这是乔治·恩荣格拉·恩塔拉耶(Georges Nzongola-Ntalaja)称之为"一个小核心和可靠的非洲精英,依靠欧洲和美国的统治阶级保留他们在非洲的长远利益"。⑤另一方面,非洲也有一些不屈服的领导人。这就是为什么非洲后殖民国家和非洲的政治精英被"权力合法性的两个来源"搞得四分五裂:即使非洲为了参与西方的战略利益必须从西方权力中获得选举现任政府的合法性——或通过承诺即使是在野党仍然服务西方战略利益——否则西方列强将强行赶他们下台。⑥

---

① Okwudiba Nnoli, *Self-Reliance and Foreign Policy in Tanzania: The Dynamics of theDiplomacy of a New State*. New York: NOK Publishers, 1978, p. 375.
② John O. Igué, "A New Generation of Leaders in Africa: What Issues Do They Face?" *International Development Policy*, Issue 1, 2010, pp. 115 – 133.
③ Bade Onimode, *A Political Economy of the African Crisis*. London & Atlantic Highlands, NJ: Zed Books & the Institute for African Alternatives,1988. 另见: Bade Onimode (ed), *The IMF, the World Bank and the African Debt: the social and political impact*. London: Zed Books, 1989.
④ United Nations Development Programme: Human Development Report – 1998. Making new technologies work for human development UNDP, Oxford, 1999, pp. 1 – 6.
⑤ Georges Nzongola-Ntalaja, "The Role of Intellectuals in the Struggle for Democracy, Peace and Reconstruction in Africa: Presidential Address delivered at the 11th Biennial Congress of the African Association of Political Science (A APS) in Durban, South Africa, June 23 – 26, 1997", *African Journal of Political Science*, 1997, Vol. 2 No. 2, 1 – 14.
⑥ Antoine Roger Lokongo, "The distorted democracy in Africa: Examining the cases of South Africa, Libya and Ivory Coast", *International Critical Thought*, Vol. 2, No. 2, June 2012, pp. 209 – 227.

这是笔者使用"借来的国家合法性"来表达在非洲后殖民国家合法性的外源性的和进口性的性质的原因。这一"借来的国家合法性"概念是由克劳福德·杨支持的,他认为在非洲的后殖民国家只是殖民国家的一份机构模型、实践、历程和心态。①也就是说,为了巩固自己的权力,后殖民时代的非洲领导人重现从殖民国家借用的相同的在政治上和在经济上霸权的"手法"。在非洲,有类似于殖民地政治制度和规范的权威以至于很难看到非殖民化进程和新殖民主义的区别。无怪乎阿喀琉斯克拉·姆边贝(Achilles Mbembe)称非洲后殖民国为"模仿"的殖民国。② 皮埃尔·昂格勒贝(Pierre Englebert)认为,"它既没有非洲的特征也没有国家的特征"。③ 此外,威廉·雷诺(William Reno)认为当代非洲国家是欧洲干预的产物。现在普遍的非洲国家政治组织形式是来自欧洲腹地。④

这意味着,在非洲国家一个新的、伴随着殖民主义的发展过程的出现。其特点是霸权和专制统治、家产制(使用国家资源来追求一个政治和私人目的的权力最大化)⑤、暴力、恐怖、残暴的军事武力、种族压迫、贪婪、掠夺性的强迫劳动,都是财富积累的方法。⑥

用"布拉马塔迪"("Bula Matari")的想法理解比利时国王利奥波德统治刚果时的殖民主义,是一个特例。从利奥波德维尔(今金沙萨)到马塔迪(在大西洋海岸)的220英里的铁路建设必须打通沿途险峻的岩石。英国探险家采纳了美国亨利·莫顿·坦利(Henri Morton Stanley)曾对他上司利奥波德国王说的话:"没有这样的铁路,刚果(金)作为一个殖民地就不值一文。"在当地刚果语,破碎岩石意为"Kubula Matadi"。国王利奥波德的刚果自由邦(1885—1908年)和对刚果人民统治的权重,是被当地人称为"布拉马塔迪"

---

① Crawford Young, "The end of the post-colonial state in Africa? Reflections on changing African political dynamics", *African Affairs*, Vol. 103, No. 410, 2004, pp. 23-49.
② Achille Mbembe, "Provisional Notes on the Postcolony", *Africa*, Vol. 62, No. 1, 1992, pp. 3-37.
③ Pierre Englebert, "The contemporary African state: neither African nor state", *Third World Quarterly*, Vol. 18, No 4, 1997, pp 767-775.
④ William Reno, "African Conflicts, Colonialism and Contemporary intervention", *Africa Quarterly*, *Indian Journal of African Affairs*, Vol. 43, No. 4, 2004, pp. 25-36.
⑤ Pierre Englebert, "Pre-Colonial Institutions, Post-Colonial States, and Economic Development in Tropical Africa", *Political Research Quarterly*, Vol. 53, No. 1, 2000, pp. 7-36.
⑥ Crawford Young, *The African Colonial State in Comparative Perspective*. New Haven: Yale Univ. Press, 1994.

("Bula Matadi"),或在西方书籍上被错误地称为"布拉马塔里"(Bula Matari)(意为岩石的破碎者)。那时,刚果群众用它来描述刚果国家,到今天仍然被作为刚果国家称呼。①

本章的目的是提供关于非洲国家的新理论,即"在非洲冷战后的国家就是西方列强在非洲的政策的产物",因此它的"破产"正如皮埃尔·格勒贝所说,"它们是没有权力与能力的国家"。②多位分析专家得出的结论是,刚果(金)是这样的"没有权力与能力的国家",因为刚果统治精英喜欢永远依赖西方,并享受西方的监护。

本章将提供一个批判性的分析,分析刚果(金)四种政治体制的关联,它们是美国于1982—2014年期间在刚果(金)的四种政策(为地缘战略、需求和资本积累)引致的。本章将调查这些政策如何塑造了在刚果(金)的权威和治理形式。事实上,麦克斯·吕普克(Max Halupka)和卡桑德拉·塔(Cassandra Star)认为,在非洲,没有外部力量的支持,国家主权不能维持下去。③

本章将分析刚果(金)曾经历过的各种形式的国家(1982—2014年),找出它们的共同趋势,唯此我们才能找到解决"刚果问题"的新方法。正如在导言中所言,本章将详细地分析美国对刚果(金)采取的四个主要政策如何塑造了蒙博托政权、老卡比拉的政权和小卡比拉政权,以符合美国的利益。

由于领导者主要是被他们所生活的时代所影响,本章将说明这些政权如何适应了美国对刚果(金)采取的四个主要政策,并识别它们的性质,即:政变、革命、军阀统治和民主。使用"地缘政治和经济战略动态分析"来调查这些权力关系,可以帮助回答我们的研究问题,那就是:美国利益与刚果(金)资源战争关系研究。

---

① Adam Hochschild, *King Leopold's Ghost*. London: Papermac/Macmillan Publishing Ltd, 2000, pp. 170 - 171.
② Pierre Englebert, "Pre-Colonial Institutions, Post-Colonial States, and Economic Development in Tropical Africa", *Political Research Quarterly*, Vol. 53, No. 1, 2000, pp. 7 - 36.
③ Max Halupka and Cassandra Star, "Maintaining Sovereignty in Africa: The Role of External Forces in Warlord States", *The Australasian Review of African Studies* (ARAS), Vol. 33 No. 2 December 2012, pp. 73 - 95.

第一节 "钴：政策方案和战略矿产"与蒙博托政权

首先，要提供一些历史背景，用以阐明"钴：政策方案和战略矿产"策略如何在经济上和政治上对塑造蒙博托政权的性质和特点起到了直接的作用（提供事实）。

一、在经济方面

在中央情报局帮助蒙博托对帕特里斯·卢蒙巴（Patrice Lumumba）政府进行政变夺权之后，美国在蒙博托的办公室立即成立了一个军事和经济顾问团队（包括训练、武器装备以及对军队的金钱援助）。[①]这样一个顾问团队的作用是帮助蒙博托打破比利时对刚果（金）采矿业的束缚，从而有利于美国利益。1964—1968年美国题为《刚果（金）：1960—1968年》的对外关系报告，第23卷579号说："蒙博托将继续关注美国重要的军事和经济援助，除非美国的援助被切断，他都会把美国作为他的主要外国支持者。"[②]

斯图尔特·史密斯（Stewart Smith）写道，虽然在殖民时期，美国的金融集团，如美国银行、洛克菲勒和摩根在刚果（金）已经持有强势地位，但它仍然很难撬动根深蒂固的比利时金融产业和政府的利益。因此，在金沙萨的美国的政治和金融影响自然地集中在联合矿业，也被称为上加丹加的联合矿业，即在加丹加经营的和总部设在布鲁塞尔的比利时矿业公司的控制权。1967年，约瑟夫·蒙博托在两年后完全控制权力，美国建议蒙博托进行上加丹加的联合矿业的矿场国有化。[③]

事实上，蒙博托政府与比利时在联合矿业的利益问题解决的法律架构师，是美国政府的律师——肯尼迪总统的原特别助理和演讲稿写笔者西奥多·索伦森（Theodore Sorenson），他也是联合矿业在1969年9月的继任公司，即刚果（金）或前扎伊尔通用矿业公司（Gécomines：Générale Congolaise des Mines or GECOMIN：General Congolese Ore Company）的法律架构师。

[①③] Stewart Smith, U. S. Neocolonialism in Africa, New York：International Publishers, 1974, p. 168.
[②] U. S. Departement of State：Office of the Historian. Foreign Relations of the United States, 1964 - 1968, Volume XXIII, Congo, 1960 - 1968, Document 579, Washington, September 27, 1968.

目前,该公司被称为刚果国有矿业公司采矿总会(Gécamines:Générale des Carrières et des Mines)。①

据斯图尔特·史密斯,经过复杂的利益交换,在本质上给了金沙萨控股地位,使其拥有新公司的25%股份后,合约达成。大约40%的股票提供给公众,美国金融集团被认为能买到很多。前联合矿业业主有权得到所有的铜、钴、工业用钻石的刚果(金)或前扎伊尔通用矿业公司在15年期间所产生的价值和其他矿物质的6%的补偿(生产总值的1%作为技术合作报酬)。这种付款的保证由委托刚果(金)或前扎伊尔通用矿业公司输出的营销给比利时的通用矿产公司(Société Générale des Minerais or SGM),后者是之前获得过比利时控股权的比利时通用矿产公司(Société Générale de Belgique or SGB)的子公司。②

对于蒙博托时代大部分时间,扎伊尔是世界顶级的钴生产商,世界五大铜产国(非洲第四大铜出口国)和工业钻石(第二大产工业钻石国)出口地之一。③美国不产生任何钴。美国矿业公司被保证自由地接近刚果(金)的矿产财富,甚至造成美国政府钴库存过满了。事实上,1967—1976年,美国政府开始出售大量库存的钴。④ 1964—1968年美国题为《刚果(金):1960—1968年》的对外关系报告第23卷编579号说,"也许,在刚果经济形势的亮点是从加丹加持续高输出的铜、锌和钴"。这些矿物的出口量一直保持在独立前的水平;事实上,在1967年铜的出口超过了1959年的并正在上升。加丹加矿物占所有刚果(金)出口价值约80%。来自矿物的收入占据了政府收入的一半。⑤

在1970年代和1980年代初,扎伊尔出口的60%都是由刚果国有矿业

---

① Stewart Smith, U. S. Neocolonialism in Africa, New York: International Publishers, 1974, p. 168.
② Ibid.
③ Sandra W. Meditz and Tim Merrill (eds.), Zaire: A Country Study. Fourth Edition. Washington: Federal Research Division, Library of Congress. 1994.
④ Kim B. Shedd, "Cobalt", U. S. Geological Survey (USGS), July 21, 2010, http://minerals.usgs.gov/minerals/pubs/commodity/cobalt/210798.pdf. 登录时间2014年9月13日。
⑤ U. S. Deparetment of State: Office of the Historian. Foreign Relations of the United States, 1964 - 1968, Volume XXIII, Congo, 1960 - 1968, Document 579, Washington, September 27, 1968.

公司采矿总会生产的铜。其他矿业公司占 20%。①

然而，在 1970 年代末，"钴危机"爆发。一系列事件导致了钴供应担忧，并且使得钴价快速增长至每磅 40 美元以上。导致这一"钴危机"的关键因素和事件包括：

(1) 在 1976 年，由于在刚果(金)的反叛活动，美国政府停止出售其储备的钴；

(2) 在 1977 年和 1978 年，在钴和铜储量丰富的加丹加省(当时沙巴)发生的叛军入侵突然打断了扎伊尔的钴和铜的出口；②

(3) 此外，支持加丹加叛军的安哥拉关闭了作为扎伊尔的铜和钴的主要出口港口的洛比托港。③

由此可以解释，1982 年，由参议院委员会依据商务、科学和运输的紧急要求制定出来，被称为《钴：政策方案和战略矿产》④的国会预算办公室报告指出，钴是"有战略性和关键性的矿物"，其合金对航空航天和武器工业是关键的；还指出，美国不拥有可开采价值的钴矿，因此，钴必须作为战略储备购买(1981 年 3 月，美国政府发起了购买 5.2 百万英镑的钴库存——20 年来第一次重大收购)；报告进一步提及，64% 的世界钴储量都在从刚果东南部(以前称为扎伊尔和被认为是政治上不稳定的)到赞比亚北部加丹加铜钴储量带；并且，扎伊尔和赞比亚有足够的供应，以满足西方经济体未来几十年的需求。⑤ 因此，美国的军事工业对刚果东南部和赞比亚北部的依赖和控制，对美国制造战争的能力是关键的。⑥

事实上，此前不久《钴：政策方案和战略矿产》政策在 1980 年 9 月 7 日被

---

① Alfie Ulloa, Felipe Katz and Nicole Kekeh, *Democratic Republic of the Congo: A Study of Binding Constraints*. Harvard: Kennedy School of Government, Harvard University, 2009, pp. 111-112.
② Kim B. Shedd, "Cobalt", U. S. Geological Survey (USGS), July 21, 2010, http://minerals.usgs.gov/minerals/pubs/commodity/cobalt/210798.pdf. 登录时间 2014 年 9 月 13 日。
③ Alfie Ulloa, Felipe Katz and Nicole Kekeh.
④ Cobalt: Policy Options for a Strategic Mineral, Congressional Budget Office, Special Study, September 1982, p. iii.
⑤ Cobalt: Policy Options for a Strategic Mineral, Congressional Budget Office, Special Study, September 1982, 第 20 页。
⑥ Ann Garrison, "America"s Role in Central Africa: AFRICOM, the U. S. Africa Command, Rwanda, the Congo", *Global Research*, July 08, 2010, http://www.globalresearch.ca/america-s-role-in-central-africa-africom-the-u-s-africa-command-rwanda-the-congo/20064. 登录时间 2014 年 9 月 14 日。

引进了。一个在匹兹堡新闻发表的斯克里普斯·霍华德新闻报道说:"美国在它战时需要的钴库存已经不到一半。这是个坏消息,但五角大楼的消息更糟。手头上的钴不够纯,它必须精炼:作为制造高性能喷气发动机的成分。战略储备管理者认为,国家应该有 8500 万吨钴作为紧急储备。全国有 4000 万吨……"①

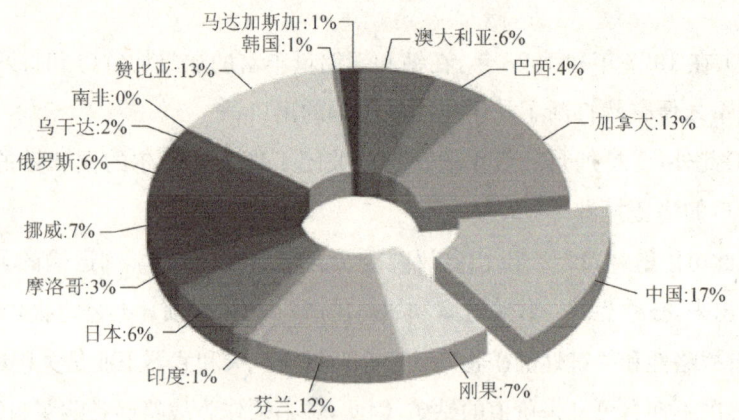

图 7　2012 年钴金属生产

来源:SFP Metals (UK) Limited, Cobalt Metal Production.

杰克·安德森(Jack Anderson)指出,在美国有超过一半的钴和几乎所有的工业用钴石来自扎伊尔(进口免税)。"这就是为什么,尽管在扎伊尔有腐败和侵犯人权的历史,美国对扎伊尔还是很友好:蒙博托是亲西方的。扎伊尔有着丰富的对我们的国防工业有用的矿物。"②

安德森承认,美国一直对蒙博托的镇压手段和经济管理不善而失望,但仍然喜欢它混乱。例如,在 1982 年(同年《钴:政策方案和战略矿产》政策被引进了),国会调查小组被派出调查蒙博托用五年前美国通过军事信贷卖给扎伊尔的 7 架 C-130 飞机做了什么。一架已被转换为蒙博托的个人使用,另一架用来运送牛到蒙博托私人牧场,而其余 5 架失去作用。③ 在冷战时

---

① Ann Garrison, "America's Role in Central Africa: AFRICOM, the U. S. Africa Command, Rwanda, the Congo, Global Research, July 08, 2010, http://www. global research. ca/america-s-role-in-central-africa-africom-the-u-s-africa-command-rwanda-the-congo/20064. 登录时间 2014 年 9 月 14 日。
② Jack Anderson, "President of Zaire visits Washington with open arms", The Evening News, Jun 26, 1988.
③ Ibid.

期,美国为非洲的军事力量提供了 15 亿美元,包括 4 亿美元的武器和给在扎伊尔的蒙博托政权(现在的刚果民主共和国)军队训练。① 1965—1991 年,扎伊尔收到了超过 15 亿美元的美国经济和军事援助。作为回报,美国跨国公司增加了扎伊尔强大的矿物资源的所有权份额。②

安德森他还描述了如何蒙博托浪费了他的国家的财富。安德森进一步揭示,虽然当时蒙博托还欠美国 350 万美元,但是他与 93 位妻子、孩子和朋友到迪斯尼和纽约度过了一个豪华假期,花了近 200 万美元。③

据安德森说,美国人使用蒙博托,但没有真正尊重地对待他。当被问到关于美国对蒙博托的持续支持时,一位美国高级情报官员说了一个外交名言:"蒙博托是狗娘养的,但他是我们的狗娘养的。"④

在他长达 32 年的统治期间,有人怀疑这个"美国的王八蛋"和他的亲信在美国控制的世界银行的帮助下抢劫了价值数 10 亿美元的钴、铜、钻石和大量现金。⑤ 为了增加其贷款组合,世界银行曾求蒙博托借钱。世界银行的策略是寻找能够贷款的国家,而不是等待申请。这就是为什么世界银行在扎伊尔总统办公室设立了一个"投资顾问团队"(国际赞助)的原因。⑥

当蒙博托被证明是一个拖欠贷款者,世界银行开始假惺惺地谴责他的过度行为。例如,在 1978 年,世界银行的一个小组参观了大型国有矿业公司采矿总会,发现扎伊尔央行行长已指示国有矿业公司采矿总会将其出口到它的主要贸易伙伴比利时通用矿产公司收益的 30% 交存到总统的账户内。⑦按照 1979 年 10 月世界银行机密备忘录报道,扎伊尔售出了 200 吨钴到瑞

---

① William D. Hartung and Bridget Moix, "Report: U. S. Arms To Africa And The Congo War-World Policy Institute-Research Project", *World Policy Journal-World Policy Institute*, January 2000.
② Ellen Ray, "U. S. Military and Corporate Recolonization of the Congo", *Covert Action Quarterly*, Spring / Summer 2000, http://www.thirdworldtraveler.com/Africa/US_Recolonization_Congo.html. 登录时间 2013 年 12 月 17 日。
③ Jack Anderson, "President of Zaire visits Washington with open arms", *The Evening News*, Jun 26, 1988.
④ Ibid.
⑤ Leonce Ndikumana and James K. Boyce, "Congo's Odious Debt: External Borrowing and Capital Flight in Zaire, *Development and Change*, Vol. 29, Issue N0. 2, December 16, 2002, pp. 195 – 217.
⑥ Stewart Smith, *U. S. Neocolonialism in Africa*. New York: International Publishers, 1974, p. 91.
⑦ Erwin M. Blumenthal, "Zaire: Rapport Sur la Crédibilité Financière Internationale", in Emmanual Dungia. *Mobutu et l'Argent du Zaire: Les Révélations d'un Diplomate Ex-Agent des Services Secrets*. Paris: L'Harmattan, 1992, Annexe 2, pp. 136 – 155.

士,1万吨铜到南非和 2 万吨铜到中国的,都是账外销售的。① 据估计,到 1980 年,官员每年从国有化的资源中掠夺去至少 2.4 亿美元。到了 1990 年,世界银行的调查估计,高达 4 亿美元——1988 年扎伊尔的出口收入四分之一,其中大部分来自国有矿业公司采矿总会的收益——莫名其妙地从国家的外汇账户消失了。② 据扎伊尔银行的年度报告,国家的 1992 年预算的 95% 专门用于蒙博托自己自由支配的开支,而政府没有分配任何公共资金用以教育或支付教师的工资。③

蒙博托的财富估计为 50 亿美元的现金和不动产。④ 但令人惊讶的是,蒙博托去世后,美国官员竟然声称没有找到他的钱款所在的任何线索。⑤ 同时,到了 20 世纪 90 年代,扎伊尔累计了大约为 140 亿美元公共外债。一部分用于赞助和控制蒙博托政权的基础。极少数有权势的直接或间接地受益于债权人赏赐的富有阶层,把他们的大部分财富转移到国外的避风港。到 1990 年,扎伊尔累计资本外逃实际已达 120 亿美元,以及近 180 亿美元的利息收入。

二、在政治方面

由于美国当时就其有关的铜矿和钴矿的战略储备已经触及底部,《钴:政策方案和战略矿产》政策怎么具体和真实地塑造了扎伊尔的权威和统治形式? 正如约瑟夫·帕特里克·加内尔(Joseph Patrick Ganahl)所认为的,美国对蒙博托政权的支持证明,腐败和不良治理是冷战后西方大国的非洲政策的两个关键要素。⑥

首先,为了辩护他对帕特里斯·卢蒙巴政府的政变,蒙博托认为:"国家

---

① Jonathan Kwitny, *Endless Enemies: The Making of an Unfriendly World*. New York: Penguin, 1984, p. 97.
② Bill Berkeley, "Zaire: An African Horror Story", *The Atlantic Monthly*, August 1993,, http://www.theatlantic.com/past/unbound/flashbks/rwanda/zaire.htm. 登录时间 2014 年 9 月 28 日。
③ William Reno, *Warlord Politics and African States*. London: Lynne Rienner, 1998, p. 153.
④ Adam Zagorin, "Leaving fire in his wake", *Time*, February 1993, Vol. 141, Issue 8, p. 54.
⑤ Raymond Bonner, "New Congo Leader Meets US Envoy on Refugee Issue", *The New York Times*, June 8, 1997, http://www.nytimes.com/1997/06/08/world/new-congo-leader-meets-us-envoy-on-refugee-issue.html. 登录时间 2014 年 9 月 11 日。
⑥ Joseph Patrick Ganahl, *Corruption, Good Governance, and the African State: A Critical Analysis of the Political-Economic Foundations of Corruption in Sub-Saharan Africa*. Postdam: Potsdam University Press, 2013, pp. 21 - 52.

的存在受到威胁。这是包括内部和外部在内的各方威胁。在内部,对于牺牲自己的国家和同胞牟利的政客们的无用冲突来说,只有权力才是重要的……以及行使权力可能给他们带来什么:填充自己的腰包,剥夺刚果(金)和刚果人民等,这就是他们的标记。鉴于这样的例子,国家和省级主管部门两者都陷入惰性、工作效率低下,更糟糕的是,腐败。各级部门运用公共权力进行破坏,为行贿的个人和企业服务,并忽略了其他人。一些政客,为了维护或恢复自己的权力,毫不犹豫地寻求外国列强的帮助。国家的社会、经济和财务状况是灾难性的。"①

在一次关于他在1965年军事政变的讲话中,蒙博托宣称:"刚果国家军队的最高指挥部强调,关于[军事政变]的决定不会导致军事独裁,是对祖国的热爱和对国家的责任指导了该决策。最高司令部对历史、非洲和世界负责。"②

然而,历史事实却告诉我们不同的东西。掌权后,蒙博托总统试行"真实性"的政治(the politics of "authenticité")——一个引发争议的、旨在重建非洲认同、传统和文化价值观(主要是积极的适应现代社会发展的部分)的运动,并且把它们当作国家重建的核心,独立于西方文化。它代表了国际关系中的扎伊尔的反霸权话语(国家奉行了"不结盟运动"),而主张与前殖民主人建立一个"给予和获得"(互谅互让)的框架。这就是凯文·邓恩(Kevin Dunn)所谓的"身份生产"或"发明扎伊尔国家认同"。③

人们得到的印象是蒙博托试图从占主导地位的西方种族主义的图像中恢复国家的尊严,特别是亨利·莫顿·斯坦利(Henry Morton Stanley)、利奥波德二世(Leopold II)和比利时殖民地家长式代理商构建的刚果(金)的图像,即刚果(金)作为一个原始的、无历史记载并充满富足和食人族的土地,一个非洲的原始的野蛮破坏了伪文明的白人男性的"黑暗之心",以橡胶采集的名义导致了一场规模巨大的流血冲突。即使在新独立的刚果(金)于

---

① Crawford Young and Thomas Turner, *The Rise and Decline of the Zairian State*. Madison, Wisconsin, and London: University of Wisconsin Press, 1985, p. 42.
② Tshimanga wa Tshibangu, *Histoire du Zaire*. Bukavu: Editions du Ceruki, 1976.
③ Kevin Dunn, "Imagining Mobutu's, s Zaïre: The Production and Consumption of Identity in International Relations", *Millennium: Journal of International Studies*, Vol. 30, No. 2, 2001, pp. 235-258.

1960年陷入混乱和野蛮的无政府状态后(刚果首任民选领导人帕特里斯·卢蒙巴被暗杀后由西方大国引起的混乱),刚果(金)成为许多西方人眼中一个非洲人应该无法自我统治的象征。①

蒙博托自己的"真实性政治"的定义是:(1)"回到我们的来源",(2)对他的人民心中的非殖民化过程,(3)对殖民者留下的结构的改进。②

然而,蒙博托自己长达32年的独裁和专制统治却证明事实并非如此。笔者称之为"热带专制",即完善和细化的初始版本的殖民国家,用非洲传统习俗作为巩固权力的烟幕,实际为统治者自身自私的追求。通过将国家、河流和货币重命名为"扎伊尔"(3Z)③、放弃基督教的名字、"扎伊尔化"或经济国有化的草率实施等,蒙博托通过美国中央情报局支持的政变上台之后,只寻求巩固内部的统治。"扎伊尔化"或经济国有化让蒙博托和他的支持者构造了一个托马斯·加拉吉(Thomas Callaghy)称之为"政治贵族"和"私有化"的国家。④外国人的资产被没收并重新分配给蒙博托的亲信,大多是掠夺这些资源以服务于自己的短期消费。为了保证对权力的紧密掌控,蒙博托使用了国家财富和国家资源以维持他的世袭网络。这种现象考莱特·布拉科曼(Colette Braeckman)称之为"钱的金字塔",它是以蒙博托的政治权力为基础的两个"金字塔"之一,而另一个则被称为"暴力的金字塔"。⑤据克劳福德·杨(Crawford Young)和托马斯·特纳(Thomas Turner)所言,世袭网络的工作方式是把政界变成一种献媚,其吸引力是对个人忠诚和服务的强烈

---

① Kevin Dunn, "Imagining Mobutu's Zaïre: The Production and Consumption of Identity in International Relations, *Millennium: Journal of International Studies*, Vol. 30, No. 2, 2001, pp. 235-258.
② Quoted in Victor D. Du Bois, "Zaïre Under President Sese Seko Mobutu", part I, *The Return to Authenticity*, American University Field Staff Report, Central and Southern Africa Series, No. 17, 1973, p. 13.
③ 讽刺的是,扎伊尔的名字来源于葡萄牙语单词"扎伊尔",本身是刚果语单词"恩泽尔"(Nzere)或"恩赞迪"(N'zadi)的改编,即"燕子所有河流的河"。同样能说明问题的是,在1971年,蒙博托决定更换"先生"和"夫人"这个词,而不是为用林加拉语"刚果人"或任何其他土著语言的标题,取而代之的来自法国大革命的"公民"或"女公民"。参阅:Crawford Young and Thomas Edwin Turner, 完整的参考,见p207①。
④ Thomas M. Callaghy, "External Actors and the Relative Autonomy of the Political Aristocracy in Zaïre", Journal of Commonwealth and Comparative Politics, Vol. 21, No. 3, 1983, pp. 287-309; and Catharine M. Newbury, "Dead and Buried or Just Underground? The Privatisation of the State in Zaïre", in *L'état indépendant du Congo, Congo Belge, Republique Démocratique du Congo, Republique du Zaïre*, ed. Bogumil Jewsiewicki, Quebec: Éditions SAFI Press, 1984.
⑤ Colette Braeckman, *Le dinosaure: Le Zaïre de Mobutu*. Paris: Fayard, 1992.

热情。作为回报,客户端不只是有权担任公职,还利用它为自己牟利(个人利益放在国家利益之前)。所有重要职位都取决于统治者的乐趣。最重要的是,不断重申个人忠诚和服务是必不可少的。任何对忠诚的怀疑都是即时清除的理由。①

事实上,蒙博托授权他的内阁成员做这些——想偷就可以偷,但必须以好的方式,因为如果他们因偷了太多而在一夜之间变得富有,他们就将会被抓住。②阿里·马兹鲁伊(Ali Mazrui)在他广受赞誉的题为"非洲人"的美国电视连续剧中讲述了一个故事,一个上司告诉一个年轻的审计师:"夸梅·恩克鲁玛刚刚杀了一头大象(即殖民国家),足够一人一下去砍它的肉。"③马兹鲁伊援引哈利勒·提马米(Khalil Timamy)说,在这个比喻中,国家在其经济方面比作一头大象(殖民主义者已经吃过的,并自私地禁止非洲人与他们分享),刚被屠杀并且诱人地等待本地公务员和机会主义政客的掠夺(牺牲所有的基本公共服务)。④在刚果(金)权力往往是与"饮食"隐喻解释:"肚子的政治","用叉子,而不是用勺子吃米饭。这样一些谷物将为大众向下滴流"等等。意思是为了保持他的世袭网络,领导人必须供应每一个人。⑤这就是威廉·雷诺所称的"影子国家",在这种国家中权力集中在一个(不负责任的)特定的个人手中,而不是体现为一种法律制度或代表党内部的权力的本地化。⑥凯文·邓恩进一步认为,"真实性政治"被等同于"蒙博托主义",代表着明确转向个人崇拜,不太关心国家认同的建构,而是为了蒙博托政权的统治服务。⑦

---

① Crawford Young and Thomas Edwin Turner, *The Rise and Decline of the Zairian State*. Madison, Wisconsin, and London: University of Wisconsin Press, 1985, p. 42.
② David. J. Gould, "Patrons and Clients: The Role of the Military in Zairian Politics", in James Isaac Mowoe (ed.), *The Performance of Soldiers as Governors*. Columbus, Ohio: University Press of America, 1980, pp. 465 – 506.
③ Ali Mazrui, *The Africans: A Triple Heritage*. London: BBC Books, 1987.
④ Khalil Timamy, "African Leaders and Corruption", *Review of African Political Economy*, June/Sept. 2005, Vol. 32, No. 104/5, pp. 386 – 393.
⑤ Jean-Francois Bayart, *The State in Africa: The Politics of the Belly*. Harlow: Longman, 1993.
⑥ William Reno, *Corruption and State Politics in Sierra Leone*. New York: Cambridge University Press, 1995.
⑦ Kevin Dunn, "Imagining Mobutu's Zaïre: The Production and Consumption of Identity in International Relations", *Millennium: Journal of International Studies*, Vol. 30, No. 2, 2001, pp. 235 – 258.

这种个人崇拜涉及一个奢侈的舞蹈、表演、游行、赞美的歌和关于蒙博托荣誉的其他"真实性政治"的表现，蒙博托自己当时头戴豹皮的无边女帽，这象征着国家"图腾"，并且走路时带着一根由一位雕塑家雕刻的手杖，这象征着传统的酋长的权力（扎伊尔的传统的酋长的权力）。① 这样做的目的是进行权力的"重新传统化"，而且看"部落"就够了，因为在西方的眼中，部落主义是非洲国家的第一个特性。②蒙博托制定了"一党制"，因而所有的扎伊尔人（即使是那些仍在母亲的子宫里），不论喜欢与否，都必须不择手段作出属于蒙博托的 Mouvement Populaire de la Révolution（MPR）或人民革命运动，即一场政治运动。套用弗朗茨·法农（Franz Fanon）的话，在非洲，单一政党是被证明作为社会动员和民族团结的引擎，但在现实中，它是一个社会控制的强制手段，其使命就是帮助政府镇压人民。③

通过"真实性政治"，蒙博托还试图在各国舆论眼中掩饰他在帕特利斯·卢蒙巴的谋杀案中的责任，并且希望在非洲统一组织和第三世界国家中获得信誉，在那里卢蒙巴仍然受人敬重，包括在中国以及美国黑人民权运动的积极分子中（这就是为什么蒙博托宣布卢蒙巴为"民族英雄"）。为了赢得冷战时期的国际民众的接受，蒙博托也从桑戈尔的"黑人性"以及许多西方政治思想家（尤其是马基雅维里）中获得教益（"真实性哲学"与桑戈尔的"黑人性"的意义非常接近）。④

现在问题是，所有这些关于蒙博托政治遗产的事实和"钴：政策方案和战略矿产"政策有什么关系呢？

（1）一方面，美国从未谴责蒙博托主义，因为它与许多美国和④其他西方观察家有共鸣。例如，一个关于刚果（金）的中央情报局报告羡慕地说："蒙博托执政方法源自非洲传统的酋长式统治，同时大方地穿插着他最喜欢的政治理论家马基雅维利的思想。蒙博托认为，刚刚从村庄被拆迁的一代

---

① Ghislain Kabwit, "Zaïre: The Roots of the Continuing Crisis", *Journal of Modern African Studies*, Vol. 17, No. 3, 1979, p. 387.
② Kevin Dunn, "Imagining Mobutu's Zaïre: The Production and Consumption of Identity in International Relations," *Millennium: Journal of International Studies*, Vol. 30, No. 2, 2001, pp. 235 – 258.
③ Frantz Fanon, *Les Damnés de la Terre*. Paris: Maspero, 1961.
④ CIA, Special Report: Mobutu and the Congo, 23 June 1967, quoted in Sean Kelly, *America's Tyrant: The CIA and Mobutu of Zaïre*. Washington, DC: American University Press, 1993, p. 193.

成长起来的刚果人,期望一位能成为毫无疑问的权威和权力的唯一来源的强有力的首领。"

(2) 另一方面,正如凯文·邓恩证实,只要蒙博托提供钴给他们,美国领导人不关心蒙博托的"真实性"的修辞。他们都知道蒙博托坚定地在他们的控制之下,并且在冷战期间,在中部非洲地区扮演了他们的代理人的作用,为他们提供钴等。①这就是"钴:政策方案和战略矿产"政策怎样在政治上塑造了蒙博托政权。

作为结论(也是说笔者的评价),利用地缘战略的分析,以上所提供的所有事实回答了我们提出的问题:"为什么资源战争在刚果(金)持续发生?"它们表明刚果(金)的财富并未真正受惠刚果人民。笔者的评价是:

(1) 美国在扎伊尔推进的有利于其"钴:政策方案和战略矿产"政策的方式,是一种与外部权力勾结在一起的"窃国政治"(kleptocracy)或"由偷窃者统治",让我们甚至称之为暴政(由暴徒统治),这是由国外支持的。为了强调蒙博托"窃国政治"的外部方面,理查德·斯克拉(Richard Sklar)解释说,在非洲的阶级统治的本质,特权团体和那些在非工业的国家(那里经济组织的主要方面都受到外国控制)进行政府的业务,可能知情也可能不知情,都是外国统治的本地代理人。也就是说,通过他所称为"客户或经历过傀儡化的上层阶级"。当统治阶级的政治领导不能有效地组织国家权力,军事干预就成为可能的,并且军队成为统治阶级的价值观的共享者。②

刚果(金)的独立运动领袖帕特里斯·卢蒙巴被暗杀后,美国在扎伊尔建立了以一个"海绵人"(蒙博托)为首的运行了32年的"海绵国家",意思是那里随时都可以挤压矿物出来,尤其是抢手的钴矿。这种剥夺模式包括本地和外国两个维度:美国享有钴开采垄断权,并且在这个过程中蒙博托喜欢利用自己的人民中饱私囊。美国在其他资源丰富的国家如智利、印度尼西亚、多哥等,都复制了这种模式,在那里都安排"自己的独裁者"掌舵。

1991年美国国务院国会报告说,"经过二十年,扎伊尔已经是一个稳定

---

① Kevin Dunn, "Imagining Mobutu's Zaïre: The Production and Consumption of Identity in International Relations," *Millennium: Journal of International Studies*, Vol. 30, No. 2, 2001, pp. 235–258.
② Richard L. Sklar, "The Nature of Class Domination in Africa", *The Journal of Modern African Studies*, Vol. 17, No. 04, 1979, p. 531.

的力量,是美国和西方政策的坚定支持者"。①因为扎伊尔位于大陆的中心,它因此可以为美国提供重要的资源、运输路线和政治支持。②美国保持蒙博托掌权,只要他继续满足其利益。剥夺模型有两个本地及外国的维度:美国享有钴剥夺的垄断地位,蒙博托利用他自己的人民,他和他的追随者在过程中为自己牟利。套用弗朗茨·法农的话,蒙博托的当务之急是建立个人财富和快乐,而不是通过经济发展改变社会。他依靠外部保护和内部镇压继续执政。③事实上,罗纳德·里根作为总统习惯称蒙博托是"我们的人在扎伊尔"。④里根也称他为"民主和自由的朋友"和"一个明智(良好意识)和良好意愿的声音";⑤而老布什总统称蒙博托是"我们在整个非洲大陆的最看重的朋友之一";而且他"非常荣幸有这个'老家伙'作为第一位非洲总统在他执政期间访问白宫。"⑥

(2) 正如被谴责的那样,是蒙博托造成了的国家的覆灭,而不是殖民主义。然而,他是在哪个银行获取钱的? 从他自人民处偷了这笔钱后他又是在哪里度过的? 是在欧美(包括在迪斯尼乐园),还是别的地方呢? 当蒙博托死了,没人能追查到这笔钱。蒙博托去世后,瑞士返回了微不足道的600万美元给刚果国家。⑦提摩太·萧(Timothy Shaw)和马尔科姆·格里夫(Malcolm Grieve)正确地指出,正如我们所知,非洲资源主要是利用发达国家的利益,除了少数例外,只有当地的精英们真正受益于非洲与工业化国家的关系,因为他们完全有能力利用这种关系。⑧

(3) 蒙博托难以置信的经济管理不善与美国密不可分。史蒂夫·阿斯

---

① William D. Hartung and Bridget Moix, "Report: U. S. Arms To Africa And The Congo War-World Policy Institute-Research Project," *World Policy Journal-World Policy Institute*, January 2000.
② Ibid.
③ Franz Fanon, *Les Damnés de la Terre*, Paris: Maspero, 1961.
④ Murithi Mutiga, "The Ugly Side of Ronald Reagan", *The Standard*, 20 June 2004.
⑤ "Zaire: The Rise and Fall of Mobutu", *Revolutionary Worker*, April 20, 1997, Issue 903, p. 7.
⑥ US Department of State Bulletin: Visit of Zaire's president-Mobutu Sese Seko and George Bush addresses, includes related information-transcript, Washington, U. S. Government Printing Office, 1989.
⑦ Michela Wrong, "Mystery of Mobutu's millions", *Newstatesman*, July 26, 2007, http://www.newstatesman.com/africa/2007/07/wrong-mobutu-congolese. 登录时间 2013 年 9 月 14 日。
⑧ Timothy M. Shaw and Malcolm J. Grieve, "The Political Economy of Resources: Africa's Future in the Global Environment", *The Journal of Modern African Studies*, 1978, Vol. 16, No. 1, pp. 1–32.

(Steve Askin)和卡罗尔·科林斯(Carole Collins)称之为"外部勾结窃国政治"。①因此,蒙博托不能利用他国资源为他的人民谋取利益,因为他受制于帮助他政变的美国。

蒙博托领导了一个"蒙恩的"国家。他不是一名自由球员。他听命于美国,并确保咬不到美国喂食的手。套用菲德尔·卡斯特罗(Fidel Castro)的话,像很多拉美国家一样,扎伊尔一直是美国实施最不平等的体系的地区——美国享受其内部的财富、廉价的原材料(特别是钴)和为其商品的市场供应,并且一直接受逃离扎伊尔的资金及其黄金——并由美国公司在国内或任何其他在世界上的投资。②

为了在刚果达到这一目标,美国只是用反共产主义的策略来摆脱卢蒙巴,然后使一个由蒙博托为首的新国家寡头掌权;依靠蒙博托的不容置疑的忠诚和效忠,以促进美国免费地、垄断地和毫无竞争地使用刚果(金)的资源,并且控制住它们,尤其是他们急需的矿产钴。这样一来,扎伊尔就纳入美国的一个州。

第二节 "刚果重建方案"与洛朗·卡比拉政权:矛盾与冲突

事实上,柏克德公司想从刚果(金)得到些什么?柏克德公司插手刚果(金)的各个方面。值得重申的是,我们拥有一份题为"刚果民主共和国——一个国家发展的方法"的文档,它的第四部分提到③,为了提供事实,我们要分析柏克德公司确定的七个发展集群和投资组合的可持续投资,包括:

(1) 在加丹加省修复现有的铜、钴和锌矿并开发新的可获取的矿产资源,特别是在卡坎达(Kakanda)、基普希(Kipushi)、鲁阿希 Ruashi(据估计含有 200 万吨铜和 30 万吨钴)、坦科凡古鲁米(Tenke Fungurume)和科卢韦齐

---

① S. Askin and Carole Collins, "External collusion with Kleptocracy: Can Zaire recapture its wealth?" *Review of African Political Economy*, 1993, Vol. 20, No. 57, pp. 72–85.
② Fidel Castro, "It is time to know a little more about realities", *Digital Granma International*, July 23, 2014, http://www.granma.cu/idiomas/ingles/cuba-i/23jul-It%20is%20time.html. HYPERLINK "http://think africa press.com/economy/consensual-rape-francafrique-currency-markets". 登录时间 2013 年 9 月 14 日。
③ "Democratic Republic of Congo: An Approach to National Development", a draft document of Bechtel's Congo reconstruction plan presented to the Congolese Government on November 1997.

(Kolwezi)地区。

(2) 在西开赛省和东开赛省,合法化非正式的宝石收集并且消除走私钻石的行为。刚果(金)拥有世界上最大的钻石储备,是世界第二大工业钻石生产国,仅次于俄罗斯(见图8)。

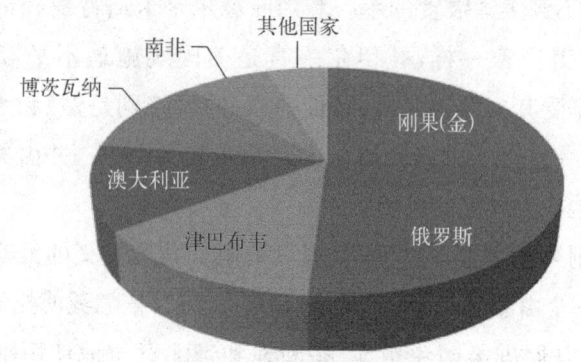

图 8　自然工业钻石:世界矿山生产结构(按国家,2012 年)
来源:商业研究和咨询有限公司(Merchant Research and Consulting Ltd)。

(3) 合法化北加丹加省、北基伍省、南基伍省和东方省黄金、钶钽铁矿、钨矿、稀土和锡个体经营行为,并把他们融入正式经济中;

(4) 修复并扩大水力发电和配电设施;

(5) 让炼油厂在下刚果省转向处理本地原油,并减少对进口原油的依赖,扩大原油生产;

(6) 建设金沙萨与包括赤道省中部和南部、东方省中部和南部、南基伍省北部、北基伍省南部在内的经济作物带(80%的刚果领土是可耕地的)之间的铁路连接。

(7) 在北赤道省和北班顿杜省以可持续的方式增加伐木业产量,并创造木材产品行业附加值(在世界上,刚果(金)拥有第二大的原始森林储备,仅次于巴西的亚马逊)。柏克德计划还建议重新种植树木,尤其是在森林伐木业遭受了严重破坏或过度开采以及仍然使用刀耕火种农业方法的地方。① 图 9 表描述了柏克

---

① "Democratic Republic of Congo: An Approach to National Development", a draft document of Bechtel's Congo reconstruction plan presented to the Congolese Government on November 1997, pp. 16 - 21.

德发展集群:在第四部分之中,柏克德计划确定了一些基础设施、社区、地方企业和环境项目,可以用来支持该国的再生产和经济平衡增长。①

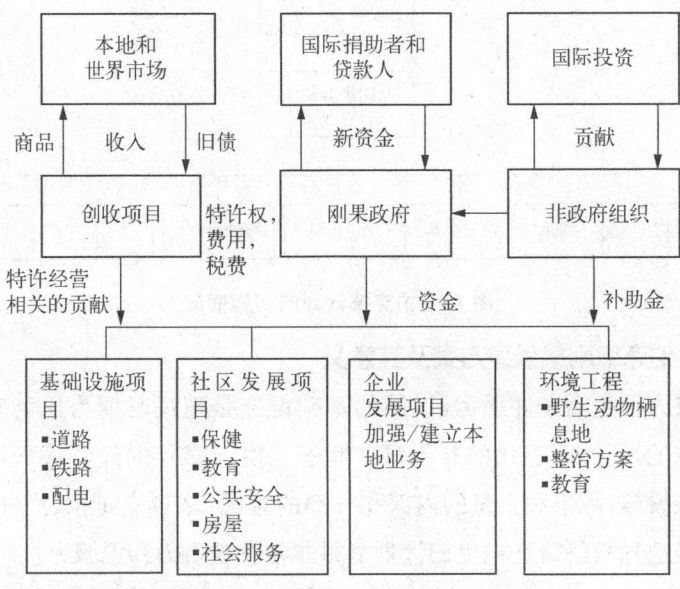

图 9　柏克德计划

柏克德计划最后的一部分(第五部分)提出了一个实施框架,建议建立具有广泛法律效力的国家委员会来授予特许权(私人资助的项目,包括自然资源开发和私有化基础设施特许权的公共和私人合作)、收集来自特许权的收入、分配投资及营运资金、授予政府许可证和批准的各种类型的经营项目。国家委员会由项目管理团队支援,该项目管理团队由国际公认、经验丰富、能够有效和高效的执行大型、复杂的自然资源和基础设施项目的专家团队组成,其创建目的是监督成本、进度、质量、合同管理等实施事项。项目管理团队任命子团队监督七个集群的实施。这些单个集群团队负责控制成本和进度、保证质量、制定合同,并管理每个集群中的单个项目。②见图10:

---

① "Democratic Republic of Congo: An Approach to National Development", a draft document of Bechtel's Congo reconstruction plan presented to the Congolese Government on November 1997, pp. 21-22.
② Ibid., p. 23.

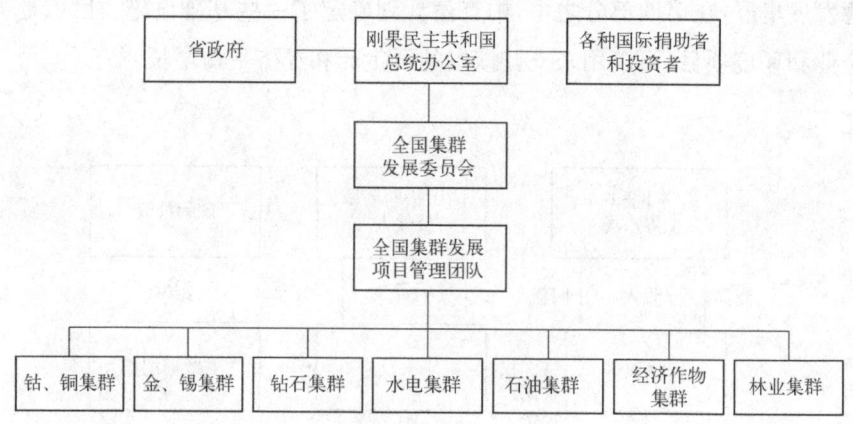

图 10　柏克德计划的实施框架

一、柏克德刚果重建方案及其意义

刚果人民生活条件恶劣，该国的基础设施是殖民时期为比利时的商业利益建造的，还处于退化的和不足的状态。由于多年的经营管理不善而退化的社区设施，战争和大量的内部和外部的难民（来自安哥拉、卢旺达、乌干达和布隆迪）的迁移，让柏克德计划显得非常有吸引力和说服力。

实际上，现在有超过23%的人口迁移到城市（刚果（金）的首都金沙萨现在拥有1000万居民，基本社会服务是不够的），并且城市化的趋势在增加。一半的人口是30岁以下的年轻人和失业者，所以他们很容易地被武装团体招募。人均国内生产总值（GDP）估计为300美元，只有一半的人口获得了医疗保险。男性的期望寿命为52岁，女性为56岁。[①]

另一个让柏克德计划显得非常有吸引力和说服力的原因是，该公司打算把自然资源财富转化为国家设施。因此，集群发展的概念被定义为一系列相联系的项目。这些联系可以通过因果关系（如社会和环境的影响）、收入的流动（从不断发展的行业）、商品和服务的流动而产生。每个集群的核心是一个或多个基于资源和产生效益的项目。这些项目产生的利润，可以用来建造必要的基础设施，比如公路和铁路（首先恢复现有的2.8万公里的公路和5138公里的铁路，然后建造新的公路和铁路）、河流和湖泊运输、水坝

---

① "Democratic Republic of Congo: An Approach to National Development", a draft document of Bechtel's Congo reconstruction plan presented to the Congolese Government on November 1997, p. 23.

和水力发电厂(最大的是建在刚果河急流上的因加(Inga)大坝,细分为因加一、因加二和因加三,据估计生产4800兆瓦的电力,并被称为"大因加")、炼油厂、管道分布、电信、电气化、医院、水和污水处理厂、固体废物处理厂(特别是在城区)、学校、高等教育机构,以及其他旨在提高当地社区设施和服务、农业机械化、农业经济的发展(包括经济作物如咖啡、棕榈油、橡胶、可可、糖和茶叶)、森林产品的开发,特别是伐木业、可靠的银行系统、当地的商业机会和企业,以及该地区的人为和自然的环境的项目。①

然而,柏克德公司与洛朗·卡比拉政权之间的关系与美国冷战后在非洲的政治和经济策略联系紧密。正如菲利普·莱马里所信,1989年柏林墙的倒塌和1991年苏联的解体(随着米哈伊尔·戈尔巴乔夫的"perestroika",即新思维),使得之前似乎棘手的局势突然变得可以解决,尤其是南非的局势。纳尔逊·曼德拉在27年的牢狱生活之后被释放,种族隔离制度被废除,权力被移交给大多数黑人,都标志着一个时代在南非的结束。急于改正自己并粉饰他们在过去取得的可耻的妥协(如支持南非的种族隔离制度以及在扎伊尔总统蒙博托政权)的美国人,把自己设置为在非洲南部和非洲之角的、过去是马克思主义者,但现在已经向市场经济转换了的新的政府领导的支持者(如厄立特里亚的伊萨亚斯·阿费沃尔基、刚果(金)的洛朗·德西雷·卡比拉、乌干达的约韦里·穆塞韦尼、埃塞俄比亚的梅莱斯·泽纳维等等)。②

冷战后剩下的唯一超级大国的非洲战略经历了很大的调整。1998年3月,在克林顿总统第一次访问非洲时,他赞扬了参加"非洲复兴"的国家领导人的建设性态度,即他在该地区的新盟友(他强调"新伙伴关系"),如厄立特里亚的伊萨亚斯·阿费沃尔基、刚果(金)的洛朗·德西雷·卡比拉、乌干达的约韦里·穆塞韦尼的和埃塞俄比亚的梅莱斯·泽纳维。

那么,作为大企业的柏克德和作为革命者的洛朗·卡比拉之间的临时的不寻常的联盟涉及了什么?在前面的章节中,我们已经介绍了柏克德前

---

① "Democratic Republic of Congo: An Approach to National Development", a draft document of Bechtel's Congo reconstruction plan presented to the Congolese Government on November 1997, pp. 2-11.
② Philippe Leymarie, "One step forward, two steps back: Africa worn out by war", *Le Monde Diplomatique*, April 1999, http://mondediplo.com/1999/04/08africa. 登录时间 2013年11月19日。

高管罗伯特·斯图尔特(Robert Stewart),他起草了柏克德公司的刚果重建计划。斯图尔特曾被引述:"因为私有化是在非洲成功的密码,我建议进行一种基于私人投资的重建。我想要机场、收费公路、港口和铁路属于私营部门,并由他们的人管理。"①

这表明美国希望通过柏克德刚果重建计划让卡比拉接受新自由主义,私有化和刚果(金)的矿产财富被西方跨国公司囤积的事实。套用刚果美国学者乔治·恩荣格拉·恩塔拉耶(Georges Nzongola-Ntalaja)的思想,克德刚果重建计划体现了冷战胜利者的要求。尤其是美国,冷战结束后,声称已建立所谓唯一完美的能够满足人类需求的经济体制(新自由主义资本主义制度);换句话说,通向富足和幸福的旅程上的最后一站;②总之,历史的终结。③

事实上,当美国采用针对某一非洲国家的某些政策,它会理所当然地认为这种政策将为其利益顺利地发挥作用,并期望非洲复兴的新时代的新领导人(即冷战后非洲政府,其特点是"法治"、"民主"、"人权"和"建立在一个强大的私营部门所起的作用基础之上的经济增长")作出积极反应。他们与美国的关系是基于笔者称之为"保证的结果"的原则或"可预测性"的原则,即无论美国想要得到什么,它都会得到;换言之,每个国家必须遵守美国的规则。在这种合作下,美国的投资将优先于其他合作伙伴(零和博弈),这将为美国带来丰厚的收获。

洛朗·卡比拉不是选举产生的领导人。他带领了一个只捍卫人民利益的公共安全政府。套用迈克尔·内斯的观点,卡比拉的合法性的基础来自他推翻蒙博托之后,来自民众和其他政体对他权力的认可。④

洛朗·卡比拉还说,作为一个卢蒙巴主义者,他从卢蒙巴在刚果独立时

---

① Ludo Martens, *Kabila et la révolution congolaise: panafricanisme ou néocolonialisme?* Anvers : Editions EPO, p. 334.
② Georges Nzongola-Ntalaja,"The Role of Intellectuals in the Struggle for Democracy, Peace and Reconstruction in Africa: Presidential Address delivered at the 11th Biennial Congress of the African Association of Political Science (A APS) in Durban, South Africa, June 23 - 26, 1997", *African Journal of Political Science*, 1997, Vol. 2 No. 2, 1 - 14.
③ Francis Fukuyama, *The End of History and the Last Man*. London: Hamish Hamilton,1992.
④ Michael Nest,"Ambitions, Profits and Loss: Zimbabwean Economic Involvement in the Democratic Republic of Congo", *African Affairs*, July 2001, Vol. 100, NO. 400, pp. 469 - 490.

的第一届民选政府(该政府被蒙博托在美国中央情报局的支持下被推翻)获得了他的合法性,而且他决心完成它的使命。正如迈克尔·内斯所信,卢蒙巴试图提升由国家定义、追求和保护的国家利益,使之高于种族、宗教或阶级"引起分歧的"利益。在这个意义上讲,卢蒙巴的民族主义愿景类似于其他后独立运动的领袖,例如在加纳的恩克鲁玛或在坦桑尼亚的尼雷尔,他们在民族主义的范畴,看到了国家权力的扩张和中央统治作为实现国家统一和有利于非洲人,并由非洲人而非欧洲人控制的,经济发展模式的一种手段。①

在这个意义上讲,可以想像,洛朗·卡比拉面临一个艰难的选择。西方国家对卡比拉的期望和他们对蒙博托的期望相同:要么让国际金融和大的跨国公司,如柏克德,基于它们股东的利益来管理刚果矿产资源的开发("剥夺模式");要么重建一个强大的、革命性的和可以提供足够权力的国家,来推动这个长期以来群众一直被剥削的,实行不以群众需要为中心(而是以西方列强的需要为中心)的经济发展计划("收回模式")的国家的发展。几内亚比绍和佛得角政治思想家阿米尔卡·卡布拉尔(Amílcar Cabral)认为,正是在这样的背景下,新的统治者正面对一个可怕的进退两难的境地:他们要么与国际资产阶级为伍,以保持新殖民主义结构完整,但背叛革命;要么改变这些结构,为人民利益服务,与人民最深层次的渴望达成一致。②

这种两难境地可以解决我们研究的问题,那就是:"为什么资源战争在刚果(金)持续发生?"

因为刚果(金)的发展取决于刚果领导人做出的选择:如果他们选择独立发展的道路,拒绝服从,他们就会惹上麻烦;如果他们选择为西方列强的利益服务,他们保持权力的时间会更长(特别是忠于美国这一唯一的超级大国会带来更多的合法性),但他们留给他们国家的是彻底的落后。那么,洛朗·卡比拉选择了什么?

1997年7月,在一个"发展优先事项讨论会"上,洛朗·卡比拉呼吁完全

---

① Michael Nest, "Ambitions, Profits and Loss: Zimbabwean Economic Involvement in the Democratic Republic of Congo", *African Affairs*, July 2001, Vol. 100, NO. 400, pp. 469-490.
② Amilcar Cabral, *Revolution in Guinea: An African people's struggle*, London: Stage One, 1974, p. 105.

摆脱前政权的剥削和奴役行为。①对洛朗·卡比拉来说,在蒙博托 32 年之久的统治期间,不加限制的自由主义并没有带来民主、和平与发展。

套用乔治·恩荣格拉·恩塔拉耶的说法,洛朗·卡比拉试图从根本上改变从蒙博托政权继承的刚果(金)的经济结构和国家的性质,并重建一个能够满足人民预期的独立的新国家,即基本人权和物质的繁荣。②卡比拉政府与跨国公司和国际金融机构之间的关系从来没有好过。正如前面的章节阐述的,美国预期的是连续性,但洛朗·卡比拉提倡的是不连续性,他把相互尊敬、互不干预内部事务和双赢合作作为引导美国-刚果关系的原则,即他要求国际关系和政治在一个主权国家政府的网络内进行。③这就是为什么他陷入了麻烦,直到 2001 年 1 月 16 日被暗杀。

许多学者对卡比拉的 44 个月的总统任期所留的政治和经济的影响结果进行了研究。他们都承认虽然洛朗·卡比拉面临许多挑战,特别是当他发现国家金库空空如也时,但是他们的结论是,卡比拉已尽了最大努力。

二、在经济方面

鲁德·马顿斯(Ludo Martens)认为,在卡比拉执政的第一年,刚果人民享受了短暂的喘息时间;他们可以再一次一天能吃三餐,因为基本商品的价格大幅下降了,市场价格稳定了,道路和桥梁都被修缮了,公共交通恢复了,供电扩展到首都金沙萨的郊区。新的货币称为"刚果法郎"被发行,并且通货膨胀率从 1996 年的 741% 下降到 1997 年的 6%(通货膨胀已在 1993 年达到四位数的程度即 8828%)。海关和货物税增加了,其收入从 1996 年的 800 万的美元到 1997 年的 2500 万美元。腐败被严厉打击以至于国家财政收入能大幅增加,被发现的挪用公款(掠夺或把国家机构作为一个挤奶的奶牛)的部长们甚至都被抓进了监狱,包括财政部长费尔南·塔拉恩盖(Fernand

---

① Ludo Martens, *Kabila et la révolution congolaise: panafricanisme ou néocolonialisme?* Anvers: Editions EPO, 2002, p. 234.
② Georges Nzongola-Ntalaja, "The Role of Intellectuals in the Struggle for Democracy, Peace and Reconstruction in Africa: Presidential Address delivered at the 11th Biennial Congress of the African Association of Political Science (A APS) in Durban, South Africa, June 23 - 26, 1997", *African Journal of Political Science*, 1997, Vol. 2 No. 2, 1-14.
③ Alex Thomson, *An Introduction to African Politics (3rd edition)*, London and NewYork: Taylor & Francis Group, 2010, p. 155.

Talangai)、运输和通讯部长的奥黛特·巴巴多哇(Odette Babandoa)和信息部部长的拉斐尔·根达(Raphael Gendha)。首都金沙萨的安全恢复了,老百姓从蒙博托的低收入士兵的敲诈勒索下解放了(那些恢复这种恶劣不正之风的 67 个新军队的成员被逮捕和监禁)。①

迈克尔·内斯指出,必要的收入仍然是至关重要的(特别是对于短期的目的而言),并且在这个历史性的转变下,官员们不再把他们的注意力放在采矿业和过分地征收个人和企业的税赋上。正如内斯所言,因为他寻求收入,卡比拉政府致力于重新配置与社会行动者的关系,以更好地收税;同时开发了钻石行业,并最终致力于国内和国际的商业行为,以及外国国家行为体都加入并支持了卡比拉的政府这方面的努力。②

事实上,当洛朗·卡比拉把钻石给"以色列钻石行业协会集团公司"(Israeli Diamond Institute,IDI)垄断开发,以换取武器和一些军事训练的专业知识(矿物换军事训练),与蒙博托关系密切的黎巴嫩钻石商人已失去了该钻石贸易的垄断地位,这就是为什么黎巴嫩人与洛朗·卡比拉遇刺有关的原因。当他的儿子约瑟夫·卡比拉接任总统之位,他立即放开了钻石业。③

为了实现教育、保健和住房为所有人服务的目标,洛朗·卡比拉认为,在私人契约能动性是无效的或是不够的部门里,国家必须进行强制干预,以创造有利于增长的条件,尤其是私有化已久的运输部门。

想要解决刚果(金)的"准国家"(quasi-state)综合症④(此术语用来表示一国依赖外援来弥补其内部的弱点),⑤卡比拉强调自力更生和南-南双赢合作,并且在没有来自国际货币基金组织和世界银行的任何帮助的情况下,实现了这种快速的变化。布雷顿森林机构对刚果资金支持的条件包括刚果

---

① Ludo Martens, *Kabila et la révolution congolaise: panafricanisme ou néocolonialisme?* Anvers: Editions EPO, 2002, p. 232.
② Michael Nest, "Ambitions, Profits and Loss: Zimbabwean Economic Involvement in the Democratic Republic of Congo", *African Affairs*, July 2001, Vol. 100, NO. 400, pp. 469-490.
③ Roland Pourtier, "Du Zaïre au Congo: un territoire en quête d'Etat", *Afrique Contemporaine*, 1997, NO. 183, pp. 7-30.
④ Robert Jackson, *Quasi-states: Sovereignty, International Relations and the Third World*. Cambridge: Cambridge University Press, 1990.
⑤ William Reno, Op. cit., 94 above.

（金）与他们之间的关系的正常化以及卡比拉政府承诺偿还所有前政权已经签约的债务。正如我们在以前的章节中指出的那样，这也是1997年12月在布鲁塞尔进行的"刚果（金）之友"会议的立场。刚果（金）之友承诺了微不足道1300万美元，他们的条件是，新政权要立即进行"民主化"，并且拒绝了卡比拉自制的刚果重建计划，使得国际货币基金组织和世界银行无法施展影响。在他任总统44个月期间，卡比拉没有产生新的债务，没有将钱存入外国银行（否则西方媒体在他去世后将会谈论这个，他们非常擅长这一点），并且他证明了刚果（金）能自我维持。卡比拉政府禁止使用外币以打击黑市交易和经济的美元化，并推行了国家货币，就像在每个其他国家的情况那样。①

三、在政治方面

中国学者赵国忠、温伯友和杨光对动荡不稳定的非洲（1998—1999年）进行了分析，认为在1998年非洲动荡不稳定的形势中刚果（金）发生的"内战"是最突出的事件。据赵国忠、温伯友和杨光来看，1998年8月2日在刚果（金）爆发的战争有很多内部因素，洛朗·卡比拉虽然在军事上是强者，但在政治上却缺乏管理国家的经验；洛朗·卡比拉执政一年多，金沙萨重新出现了腐败以及利用镇压手段扩大权力的现象；人们在支持推法蒙博托时对政治与经济改革所包的希望落空；国内民众对卡比拉未能兑现上台时的承诺不满，流亡在外的蒙博托支持者伺机反扑，加上与乌干达、卢旺达等邻国关系恶化。1998年7月27日，卡比拉宣布所有外国士兵，其中包括卢旺达和乌干达必须离开他的国家（所谓的"刚果图西族巴尼亚穆伦格人（Banyamulenge）"的武装叛乱的理由）。②

这个外部学者和专家的评估让我们能够快速地并客观地评价卡比拉统治的政治和经济方面的遗产及其全球影响。

---

① Bienvenu Mundala, "Economy-Congo: Kabila Government Bans Use of Foreign Currency", *Inter Press Service*, January 15, 1999, http://www.ipsnews.net/1999/01/economy-congo-kabila-government-bans-use-of-foreign-currency/. HYPERLINK "http://thinkafricapress.com/economy/consensual-rape-francafrique-currency-markets". 登录时间2014年9月21日。
② 赵国忠、温伯友、杨光主编：《中东非洲发展报：1998—1999》，社会科学文献出版社1999年版，第13—14页。

不过，卡比拉在1998年7月27日宣布所有外国士兵，其中包括卢旺达和乌干达士兵必须离开他的国家之后，他希望自己国家前行的方向变得更加清晰。

实际上，中国学者汪淼认为，卡比拉也面临了很多挑战，包括解决部族问题、巩固新生政权，特别是"干党争鸣"的问题、恢复和发展经济、卢旺达难民问题。①

上台以后，洛朗·卡比拉立即恢复了卢蒙巴创立的所有独立性的符号：国旗、国歌和国名——刚果（金）。

然后，他开始动员群众通过建立"人民力量委员会"，以帮助群众从地方层面上升到国家层面分析自己的问题（自下而上），想出他们自己的解决方法，并加以实施。通过利用废弃了好多年的政治和经济权力，在全国各地社区协会动员解决自身的问题，依靠自己（首先依靠自己，然后寻求支持，以完成自食其力的原则），把他们的命运掌握在自己的手中，并获得了国家支持。

卡比拉还倡导了全国服务，它汇集了从全国各地招募的年轻人，以在他们的心中打造民族团结和民族意识，使他们能够一起工作，并学习新的技能，这随后将使他们对社会更有用；对他们提供思想政治教育，从而使他们获得新的价值观，如把公共利益放在自己的利益之上、热爱工作、诚实对待他人、道德、正直、纪律、团结和国家手足情谊。2005年10月27日，法国"没有生命意义"的危机、"缺乏榜样"危机和"身份危机"有关而爆发的青年骚乱之后，2005年11月，法国总统雅克·希拉克（Jacques Chirac）对法国青年也采用并主张了相同的方案。② 西方国家也可以学习非洲国家的经验。

新卡比拉政府承诺自由和公正的选举，但没有对政治活动实现自由化。它旨在成立一个新的国民大会，其任务是为每个人确立在新宪法中规定的游戏规则。多党民主从1990年开始，蒙博托留下了400多个政党，这就是许

---

① 汪淼：《刚果民主共和国总统——洛朗·卡比拉》，《亚非纵横》1997年第3期，第34—36页。
② "Jacques Chirac propose un service civil", *La Croix*, November 15, 2005, http://www.la-croix.com/Actualite/France/Jacques-Chirac-propose-un-service-civil-NG-2005-11-15-589567. 登录时间2014年11月6日。

多分析师所称的"多蒙博托主义党"。目前在刚果（金）有超过 465 个政党。①在宣誓就任总统的当天，卡比拉宣布了一项精确的民主进程日历，拟于 1999 年 4 月实行普选，他宣布，应使用刚果（金）自己的钱举办该普选。

胡安·乌加里萨（Juan Ugarriza）认为洛朗·卡比拉决心建立一个灵感来自中国的社会主义国家。这无疑与他长期的革命生涯即近 36 年来坚持对抗蒙博托有关，而且由美国支持的卢旺达和乌干达的外国入侵使他更加激进（这是同一个支持蒙博托强横统治 32 年之久的美国）。卡比拉从许多社会主义国家得到思想训练，以及他一生中作为神话人物的革命战友，如帕特里斯·卢蒙巴、皮埃尔·穆莱莱、毛泽东、切·格瓦拉……这些经历把他变成一个忠实的毛泽东主义者，愿意花一生去进行革命，使刚果（金）成为一个地区强国和非洲的甚至全球社会主义思想的中心。② 这被视为威胁到自蒙博托上台以来美国在该地区的"传统影响"。

然而，卡比拉总是避免解释他在哪些国家学习了或接受了培训的细节，因为如果他这么做，人们会说："正是在这样和这样的国家形成了他的世界观，并且他现在再现的正是他们教他的那些。我不喜欢那样。"③

勒内·勒马尔尚（René Lemarchand）提出了他所谓"卡比拉的矛盾心理，在某些声明中他强调自由主义，在其他的声明中他强调马克思主义的方法，与几内亚比绍和佛得角政治思想家阿米尔卡·卡布拉尔的'非洲社会主义'的思想，所有这一切是与为农村群众的利益改变生产方式的思想相媲美的"。④

然而，作为卢蒙巴的继承人，洛朗·卡比拉保留了一个马克思主义者的色彩，尤其是一种强烈的民族主义情绪，这使他赢得了很大一部分的刚果人的支持，不仅是在他的家乡的加丹加省（加丹加省的分裂早已远去），也在首

---

① Saint Hervé M'Buy, "Foisonnement des partis politiques：Mende propose des pistes de solution", *L'Avenir*, 2 novembre 2014, http://www.groupelavenir.org/spip.php? article2128. 登录时间 2014 年 11 月 6 日。
② Juan E. Ugarriza, *Ideologies and Conflict in the Post-Cold War: Afghanistan, D. R. Congo, Colombia*. The University of North Carolina at Chapel Hill, ProQuest, UMI Dissertations Publishing, 2007, pp. 69 – 72.
③ Christian Castéran et Blaise-Pascal Talla, "Laurent Desire Kabila：'Le Peuple Vaincra!'", *Jeune Afrique Economy*, N0 286 – Du 3 au 16 Mai 1999.
④ René Lemarchand, "Pattern of state collapse and reconstruction in Central Africa：Reflections on the Crisis in the Great Lakes region", *Africa Spectrum*, 1997, Vol. 32, N0. 2, pp. 173 – 193.

都金沙萨。①

柏克德刚果重建计划和卡比拉的愿景是截然相反的。这就是为什么分析家,如皮埃尔·昂格勒贝(Pierre Englebert)认为卡比拉一成不变的僵化思想,和他自己飘忽不定的性格特质阻止了与美国建立一个持久和积极的关系(美国投资者在1998年给这个国家带来了5800万美元)。②

昂格勒贝进一步写道,从1967年到1980年代末,卡比拉在南基伍合瓦宝来地区(Hewa Bora),在菲济-巴拉卡(Fizi-Baraka)地区,统治着一个社会主义的微型国家,远离蒙博托的力量,自耕自足,越过坦桑尼亚边境走私(黄金和象牙),用当地的农民作劳动力,并且偶尔劫持西方人质索要赎金(包括在1975年美国和荷兰的研究人员)。在那里,他创立了人民革命党(People's Revolutionary Party, PRP)。卡比拉上台掌权后,他在大体上尝试复制蒙博托个人统治的系统,虽然更加独断。卡比拉也亲自挪用国家资产,纵容自己的亲信从事类似的行为。③美国对卡比拉不满的另一个明确迹象是1997年和2012年分别在《新闻周刊》(Newsweek)和《小规模战争杂志》(Small Wars Journal)上发表的几篇文章,其中讽刺地转载了切·格瓦拉怎么看洛朗·卡比拉。随着他在卡比拉的游击队度过了七个月的时间之后,据说,切·格瓦拉认为,卡比拉作为一位革命家成功的机会很渺茫。④

"如果有人问我是否有个人在刚果(金)能够成为全国知名人物,我不能肯定地回答了。唯一有潜力成为一个大规模的领导者的人是卡比拉——完全纯粹的革命者,如果他不具有领导能力,则不能引领一场革命;但有领导技能的人,根据事实情况,不一定能成为一位革命领袖。人应该要严肃,并具有一种意识形态和牺牲的精神。到目前为止,卡比拉已没有显示任何这

---

① Roland Pourtier,"Du Zaïre au Congo : un territoire en quête d'Etat", *Afrique Contemporaine*, 1997, N0. 183, pp. 7 – 30.
② Pierre Englebert, "Life Support or Assisted Suicide? Dilemmas of US Policy towards the Democratic Republic of Congo", In Nancy Birdsall et al. (eds.). *Short of the Goal: US Policy and Poorly Performing States*. Washington: Brookings Institution Press, 2006, pp. 53 – 82.
③ Ibid. , pp. 53 – 82.
④ Shawn Russell, "Mao Zedong's On Guerrilla Warfare and Joseph Kabila's Lost Opportunity", *Small Wars Journal*, July 10, 2012.

些特质。他年轻(26岁),可能会改变,但现在我严重怀疑他是否将能克服其缺陷。当然这在多年以后才能被证明是正确或错误的。"格瓦拉在他的日记中写道。①另一个讽刺当然是,32年后,有决心的洛朗·卡比拉成为新刚果总统,并赞扬了切·格瓦拉作为"一个国际主义者,为正义事业而战的人,在一个不属于他的国家,仅通过纯粹的理想主义而在那里战斗,为别人的目的慷慨而战"。②

回到上述昂格勒贝的指控,应该说,很难调和这些指控与这一事实,从蒙博托的盗贼统治,卡比拉继承了一个崩溃的经济、一个充满民族区域的敌意的社会,并饱受贫穷和令人震惊的社会的不平等之苦;并且当他开始重建这个国家,仅仅16个月后他就上台掌权,卡比拉面临着一场由卢旺达、乌干达和布隆迪,由盎格鲁-撒克逊的权力(主要是英国和美国)驱使的,在1998年8月入侵的战争。此外,如果采矿部门是刚果财政收入的主要来源,从逻辑上,卡比拉别无选择,只能为战争而分配矿业收入的很大一部分,用来对抗外部攻击和入侵并保卫国家。同时,西方把战争描绘成一场叛乱。

然而,所谓的主要反叛集团"刚果民主联盟-戈马"(The Rally for Congolese Democracy-Goma or RCD-Goma)很快分裂成三个派别:原刚果民主联盟、全国性的刚果民主联盟和人民的刚果民主联盟,他们都是由乌干达和卢旺达控制。同时,乌干达也支持了约翰-皮埃尔·本巴(Jean-Pierre Bemba)的"刚果(金)的解放运动"(Mouvement de Libération du Congo, MLC)。③

---

① *Newsweek* Staff, "How Che Saw Kabila", *Newsweek*, April 20, 1997, http://www.newsweek.com/how-che-saw-kabila-171416. 登录时间 2014年9月29日。
② Christian Castéran et Blaise-Pascal Talla, "Laurent Desire Kabila: 'Le Peuple Vaincra!'", *Jeune Afrique Economy*, NO 286 - Du 3 au 16 Mai 1999.
③ Gwinyayi Szinesa and Joyce Laker (Rapporteurs), "Post-Conflict Reconstruction in the Democratic Republic of Congo", Policy Advisory Group Seminar Report, Vineyard Hotel, Cape Town, South Africa, 19 - 20 April 2010.

刚果(金)成了一个支离破碎的由外部的各种军阀支持的国家。①这场战争正进行得如火如荼,夺走了800万刚果人的生命,并有系统地掠夺了刚果(金)的自然资源和矿产资源。美国的双重标准又一次显现,2014年9月,布隆迪渔民发现40—100具尸体,有的包裹在黑色塑料袋,在阿卡尼亚鲁(Akanyaru)河上漂浮,后者从卢旺达流入分隔卢旺达和布隆迪的鲁伊鲁(Rweru)湖;这表明在卢旺达发生了一场屠杀——美国敦促调查,因为他认为:"受害者应该得到确定,他们的家人有权知道他们的命运,而那些负有责任者应绳之以法。"另外,在卢旺达,国际社会的关切是,虽然卢旺达已取得经济和发展成果,但是卢旺达缺乏民主机构,反对党不能共享政治空间,流亡在外的政府批评者被杀害了(卢旺达应该进行和平民主对话和过渡),侵犯人权行为和虐待行为,包括许多卢旺达公民的失踪继续发生,新闻自由受到限制,等等。②

然而,卢旺达、乌干达、布隆迪和他们在刚果(金)策划所谓的叛军杀害了800万刚果人。美国从来没有要求那些卢旺达和乌干达在刚果(金)负反人类罪、种族灭绝罪的人被绳之以法。③套用俄罗斯总统弗拉基米尔·普京(Vladimir Putin)话:"或早或晚,创建卡加梅的美国人将面对他们自己政策的后果,付出他们的努力解决他们自己造成的风险,并且他们将为自己在非洲大湖区的战略付出代价。"④(卡加梅成为一项负债,而不是资产;对美国在该地区的利益变成威胁,而不是一个可靠的盟友。)

---

① William Reno, Op. cit., 94 above.
② Patrick Nduwimana, Clement Uwiringiyimana and Lesley Wroughton, "U. S. urges probe over corpses found in Rwanda-Burundi border lake", Reuters, Sep 25, 2014, http://www.reuters.com/article/2014/09/25/us-burundi-bodies-rwanda-idUSKCN0HK21C20140925.登录时间2014年10月2日。另见:US Congress House Committee on Foreign Affairs Subcommittee on Africa, Global Health, Global Human Rights, and International OrganizationsSubcommittee: Hearing: Developments in Rwanda, Wednesday, May 20, 2015, http://foreignaffairs.house.gov/hearing/subcommittee-hearing-developments-rwanda.登录时间2015年5月27日。
③ 已故英国前外交大臣罗宾·库克(Robin Cook),2003年在伦敦城市大学进行他的回忆录的发行会,题为"出发点",他在回答笔者提问时说:"虽然在1994年种族灭绝之后卢旺达安全的担忧是可以理解的,但是当前在基加利的政权对刚果战争负有重大的责任。"
④ Meeting of the Valdai International Discussion Club, Presidential Press and Information Office, October 24, 2014, http://eng.kremlin.ru/news/23137.登录时间2014年11月14日。

表 4　国际承认的自 1994 年以来在刚果(金)和非洲大湖地区犯下的详细罪行的报道

报　告	内　容
2012 联合国小组专家(黑格)的报告	卢旺达和乌干达在刚果民主共和国指挥代理民兵团体的作用正在发挥
2010 年测绘项目报告	1993—2003 年在刚果民主共和国犯下的对人权和国际法律严重侵犯
2009 年木桂格(Mukwege)和南吉尼(Nangini)的报告	用极端暴力强奸：在刚果民主共和国的战争、破坏和流离失所的一种武器
2008 年由联合国专家的报告	关于在刚果民主共和国参与融资冲突中的几个公司，特别是武装团体
2005 年的联合国安理会决议第 1756 号	关于在刚果民主共和国自然资源的非法贸易和贩卖军火的增值
2005 年卢图恩杜拉(Lutundula)的报告	关于在刚果民主共和国的非法采矿和合同
2004 年的联合国安理会第 1533 号	关于在刚果民主共和国的武器非法流量和对所有外国和刚果部队武器禁运
2002 年卡塞姆(Kassem)的报告	关于在刚果民主共和国的自然资源的非法开采和贸易
1994 年格索尼(Gersony)的报告	关于保罗·卡加梅领导的卢旺达爱国阵线在其后期卢旺达种族灭绝内战的军事胜利后，犯下的大规模屠杀

来源：Friendsofthecongo.org.

总结这一节内容(笔者的评价)，卡比拉的马克思主义倾向不断显现，这就是为什么美国想要摆脱他的主要原因之一。美国人对卡比拉拒绝柏克德公司的刚果重建计划感到失望。杰勒德·普吕尼耶(Gérard Prunier)毫不迟疑地称呼卡比拉"一位未经改造的共产主义者"(这意味着卡比拉是一个专制和独裁的统治者)[①]——美国提出过同样的指控反对帕特里斯·卢蒙巴，并导致了他被暗杀。这一次，卡比拉的政府遭受了一场侵略战争，并且在 2001 年 1 月 16 日，卡比拉本人最终被暗杀了(几乎在同一天卢蒙巴被暗杀了，即 1961 年 1 月 17 日)。在刚果(金)，华盛顿一直反对任何不由美国控制的刚果政府。洛朗·卡比拉不希望围绕美国的刚果重建，所以他拒绝了刚果重建只能通过柏克德的计划的想法。

[①] Gérard Prunier, *Africa's World War: Congo, the Rwandan genocide and the making of a continental catastrophe*. New York: Oxford University Press, 2009.

然而，卡比拉的民粹主义措施唤醒了民众的民族主义情绪，因为他们开始享受国家提供给他们的一些在蒙博托32年长的掠夺性统治期间被剥夺的好处，以及已经被拒绝提供给他们的和平、发展和人的尊严。这些民粹主义的措施的成果帮助了该国抵御外来侵略。

第三节 "奥巴马刚果法案"与"一加四"失败国家的试验模式

已经提供的事实表明奥巴马刚果法案的目标可概括如下：

（1）要想使得非洲最大的国家之一（刚果民主共和国）重获和平与稳定，需要美国进行重大投入，以支持其全国大选，重新接纳前战斗人员，接收和重新接纳难民与国内流离失所的人。

（2）确立中央政府对国内广大领土的控制，促进民族和解与良好统治。

（3）敦促刚果政府承认其责任并按照其责任立即让安全部队遵守纪律，让那些犯下暴行和其他违反人权罪行的人，尤其是那些将强奸妇女作为战争行为的人得到应有的惩罚。

（4）为支持刚果政府的努力，联合国驻刚果维和部队及其他相关机构应解除卢旺达民主解放军及其他非法武装集团的武装，并遣送他们回国。

（5）充分利用联合国驻刚果维和部队（法文缩写：*Mission des Nations Unies au Congo*，MONUC），达成约束人们行为准则和计划的谅解备忘录，保证所有派遣军人参加联合国驻刚果维和部队的国家遵守，以防止性虐待和贩卖人口。

（6）增加联合国驻刚果维和部队的力量，以确保刚果（金）的暴力及招募童子军的行为得到终止；加强武器禁运，并允许对刚果（金）的自然资源，尤其是东部地区的自然资源进行有效地保护。[①]

使得非洲最大的国家之一（刚果民主共和国）重获和平与稳定，意味着它已成为一个失控的国家。奥巴马刚果法案心照不宣地承认，刚果政府已经失去了控制，不仅包括其广袤的领土，而且包括其武装部队，以及刚果

[①] U.S. Senate, 109th Congress, 2nd Session (January 3, 2006), "S. 2125, Democratic Republic of the Congo Relief, Security, and Democracy Promotion Act"(see Section101), http://thomas.loc.gov/cgi-bin/bdquery/z? d109:S2125. 登录时间2013年11月22日。

（金）符合所有被认为是一个失败的国家或者一个崩溃的国家（一个崩溃的国家是指一个停止执行国家正常预期功能的国家）的标准。①

一些美国学者，如杰弗里·赫布斯特（Jeffrey Herbst）和格雷格·米尔斯（Greg Mills）甚至指出，刚果（金）不存在，刚果（金）并不是一个失败的国家，它是一个非国家。②所以是时候让国际社会停止假装，因为刚果（金）除了在城区之外，根本没有主权权力，这使国家的三分之二，估计有7500万人，不在中央政府的职权范围内。因此，一个刚果国家这一概念已失去其效用。③这是由无休止的大规模屠杀、人口贩运、征兵和武装孩子们、由民兵组织、政府军队和联合国维和部队对妇女和少女犯下的性剥削和强奸、非法开采自然资源、少数民族的政治主张平等权利的要求等等造成的，这一切正在刚果（金）发生（这意味着，刚果（金）的问题都是由于内部因素。背后的西方大国和跨国公司的捣乱变得不可见。这是本末倒置）。此外，所有这些因素威胁的不仅是美国的战略利益，而且也是卢旺达和乌干达及其盟友的安全。因此，这就是美国的人道主义干预的理由。

当然，回到完全和平与稳定符合刚果（金）的利益。这就是为什么刚果（金）不仅与叛军，也与支持叛军的卢旺达和乌干达签署了以下所有的和平协议。

如前一章解释，在1999年7月，在赞比亚首都卢萨卡，刚果（金）、安哥拉、纳米比亚、卢旺达、乌干达、赞比亚和津巴布韦的国家元首签署了一项和平协议，以试图结束爆发于1998年8月2日的第二次刚果战争。卢萨卡停火协议，意味着一个稳定刚果（金）的机会，提供的是：停火、战俘释放、所有外国军队从刚果（金）的撤出、刚果全国对话的召开、所有的民兵和武装团体的裁军、在整个刚果（金）重新确立国家权力、建立一支新的统一的刚果军

---

① Sally Mathews and Solomon Hussein, "The Challenges of State Collapse in Africa: The Case of the Democratic Republic of Congo", *Africa Insight*, Vol. 31, No. 3, 2001, pp. 24-31.
② Jeffrey Herbst and Greg Mills, "The Invisible State: It's time we admit the Democratic Republic of Congo does not exist", *Foreign Policy Magazine*, June 24, 2013, http://www.foreign policy.com/articles/2013/06/24/the_invisible_state. HYPERLINK "http://thinkafricapress.com/economy/consensual-rape-francafrique-currency-markets". 登录时间 2014年11月17日。
③ Jeffrey Herbst and Greg Mills, "There Is No Congo: Why the only way to help Congo is to stop pretending it exists", *Foreign Policy Magazine*, March 18, 2009, http://www.foreignpolicy.com/articles/2009/03/17/there_is_no_congo. 登录时间 2014年11月17日。

队,并且有一支联合国维和部队的部署。①

  2001年10月,在埃塞俄比亚首都亚的斯亚贝巴刚果人之间的对话开始,后来在2002年2月,移到南非的太阳城。对话汇聚政府、武装派别、公民社会、手无寸铁的平民和反对派。博茨瓦纳前总统凯图米莱·马西雷(Ketumile Masire)主持了该对话。2002年12月,在南非总统塔博·姆贝基的指导下,刚果各方签署了全球的和包容各方的协议,以使这场战争结束,其中概述了在刚果(金)的政治过渡的框架。协定提供了一个为期两年的过渡政府,但经两次延期延长了6个月(2003—2006年),概述了"一加四"(1+4)模式:一个总统或国家领导人与四个副总统共同领导这个国家。

  这意味着,2001年1月接替他被暗杀的父亲的约瑟夫·卡比拉(Joseph Kabila)总统,不得不与四位副总统分享权力或"总统的空间",即:(1)"刚果民主联盟-戈马"(The Rally for Congolese Democracy-Goma or RCD-Goma)叛乱领导阿扎里亚斯·鲁伯瓦(Azarias Ruberwa),一位卢旺达血统的图西木巴尼亚穆伦格人(Munyamulenge),负责政策、国防和安全委员会;(2) 刚果(金)的解放运动(Mouvement de Libération du Congo,MLC)的领导人约翰-皮埃尔·本巴(Jean-Pierre Bemba),一个蒙博托派,负责经济和财政委员会;(3)阿卜杜拉耶·耶罗迪亚恩多贝西(Abdoulaye Yerodia Ndombasi),属于"为重建和民主的人民党",约瑟夫·卡比拉总统的政党,代表前和平协定政府(他是洛朗·卡比拉的外交部长),负责国家重建和发展委员会;(4)亚瑟·扎西迪·恩戈马(Arthur Zahidi Ngoma),代表非武装反对派,负责社会和文化委员会。②刚果人对话的最后部分在2003年4月签订于南非太阳城。③

  同时,其他两项协议——2002年7月由南非调解的金沙萨和基加利之间的比勒陀利亚协定、2002年9月由安哥拉调解的金沙萨和坎帕拉之间的

---

① U. S. Senate, 109th Congress, 2nd Session (January 3, 2006),"S. 2125, Democratic Republic of the Congo Relief, Security, and Democracy Promotion Act"(see Section101), http://thomas.loc.gov/cgi-bin/bdquery/z? d109:S2125. 登录时间2013年11月22日。
② Claude Kabemba and Roger Kabasomba, "The Democratic Republic of Congo: Diagnosis of the Prospects for peace", *Institute for Global Dialogue*, October 2003, Issue N0. 27, http://www.igd.org.za/publication/Global%20Insight/gi_27.pdf. 登录时间2014年11月18日。
③ U. S. Senate, 109th Congress, 2nd Session (January 3, 2006),"S. 2125, Democratic Republic of the Congo Relief, Security, and Democracy Promotion Act"(see Section101), http://thomas.loc.gov/cgi-bin/bdquery/z? d109:S2125. 登录时间2013年11月22日。

罗安达协定——的达成,为外国军队撤出刚果(金)铺平了道路。①

过渡期间,在"一加四"(1＋4)制度下,交战各派分享了权力(1 位总统和 4 位副总统,这 4 个人就是在战争中的 4 个主要派别的领导人)。他们甚至彼此之间划分了国有企业和大使馆,每个派系管理自己的份额,就像一个民营企业,剩下的刚果国家因此由军阀统治。这就是威廉·雷诺称为"使国家变成躲在国际主权的烟幕下的进行经济掠夺的私营企业"。②

来自国际金融机构的资金支持对过渡政府是必不可少的。2002 年,国际货币基金组织同意了一个 7 亿美元、为期三年、跨部门的应急计划。③就其自身而言,世界银行提供了 4.5 亿美元的一部分。2002 年 9 月初,作为官方的双边债权人巴黎俱乐部的成员,美国也同意免除刚果(金)的双边债务的 80%,约合 84.9 亿美元的本金欠款和欠款利息(interest on arrears)——必须偿还主要的负债,然后必须偿还欠款利息,如果没有按时地偿还主要的负债和其积累的利益欠款,必须付罚金——及 2002 年 7 月、2005 年 6 月到期的 4.9 亿美元的主要欠款和利息的利息。④2003 年 8 月,国际货币基金组织和世界银行还同意给予刚果重债穷国("Heavily Indebted Poor Countries" or HIPC)地位。尽管刚果(金)的宏观经济表现仍然不稳定,该国有资格获得美国大约 100 亿美元价值的债务减免。⑤

过渡政府几乎是由欧盟及其成员国、美国、国际委员会(the International Committee in Support of the Transition, CIAT)、其他捐助者如国际货币基金组织和世界银行等等掌控。如让·奥马索博(Jean Omasombo)所信,这是一个"从外部开始的解决方案"。国际委员会不仅仅伴随着过渡政府机构。尽

---

① U. S. Senate, 109th Congress, 2nd Session (January 3, 2006), "S. 2125, Democratic Republic of the Congo Relief, Security, and Democracy Promotion Act"(see Section101), http://thomas.loc.gov/cgi-bin/bdquery/z? d109:S2125. 登录时间 2013 年 11 月 22 日。
② William Reno, Op. cit., 94 above.
③ International Development Association/International Monetary Fund/Enhanced Heavily Indebted Poor Countries (HIPC) Initiative: Preliminary Document on the Democratic Republic of Congo. Prepared by the Staffs of the International Monetary Fund and the World Bank, May 24, 2002, https://www.imf.org/external/np/hipc/2002/cod/codpd.pdf. 登录时间 2014 年 9 月 27 日。
④ "Le club de Paris annule 4,64 milliards de dette de la Rd Congo", *Digitalcongo.net*, 13/09/2002, http://www.digitalcongo.net/article/9148. 登录时间 2014 年 9 月 27 日。
⑤ "IMF and World Bank Support US＄10 Billion in Debt Service Relief for the Democratic Republic of the Congo", International Monetary Fund, Press Release No. 03/127, July 28, 2003.

管它否认了,但是国际委员会真的是一个完整的参与者,而且是引导过渡的手,并几乎定义了政府的工作。[1]

事实上,是威廉·莱西·斯温(William Lacy Swing)——美国驻刚果大使在当时通过所谓的支持过渡时期国际委员会监督过渡政府。这个委员会其实是一个代表 15 个国家和国际组织的外交机构,它的成立是在 2002 年 12 月刚果交战双方(叛军和政府)之间签署的和平协议中强制执行的(威廉·莱西·斯温是刚果(金)的"保罗·布雷默"——提到保罗·布雷默,一位美国外交官,在 2003 年美国入侵伊拉克之后,担任了国际公认的伊拉克政府的国家元首)。

然而,在国际委员会监督下,大部分的刚果领土实际仍是由两个主要反政府组织和他们的外国支持者,以及卡比拉政府的军队和他们的外国支持者所控制,即由乌干达和卢旺达支持的"刚果民主联盟-戈马"和"刚果(金)的解放运动"反政府组织,以及由安哥拉和津巴布韦部署支持的卡比拉政府的军队(特别是在开赛和加丹加省的战争前线)。

实际上,外国军队的相对脱离战斗正好与在本地的不安全感的增加相一致(同样的情况适用于伊拉克),这是由于相互竞争的群体,包括在东部臭名昭著的"马伊-马伊"("Maï-Maï or Mayi-Mayi")民兵,所争夺区域中心的政治控制。[2]在受政府控制的地区以及在那些受叛军所控制的地区,对国家资源的掠夺有增无减。国有企业和金融机构被视为用来补充各政党库房的奶牛。

另外,即使当奥巴马刚果法起草时,美国公司构成公司争夺"冲突矿产"的核心网络,是自 1998 年以来作为暴行和无休止的冲突的主要动力。据估计,超过 1300 家美国上市公司在刚果冲突地区获取矿物资源(前一章,这个数字已经被引用了,它值得在这里再次强调)。[3]绝大多数这些美国公司采购

---

[1] Jean Omasombo Tshonda et Noël Obotela Rashidi, "La dernière transition politique en RDC", dans : *L'Afrique des Grands Lacs, Dix ans de transitions conflictuelles*. Paris, L'Harmattan, 2005 - 2006, p. 233.
[2] "Leaving the Quagmire", *Africa Confidential*, 2002, Vol. 43, No. 19, pp. 3 - 5.
[3] Emily Chasan, "Just Four Companies Had Conflict Mineral Reports Audited", *The Wall Street Journal/CFO Journal*, September 18, 2014, http://blogs.wsj.com/cfo/2014/09/18/just-four-companies-had-conflict-mineral-reports-audited/? mod=yahoo_hs. 登录时间 2014 年 9 月 19 日。

的刚果东部的战略矿物是来自卢旺达和乌干达、叛军、武装的集团和各军阀。然而,奥巴马刚果法律不断诱发刚果冲突为代表的乌干达和卢旺达的"安全成本",甚至美国政府还暗示,国际恐怖分子从刚果(金)也寻求了铀和其他贵重矿物。[1]因为他们从卢旺达和乌干达、叛军、武装的集团和各军阀继续采购贵重矿物,所以我们可以得出结论,在这种情况下,美国公司也是国际恐怖分子。

此外,美国供应武器给卢旺达、乌干达和他们在刚果(金)支持的刚果叛军,并用来杀人、强奸和掠夺矿物。这表明,刚果(金)无法负责管理其内部事务,而不考虑冲突的外部链接和后果。这就是解决刚果国家的问题的错误方式。

例如,2012年10月26日,刚果总统约瑟夫·卡比拉派特使会见乌干达总统约韦里·穆塞韦尼,请他授权关闭布纳加纳(Bunagana)边防哨所,因为金沙萨担心,在布纳加纳,"M23反叛者们"利用这个开放边界点,从货运车辆和其他物品摄取收入。穆塞韦尼默许了,但警告称,刚果(金)必须为关闭边境"对人道主义局势产生的任何负面影响"的结果负责到底……[2]

穆塞韦尼知道他在说什么,关闭不久,M23在基本巴(Kibumba)攻击了刚果军队。作为反应,这个也被称为 Forces Armées de la République Démocratique du Congo (FARDC)的刚果武装部队,打死了900个图西族反叛分子中的150多个人,其中的300—450名(被疏散到卢旺达)被打伤。有些人穿着卢旺达军队制服和美国军队制服。事实上6位卢旺达高级军官也被打死了。刚果(金)失去了两个军官。卡加梅总统立即部署几个营的战士,配备夜视设备,使他们能在夜间战斗,包括美制护目镜以及120毫米的迫击炮(卢旺达不生产这些武器)。[3]

---

[1] Susan Rice, "U. S. Foreign Assistance and Failed States", Working Paper for the Brookings Website, November 25, 2002.
[2] Edison Akugizibwe, "Inside Story: How Kabila Forced Uganda To Close Bunagana Border Post", *Chimpreports.com*, November 14, 2012, http://chimpreports.com/index.php/special-reports/6966-inside-story-how-kabila-forced-uganda-to-close-bunagana-border-post.html. 登录时间 2014年1月11日。
[3] Colette Braeckman, "Cinq questions après la chute de Goma", *Le Soir*, Novembre 21, 2012, http://blog.lesoir.be/colette-braeckman/2012/11/21/cinq-questions-apres-la-chute-de-goma/. 登录时间 2014年1月11日。

经过一阵顽强抵抗,他们占领了戈马,驱散了刚果军队,并从戈马追赶他们30公里到萨克(Sake)。刚果军队击退他们,给他们造成了重大损失,但卢旺达人后来重新占领了萨克镇。在刚果的联合国组织稳定特派团(其法文缩写作为联刚稳定团,The United Nations Organization Stabilization Mission in the Dem. Rep. of Congo,MONUSCO)甚至拍摄到三辆卢旺达的坦克被赶出卢旺达的军事基地,越过边界到鲁曼加博(Rumagabo)军事基地,后者是M23图西族民兵在刚果(金)的总部。[1]

总结地说(笔者的评价),奥巴马刚果法案没有实现"非洲最大的国家刚果(金)完全返回和平与稳定",需要批判性地分析美国的影响,即美国发挥的秘密作用使刚果(金)在它的历史的过程中退化成一个失败的国家。

事实上,詹姆斯·特劳布(James Traub)提供了刚果国家失败在奥巴马刚果法律中真实的意义。刚果(金)是一个失败的国家,因为那里的冲突对美国和西方国家构成真正的危险。那里真正的危险不是恐怖主义,刚果(金)没有威胁美国的恐怖分子。詹姆斯·特劳布认为刚果(金)对美国的唯一真正危险是钶钽铁矿石(coltan)的成本,它是刚果(金)开采和用于生产手机的一种材料,其成本一直极不稳定。除此之外,很难想到其他事情。[2]美国的人道主义干预,声称帮助刚果(金)这个已失败的国家,事实上却不是为了刚果人民。

然而,通过支持卢旺达和乌干达入侵刚果(金),掠夺矿物并向西方市场提供供应,美国并没有预料到其阴谋会失控,并将创造出一个"九头怪物"——没有人能控制的一个反叛的万花筒。刚果东部充斥着各种不同的叛乱团体——一些来自邻近的国家,而其他人作为地方自卫团体形成。这些武装团伙在缺乏强国家的状况下趁机利用侵略战争来控制该地区的矿产资源。[3]

---

[1] Colette Braeckman, "Cinq questions après la chute de Goma", *Le Soir*, Novembre 21, 2012, http://blog.lesoir.be/colette-braeckman/2012/11/21/cinq-questions-apres-la-chute-de-goma/. 登录时间2014年1月11日。
[2] James Traub, "Think again: Failed States", *Foreign Policy*, June 20, 2011, http://www.foreign policy.com/articles/2011/06/20/think_again_failed_states. 登录时间2014年9月23日。
[3] Mark Doyle, "DR Congo's rebel kaleidoscope", *BBC News Africa*, December 5, 2012, http://www.bbc.com/news/world-africa-20586792. 登录时间2014年9月23日。

同样的场景应用到伊斯兰国(Islamic State,IS)。由美国和以色列情报部门为反对叙利亚政府而创建,伊斯兰国(甚至车臣)增长到如此之大,以至于成为全球性的和难以控制的势力。据伊斯兰国家的确认,它占有伊拉克和叙利亚的三分之一。①

在第101节,奥巴马刚果法案谴责在刚果犯危害人类罪,随着一项由国际援救委员会2004年12月完成的死亡率研究,发现由于冲突造成社会服务基础设施毁坏,每月死亡3.1万人,前六年死亡380万人,使得这个成为自第二次世界大战以来最致命的冲突。它还提到了2004年国际特赦组织的报告:自1998年以来,在刚果(金)估计至少4万妇女和女孩被有系统地强奸和折磨。

然而,当2009年8月10日,美国国务卿希拉里·克林顿(Hillary Clinton)对刚果(金)进行国事访问后(这次访问,据说是刚-美关系新篇章的开始),她传达的一个信息,使刚果人感到震惊。她提出:"我们愿同那些希望有一个更好的未来的刚果人,而不是与总是盯着过去不放的那些刚果人合作。"②换句话说,刚果人民应该忘记所有在刚果犯下的战争罪、危害人类罪和种族灭绝罪的国家。

套用美国学者威廉·哈同(William Hartung)和布丽姬特·穆瓦(Bridget Moix)话:"奥巴马2006年刚果民主共和国救济、安全和民主促进法"政策是最后一分钟的创可贴外交,它并不足以扭转美国参与该地区的几十年的破坏稳定的影响。此外,美国未能承认其本身加剧冲突和破坏了非洲的经济和民主发展的角色。③ 所以,西方列强在刚果(金)相互矛盾的政策也解释了"为什么资源战争在刚果(金)持续发生"(这就是我们的研究问题),因为这些政策阻碍而不是促进刚果(金)的发展。

---

① Fidel Castro, "Just ideas-or disaster-will triumph", *Granma International*, September 1, 2014, http://www.granma.cu/idiomas/ingles/reflections-i/1sept-Just%20ideas.html. 登录时间2014年9月23日。
② Africa Faith and Justice Network, "Evaluating Peace and Stability in the RDC and US Policy in the Great Lakes Region", Africa Report, November 2009, http://www.afjn.org/focus-campaigns/promote-peace-d-r-congo/30-commentary.html? start=36. 登录时间2013年12月13日。
③ William D Hartung and Bridget Moix, "Report: U. S. Arms To Africa And The Congo War- World Policy Institute-Research Project", *World Policy Journal-World Policy Institute*, January 2000.

第四节 "南斯拉夫式或苏丹式的解决方案"与约瑟夫·卡比拉的民选政府

2001—2003 年约瑟夫·卡比拉设立了一些目标,即:外国军队撤离、国家和平和国家统一、计划和刚果(金)间对话。从 2003 年 6 月至 2006 年,他制定了目标,组织选举。不久之后,约瑟夫·卡比拉总统开始外交旋风之旅,出访法国、美国,包括在联合国安理会和比利时(他在比利时议会上演讲)发表了演讲(他宣布联合国部队将在他的国家自由地部署)。他在所到之处连连地强调了相同的信息:刚果问题并不是一个刚果内部的问题。[①]

如上所述,从 2002 年 2 月 25 日至 2002 年 4 月 12 日,在南非太阳城,刚果内部对话最终举行,一个由刚果政府、各反对派、地方自卫团体和公民社会组织的"全面和包容协定"签署了。所有这些交战团体有效地接受了约瑟夫·卡比拉(当时 30 岁),可以继续作为共和国总统,不是因为他们都喜欢他,而是因为,在刚果(金),从独立后的混乱到当时,民族主义话语总是取得胜利。事实上,自从 1998 年侵略开始,90% 的刚果人、精英和普通大众,一直拒绝他们的国家分区的想法。[②]

签署"全面和包容协定",各方列出了过渡的五个关键目标:

(1) 祖国统一、和解和重建、领土完整的恢复和国家权力的恢复;
(2) 民族和解;
(3) 重组和整合国家军队;
(4) 组织自由和透明的选举,从而使民主宪政制度的建立;
(5) 建立新的政治秩序的体系。[③]

[①] Charles Cobb Jr. and Ofeibea Quist-Arcto, "Kabila tells the West, 'Promise me Peace, not Money, Hypocrisy and Lip Service'", *Global Policy Forum*, November 1, 2001, https://www.globalpolicy.org/component/content/article/181/33445.html. 登录时间 2014 年 9 月 25 日。

[②] Bureau d'Etudes, de Recherches et de Consulting International. Sondage d'Opinions: November 1998. Kinshasa, Mimeo.

[③] International Crisis Group (ICP), "Storm Clouds over Sun City: The Urgent Need to Recast the Congolese Peace Process", Africa Report, No. 44, May 14, 2002, http://www.refworld.org/docid/3de73e0b4.html. 登录时间 2014 年 9 月 25 日。

2013年,"作为刚果危机补救办法的南斯拉夫式或苏丹式的解决方案"的政策背后的主要理论,是刚果(金)已经成为一个无法无天和难治理的国家。正如考莱特·布拉科曼(Colette Braeckman)认为,这一论点掩盖了由刚果(金)的邻国在刚果东部掠夺财富,以及来自非洲以外国家的盟友的支持,这明显不符合重建一个有效的中央政府的设想。①

因此,这项政策非常适合美国经常提出的论点:刚果(金)是无法控制的——太大、太多样。根据这一观点,它也许应该分裂为一个非常松散的联盟省,或微型国家的一个组合,这与邻近的国家会有着特殊的联系,而不是一个中央集权的政府。因此,卢旺达、乌干达以及安哥拉和南非,将对他们的刚果邻居行使一种保护国权利,并在刚果(金)的一些省份享受审查的权利。然而,这种在美国新闻界和在基加利和坎帕拉政界公开讨论的想法,对于金沙萨的执政者自然是不能接受的。刚果当局,包括任何政治派别,都需要考虑并关注的紧迫问题是:深深地依恋着统一性思想的刚果人民的愿望,追溯到卢蒙巴时代的民族主义,在一般情况下,有时在邻国和外国人,包括联合国(然而,其在刚果独立初期几年的灾难性的作用没有被遗忘)看来,刚果民族主义带有沙文主义,并引起他们的怀疑。②

对于刚果人民,他们国家的主权和领土完整是没有商量余地的,尽管战争年代,在2006年,就通过大规模参与多党选举证明了他们的民族主义和深深地依恋自己的国家统一的想法。该多党选举是在帕特里斯·卢蒙巴即第一个刚果民主选举产生的领导人被谋杀之后45年来首次举行的。民选机构随后在刚果(金)落实到位了。结果,约瑟夫·卡比拉(Joseph Kabila)的选票为58%,被宣布为总统选举获胜者,相比之下,蒙博托的儿子③约翰—皮埃尔·本巴(Jean-Pierre Bemba)选票为42%。总统多数派联盟(*Alliance de la Majorité Présidentielle*, AMP)——约瑟夫·卡比拉的支持政党的平台,相对于本巴的国家联盟(Union Pour la Nation, UN)而言,也赢得了国民议

---

① Colette Braeckman, "Carve-up in the Congo: Partition poses as protection", *Le Monde Diplomatique*, October 8, 1999, http://mondediplo.com/1999/10/08congo. 登录时间 2014年11月11日。
② Ibid.
③ Tryphon Kin-kiey Mulumba, "Bemba fils Mobutu", *Le Soft International*, 25 août 2006, http://www.lesoftonline.net/articles/bemba-fils-mobutu. 登录时间 2014年3月11日。

会选举和11个省级议会之中的7省多数票。①

国际社会金融和后勤保障组织于2006年7月30日举行的选举以及2006年10月29日举行的总统决胜选举都是至关重要的。总体而言,国际选举在政治上、技术上和金融上的支持是由联刚特派团协调。国际社会还建立了一篮子基金,由联合国开发计划署管理,并贡献了总共大约2.67亿美元。欧洲共同体提供了总数的三分之二,作为最大的单边捐献者,英国提供了7.5%。刚果(金)本身提供了4000万美元,大约占了1/10,联刚特派团贡献了基金里的1.03亿美元。联刚特派团本身已经拥有年度预算约10亿美元,还有超过1.7万名维和人员。② 选举的举行在刚果(金)是一项伟大的成就,也是非洲历史上最好的一次。③

然而,西方国家仍不完全满意,并且附加更多条件。他们正如英国国际发展部(Department For International Development, DFID)在其简报之中指出的那样,很明显,刚果(金)的民主程序与民主机构有待提高。民主政治进展是缓慢的和不平衡的,尤其是在少数民族政治权利、自由和公正的媒体、政治领导的响应能力和责任以及在国内的法治方面。④

在选举后,刚果(金)发现资源战争并没有结束。这证明了,除了"缺乏民主"以外,刚果(金)资源战争还有很多其他原因未被发现。实际上,仅在2011年,相比1991年的4个国家,非洲就有18个国家参与民主选举。⑤然而,非洲仍然深陷在战争和贫困之中。尽管多重"民主选举"(包括在南非,

---

① DFDI, "Elections in the Democratic Republic of Congo in 2006", https://www. gov. uk/government/uploads/system/uploads/attachment_data/file/67652/elections-cd-2006. pdf,登录时间2014年11月26日。This is a brief is adapted from Denis Kadima and David K. Leonard, "Elections and Democratisation in the Democratic Republic of Congo", Journal of African Elections, Vol. 8, No. 1, 2008, pp. 15 - 48.
② Ibid.
③ Antoine Roger Lokongo, "DRC: Democracy at a crossroads: One election, two sources of legitimacy of power", Pambazuka News, Issue 558, November 16, 2011, http://www. pambazuka. org/en/category/features/77976/print. 登录时间2014年11月26日。
④ DFDI, "Elections in the Democratic Republic of Congo in 2006", https://www. gov. uk/government/uploads/system/uploads/attachment_data/file/67652/elections-cd-2006. pdf,登录时间2014年11月26日。This is a brief is adapted from Denis Kadima and David K. Leonard, "Elections and Democratisation in the Democratic Republic of Congo", Journal of African Elections, Vol. 8, No. 1, 2008, pp. 15 - 48.
⑤ "Democracy and governance: A critical foundation for sustainable development", USAID, 2011, http://www. usaid. gov/locations/sub-saharan_africa/sectors/dg/index. html. 登录时间2014年3月11日。

其中5%少数白人仍然控制着该国80%的财富)①和"解放战争"(如在利比亚),非洲国家仍然没有为人民的利益完全控制国家的资源。

这并未解决了我们的研究问题,即"为什么资源战争在刚果(金)持续发生",因为在刚果(金),西方列强把民主等同于他们的利益保障。

同时,套用西尔韦纳斯·伊达霍他·依波翁(Sylvanus Idahota Ebohon)话,许多西方学者已经描述,刚果(金)在约瑟夫·卡比拉政府下,是一个"食利者"的国家,因为它依赖于从外国公司收取回扣、税收和租金,并且约瑟夫·卡比拉和他的亲信将之收入囊中(食利者系统),而不是置于生产。生产留给外国公司,然后他们会收集统计。没有真正本的工业生产的成品,国家完全依赖外国生产的供本地消费的制成品。②

一、约瑟夫·卡比拉体制的描述

2008年,经过为时三周的刚果东部地区的实地调研之后,现任佛罗里达大学政治科学院名誉教授勒内·勒马尔尚(René Lemarchand)提出,在约瑟夫·卡比拉的领导下,刚果国家就是一个虚构的构造。缺少有效率及中立的警察部队、一个运行良好的和正常的司法制度、一个能进行立法的立法议会和一个能强制执行法律的行政机构;冲突由冲突中的组织者凭感觉解决,在这个过程中,不一定有外部行动者的援助。③

勒马尔尚指责国家体制上的弱点是蒙博托国家的裙带主义的遗产。在刚果(金),政治忠诚是最重要的,而不是能力。后果就是最高一级的成风的腐败;部长们在国家和省两级的社会地位和法定的职责不匹配(恩赞加·蒙博托,蒙博托的儿子,直到最近还是农业部长,但关于农业他什么都不知道);中央政府当局一再企图收买对手,包括军阀、叛徒将军和臭名昭著的人权侵犯者,而结果正如预测的那样!机会主义是导致这项"收买对手"政策的

---

① Kema Irogbe, "Transformation in South Africa: A Study of Education and Land", *International Third World Studies Journal and Review*, Vol. 16, 2003, pp. 11-28.
② Sylvanus Idahota Ebohon, "State and Rentier Capitalism in Nigeria: The Political Economy of Hydrocarbon Nationalism and Dependence Reproduction", *Journal of Third World Studies*, Vol. 30, No. 1, Spring 2013, pp. 209-236.
③ René Lemarchand, "Reflections on the Crisis in Eastern Congo", *Working Paper. University of Florida*, October 29, 2008, http://www.wilsoncenter.org/sites/default/files/lemarchand%20article.pdf. 登录时间 2014年9月25日。

主要原因。①

然而,勒马尔尚警告,收买这么多叛军,并没有阻止人们反叛(随着更多的叛军指挥官倒戈,更多人站出来取代他们)。原因之一是他们期望在适当的时候"被收买",作为向上流动的途径。所以,抢劫、强奸和杀人的武装团体的扩散和战争就成为一个永不停息的循环;获取该国庞大的矿产资源仍然是加入战团主要的诱因。②

据勒马尔尚所言,需要强调的是国家机构的极度虚弱,是这些组织逍遥法外,犯下无数侵犯人权的行为而不受惩罚,并且转移自己从贸易的矿物质获得的利润的原因。③

勒马尔尚的结论是,无国家状态是和平的主要障碍。他写道,国家力量渗透到腹地是非常有限的,这意味着在大部分的刚果(金),民兵和公民社会组织、教会和国际人道主义组织一起作为代理国家机构。在这种情况下,和平的进程就变成武装集团之间的斡旋。④

此外,根据全球见证(Global Witness)报告,"事务主义"(affairism)或治国好像是自己的事业,是约瑟夫·卡比拉政府的一个显著特点(有一段时间,甚至总统网站刊登了反对意见),并且所有该国东部的军事将领都从事"军事商业主义"(military commercialism)。⑤实际上,皮埃尔·昂格勒贝(Pierre Englebert)认为,在他的父亲被暗杀之后,约瑟夫·卡比拉就上台了。然而,在上台之后,约瑟夫·卡比拉对获得外国支持表现出了更大的智慧,他已经重建一个统一的世袭刚果(金)的基础,并且已谈判招揽了叛军精英融入国家权利系统。然而,在这样做的时候,也重现了导致落后和贫困,基于掠夺和共享国家资源的权力结构。⑥

---

① René Lemarchand, "Reflections on the Crisis in Eastern Congo", *Working Paper. University of Florida*, October 29, 2008, http://www.wilsoncenter.org/sites/default/files/lemarchand%20article.pdf. 登录时间 2014 年 9 月 25 日。
② Ibid.
③ Ibid.
④ Ibid.
⑤ Global Witness, "*Resource plunder still driving eastern Congo conflict*", November 1, 2008, http://www.globalwitness.org/library/resource-plunder-still-driving-eastern-congo-conflict. 登录时间 2014 年 9 月 25 日。
⑥ Pierre Englebert, "Life Support or Assisted Suicide? Dilemmas of US Policy towards the Democratic Republic of Congo", In Nancy Birdsall et al. (eds.). *Short of the Goal: US Policy and Poorly Performing States*. Washington: Brookings Institution Press, 2006, pp. 53–82.

二、约瑟夫·卡比拉以往的政绩

然而,约瑟夫·卡比拉捍卫了自己执政时的业绩,展示他超过十年掌权的成就:刚果经济是在非洲大陆最有活力的之一,通胀率接近于零,十年间几乎每年的增长率都在非洲平均增长率以上,并且有稳定的硬通货储备;一个国家正在进行重建,其中,道路、学校、医院和其他基础设施都正在以前所未有的速度被建造。在政治上,民主和民族凝聚力被巩固,通过主管机构(即全国独立选举委员会)在时间表内商定政府的定期选举。①

2010年和2013年,约瑟夫·卡比拉告诉刚果议会修改国家预算,因为议会的成员比公务员、军队和警察分配更多的钱,更不用说卫生和教育部门,还有这个国家正处于战争状态,国防预算需要更充足。②

2010年9月,约瑟夫·卡比拉下令暂停在刚果东部冲突地区的非法采矿活动。于是,伦敦金属交易所锡价由每吨1800元增至2.7万元。③ 这说明在非洲的腐败有利于西方经济体系,如果没有在非洲的腐败和资源战争,西方经济体系会受损。

2014年2月26日,在金沙萨举行的东南非共同市场(Common Market for Eastern and Southern Africa,COMESA)峰会上,约瑟夫·卡比拉重申了他已故父亲的愿景:"到目前为止,我们的项目的资金大多来自外部合作伙伴。这种情况如果持续更长的时间,就会危害我们的独立和我们决定自己的未来和自己存在的能力。"④

然而,约瑟夫·卡比拉的方法不是要对抗西方列强。这是否意味着他对刚果(金)来自西方的外部强加的权力不能说"不"吗?在战略上,答案是

---

① Mission Permanente de la République Démocratique du Congo Auprès de l'Organisation des Nations Unies: Discours de Son Excellence Monsieur le Président de la République à la 69eme Session des Travaux de l'Assemblee Générale des Nations Unies, New York, le 25 Septembre 2014.
② "Kinshasa: Kabila renvoie le projet de budget 2010 au Parlement", *Radio Oakpi*, janvier 6, 2010. 另见: "RDC: le président Kabila renvoie le projet de budget 2013 au Parlement", *Radio Okapi*, janvier 3, 2013.
③ "Tin price gains after Kabila shuts Congo mines", *Mining Journal*, September, 2010, http://www.miningjournal.com/production-and-markets/tin-price-gains-after-kabila-shuts-congo-mines. 登录时间 2014年9月29日。
④ "Discours du Président Joseph Kabila à l'occasion de son accession à la présidence du COMESA", *Congo Virtue*l, February 28, 2014, http://www.congovirtuel.info/ver3/index.php/site-map/articles/464-discours-du-president-joseph-kabila-a-l-occasion-de-son-accession-a-la-presidence-du-comesa. 登录时间 2014年9月29日。

"是的"。从对帕特利斯·卢蒙巴和洛朗·卡比拉发生的事吸取教训后,约瑟夫·卡比拉也许意识到如果他不想为他们的利益服务,西方大国任何时候都能把他赶下台,并将替换另一个刚果人或甚至原籍卢旺达的人当总统。所以,约瑟夫·卡比拉选择了"不断有柔性的竹子"的战略,因为竹子随风的力量弯曲,当风平息了又恢复其初始位置。

考莱特·布拉科曼(Colette Braeckman)认为,紧接着他的父亲被暗杀,在他总统任期的开始,约瑟夫·卡比拉决定求助于西方国家,为了吸引西方列强并从他们那"购买"新一轮的外部合法性。①

布拉科曼进一步认为,约瑟夫·卡比拉赢得了 2006 年的选举,部分原因是,他的父亲被西方列强暗杀后,2002—2006 年,约瑟夫·卡比拉采用温和的策略,与西方列强玩"令人放心的游戏"。他颁布了对外国投资者非常开放和自由的采矿守则,承诺进行国有公共企业的私人化,并保证所有由国际委员会(the International Committee in Support of the Transition,CIAT)提出的要求会得到满足。②

布拉科曼的结论是,随着西方列强的"点头",这种开放不仅促使约瑟夫·卡比拉赢得 2006 年的选举,而且他们丢弃了让-皮埃尔·本巴——约瑟夫·卡比拉最凶猛的对手。这就是布拉科曼称之为"约瑟夫的秘密",但这也是在刚果(金)的选举和民主背后的现实。③

尼罗·鲍伊(Nile Bowie)同意布拉科曼的说法,认为由于他对外国掠夺的顺从,小卡比拉的合法性仅仅来自外国元首和国际商业社会的支持。④

---

① Colette Braeckman, "Comment les Américains suivirent le match Kabila-Kamerhe", *Le Soir*, février 22, 2011, http://blog.lesoir.be/colette-braeckman/2011/02/06/comment-les-americains-suivirent-le-match-kabila-kamerhe/. 登录时间 2014 年 9 月 29 日。
② Ibid.
③ Colette Braeckman, "Comment les Américains suivirent le match Kabila-Kamerhe", *Le Soir*, février 22, 2011, http://blog.lesoir.be/colette-braeckman/2011/02/06/comment-les-americains-suivirent-le-match-kabila-kamerhe/. 登录时间 2014 年 9 月 29 日。
④ Nile Bowie, "USAFRICOM and the Militarization of the African Continent: Combating China's Economic Encroachment", *Global Research*, March 23, 2012, http://www.global research.ca/usafricom-and-the-militarization-of-the-african-continent-combating-china-s-economic-encroachment/29919. 登录时间 2014 年 9 月 30 日。

然而,约瑟夫·卡比拉后来提出,当他寻求西方列强为 2006 年选举后的援助,他们说有其他优先事项。① 也许对约瑟夫·卡比拉来说,这敲响了警钟。

事实上,汉斯-于尔根·施兰普(Hans-Jürgen Schlamp)透露,虽然 2006 年刚果大选选票仍在点算,欧洲和美国对谁会赢得选举并成为总统,已经编造了计划。在两个机密会议上,世界银行和国际货币基金组织的代表者会见了美国和欧盟的使者,对未来的刚果政府绘制出一个政策蓝图。这位新总统要么同意严格的经济和政治条件,要么西方列强对这个被冲突蹂躏的国家切断援助(这意味着他们想要一个软弱的总统)。②

欧洲人和美国人编造的计划由什么组成的?该计划变得清晰时,阿尔布雷希特·孔兹(Albrecht Conze)——当时被称为联合国驻刚果维和部队的前政治主任,后来成为德国驻津巴布韦大使,主张在刚果(金)——直到 1960 是一个比利时的殖民地国家——白人的赞助的回归。他提出说:"它就像西方是刚果(金)的养父母。"③

孔兹深信刚果人民不会接受这样的计划,所以他提出建立一个"非洲前国家元首组成的顾问委员会"的想法(还是西方各国政府的另一个阴谋),是为了使刚果人民更好地接受从海外制定对他们的国家的政策。④毫无疑问,卢旺达和乌干达已经在军事上被使用。这是因为,正如格伦·福特(Glen Ford)所信,卢旺达和乌干达作为"美国在非洲的雇佣军"。⑤

皮埃尔·昂格勒贝认为,很显然可以看出,如果如此重视自己国家的主

---

① Jeffrey Gettleman, "An Interview With Joseph Kabila", *The New York Times*, April 4, 2009.
② Hans-Jürgen Schlamp, "Congo's Future: A Western Protectorate in Africa?" *Spiegel Online International*, August 17, 2006, http://www.spiegel.de/international/spiegel/congo-s-future-a-western-protectorate-in-africa-a-432167.html. 登录时间 2014 年 9 月 30 日。
③ Ibid.
④ Ibid.
⑤ Glen Ford, "Africa Lies Naked to Euro-American Military Offensive: The US and its Allies are Positioned to Take Much of the Continent", *Global Research*, December 02, 2011, http://www.globalresearch.ca/africa-lies-naked-to-euro-american-military-offensive/27992. 登录时间 2014 年 12 月 13 日。

权和领土完整的刚果人民拒绝了这个计划,①他们的国家会离巴尔干只差一步,一些美国的分析师已经大声宣布:"刚果(金)不存在。"②

刚果人民还认为当前驻刚果(金)的联合国特派团是世界最大的,美国是它最大的出资者,代表着在刚果(金)的白人的赞助的回归,并作为对刚果分裂的"特洛伊木马"。当刚果(金)临近6月30号举行的脱离比利时独立50周年之际,约瑟夫·卡比拉总统为驻刚果(金)的联合国特派团的撤出给一个明确的时间表。③后来约瑟夫·卡比拉解释道,这是因为和平已逐步返回该国,在刚果东部的反叛团体所构成的威胁并不能作为在我们土地上保持2万名的联合国维和部队的特遣队的理由。④历史表明,在涉入刚果问题时,联合国从来都不是公正的。它在卢蒙巴被推翻和最终被暗杀中与美国的同谋证明了这一点。⑤

约瑟夫·卡比拉也拒绝猜测任何迫在眉睫的巴尔干化,承诺他将像保护自己的眼睛一样捍卫刚果领土完整。⑥2012年12月15日,在国情演讲中,约瑟夫·卡比拉指责了"那些计划我们国家的解体的预言者",并强调,"刚果(金)是而且永远会是有法治制度、独立、主权、统一和不可分割的一个国家"。⑦

---

① Pierre Englebert, "Why Congo Persists: Sovereignty, Globalization and the Violent Reproduction of a Weak State", Paper written for the Queen Elizabeth House Carnegie Project on "Global Cultural and Economic Dimensions of Self-Determination in Developing Countries", Queen Elisabeth House Working Paper Series No. 95, Oxford, 2003.
② Jeffrey Herbst and Greg Mills, "There Is No Congo: Why the only way to help Congo is to stop pretending it exists", *Foreign Policy*, March 18, 2009, http://www.foreignpolicy.com/articles/2009/03/17/there_is_no_congo. 登录时间2014年10月2日。
③ Harvey Morris, "UN ponders future of Congo mission", *Financial Times*, December 22, 2009, http://www.ft.com/intl/cms/s/0/72e12bea-ee99-11de-944c-00144feab49a.html#axzz3En5xldtX. 登录时间2014年10月2日。
④ "Voici l'intégralité de l'allocution du Chef de l'Etat Joseph Kabila devant le Parlement réuni en Congrès", *Digitalcongo.net*, le 16 décembre 2014, http://www.digitalcongo.net/article/104370. 登录时间2014年12月13日。
⑤ Stephen R. Weissman "An Extraordinary Rendition", *Intelligence and National Security*, Vol. 25, No. 2, April 2010, pp.198-222.
⑥ Harvey Morris, "UN ponders future of Congo mission", *Financial Times*, December 22, 2009, http://www.ft.com/intl/cms/s/0/72e12bea-ee99-11de-944c-00144feab49a.html#axzz3En5xldtX. 登录时间2014年10月2日。
⑦ République Démocratique du Congo, Cabinet du Président de la République: *Discours de Son Excellence Monsieur le Président de la République sur l'Etat de la Nation*, Palais du Peuple, le 15 décembre 2012, http://www.digitalcongo.net/UserFiles/file/PDF_files/2012/discours_jkk_etat_nation_2012.pdf. 登录时间2014年12月13日。

在 2013 年 10 月 23 日，约瑟夫·卡比拉重申："对我们国家的解体组织的恐怖项目是必然注定要失败的。首先，不仅因为我们的人民，那些准备誓死捍卫国家领土的人正在守望，而且也是因为刚果（金）的事业是正义的，而且诅咒是那些想要分裂它的一部分的人的命运。"①

约瑟夫·卡比拉还发起了在战争和过渡期间前签订的采矿合同的审查，②并在基伍和马尼埃马省制定了所有与战争有关的采矿禁令（前面已经说明了）。最重要的是，他宣布刚果（金）能够组织 2011 年选举，只依靠它自己的收入，而没有十分依靠任何外部援助（刚果政府融资成本的 60%。剩余 40% 的成本是由外部合作伙伴和国际社会即美国、欧盟和联合国开发计划署提供的，）③

西方列强对约瑟夫·卡比拉的这种独立宣言并不满意。于是，2011 年 2 月 27 日，卡比拉总统官邸在金沙萨遭到了从"来自国外"的数百名袭击者和枪手的袭击，19 名袭击者和枪手被打死，8 名政府军士兵也被打死。据该国官方的消息，它是一次失败的政变尝试。④

西方国家认为，2011 年的选举结果缺乏可信度，因为他们的特点是暴力、后勤问题和违规行为。西方根据国家独立选举委员会的统计，结果，现任总统瑟夫·卡比拉获得 49% 的选票，所以连任了国家总统。其次是艾蒂安·齐塞克迪（Etienne Tshisekedi），选票为 32%。维塔尔·卡梅雷（Vital Kamerhe）排在第三位，选票为 7%。选民投票率为总共 58%。⑤有较少的国际观察员，更多的是地区性的。⑥除了津巴布韦总统罗伯特·穆加贝，没有

---

① "Cohésion nationale：Discours de《Joseph KABILA》devant le Congrès"，*Kongo Times*，23 Octobre 2013，http://afrique. kongotimes. info/rdc/politique/6768 - cohesion-nationale-discours-joseph-kabila-devant-congres. html. 登录时间 2014 年 12 月 13 日。
② The Carter Center：Review of DRC Mining Contracts-Update and Recommendations，November 30，2007，http://www. cartercenter. org/documents/drc_mining_contracts_113007. pdf. 登录时间 2014 年 12 月 13 日。
③ Antoine Roger Lokongo，"DRC：Democracy at a crossroads：One election, two sources of legitimacy of power"，*Pambazuka News*，Issue 558，November 16，2011，http://www. pambazuka. org/en/category/features/77976/print. 登录时间 2014 年 11 月 26 日。
④ Ibid.
⑤ Carter Center：DRC Presidential Election Results Lack Credibility，Press Release，December 10，2011，http://www. cartercenter. org/news/pr/drc - 121011. html. 登录时间 2014 年 12 月 14 日。
⑥ André Mbata Mangu，"Democracy and State's compliance with regional and sub-regional election benchmarks in Africa：The 28 November 2011 elections in the Democratic Republic of Congo in retrospect"，*Journal of African Elections*，June 20，2013，Vol. 12，No. 1，pp. 1 - 34. 另见：Timothy B. Reid，"Congolese Elections 2011：Mostly a Problem of Global Governance and Negative 'Soft Power'，not Resources"，*Journal of African Elections*，June 20，2013，Vol. 12，No. 1，pp. 34 - 65.

其他国家元首出席约瑟夫·卡比拉宣誓就职仪式。事实上,美国施加了很大的压力给瑟夫·卡比拉,敦促他不寻求第三个任期,并遵守宪法。美国国务卿约翰·克里(John Kerry)甚至承诺给刚果(金)价值3000万美元的援助,但前提条件是总统约瑟夫·卡比拉不寻求第三个任期。① 西方援助总是带有附加条件,而且如果美国谈论的是选举和民主,为什么约翰·克里可以不考虑刚果人民的观点和意愿?然而,当乌干达总统约韦里·穆塞韦尼(美国在非洲的雇佣军之一)改变了他的国家的宪法,让他得以连任三届,美国什么都没说。双重标准是西方列强在非洲的政策的主要特点。

重新确认刚果(金)的主权,总统约瑟夫·卡比拉后来宣布,他的国家不会屈服于外国的命令,并唤起与西方的另一场潜在危机的幽灵。他提出:"我们总是愿意接受我们的伙伴的观点、意见和建议,但是不会屈服于命令。"②

看来,尽管刚果政府可能采取缓和的政治,刚果(金)与西方的关系注定是对抗性的。西方总是破坏刚果(金)的稳定,所以它能偷取它的自然资源。在这里,约瑟夫·卡比拉的"有柔性的竹子"的政治战略表现出其局限性,因为刚果人民将永远不会在国家主权和领土完整上妥协。最重要的是,他们绝不会向任何人屈服。

尽管缺乏国际社会支持,捐助者没有质疑约瑟夫·卡比拉的连任。然而,他们利用这个机会推动金沙萨采取一些行动和改革,而这长期以来一直是他们的意图,③包括:

(一)抛弃90亿美元刚果—中国基础设施换矿物协议④(关于这一点我们下章讨论);

---

① Nolan Feeney, "U. S. Offers Congo $30 Million, On Condition President Steps Down", *Time*, May 4, 2014, http://time.com/87074/u-s-offers-congo-30-million-on-condition-president-steps-down/. 登录时间2014年10月2日。
② "Kabila says Congo won't bow to foreign 'injunctions'", *Reuters*, December 15, 2014, http://af.reuters.com/article/topNews/idAFKBN0JT1QS20141215. 登录时间2014年12月19日。
③ "Mapping Conflict Motives: M23", *International Peace Information Service (IPIS) Research/Réseau Européen pour l'Afrique Centrale (Eurac)*, November 2012, http://www.ipisresearch.be/publications_detail.php?id=390&lang=en. 登录时间2014年12月14日。
④ Antoine Roger Lokongo, "Sino-DRC contracts to thwart the return of Western patronage", *Pambazuka News*, March 11, 2009, http://www.pambazuka.net/en/category/africa_china/54717. 登录时间2014年10月2日。

（二）正如前美国副国务卿非洲事务赫尔曼·科恩（Herman Cohen）[①]和前法国总统尼古拉·萨科齐（Nicholas Sarkozy）[②]的具体建议[③]，刚果（金）必须和卢旺达分享其矿产资源；

（三）特别是讲卢旺达语的人民。赫伯特·韦斯（Herbert Weiss）认为，虽然这些群体构成刚果（金）的少数，但是他们被排除刚果国家之外具有重要影响，不只是因为在历史上和政治上他们已经是一个重要群体，而且还因为这种排除与在该地区的两个外部行动者——卢旺达和布隆迪以及他们在该地区采取的行动相联系。[④]

同时（如前所述），国际社会（西方政府和人权组织，特别是美国的"人权监察站"）总统约瑟夫·卡比拉施加了很大的压力给，敦促他逮捕一位图西族将军斯科·恩塔甘达（Bosco Ntanganda），并把他移交给国际刑事法院，要他为犯危害人类罪负责。但他们深知，如果约瑟夫·卡比拉这样做，卢旺达将采取行动，这正是实际发生了的事情。不久之后，在刚果东部地区发生了M23 图西族叛乱！

西方大国，特别是美国，再一次使用了这些"诡计"，也可以说"圈套"，不仅在金沙萨寻求政权更迭，而且要加速刚果（金）的巴尔干化，这是根据通过卢旺达和乌干达支持的 M23 叛乱实施的"2013 年作为刚果危机补救办法的南斯拉夫式或苏丹式的解决方案"的政策。事实上，"恢复票箱的真相"——指的是 2011 年"欺诈"的选举——是 M23 叛军与金沙萨的政治反对派的主要主张。

事实上，虽然他是选举产生的领导人，在 2014 年 12 月，约瑟夫·卡比拉接受在有 42 部长和副部长（一些前叛军头目，在 1+4 体制中已经是部长，被重新任命为部长）的"包容性的政府"与反对派分享权力。

[①] Herman Cohen, "Can Africa Trade Its Way to Peace?" *The New York Times*, December 15, 2008, www.nytimes.com/2008/12/16/opinion/16cohen.html. 登录时间 2014 年 10 月 2 日。

[②] "Sarkozy outlines Congo peace plan", *BBC*, March 26, 2009, http://news.bbc.co.uk/2/hi/africa/7965089.stm. 登录时间 2014 年 10 月 2 日。

[③] Kambale Musavuli, "The conflict in the Congo is a resource war waged by U.S. and British allies", *Global Research*, February 19, 2009, http://www.globalresearch.ca/the-conflict-in-the-congo-is-a-resource-war-waged-by-u-s-and-british-allies/12404. 登录时间 2014 年 10 月 2 日。

[④] Herbert F. Weiss, "Reconstructing the Congo", *Journal of International Affairs*, Fall 2004, Vol. 58, No. 1, pp. p. 115-142. 另见：Elombe Brath and Samori Marksman, "Conflict in the Congo: An Interview with President Laurent Kabila," *Covert Action Quarterly*, Winter, 1999.

据国际和平信息研究服务和中非欧洲网络报告,2011年的大选后,没有任何联合国机构或国际非政府组织曾经证实发生了任何对刚果图西族的系统性的攻击。在战场上,M23的战略并没有建议保护图西族人口是M23最紧迫的问题。占领鲁祖鲁(Rutsuru)区的更好的一部分后,M23决定占领戈马市——北基伍省的省会(由卢旺达士兵支持的M23串通联合国维和部队占领了戈马。不像承诺的那样,后者并没有与叛乱分子交战)。①然后M23试图征服马西西,很大一部分是刚果(金)的图西族的家园。如果刚果图西族士兵受到歧视,刚果武装部队内一半的图西族指挥官怎么会没有加入M23呢?

国际和平信息研究服务和中非欧洲网络报告的结论是,自成立以来,M23表现出明确的政治野心,他们旨在实现北基伍省自治,这就是被刚果军队打败的为了实现其在政治上的不满的"刚果图西族反叛运动"(National Congress for the Defense of the People,CNDP)。他们表现出明显的对该领土建立政治控制的倾向,并挑战金沙萨的权威——这些都是他们与卢旺达共有的战略利益。②

即使在约瑟夫·卡比拉的统治下,刚果(金)仍有很长的路要走,把自己从一个积弱积贫的国家转变成一个发达的国家,建立法律和真正的民主法治。在内部,大多数人口仍然是文盲和穷人(对未来没有希望的年轻人经常容易被摆布而加入民兵,并从事杀害、强奸和抢劫活动),经济发展水平仍然很低,腐败、事务主义、裙带关系、抛售矿产财富③极其软弱的国家机构和管理机构助长有罪不罚,部落仍在担任政府职务的任命中作为主要参考因素,而这助长裙带关系、世袭制,以及不断寻求外国调解来解决刚果人之间的争端等等。

---

① Pete Jones and David Smith, "Goma falls to Congo rebels: M23 militia, which the UN says is backed by Rwanda, takes control of eastern city despite presence of peacekeepers", *The Guardian*, November 20, 2012, http://www.theguardian.com/world/2012/nov/20/goma-falls-congo-rebels. 登录时间2014年12月17日。
② International Peace Information Service (IPIS) Research/Réseau Européen pour l'Afrique Centrale(Eurac), "Mapping Conflict Motives: M23", November 2012, http://www.ipisresearch.be/publications_detail.php?id=390&lang=en. 登录时间2014年12月14日。
③ Global Witness, "Digging in corruption: Fraud, abuse and exploitation in Katanga's copper and cobalt mines", *africafederation.net*, 2006, http://www.africafederation.net/07digging.pdf. 登录时间2014年10月3日。

然而,硬币的另一面是刚果(金)不被"允许"成为一个正常的国家,自己不能决定自己的未来,刚果人不能受益于他们自己的自然资源,这使得刚果(金)难以发展(这就是我们的研究问题)。稳定、法治、发展距离刚果(金)还遥不可及,因为该国被各种既得利益俘虏,包括:国际货币基金组织、世界银行、联合国、美国中央情报局、基督教堂、非政府组织、美国人、比利时人、法国人、英国人、非洲同胞(用作代理的东部邻国)、钻石公司、黄金公司、矿业公司、伐木公司、石油公司……在他名为《使命之歌》的畅销小说中,约翰·勒卡里(John Le Carré)也很好地说明了这个难题。①

约瑟夫·卡比拉面临很多挑战,大多数来自西方权力制约因素,以上分析了其中一些,这里再三强调,在危机随后是选举、选举随后是危机(危机——选举——危机)的情况下,资源战争在刚果(金)持续发生(这就是我们的研究问题)。

为了促进地方发展,约瑟夫·卡比拉颁布了分权的法律。刚果(金)从之前的11个省被分成26个省。卢旺达和刚果(金)之间的边界线已清楚地重新界定。

塞巴斯蒂安·佩里莫尼(Sebastien Perimony)认为,美国采取的是双重标准,用于刚果(金)的政策和用于卢旺达、乌干达的政策完全不同。这种双重政策基于对刚果矿产资源控制权的争夺,从而导致了刚果战火不断,并已造成800万人死亡。②

埃里克·德莱策(Eric Draitser)揭露说:"近年来,美国在非洲进行的前所未有的军事扩张几乎从未引起美国公众的注意。"这种扩张的目的是"审视中国日益增长的影响力",不管这是否会引起"广泛的代理战争"。德莱策进一步认为,在美国非洲司令部和中情局的有效参与下,美国制造的对抗规模并不令

---

① John Le Carré, *The Mission Song*. Canada: Penguin Group (Canada), Sep 4, 2007.
② Sébastien Périmony, "RDC : la stratégied'Obama pour 《 balkaniser 》 l'Afrique", *Solidarité et Progrès*, dimanche 5 janvier 2014, http://www. solidariteetprogres. org/orientation-strategique-47/rdc-balkanisation-afrique - 10772. html. 登录时间 2015 年 1 月 16 日。

人吃惊,就像其在索马里做的那样,"将钱和武器输送给华盛顿最喜欢的军阀①(在非洲大湖地区的典型就是乌干达的穆塞维尼和卢旺达的卡加梅)"。

据佩里莫尼的观察,约瑟夫·卡比拉总统试图通过与中国建立伙伴关系摆脱西方列强(伦敦金融帝国和华尔街)对其原材料的控制。②

佩里莫尼引用了剑桥大学政治与国际研究系讲师德文·柯蒂斯博士(Devon Curtis)的观点,其中提到了签订于2007年9月的"中刚90亿美元基础设施开发资源支援资金(IDRF)协议"(它是一种不会让国家负债的实物交易,因为刚果(金)的矿产储备可保证交易安全)。③该项目已创造了3000个就业岗位。劳动力的75%都是刚果工人。据估计该项目将在2015年10月生产第一批12.5万吨铜,平均5万吨每年,在未来两年内升至每年预期的40万吨的速度。④

10个全球增长最快的经济体中的6个(国际货币基金组织2001—2010年的数据显示)位于撒哈拉以南非洲地区(埃塞俄比亚、坦桑尼亚、南非、加纳、安哥拉和尼日利亚,它们也是中国稳定的战略伙伴),且非洲大陆已出现了将近3.5亿人的中产阶级,堪比中国和印度。⑤此外,据麦肯锡全球研究所表示,2020年非洲的消费者——在金融服务、旅游、电信和零售等领域——预计为该地区经济增长做出的贡献将是其自然资源收入的五倍多。⑥

---

① Eric Draitser, "US expands military net over Africa, checking China's influence", *RT*, February 21, 2014, http://rt.com/op-edge/us-expands-military-net-africa-081/. 登录时间 2015 年 1 月 14 日。
② Sébastien Périmony, "RDC : la stratégie d'Obama pour 《 balkaniser 》 l'Afrique", *Solidarité et Progrès*, dimanche 5 janvier 2014, http://www.solidariteetprogres.org/orientation-strategique-47/rdc-balkanisation-afrique-10772.html. 登录时间 2015 年 1 月 16 日。
③ Convention de Collaboration entre la République Démocratique du Congo er le Groupement d'Entreprises Chinoises: China Railway Group Limited, Sinohydro Corporation Rélative au Développement d'un Projet Minier er d'un Projet d'Infrastructure en République Démocratique du Congo. Année 2008. 另见: Devon Curtis, "Hope in the Heart of Africa? Chinese Engagement with the DRC", Draft Paper presented at the *School of Oriental and African Studies* (SOAS) lecture, organized by the Royal African Society on 06 May 2008. 另见: Alexander Wang and Pei Zhao. A Fieldwork on China's Investment in Mineral Sector of Katanga Province, the DRC. Presentation at a seminar organised by the Center for China's Overseas Interests Studies, Shanghai International Studies University, 26 November 2011.
④ L'Avenir, "Projet minier Sicomines à Kolwezi", *Groupe L'Avenir.org*, 19 mai 2015, http://groupelavenir.org/projet-minier-sicomines-a-kolwezi/. 登录时间 2015 年 5 月 26 日。
⑤ Mthuli Ncube, Charles Leyeka Lufumpa and Steve Kayizzi-Mugerwa, "The Middle of the Pyramid: Dynamics of the Middle Class in Africa." Market Brief, African Development Bank, Tunis, April 20, 2011.
⑥ Witney Schneidman, "Transforming the U.S.-Africa Commercial Relationship", *Brookings Report*, April 2013, http://www.brookings.edu/research/reports/2013/04/us-africa-commercial-relationship-schneidman. 登录时间 2015 年 1 月 11 日。

哈佛大学教授凯尔斯托斯·朱马(Calestous Juma)认为，撒哈拉以南非洲地区对全球经济的重要性日益增长，中国功不可没。他给出了四个理由：

首先，中国对原材料日益增长的需求为羽翼未丰的非洲经济体提供了收入。在此之前，非洲在全球贸易体系中的位置一直下滑。

其次，中国给予非洲国家参与全球经济的希望(见图11)，即使他们的角色局限于原材料出口。重拾的自尊感在他们维护与中国的关系时得以显现。尽管非洲大陆没有将出口多样化，但贸易关系已实现了多元化。

再次，中国是非洲国家的经济榜样。鼓舞人心的是，中国从贫困国家成长为一个主要的全球经济参与者只用了一两代的时间。时机尤为重要。中国涉足非洲之时，正值非洲受尽西方国家的教训之际，后者只向他们提供金融援助但却几乎不输出经验。

最后，中国对投资基础设施的需求作出了快速反应，使得许多非洲领导人深受鼓舞。大多数非洲政治家兑现选举承诺的压力很大，他们寻求在任期内取得成效。[1]

埃梅卡·乌梅耶(Emeka Umejei)定义的"基础设施换资源"是一种由资源做担保的借贷，如原油、铜、锡、金和钻石等。就中国而言，发展基础设施正是急大多数非洲国家之所急，其回报便是资源开发。[2] 乌梅耶称，尽管这一模式已经嵌入中国与非洲资源丰富的国家的交往当中，但并非起源于中国。他引用布劳提甘的《龙的礼物：中国在非洲的真实故事》一书中所强调的观点：中国采用的这种模式来自1970年代与日本的交往中。[3] 乌梅耶还引用了安娜·阿尔维斯(Ana Alves)的《中国的"双赢"合作：揭示基础设施换资源交易对非洲的影响》一文中的观点：此模式最初是由一些私人银行(来自英国、法国、荷兰和南非)在伦敦发明的产物，以减轻贷款给资源丰富

---

[1] Zhang, Jing and Calestous Juma, "Exploring the Sino-African Relationship: Both Sides Have Something to Offer," *that's China*, February 2, 2008, http://live.belfercenter.org/files/Juma-Exploring-Sino-African-relationship-Feb-2008.pdf. 登录时间 2015 年 1 月 9 日。

[2] Emeka Umejei, "Why China's 'Infrastructure for Resources' Failed in Nigeria," *American Daily Herald*, August 3, 2013, http://www.americandailyherald.com/world-news/africa/item/why-china-s-infrastructure-for-resources-failed-in-nigeria. 登录时间 2015 年 1 月 17 日。

[3] Deborah Brautigam, *The Dragon's Gift: The Real Story of China in Africa*. New York: Oxford University Press Inc, 2011.

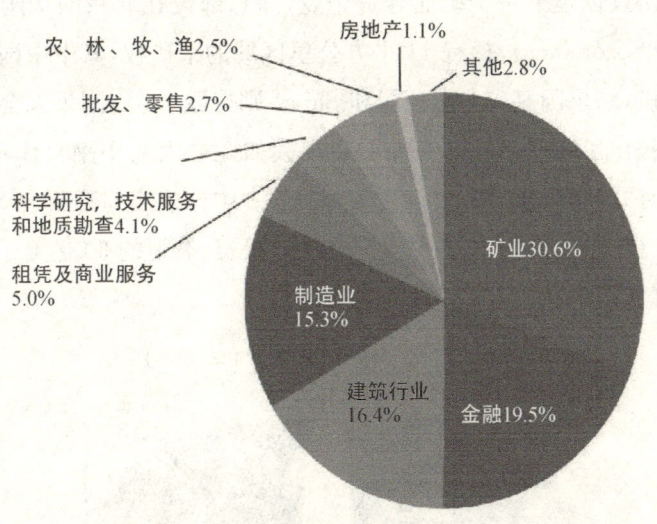

图 11 中国在非洲直接投资的分布

来源:《环球时报》,2013 年 8 月 29 日。

的非洲国家带来的风险。(如果是这样,为什么西方国家要反对中国在刚果(金)和尼日利亚采用这种模式?)①

根据世界银行发表的题为《中国日益重要的非洲基础设施金主角色》的报告,中国给非洲基础设施项目的资金承诺从 2001—2003 年间的每年不到 10 亿美元增加到 2004—2005 年间的每年约 15 亿美元,2006 年这一数字更是达到至少 70 亿美元——这一年正是中国官方的"非洲年",2007 年降至 45 亿美元。②

中刚历史性矿业协议的签订双方是刚果国有的国家矿业总公司和一批中国国有企业(一种公私合营协议),后者包括中国进出口银行、中国铁路工程公司(CREC)和中国水电(还有扮演了子公司角色的小公司,包括一些私营中小企业和冶炼公司,如华友、中国冶金和中国水电港口公司)。

---

① Ana Cristina Alves, "China's 'win-win' cooperation: Unpacking the impact of infrastructure-for-resources deals in Africa", *South African Journal of International Affairs*, Vol. 20, No. 2, pp. 207 – 226.
② Vivien Foster, William Butterfield, Chuan Chen and Nataliya Pushak, "Building Bridges: China's Growing Role as Infrastructure Financier for Sub-Saharan Africa", Trends and Policy Option Report No5. The International Bank for Reconstruction and Development / The World Bank, 2009.

这一协议创建了一个矿业合资企业,即总部设在北京的华刚矿业股份有限公司(Socomines),拥有 11 平方公里区域的采矿权,其中中国企业持有 68% 的股份,刚果国家矿业总公司和 Simco 则持股 32%,刚果议会和反对派就 Simco 提出了一些问题。有人质疑规模如此之大的中刚合作项目,大概不可能没有"向刚果领导人提供任何好处"。中国进出口银行向 Socomines 投资了 90 亿美元,其中 32.5 亿美元是矿业投资,剩下的 60 亿美元用于基础设施建设(见图 12)。

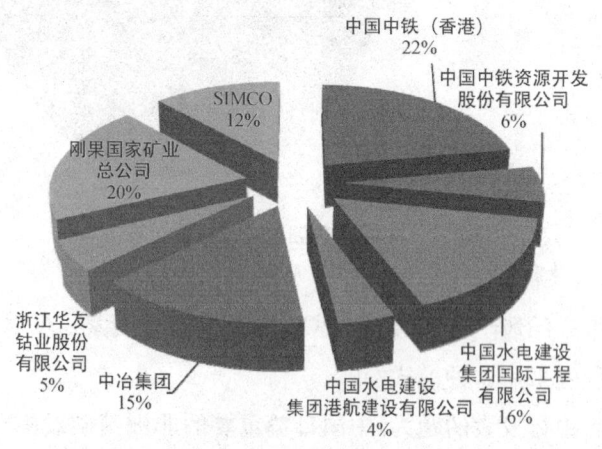

图 12 用于基础设施建设换矿产项目

来源:上海外国语大学中国海外利益研究中心。

200 亿美元只是未来三年一揽子贷款的首期贷款额。90 亿美元中的 1/3 被投入刚果饱受战争蹂躏的矿山,另 60 亿美元则不得不采取软贷款的形式(依靠一些最好的矿藏)来资助新近由中国建筑公司承建的基础设施(公路、铁路、医院、水电大坝、机场和职业培训中心)。基建项目的劳动力主要出自中国,但工程必须分包给刚果当地企业。中国公司有权享有 1060 万吨铜和每 30 年 62.5 万吨钴的开采权,80% 的采矿劳动力必须是刚果人,开采项目必须分包给 12% 的当地企业。"基础设施换矿产"协议的安排包括:3125 公里的铁路、3300 公里的柏油公路、2738 公里的土质道路、550 公里的城市道路、在首都金沙萨建一所有 450 个床位的医院、在刚果(金)附近建 31 所小医院和 145 个卫生中心、两个水电大坝和两个配电网络、2—4 所大学、两个职业培训中心、两个机场。

见下面表5：

表5　中刚Socomin合资企业或"基础设施换矿产"架构

中方：参与者及分红	刚果方面：参与者及分红
主要合作伙伴： • 中国进出口银行， • 中国铁路工程公司(CREC) • 中国水电 其分红(68%)包括： • 1060万吨的铜 • 每30年62.5万吨的钴	刚果(金)的国有矿业公司(Gecamines)是主要的合作伙伴，分红(32%)包括：中国建造的新基础设施，如： • 3125公里的铁路 • 3300公里的柏油公路 • 2738公里的土质道路 • 550公里的城市道路 • 在首都金沙萨建一所有450个床位的医院 • 在刚果民主共和国附近建31所小医院和145个卫生中心 • 两个水电大坝和两个配电网络 • 2—4所大学 • 两个职业培训中心 • 两个机场

彼得·李(Peter Lee)认为，"世纪交易"是真正的"双赢"，基础设施对一个被腐败政府统治了32年的国家来说是必不可少的。协议所以能够达成，第一是因为中国想要获得非洲的铜矿和钴矿资源，其次因为刚果总统约瑟夫·卡比拉需要展示国家的重建进程，二十年的战争已夺去了多达800万名平民的生命，选民越发不满，而2010年总统大选已然临近。此外，繁重的债务也迫使刚果专注于优先偿还国际货币基金组织的债务和进行财政金融改革，而不是急需的社会和基础设施支出。①

然而，这笔交易很快就遇到很多挫折：西方国家谴责"合同的内容不透明"，中国企业的投资动机可疑，缺乏对社会和环境保护的考虑，且法律约束薄弱。然而，中国国家发展和改革委员会(NDRC)批准了这笔交易的矿业项目可行性报告。七个中国政府部门参与了这一进程。②

当时的比利时外交大臣卡瑞尔·德古特非常生气地告诉约瑟夫·卡比

---

① Peter Lee, "China has a Congo copper headache", *Asia Times Online*, Mar 11, 2010, http://www.atimes.com/atimes/China_Business/LC11Cb03.html. 登录时间2015年1月15日。
② Alexander Wang & Pei Zhao, A fieldwork on China's Investment in Mineral Sector of Katanga Province, DRC, September 18th~November 10th, 2011, Report presented at a Center for China's Overseas Interests Studies Shanghai International Studies University Seminar on November 25, 2011.

拉总统:"你不能将利奥波德二世国王的刚果交给 Chintox!"(Chintox 是比利时对中国的蔑称)这是比利时《晚报》记者和非洲大湖地区事务专家考莱特·布莱克曼在"独立 50 年:刚果(金)的复兴"会议上揭露的事实,这一会议是由她于 2010 年 10 月 23 日在布鲁塞尔组织的。

比利时学者斯特凡·马里塞(Stefaan Marysse)和莎拉·吉南(Sara Geenen)把此交易描述成"红色帝国主义对刚果(金)的控制"。①

西方国家,尤其是美国,通过国际货币基金组织向约瑟夫·卡比拉总统施压撤销此协议,理由是它将增加该国的债务,并警告说,刚果(金)没有资格享受重债穷国(HIPC)的债务免除计划来免除债务。

在几份公开声明中,国际货币基金组织敦促刚果当局"采取一切行动以确保与中国的最终协议符合债务的可持续性"。据驻金沙萨的西方外交官表示,他们关注的焦点是这笔交易将给中国财团史无前例的政府财务担保,包括占用政府收入,并使中国成为享有特权的债权人。②

当时的中国驻刚果大使吴泽献打消了国际货币基金组织对刚果债务增加的担忧,他说:"我们只要求一个保证:该国在现有土地无法满足需求承诺时,需允许我们进行进一步的开发。我们已用完美的法语进行了解释。风险将由中国进出口银行独自承担……"③

在 2011 年 5 月 27 日召开的布鲁塞尔研讨会上,当讨论刚果(金)和中国之间的合作协议时,比利时分析师托尼·布塞伦(Tony Busselen)认为该协议不是慈善或援助,而是一种建立在资本主义基础上的经济合作,因为一个国家需为其投资者承担的风险付出代价。刚果(金)将出售矿产,价格由市场决定,而参与其中的中国公司将在刚果(金)获利。④

---

① Stefaan Marysse and Sara Geenen, "Les contrats Chinois en RDC: l'impérialisme rouge en marche?" *L'Afrique des grands lacs*: annuaire 2007 - 2008.
② "Donors Press Congo Over \$9 Bln China Minerals Deal", *Financial Times*, London, 9 February 2009.
③ Colette Braeckman, "Le Congo et ses amis Chinois: Développement des infrastructures, contrats miniers et poids de la dette", *Le Monde Diplomatique*, septembre 2009, http://www.monde-diplomatique.fr/2009/09/BRAECKMAN/18100. 登录时间 2015 年 1 月 15 日。
④ Tony Busselen, "Guest Post: Let's Argue About the China-Congo Contract", *Deborah Brautigam's Blog*, *China in Africa: The Real Story*, *Digging into the myths and realitie*, August 3, 2011, http://www.chinaafricarealstory.com/2011/08/guest-post-lets-argue-about-china-congo.html. 登录时间 2015 年 1 月 20 日。

布塞伦观察到,令人惊讶的是,有些人并没有看出西方与非洲在政治经济合作上存在问题,而这些合作令非洲人无利可图,因此这笔交易才激起了他们很大的敌意。①

加拿大人保罗·福丁(Paul Fortin)在2005—2009年间负责管理刚果国有矿业公司(后来在世界银行的压力下辞职),布塞伦援引他的话说:"中国是处于弱势位置的一方:他们已经开始施工工程,但铜的生产在2014年初才开始,他们还需等待三年的时间。如果刚果(金)的政治格局在此之前改变了,他们能怎么办?如果反对党领袖艾蒂安·齐塞克迪赢得选举并像他承诺的那样解除了协议怎么办?中国像西方在经济利益受损时所做的那样军事入侵刚果(金)吗?"②

然而布莱克曼说:"多米尼克·斯特劳斯-卡恩先生领导的机构(国际货币基金组织)仍不看好此项交易。"③

约瑟夫·卡比拉总统宣布:"事实上,尽管本协议遇到阻力,但却没有相反的提案反对它。"④当时,卡比拉的国家发展计划包括五项内容,即基础设施、就业、住房、医疗教育以及水电。然而,彼得·李写道,在短暂的抗拒之后,刚果(金)崩溃了,于是同意推迟接受第二笔30亿美元的基建款项,并把所有项目提交给国际招标(避免高估成本)。⑤ 中刚的铜矿协议很快打了水漂。⑥

这种情况使人联想到中国的"基础设施换石油资源"策略2003年在尼日利亚的失利。乌梅耶给出的两个原因是:(1)政策失利是因为尼日利亚的既

---

① Tony Busselen, "Guest Post: Let's Argue About the China-Congo Contract", *Deborah Brautigam's Blog*, *China in Africa: The Real Story*, *Digging into the myths and realitie*, August 3, 2011, http://www.chinaafricarealstory.com/2011/08/guest-post-lets-argue-about-china-congo.html. 登录时间2015年1月20日。

② Ibid.

③ Colette Braeckman, "Le Congo et ses amis Chinois: Développement des infrastructures, contrats miniers et poids de la dette", *Le Monde Diplomatique*, septembre 2009, http://www.monde-diplomatique.fr/2009/09/BRAECKMAN/18100. 登录时间2015年1月15日。

④ Jeffrey Gettleman, "An Interview with Kabila", *New York Times*, 3 April 2009.

⑤ Peter Lee, "China has a Congo copper headache", *Asia Times Online*, Mar 11, 2010, http://www.atimes.com/atimes/China_Business/LC11Cb03.html. 登录时间2015年1月15日。

⑥ Peter Lee, "China's copper deal back in the melt", *Asia Times Online*, Jun 12, 2009, http://www.atimes.com/atimes/China_Business/KF12Cb02.html. 登录时间2015年1月15日。

得利益精英们从中作梗,他们觉得实施该协议将削减他们在国际市场上从原油销售中获取的利益。(2)第二个导致(基础设施换石油资源)失利的原因是美国、荷兰和英国在尼日利亚石油产业的激烈竞争。西方石油高管"担心中国和俄罗斯公司打入对美国利益至关重要的燃料市场"。①

2010年7月1日,在得到加强的重债穷国(HIPC)倡议下,世界银行和国际货币基金组织的董事会批准了不可撤销的价值72.51亿美元的债务免除援助,由债权人集团(包括巴黎俱乐部债权人、非巴黎俱乐部债权人、非洲开发银行、商业债权人和其他多边贷款机构)提供给刚果(金)。②

相比之下,在所有刚果(金)与西方合作伙伴签署的采矿合同中,刚果(金)的股份从不高于25%。以正在开采位于加丹加省滕克-方古鲁梅的世界上最大的铜钴矿脉的麦克莫兰自由港公司为例,最初的谈判之后,刚果政府的股权仅为5%,现在也只有17%。加拿大矿业公司Banro则对在南基伍省和马尼埃玛的金矿产区拥有完全的私有产权,该地区土地面积和法国相当。③

不过,刚果(金)的问题远未结束。战争使资源消耗殆尽,且矿产出口收入减少。刚果(金)外汇储备在2008年4月还有2.25亿美元,在2009年二月已下降至只有3600万美元。这个国家几乎已处于破产的边缘。世界银行仅资助了微不足道的1亿美元的紧急基金,作为救助计划的一部分。政府通过努力方从国际货币基金组织的"外生冲击机构"获得了另外2亿美元。④

当时,笔者观察到的矛盾非常明显。中国在仍被多种形式的危机(政治、经济和社会)困扰的情况下提议给刚果(金)200亿美元,与此相比,国际货币基金组织和世界银行提供的金额如何救活刚果(金)?如何解释世界银行的1亿美元贷款和国际货币基金组织的2亿美元贷款一定不会增加刚果

---

① Emeka Umejei, "Why China's 'Infrastructure for Resources' Failed in Nigeria", *American Daily Herald*, August 3, 2013, http://www.americandailyherald.com/world-news/africa/item/why-china-s-infrastructure-for-resources-failed-in-nigeria. 登录时间2015年1月17日。
② IDA/IMF: DRC-Enhanced Heavily Indebted Poor Countries (HIPC) Initiative: Completion Point Document and Multilateral Debt Relief Initiative (MDRI), June 15, 2010.
③ Antoine Roger Lokongo, "Sino-DRC contracts to thwart the return of Western patronage", *Pambazuka News*, Issue 423, September 11, 2009, http://www.pambazuka.net/en/category/africa_china/54717. 登录时间2015年1月15日。
④ Ibid.

(金)的债务负担？为什么刚果(金)应该担心中国的贷款(根据西方政府、国际货币基金组织和世界银行的建议)，而不是西方国家的贷款呢？①

2009年1月，中国进出口银行支付了3.5亿美元贷款，作为基础设施工程第一阶段的一部分资助，即独立五十周年纪念医院的建设(1亿美元)，在首都金沙萨建设"6月30日纪念大道"(5400万美元)，修复金沙萨的旅游大道(4400万美元)，扩展加丹加省的卢本巴希和卡索梅诺之间的公路(1.35亿美元)，修复Lutendele公路及Beni-Luna公路(6400万美元)。②

中国进出口银行随后承诺将提供1.18亿美元贷款用于基建工作的第二阶段，即：6月30日纪念大道(第二阶段)、凯旋大道和森德韦(Sendwe)大道，人民宫前的广场，预制居民住宅单元制造企业的收购，用以提升某些主要省市电力服务的发电设备的收购，以及主要城市太阳能街道照明设备的收购。然而矿产的开采却始于2014年。③

2014年2月，"中刚项目协调监管办公室"主任莫瓦斯·伊康加(Moise Ekanga)表示，最后保证合同仍然有效。④

三、政策的总结

刚果(金)富有铜钴资源，以这些矿产换取中国资助的基础设施建设(中国资本和专业知识)，刚果(金)的矿产方能体现其价值。基础设施可以启动刚果(金)的发展。中国谚语说，"要想富，先修路"。这些基础设施是刚果(金)的工业化和农业现代化的前提，它们有潜力改变刚果(金)。

然而，西方国家(尤其是美国)憎恨这笔交易，通过国际货币基金组织向政府施压放弃这笔交易，以换取"债务免除"。他们还通过卢旺达和乌干达发动M23图西族叛乱来动摇刚果(金)和中国在刚果(金)的存在。刚果政府屈服了。

---

① Antoine Roger Lokongo, "Sino-DRC contracts to thwart the return of Western patronage", *Pambazuka News*, Issue 423, September 11, 2009, http://www.pambazuka.net/en/category/africa_china/54717. 登录时间2015年1月15日。
② "Plus de peur que de mal, les contrats chinois tiennent bon", *Le Potentiel*, 01/02/2014, http://www.digitalcongo.net/article/97722. 登录时间2015年1月16日。
③ Ibid.
④ Ibid.

基础设施建设最终被推迟至2012—2013年间。刚果（金）的发展也是如此，各项事业都被拖延：提高生活标准、扶贫、社会正义以及根据社会类别、区域和地域公平分配国民收入；创造新的就业机会，特别是在农村，外加必要的农村基础设施建设，通过资源配置纠正偏向外国投资者、少数特权富裕精英阶层和城市中心地区的收入分配政策（以农村地区和大多数人的利益为代价）——用帕特里克·E. 奥拉瓦（Patrick E. Ollawa）教授的话说。[1]

事实上，奥拉瓦抨击了当前西方国家对热带非洲开发战略的调整，因为其缺乏衔接国家发展与农村转型的动态能力，因为优先考虑投资分配的领域是那些将国民生产总值（GNP）增长率（经济作物、矿物质）作为进步的关键指标的领域。[2]

达格·哈马舍尔德（Dag Hammarskjold）在一份报告中不悦地评论说："（不公平的是）一个国家需要制造由当下的国际经济体系决定价格的东西，而非其人民所需要的东西。"[3]这就是中刚"基础设施换矿产"贸易（易货贸易）旨在纠正的现象。

美国决心通过一场新的由卢旺达和乌干达支持的图西族叛乱实现"南斯拉夫或苏丹'解决方案'解救刚果（金）的困境"政策。因为M23对抗的是中国在刚果（金）的存在，这就解释了这一政策是如何影响中刚关系的。

巧合的是，正是M23造成了刚果东部的中刚基础设施建设项目的延期。M23始于2012年4月，大约300名由恩塔甘达领导的前全国保卫人民大会（CNDP）人员从刚果武装部队（FARDC）叛逃，理由是"恶劣的工作条件且政府不愿真正履行2009年3月23日的和平协议"。[4]如上所述，全国保卫（图西族）人民大会（CNDP）反对中国在刚果（金）的存在，因此M23作为CNDP的延伸也持相同的态度。M23控制了刚果东部的部分领土，后者在政治和经济方面事实上已经并入了卢旺达，中国工人不得不离开此地。

---

[1] Patrick Ollawa, "On a Dynamic Model for Rural Development in Africa", *The Journal of African Studies*, Vol. 15, No. 3, September 1977, pp. 401–402.

[2] 同上。

[3] What Now? The Dag Hammarskjold Report on Development and International Cooperation, Uppsala, 1975, pp. 10, 68.

[4] "Congo's M23 conflict: Rebellion or resource war? (Op-Ed)", *RT*, January 14, 2013, http://rt.com/op-edge/congo-m23-rebels-washington-960/. 登录时间2015年1月16日。

本章结论

使用"地缘政治和经济战略动态分析"研究方法来探讨权力关系,得以印证我们谈论的这四个美国政策是如何产生或塑造了在刚果(金)的四种类型的政权(1982—2014年)。这一章具体分析了蒙博托政权、老卡比拉政权和小卡比拉政权——过渡政府,是由一名主席和四个副总统治理的"一加四"(1+4)系统)和民选政府(2006年和2011年的),这两个——有关我们谈论的这四个美国政策,确定了在刚果(金)经历了的这四个国家各种形式之间的联系,并发现了一个共同的趋势。

共同的趋势是刚果(金)已经没有选择,只好把自己融入全球经济和金融结构。一方面,鉴于国家矿产资源丰富这一事实,没有它,全球经济结构将崩溃,尤其是美国的全球力量,刚果人民坚信,在一个负责任的国家的努力下,即能把国家和人民的利益放在第一的努力下,刚果(金)必须行使其作为一个国家的主权,就其自身而言建立自己的规则和标准来应对世界其他地区。另一方面,在刚果(金),西方列强的政策旨在有一个弱的、屈从的,在必要的时候一个不稳定的国家,这样他们就可以很容易地剥削,并窃取其自然资源。这四个美国对刚果(金)的政策(1982—2014年)是我们研究的对象,因为这些政策与在此期间的刚果(金)资源战争有关。

到目前为止,由联合国、西方媒体、西方学者和政策制定者、西方非政府组织和西方国家政府对刚果(金)的情况进行的分析只专注于内部因素,这正是政治和经济不稳定的主要来源,并与在刚果(金)的权力的合法性或它的缺乏有关。

然而,必须认真审查在全球系统中的经济和政治关系的假设,以及这些可以如何被审查、复审或重新看,以这样的方式来达到一个新的范式的转变,将迎来刚果(金)的民主和发展概念的新认识。就是来看看我们已经成为全球村的世界的权力中心在哪里,也看看这些权利中心留给"贫穷"的非洲国家,如刚果(金),如何少多样化其经济和贸易伙伴(零和博弈)。套用津巴布韦学者肯德蒙·尼亚萨·胡恩圭(Kedmon Nyasha Hungwe)话,我们还需要了解:为什么西方列强为非洲发展不足的指责游戏需要受到质疑,因为其具有片面性,总是针对非洲往往充斥着腐败的国家的不足之处。①

正如约瑟夫·卡比拉总统所提出的,每一次刚果(金)有了喘息的机会,尽管短暂,使得刚果人能够充分贡献他们的注意力和精力来发展本国伟大而美丽的事业,内部和外部的黑暗的势力,总是去抓住刚果人民的丝毫的分心和粗心一刻而重燃火焰。② 这意味着,每当刚果(金)尝试采用革命性的独立路径自由飞翔,它的翅膀总被西方列强通过直接的军事干预、暗杀、政权更迭或使用刚果邻国作为代理力量剪断。目的是继续削弱刚果国家(在一个欠发达的国家,上文所述的所有弊病都将自然地滋生,包括腐败、裙带关系、"事务主义"(affairism)、有罪不罚、部落主义、世袭主义、矿产财富抛售等等。因此,外部因素加剧内部因素),并掠夺刚果(金)的财富;而且是在杀戮、屠杀、种族灭绝、强奸和抢劫当中。这回答我们的研究问题:"为什么资源战争在刚果(金)持续发生?"

正如皮埃尔·昂格勒贝(Pierre Englebert)认为,由于极端的多相性和其人口的极端化,全球化的错位和外国占领等等,还有自己不足之处的多重攻击之下,刚果(金)作为一个国家本该早已崩溃。然而,刚果(金)已经超出这样的预期,并继续显示出惊人的弹性倾向。国家的弱点、外国侵略、由跨国和非正式的网络剥夺其自然资源,并且国内的多样叛乱勾结外国利益,都没有丝毫削弱刚果(金)的精英阶层和普通公民、外国的政治经济利益和整个国际社会之间对刚果国家的重建的广义支持的存在。③

罗兰·普尔捷(Roland Pourtier)认为,无论是1960年的分裂(包括加丹加省的),或1964年的叛乱、蒙博托统治多年的政治和种族暴力,甚至最近的

---

① Kedmon Nyasha Hungwe, "Fifty Years of Film-Making in Zimbabwe", *Working paper*, *Department of Education*, *Michigan Technological University*, November 14, 2003 http://www.ed.mtu.edu/~khungwe/afrika/kedmon-hungwe/film-making-in-zimbabwe.html. 登录时间 2014 年 9 月 20 日。
② "Voici l'intégralité de l'allocution du Chef de l'Etat Joseph Kabila devant le Parlement réuni en Congrès", *Digitalcongo*,*net*, le 16 décembre 2014, http://www.digitalcongo.net/article/104370. 登录时间 2014 年 12 月 13 日。
③ Pierre Englebert, "Why Congo Persists: Sovereignty, Globalization and the Violent Reproduction of a Weak State", Paper written for the Queen Elizabeth House Carnegie Project on "Global Cultural and Economic Dimensions of Self-Determination in Developing Countries.", Queen Elisabeth House Working Paper Series No. 95, Oxford, 2003.

叛乱，自 1998 年以来再一次撕裂该国，导致该国事实上的分割……都没能破坏国家统一。这就是刚果(金)的悖论：刚果人统计上都应该在很久以前死了，在体制上垂死的国家似乎已失去了控制其领土的能力。然而刚果(金)和刚果人民确实仍然存在。混乱之上，仍有把他们粘在一起的力量：刚果河的形象和它流经的广大领土，已是学校里的每门课的主要内容和媒体报道的主要焦点，与一个多世纪的共享记忆一道，这些都可能促成了这种强烈的集体身份的出现。

然而，自从比利时国王利奥波德二世的无情统治，并随着 1961 年的卢蒙巴被暗杀后民主被斩首，西方的政策已经把刚果(金)变成一个真正的灾难，其领导人已易于腐败，其人民就不得不自找出路……现在，西方的政策，尤其是美国的，体现了对西方对矿产的胃口。这些政策阻碍一个真正民主、经济上强大和繁荣的刚果(金)的复兴，特别是美国对刚果(金)的四个政策(1982—2014 年)是我们研究的对象。这些是：

(1) 1982 年美国政府的"钴：政策方案和战略矿产"政策，那些鼓励了盗贼统治的国度(蒙博托政权)；

(2) 1997 年美国柏克德公司的"刚果重建方案"政策，旨在防止一个革命的社会主义国家的建立(洛朗·德西雷·卡比拉政权)；

(3) "奥巴马 2006 年刚果民主共和国救济、安全和民主促进法"政策；在人道主义干预的借口下，资助了一个失败的国家，军阀和叛乱分子制定法律(在"一加四"制度下：一位总统和四位副总统，这四个人就是在战争中的四个主要派别的领导人)；

(4) 2013 年"作为刚果危机补救办法的南斯拉夫式或苏丹式的解决方案"政策，旨在支持一种"远程控制的民主"——所以我们同意，托马斯·芒廷(Thomas Mountain)的"用西方民主来摧毁非洲"的理论①——否则刚果国家会遭受巴尔干化(约瑟夫·卡比拉统治)。见下表 6：

---

① Thomas Mountain, "Destroying Africa with Western 'Democracy'", *Foreign Policy Journal*, May 1, 2012, http://www.foreignpolicyjournal.com/2012/05/01/destroying-africa-with-western-democracy/. 登录时间 2014 年 9 月 3 日。

表6 四个政策所制造或塑造的刚果政权

美国对刚果(金)的四个政策(1982—2014年)是我们研究的对象	这些政策所制造或塑造的刚果政权
1. 1982年美国政府的"钴:政策方案和战略矿产"政策	盗贼统治的国度(蒙博托政权) 目的:建立一个屈从的国家为促进自然资源的剥夺,尤其是美国急需的钴
2. 1997年美国柏克德公司的"刚果重建方案"政策	目的:防止一个革命的社会主义国家的建立(洛朗·德西雷·卡比拉政权)
3. "奥巴马2006年刚果民主共和国救济、安全和民主促进法"政策	目的:在人道主义干预的借口下,而资助了一个失败的国家,军阀和叛乱分子制定法律(在"一加四"(1+4)制度下:1位总统和4位副总统,这四个人就是在战争中的四个主要派别的领导人)
4. 2013年"作为刚果危机补救办法的南斯拉夫式或苏丹式的解决方案"政策	目的:支持一种"远程控制的民主",否则刚果国家会受巴尔干化(约瑟夫·卡比拉统治)

刚果(金)的"自治"和缺乏政治统一也使得这个国家很容易成为外部干预的猎物。我们同意塞拉里·马克格塔拉能(Sehlare Makgetlaneng)的说法,他认为,"大多数的领导人并没有提升人民大众的权益,他们反而成了人民的敌人。这个残酷的现实并没有改变,实际上一直都是如此。非洲国家绝大多数的领导人是广大非洲人民的敌人,阻碍着本国和非洲大陆的发展和进步"。①

在北非,年轻人组织的"阿拉伯之春"是这一残酷现实的结果。青年人走上街头之前,使用了推特(Twitter)和脸谱网(Facebook)来发起推翻北非国家的领导人的运动。②不过,笔者认为,推特和脸谱网的"计算机服务器或工作站"都是在美国,而不是在非洲。没有人能保证这些新殖民主义的工具总是用于非洲状况的改善(我们还必须强调"阿拉伯之春"过程中一些亲美

---

① Sehlare Makgetlaneng, "Obama's United States Foreign Policy towards Africa", *Race and History*, March 8, 2008, http://www.raceandhistory.com/historicalviews/2009/0803.html. 登录时间2015年2月3日。
② 岳巍:《动荡之后的北部非洲去向何处——专访中国社会科学院西亚非洲所非洲研究室主任贺文萍》,《领导文萃》2012年第2期,第6—20页。

非政府组织和公民社会的作用）。非洲需要"软件主权"，即对在非洲被使用的一些软件行使主权。西方列强总是找到新的方法来转移非洲人民的注意力，并保持他们对非洲资源的控制权。

由此可以理解，为什么刚果（金）的民族主义领导人，如卢蒙巴和卡比拉，曾试图阻止新殖民主义在刚果（金）发生，并与已成功摆脱殖民主义和新殖民主义束缚的中国建立起深厚的友谊。相反，刚果（金）的反动领导人，如蒙博托，只是在一个国家与另一个国家的利益间游戏。他只是在理查德·尼克松开辟了道路后才来到中国。之后，当被西方严厉批评时，他又威胁将加入社会主义阵营。这就是为什么中国和朝鲜在1970年代会失望地离开扎伊尔——因为蒙博托的双重交易。最终，蒙博始终扮演的都是在该地区为共产主义提供缓冲的角色，而且很明显，相比中国和朝鲜的利益，他更认可西方的商业利益。套用马尼帕尔大学地缘政治学教授马达夫·达斯·纳拉帕特（Madhav Das Nalapat）谈到印度的时候的话，西方大国不想刚果（金）存在强有力的领导人。他们只想要弱势的政府和只听他们指挥而无不顾人民利益的领导人。[1]更重要的是，美国不相信民主本身，因为在美国的命令下，某些当选的领导人，如帕特里斯·卢蒙巴，被废黜并被那些非民选的人所取代，如蒙博托。

我们同意考莱特·布拉科曼（Colette Braeckman）的观点，她认为，为使刚果（金）自立，它必须得到帮助，以继续卢蒙巴的而被破坏和谋杀打断了的斗争；换言之，重建一个统一的刚果国家，因为它的发展可以给整个地区带来和平。[2]

我们也同意中国学者和非洲事务的专家李安山提出的观点，非洲人是土地（及其包含的所有）正当的所有者，其他人都是客人。[3]所以，刚果人民不想只在名义上做他们祖先的土地、自然资源和矿产资源的合法所有者。刚果（金）正在经历的混乱是由以下三个因素造成：

---

[1] Interviewed by Yang Rui "India general election", *CCTV Dialogue*, April 18, 2014, http://english.cntv.cn/2014/04/19/VIDE1397856000709344.shtml, 2014年4月27日查看。
[2] Antoine Roger Lokongo, "Lumumba Apology Not Enough", *New African*, March 2002, Issue 405, p13.
[3] 李安山，2014年10月13—14日在北京大学举行对非洲农业国际合作会议开幕式上的讲话，以"农业国际合作与非洲的包容性可持续发展：机遇和挑战"为主题，由北京大学非洲研究中心组织，并由香港乐施会资助。

(1) 刚果人民正在重新主张其祖先土地及其包含的所有的合法所有权（收回模式）；(2) 如此做时，他们与西方列强发生直接冲突，因为这挑战他们在刚果任意的殖民要求（剥夺模式），并相信这些要求仍然适用；(3) 同时，新兴的大国，如中国，在非洲非常受欢迎，并正在巩固他们在那里的存在，不管西方列强喜欢还是不喜欢，中国在非洲的存在正在帮助拆除那里所有西方列强建立的殖民地机制。

这三个因素之间的交互作用。中国作为全球性大国的崛起给刚果（金）提供了使其贸易伙伴多样化的机遇，中国在刚果（金）日益强大的存在更是被美国决策层视为对其在非洲的"零和博弈"战略的一大挑战。有鉴于此，本书单列一"附章"（即第五章），集中关注刚果（金）与新兴国家之间的关系取得的成就（基础设施建设会对刚果（金）其他部门的发展产生多米诺效应，除了矿业之外，尤其还包括农业、科技授权、就业岗位创造、减少贫困与国家管理体制的范式转变），以及此类关系会对美－中－刚三方关系造成何种影响。

第五章 本书结论

第一节 研究发现

一、美国在刚果(金)扮演了殖民势力的角色

本研究提示了刚果(金)危机的主要根源之一：美国拥有的权力使美-刚关系服务于其利益,而刚果(金)不得不承担相关费用。这种情况根植于历史。本研究试图整合历史学、人类学、社会学、政治和经济因素来解决问题。本研究的主要发现是,美国的四项政策涉及刚果(金)难题的三个主要推动者,包括：

(1)享有剥夺权力或能够使用"剥夺模式"的西方列强("剥夺模式"是指从殖民时期到现在,西方国家及其在非洲的代理人用以损害非洲人民的一种家长式种族霸权政策和一种政治、经济、文化剥夺模式)。

(2)正在行使"恢复权力"或"恢复模式"的刚果人民("恢复权力"或"恢复模式",是指恢复国家的权力、自决的权力和控制自然矿产资源的权力)。因为一方面,全球化对他们的主权构成了威胁,另一方面,刚果人民(包括所有南方国家)拒绝某种"有限主权"或"共享主权"的方式(西方的"剥夺模式"和刚果(金)的民族主义情绪或"恢复模式"由此进入了冲突轨道),并努力维护祖国的统一以及寻求更有效地控制和管理自己的自然资源；除了美国和其他西方国家,新兴国家也参与到非洲事务中来,这让以美国为首的西方大国感到一定程度的威胁。这三股势力之间的斗争对刚果(金)产生了巨大影响,最终使刚果(金)当前的紧张局势演变成战争,充斥着暴行、大规模屠杀、

作为战争武器的强奸和对刚果资源的系统性掠夺。

美国在刚果（金）的"剥夺模式"始于1885年的柏林会议。在柏林会议上，美国成为世界上第一个承认比利时国王利奥波德二世的"刚果自由邦"的国家，以此换取自由贸易红利，并首先派出商业代表理查德·多尔西·莫亨前往刚果（金）。美国奉行的是"间接殖民主义"、"代理殖民主义"或"外围殖民主义"的政策，这意味着虽然美国不是刚果（金）的直接宗主国，却完全享有比利时殖民主义在刚果（金）的所有好处，拥有永久的自由贸易权。甚至在今天，北美公司在刚果（金）的矿业中仍占有最大的份额。

（3）一些在刚果自由邦投资的美国投资银行参加了"刚果争夺"，比如罗斯柴尔德家族、摩根大通等，这些机构至今仍在运营。这表明这些美国银行的原始资本来自奴隶制和殖民主义。

二、刚果（金）的国家状态正陷于"新家长制的延续"

显然，就刚果（金）的国家状态而言，利奥波德国王仍然阴魂不散，其当年采用专制独裁和不受质疑的霸权形式，把刚果（金）作为封地，通过代理人使用暴力和恐怖统治来勒索财富，这些形式一直延续至今。在刚果（金）的历史进程中，往往在前进一步之后就又会马上像蛇一样缩回来，退回世袭主义或"影子国经济"，大量利益份额为那些现任的精英们所拥有，如影随形的还有附庸主义、回扣文化、买卖主义、裙带关系、军事商业化、代理战争、叛乱、军阀主义、对自然和矿产资源的掠夺、朝令夕改的采矿合同、屠杀、强奸以及人民的流离失所。

克里斯蒂安·冯·泽斯特称之为"新家长制的延续"，意即权力集中、民主匮乏、政治干预收入分配、依个人偏好赏罚无度，以及对国家资源滥用（在领导者的意识中从未对公共和私人领域加以区分）。[①] 在签署采矿合同时决策者和监管者容易陷入贿赂和腐败丑闻。

这就是为什么我们会同意理查德·L.斯科拉的观点，他对非洲统治阶级的本质作出了如下诠释：不论有意与否，这些特权集团和在非工业国家（这些国家主要的经济组织受外国控制）进行政府贸易的人士都充当了外国

---

① Christian Von Soest, "How does neopatrimonialism affect the African state's revenues? The case of tax collection in Zambia", *Journal of Modern African Studies*, Vol. 45, No. 4, Dec. 2007, pp. 621 – 645.

势力的代理人,即"委托人或被操纵的上层阶级"。①

对于初期的主导阶层(或"国家资产阶级"、"官僚、行政资产阶级"、"组织资产阶级"、"管理资产阶级"、"辅助资产阶级"等,这些术语都可以通用)的划分,斯科拉在《尼日利亚政党》(1963年普林斯顿大学出版)一书中列出了四个客观标准:

(1) 社会地位高的职业(特别是专家、教育工笔者、富有的商人、公共服务领域的高级官员,以及公共或私营企业的高级职员);

(2) 高收入群体;

(3) 受过高等教育的人群(尤其是专家、公务员和教师);

(4) 拥有对企业或土地的所有权或控制权的群体,比如传统统治者和他们的后代。②

斯科拉还特别提到了扎伊尔政权。他引用彼尔曼斯(J. Ph. Peermans)的描述,认为国家资产阶级"在本质上是一个通过控制国家经济资源施加全面控制的政治团体"。他认为,这个阶层的新晋人员大多数都是"小资产阶级的子女",他们中的很多人受过高等教育。彼尔曼斯这样描述在蒙博托统治下的扎伊尔政权中的国家资产阶级:"通过对国家的控制……[这个新阶层]可以作为一个群体,对扎伊尔的资本积累过程进行控制,它还负责维持与国际体系的关系;同样,新兴阶层中的个体成员作为国家和'混合经济'的管理者,不仅通过利用国家权力使自己进入资本所有权的结构中,还通过行使公共权力获取高工资、各种收益和副业收入。他们将积蓄投资于贸易、运输业和不动产,或转换成土地。国家资产阶级可以获得更安全的经济地位,并加入高级的商业资产阶级行列。"③

所有这些活动者当然要为自己的行为负责,而且正如斯科拉总结的那样,我们不应该总是归咎于外部因素。因为非洲的自然矿产资源在本地极

---

① Richard L Sklar, "The Nature of Class Domination in Africa", *The Journal of Modern African Studies*, Vol. 17, No. 04, p. 531.
② Ibid.
③ Richard L Sklar, "The Nature of Class Domination in Africa", The Journal of Modern African Studies, Vol. 17, No. 04, 第 545 页。另见: J. Ph. Peermans, "The Social and Economic Development of Zaïre since Independence: an historical outline", *African Affairs*, Vol. 74, No. 295, April 1975, p. 163.

少被消耗,这些人并不建立工厂,也不在自己的国家投资。他们只是把钱存在外国银行或投资到外国公司。外国资本在"自由放任主义"经济的基础上建立新企业时的确需要他们的帮助,通过贿赂官员和军阀以逃避纳税。此外,正如罗伯特·库里(Robert Curry)所指出的,给第三世界国家贷款是一个规模庞大、逐渐发展且有利可图的业务,尤其是对美国银行体系而言,后者已经扩展成无法控制、不受监管、投机嗅觉灵敏的利润驱动全球网络,包括各个分支机构、子公司和其他海外子公司。全世界都要为其不受拘束的本质付出代价,而这也正是全球金融危机的根源。[1]

外国资本在非工业化的国家购买私人资产(包括完全私有化的矿山开采权),以换取当地统治阶层成员的政治和财政支持。

如果我们不应该总是责怪外部势力,为什么如同乔治·耶伊德泽伊·弗雷奈(George Jedrzej Frynas)告诉我们的那样,在包括英国、美国和非洲(主要是尼日利亚)的法庭上,针对跨国公司不利的环境和社会影响所提起的诉讼中,非洲国家还是位居榜首呢?[2]

为什么非洲国家一直呼吁建立一个新的世界经济秩序?为什么非洲大陆仍在抱怨其仍处于世界秩序底层,在谈判中仍然处于弱势?而且,几乎所有非洲领导人在离职时都会给国家留下一堆债务(除了刚果(金)的已故总统老卡比拉,他从未向国际货币基金组织或世界银行借过一分钱),对国家未来的发展造成灾难性影响。宾夕法尼亚州费城的外交政策研究所任助理研究员理查德·比塞尔(Richard Bissell)如此问道:"为何在全球体系中几乎人人都会受益,少数人甚至迅速暴富,而非洲兄弟们就注定会贫穷?"[3]

这是一个非常有意思的问题,而它的答案是至关重要的:"依附主义总

---

[1] Robert Curry, "Africa's External Debt Situation", *The Journal of Modern African Studies*, Vol. 17, No. 01, March 1979, p. 26.

[2] George Jedrzej Frynas, "Social and environmental litigation against transnational firms in Africa", *The Journal of Modern African Studies*, Vol. 42, No. 3, Sept. 2004, pp. 363-388.

[3] Richard Bissell, "African Power In International Resource Organisations", *The Journal of African Studies*, Vol. 17, No. 01, March 1979. p. 2.

是与外部相联系的。"①勒内·勒马尔尚教授如此评论。与此同时,如果没有来自发达国家的长期投资,你又如何从地下获取矿产或控制农产品出口?正像比塞尔所警告的那样②,诸如"使整个大陆经济去殖民化"之类的敌对言论永远不会使非洲获得任何发展,因为它缺乏技术、资本(尽管就资本来源而言,全球信贷危机是一件令人惊异的事)和组织支撑。

然而,这并不能作为以下问题的正当理由:为何非洲国家不应获得公平交易的权利,或针对各区域设计普遍的原料政策应对不利的贸易条件,形成联盟组织,提高它们在全球经济体系决策过程中的战略地位?行使权利使其贸易伙伴多元化是解除这一困境的关键,引入"基础设施换矿产"、"技术换矿产"或"能力建设换矿产"等计划至关重要。像中国和一些阿拉伯国家一样积累了自己的资本并发展了自己的专业知识和技术后,非洲国家可以考虑以国有化的形式降低跨国公司的影响,当然这是一个过程。

三、美国在刚果(金)对腐败政权的支持

尽管总体来说,刚果国家的本质被"新世袭制的延续"所笼罩,本书所分析的美国于1982—2014年间发布并执行的四大刚果政策先后在刚果(金)塑造了四种政权形态。

当然,刚果人对在他们国家发生的任何麻烦必须承担责任。然而在历史上,西方列强,特别是美国,在非洲利用腐败方式变得强大,然后正在要求非洲打击腐败。本研究证明的是责任真的不是就到非洲为止了。本研究发现,美国在刚果(金)常常利用"焚林而畋,竭泽而渔"、"趁火打劫"或"混水摸鱼"(中国谚语)的政策来实现其利益。之后,已经被毁坏的刚果(金)对它们并不重要:"得鱼忘筌"(中国谚语)。

刚果(金)的经验告诉我们:一个国家越腐败,越容易成为美国的买办(美国想要同腐败的国家合作,如蒙博托的政权。任何想首先维护刚果人民利益的政权都会自动成为美国的敌人,其领导人的地位抑或被战争所动摇,抑或被政变或行刺所颠覆,如帕特利斯·卢蒙巴和洛朗·卡比拉)。

---

① Réné Lemarchand, "The Tunnel at the End of the Light", *Review of African Political Economy*, Vol. 93, No. 94, 2002, pp. 79-388.
② Richard Bissell, "African Power In International Resource Organisations", *The Journal of African Studies*, Vol. 17, No. 01, March 1979. p. 2.

通过数次资源战争对刚果人民发动的攻击,目的就在于阻止刚果人民自主管理自己的自然资源,牺牲刚果人民的利益造福其他人民。西方大国意在向刚果人民传达一个清晰的信息:你们不配享有这些资源。驱动资源战争的,是种族主义。

四、钴能源与美国的军事工业复合体的关联

在由美国中央情报局支持的蒙博托政变推翻卢蒙巴的人民革命政府后,美国公司实现了在刚果(金)的突破(取代前殖民国家比利时和其他欧洲列强),换句话说,"美国在刚果(金)的资本渗透"成为一种既得权益。我们可以毫不隐讳地说,美国的工业和军事实力、高科技产业,包括整个航空航天工业,都得益于刚果(金)的战略矿物,包括钴和钶钽铁矿。因此,美国才发布了《钴:战略矿产的政策选择》,以此补给庞大的军事机器。从某种意义上来说,刚果(金)正在帮助美国维持其霸权,除了在卢蒙巴和卡比拉统治时期,他们拒绝服务于此秩序,而是把人民的利益放在首位。美国的大型跨国公司、政府官员、学者都参与到军事干预主义政策中来,这导致了资源战争,而他们又从中获得巨大利润。刚果人民已经对美国怀有巨大的怨恨。

作为一个资本主义大国,美国不喜欢非洲各国政府(比如卢蒙巴政府)把人民利益放在首位。他们喜欢的是把美国利益放在第一位的政府(如蒙博托政权),它完全由美国扶持建立,拥有其全方面的支持(政治、外交、军事和经济上)。在冷战时期,意识形态是美国选择非洲政府的主要标准。在这段时间里,与其结盟的非洲政府无论是腐败还是独裁,对于美国而言根本无关紧要。真正重要的是,这个政府是否坚定地站在西方立场上(不论是真实地还是只是表面上),是否为西方利益压榨自己的国民。美国的利益成了衡量"民主与法治"的标准。

事实上,在刚果(金)首位民选领导人卢蒙巴在1961年被暗杀,蒙博托获得统治地位之后,民主也同样已经夭折。许多反对蒙博托政权的起义破坏了刚果战略矿产到美国的供应线。这也是为什么美国和其他西方大国要以直接军事干预来挽救蒙博托政权,换句话说,也就是美国的非洲军事化政策造成了这种局面(美国仍旧是全世界最大的武器出口国,其武器出口商从外

国冲突地区,包括刚果东部,获取高利润)。①

蒙博托的作用是向美国供应战略矿产资源,建立一个可以使美国开展三年战争的储备库(先发制人的原则),特别是钴矿物的储备。美国钴的库存越多,蒙博托能继续掌权的时间就越长。然而,随着冷战的结束,钴储备逐渐耗尽,蒙博托便失去了美国的支持。恰在此时,美国作为唯一的超级大国,也想在外交关系上书写新的篇章。在此考量下,华盛顿也会毫不犹豫地与冷战期间它试图颠覆的政权做生意。为掩盖这些颠覆行为,如何处理蒙博托的政治遗产就变得非常棘手。

五、美国在刚果(金)霸权地位的衰落

美国想当然地以为,冷战期间"被遗弃的革命者们"只会选择与之合作。当美国对某个特定的非洲国家采取某些政策时,它理所当然地认为这些政策将为该国带来好处,它期望复兴时代的非洲新领导人(冷战后政府的主要特征是法治、民主、人权和建立在私营部门基础上的经济增长)会作出积极的回应。美国与非洲的关系是基于"确定结果原则"或"可预见性原则"(即美国"没有得不到,只有想不到");在这种合作中,美国投资将优先于其他合作伙伴(零和博弈原理),并带来富有成效的成果。

在绝不允许起义活动发展成公开敌视西方利益的方式的前提下,美国希望通过对卡比拉领导的反政府武装的支持,在刚果(金)完成由其控制的政权更迭。卡比拉是一位长期反对蒙博托政权的游击战士。

卡比拉让西方国家相信,通过协助他的军队推翻蒙博托政权,他们会得到一个更稳定的开发地。事实上许多合同都已经提前签署,据说某些跨国公司还被赋予了在卡比拉的起义成功之后开采矿藏的特权。华盛顿甚至动员卢旺达和乌干达军队协助推翻蒙博托政权。

但胜利之后,卡比拉把向跨国公司出卖国土的一纸承诺撕得粉碎——就像在他之前的卢蒙巴一样——他高声疾呼非洲人民要求完全独立的愿望,他认为非洲独立已经超过 40 年,但在世界上仍然呈现出一幅悲凉的景

---

① Stockholm International Peace Research Institute (SIPRI) Report: "Recent trends in arms transfers: The United States leads upward trend in arms exports…", Stockholm and Beijing, March 16, 2015, http://www.sipri.org/research/armaments/transfers/measuring/recent-trends-in-arms-transfers. 登录时间 2015 年 3 月 22 日。

象,资源被掠夺,自己的子民们也伙同卖国。他发誓要改变这种状况。

卡比拉拒绝了柏克德的刚果重建计划,理由如下:

(1) 这一计划是从外部强加的(外源性发展计划),并未事先向他咨询过(零和博弈)。

(2) 刚果(金)决不能实施这样一个计划:由跨国公司而非拥有主权的刚果人民成为主要的参与者。柏克德为刚果(金)带来了"自由放任经济",但具有独立意志的卡比拉不会让自己和自己的国家"自由放任"(他决不会妥协)。

(3) 它意味着整个刚果经济"柏克德化"或"美国化"(新殖民主义)。换句话说,柏克德的目标是通过国家全部财产的私有化,控制和垄断刚果资源的开采权,以牺牲刚果人民为代价造福美国的军事工业复合体。柏克德在伊拉克也使用了相同的策略,和美国政府的关系在美国的大企业中起着重要的作用。美国想要垄断对刚果自然资源和矿产资源的开发利用,以维持其现代高科技产业以及成品的独家供应商或经销商地位。柏克德的刚果重建计划得益于"企业情报",它已经向美国航空航天局购买了刚果(金)所有自然资源储备的卫星图像和相关研究资料。

卡比拉实行了自己的内生发展计划,根据人们的实际需要,让人民参与其中(自力更生的发展模式),随后再让刚果(金)的外部合作伙伴参与进来。他拒绝了美国的"零和博弈",据《洛杉矶时报》透露,华盛顿显然希望对刚果(金)施加影响,但卡比拉不可能"让华盛顿左右他的政权"(特别是通过柏克德的刚果重建计划)。①

套用比利时政治分析师托尼·巴瑟林(Tony Busselen)的话说,这是刚果历史上第一次由刚果人民自行制定重建和经济发展计划。这个计划当然会有缺点,当然很容易受到批评。但它的优点在于把农业作为最优先发展的产业。那么这个计划得到了西方尤其是美国的支持吗? 没有。相反,有许多西方人把洛朗·卡比拉形容为独裁者,是刚果(金)进步的障碍。最后,发展理论的倡导者认为一个国家的发展不能仅仅依靠采矿业,而是应该从

---

① Norman Kempster, "Albright Wraps Up Trip to Africa", *The Los Angeles Times*, December 16, 1997, http://articles.latimes.com/1997/dec/16/news/mn-64577. 登录时间 2013 年 11 月 19 日。

农业开始。作为蒙博托之后的第一位总统,洛朗·卡比拉首次在没有国际货币基金组织、世界银行和西方的干预下制定了刚果重建计划。这份由全新的政府成员起草的计划由卡比拉总统于 1997 年 6 月提出,并在三个月后付诸实施。①

卡比拉选择了泛非主义和南南合作。刚果(金)无法单独克服由当前西方政治和经济势力造成的失衡;刚果(金)决不能孤立地发展,必须要与其他非洲国家和发展中国家进行合作,尤其是与世界上最大的发展中国家中国进行合作。

只有通过南南"双赢"合作,刚果(金)才可以为人民提供就业岗位,将资源转化为就业机会,在国家、区域、大陆及国际各层面上发展市场。因此,对于所有非洲国家而言,技术转让、工业化、农业机械化、国家和地区国防安全、政治和经济主权等,都是非常重要的。

仅凭一己之力,刚果(金)无法克服西方用来控制非洲资源、使非洲永远处于阶梯底部的各种组织和机制,包括国际货币基金组织、世界银行、联合国、西方非政府组织或西方控制的天主教和新教教会等等。只有通过建立比这些机构更加透明的组织,提升自身能力建设并紧密团结在一起(抵制西方"分而治之"的策略),非洲人民才能把他们潜在的人力和自然资源转化成优势。

西方列强,尤其是美国在刚果(金)的"剥夺模式",使刚果(金)富有经验的领导人(热爱祖国的民族主义者)转向了中国("东向政策")。对他们来说,中国来到非洲代表着一个新的机遇,因为非洲和西方国家的关系容不下一种"双赢的政策"。所有西方在非洲的投资计划都只导致了非洲的贫困和不平等。刚果领导人正处于艰难的困境:他们应该如何选择前进的道路?

但是现在,刚果(金)不再处在一个十字路口上。洛朗·卡比拉已经指明了道路。刚果(金)现在知道应该怎么做:在这个全球化的时代,刚果(金)当然要对外开放,但同时必须保持自己的身份认同和民族自豪感。在这个

---

① Tony Busselen, "Guest Post: Let's Argue About the China-Congo Contract", *Deborah Brautigam's Blog*, *China in Africa: The Real Story*, *Digging into the myths and realitie*, August 3, 2011, http://www.chinaafricarealstory. com/2011/08/guest-post-lets-argue-about-china-congo. html. 登录时间 2015 年 1 月 20 日。

方面,刚果(金)有很多地方需要向中国学习。卡比拉转向中国,不是因为他反西方,而是因为他受够了西方国家的言而无信和强加条件。西方列强再也不能阻止刚果(金)与中国或任何其他新兴经济体的合作。合作的蓬勃展开或许还存在困难,但不管怎样,世界权力的平衡已经永久地改变了(甚至西方经济体本身也需要中国)。如今整个世界都需要中国。"双赢原则"是判断非洲合作伙伴真诚与否的唯一标准。

正如巴瑟林所说,西方与非洲的经济和政治合作,直到现在也没有给非洲人民带来真正的好处。[1] 非洲已经融入全球化的进程中,在这个过程中,西方"剥夺模式"在非洲更加不可避免,其托辞是非洲必须现代化。而事实上,在私有化过程中,非洲人民仍然被剥夺了他们的土地、矿产、木材、水和劳动力等资源。

对于洛朗·卡比拉而言,不管是现在还是未来,"南南双赢合作"能最好地服务于刚果人民的利益,能够维持刚果(金)的可持续发展。但我们必须记住,西方国家不喜欢非洲拥有具有洞察力、进步、自由开放或亲华的领导人。

卡比拉的坚定民族主义立场显然不利于美国在后蒙博托时期争夺刚果(金)的矿产资源。美国的军事工业复合体在很大程度上取决于对刚果东部战略资源的控制。当西方大国意识到卡比拉不是"生意人"时,他们想出了另一个政权更迭的策略(在旧的西方"分而治之"原则基础上发动新的代理战争)。

通过乌干达、卢旺达和布隆迪的代理人部队(这些部队事实上都为军事政权主导)的援助以及与南非在某种程度上的串通,刚果叛军使刚果(金)陷入了漫长而血腥的战争,800万人在战争中身亡。直接参与到战争之中的柏克德改变了策略:从"刚果重建"转变成"刚果爆炸",意即通过卢旺达和乌干达进行入侵。

在南部非洲发展共同体(SADC)的盟友津巴布韦、纳米比亚和安哥拉军

---

[1] Tony Busselen, "Guest Post: Let's Argue About the China-Congo Contract", *Deborah Brautigam's Blog*, *China in Africa: The Real Story*, *Digging into the myths and realitie*, August 3, 2011, http://www.chinaafricarealstory.com/2011/08/guest-post-lets-argue-about-china-congo.html. 登录时间 2015 年 1 月 20 日。

队的帮助下,卡比拉总统避免了军事失败。战争期间,卡比拉把刚果人民成功地团结在一起,使国家免于被分裂。

许多西方"投资者"来到刚果(金),宣称如果他们有某某矿业合同,他们将投资数百万美元。他们只需要支付佣金给政府官员就可以获得合同。他们回到伦敦、多伦多和其他西方证券交易所筹集资金,然后他们再回到刚果(金)获取巨额利润,而且往往不用纳税,政府官员只为政府接受非常微不足道的股份。在西方跨国公司的董事会里,你很难见到一个刚果人。刚果政府经常对可行性研究的结果一无所知,因为它没有评估矿产潜力的技术,只能向跨国公司让步。柏克德的刚果重建计划代表了所有这些趋势。

西方国家会经常在国家之间摇摆"投资"。如果刚果(金)不给他们想要的东西,他们就将退出刚果(金),转而向卢旺达和乌干达投资,反之亦然。在此过程中总有一方需要付出代价——这就是"分而掠之"策略。

按照西方的理解,非洲的"民主"必须是让非洲政府服务于西方的利益。为其利益服务的非洲领导人被称为"朋友"和"盟友"。

要求与西方"投资者"平等收益、把国家和人民利益放在第一位的非洲领导人则被妖魔化为独裁者。他们中的大多数能持续掌权。他们的民族主义阻碍了强大的西方国家的利益。

六、美国"人道主义干预"的双重标准

美国在刚果(金)的所谓"人道主义干预"值得深入推敲,理由很简单:在刚果(金)最近的资源战争中,美国其实是背后的推动者,它利用卢旺达和乌干达军队作为代理力量。在《奥巴马 2006 年关于刚果民主共和国救援、安全、民主促进法案》中,刚果(金)被视为美国的永久利益。美国的各派学者都一致认为,拥有丰富自然和矿产资源的刚果(金)是美国决不能拱手相让的。

事实上,杰瑞·哈里斯(Jerry Harris)认为,在美国,一些国际项目是和各个利益集团(或者思想流派)相对应的,主要可以分为三大类:(1)新现实主义者和新保守主义者所定义的单边帝国主义(从美国例外主义到美帝国主义);(2)传统的现实主义,他们认为美国统领的国际格局是与冷战时期的

国家竞争相衔接;(3)全球主义者的人道干预主义。① 从柏林会议至今,美国都参与了(金)的所有国际项目。美国一直行使着帝国权利,成为刚果(金)的间接殖民者,直到 1960 年刚果独立。1960 年以后,刚果(金)成为冷战阴谋的焦点,最终导致卢蒙巴的遇刺与蒙博托的上台。而当洛朗·卡比拉拒绝将美国的利益放在第一位时,他也遭到暗杀。之后刚果(金)卷入了美国—卢旺达—乌干达联军发动的侵略战争,长达 16 年。在此期间 800 万刚果人民被无辜杀害,刚果(金)的自然和矿产资源惨遭搜刮。

美国在刚果(金)的真正面目,与其参与全球反恐的斗争一样。只有人道主义干预才能掩盖美国在刚果(金)的行动,正如在 20 世纪 60 年代,美国中央情报局支持反对卢蒙巴的人民革命政府的叛变。正如第三章中所指出的那样,诺里·麦奎(Norrie MacQueen)认为,人道主义干预在冷战后日益显著,而对于 1960—1964 年刚果"国内冲突"的军事干预也被认为是联合国人道主义干预的最初表现。② 历史在刚果重复上演相同的戏码。

"奥巴马刚果法案"明确表示,陷于疾病、战争和贫穷的刚果(金)会破坏卢旺达和乌干达(美国盟国)的稳定,成为滋生恐怖主义的温床,进而威胁到美国利益。因此,美国的人道主义干预具有合理性,其传播的是一种自由、和平和持续繁荣的思想。

然而,自从刚果(金)1960 年独立以来,美国插手了刚果(金)所有的内战。中情局在推翻刚果(金)第一位民选领导人卢蒙巴的叛乱中发挥了重要作用。自从卢蒙巴遇刺后,刚果(金)就一直处于混乱状态,从未完全恢复秩序。最残暴的战争罪行,反人类的罪行,甚至是种族屠杀,在刚果(金)频频发生。然而罪犯却逍遥法外,譬如近年来的代理资源战争。与 1994 年种族灭绝发生后的卢旺达不同,刚果(金)是世界上唯一一个国际法无法伸张的国家。美国要继续对刚果(金)的剥削,其所谓"人道主义干预"在刚果(金)就是无意义且带有双重标准的。

"奥巴马刚果法案"及其他法律的目的,都是要尽最大可能确保刚果政

---

① Jerry Harris, "US Imperialism and Globalization After Iraq", *Race & Class*, 2008, Vol. 50, No. 1, pp. 37–58.
② Norrie MacQueen, *Humanitarian intervention and the United Nations*, Edinburgh: Edinburgh University Press, 2011, p. 1.

府：(1)承诺负起责任，同时在全国范围内透明公开地处理自然资源；(2)采取积极措施促进经济发展；(3)对非法开采国家自然资源的个人进行追究；(4)落实采矿业透明化议案，制定法律，对于自然资源开发这一领域的企业成本和政府收益都需要公开透明、独立审议。

事实上，美国有一个支持独裁者的历史，如蒙博托、萨达姆·侯赛因（从前在对伊朗的战争时），甚至是希特勒。据《耶路撒冷邮报》的报道，美国对于希特勒和纳粹主义的支持并不仅限于纳粹所谓的优生学与种族主义，而用来证明这些学说的只是伪科学。美国的工业，尤其是汽车行业，典型的如福特和通用公司，曾慷慨地向希特勒提供经济和技术上的帮助，使得德国走出经济大萧条，成为高就业率、现代化和工业化的经济体，使其军事实力足以打败整个欧洲、西方盟国的联合力量及苏联。[1] 换句话说，无论是推翻蒙博托、萨达姆的统治，还是和纳粹希特勒做生意，美国从不犹豫地用尽一切手段来实现控制世界资源的企图；有时甚至会打着"人道主义干预"的幌子。

一些重要的战争参与者，包括刚果军阀、卢旺达和乌干达的政府与军队成员，以及图西族叛军首领（如洛朗·恩孔达），都在刚果（金）非法开采自然资源，为超过1300个美国上市公司创造收益。这些人在刚果（金）的矿产资源纷争，[2]却从未被追究过责任。这就是双重标准。美国一边反对俄罗斯入侵乌克兰，但为什么与此同时又第一时间支持卢旺达和乌干达入侵刚果（金）？这再次论证了它的双重标准。

奥巴马任命的美国贸易顾问凯斯·拉沃尔（Kase Lawal）卷入了刚果（金）的非法黄金交易。我们仍在等待国会的调查结果。这位尼日利亚出生的美国石油大亨精心策划了一项协议，从臭名昭著的反政府武装领导人博斯科·恩塔甘达（Bosco Ntaganda）那里购买了价值数百万美元的黄金，并在

---

[1] "Arming the enemy: US industry, Hitler and the Holocaust", *The Jerusalem Post*, February 15, 2012, http://blogs.jpost.com/content/arming-enemy-us-industry-hitler-and-holocaust. 登录时间2013年11月22日。另见：Ben Aris and Duncan, "How Bush's grandfather helped Hitler's rise to power", *The Guardian*, September 25, 2004, http://www.theguardian.com/world/2004/sep/25/usa.secondworldwar, consulted on November 22, 2013.

[2] Emily Chasan, "Just Four Companies Had Conflict Mineral Reports Audited", *The Wall Street Journal/CFO Journal*, September 18, 2014, http://blogs.wsj.com/cfo/2014/09/18/just-four-companies-had-conflict-mineral-reports-audited/?mod=yahoo_hs. 登录时间2014年9月19日。

2010年11月到2011年2月将部分黄金转移到自己名下。该消息来自联合国的刚果专家组。若此消息属实，那他就必然违反了联合国决议：在战争频发的刚果东部地区，禁止个人或任何组织资助非法武装集团。①这也引发了人们对于在刚果（金）的"西方投资"的本质的思考。

在过去的16年里，刚果（金）的自然资源和矿产资源被西方势力瓜分，卢旺达和乌干达则充当了代理力量。然而，同样的势力以投资者的身份又回到刚果（金）。"投资者"一词在这里又指的是什么？掠夺非洲的财富后又回到非洲，用从非洲掠夺的钱财进行"投资"。因此，西方在非洲的投资无异于盗窃。

七、美国的刚果巴尔干化计划由来已久

刚果（金）的巴尔干化是不切实际的。各种末日预言纷然而至，尤其是美国的情报专家。他们不断做出预测：放眼世界，刚果（金）有充分的理由做好防范，畏惧未来，这个国家在目前的地理区域内充满了变数。他们已经给刚果（金）的邻国吃了定心丸，现在他们需要努力，也许在2030年，刚果（金）就会从目前的疆域内消失。②

然而，刚果（金）不能因为如今所发生的一切而心生胆怯。美国将刚果巴尔干化的计划由来已久。如果它在1960年谋划的侵略没有成功，那么它在今天也不会成功。每一次美国都企图通过扶持叛乱者来瓦解刚果（金），但最终都以失败告终。因为这个国家总会坚韧地重新站起，屹立不倒。

刚果学者曼肯达·沃卡（Mankenda Voka）认为，美国遥控的刚果分裂计划失败了。即使是在刚果（金）刚刚独立之时，可怕的加丹加分离运动也没能使这个国家走进坟墓。即使在那一分裂时期，刚果各地的部落结构也十分强大，就像今天的刚果民族主义者和拥护祖国统一的人一样。真正能够让刚果分裂的只有刚果人民的意志，但真正的刚果人都不愿看到这样的结局。③

---

① Antoine Roger Lokongo, "The Congo conundrum: Truth catches up with Obama", *Pambazuka News*, Issue 576, http://www.pambazuka.net/en/category/features/80773. 登录时间2014年1月21日。
② *La Revue*, n° 29- Le monde en 2030 - Fevrier 2013.
③ Mankenda Voka, "Balkanisation: La RDC n'exploseraquepar la volonté des Congolais", *Kongo Times*, 10/02/2013, http://afrique.kongotimes.info/rdc/echos-provinces/5493 - balkanisation-explosera-volonte-congolais-congo-exploser.html. 登录时间2015年1月22日。

这就是为什么美国的"作为对刚果困境补救措施的南斯拉夫或苏丹解决方案"无法成功。它扶持盟友卢旺达和乌干达(这些国家不满足于自己的生存空间,对刚果(金)的资源觊觎已久)跨境进行军事进攻,但都以失败收场。虽然在刚果东部一些武装组织的攻击仍然盛行,但随着刚果情报服务的加强,他们注定要失败。

因此美国已经改变了策略。它想要通过煽动"刚果春天革命"、"刚果橙色革命"或"政权更迭"达到割据刚果(金)的目的。为达此目标,西方列强会毫不犹豫地扶持一些绝望的刚果反对党、教堂和平民,以试图推翻总统约瑟夫·卡比拉的政府,如果他第二次拒绝向西方"购买合法性"。而事实上,他的合法性是从民主选举中得来的,这种策略也注定要失败。

有以下的几个因素能保证刚果人民的团结一致:

(1) 地理因素:刚果河是一个统一元素,它塑造了刚果(金)的地形。

(2) 历史因素:在殖民时期之前刚果(金)经历了很长的共同历史时期,尤其是西边的统一的刚果王国。

(3) 政治因素:在卢蒙巴这位为刚果统一牺牲的民族英雄的领导下,刚果人民曾团结一致为独立而战。

(4) 经济因素:在"平等分配体系"下,富裕的省份与贫穷的省份分享收入(尽管事实上就可耕土地、森林、矿产等资源的占有量而言,所有省份都一样富裕)。

(5) 文化因素:虽然刚果(金)存在各种种族团体,他们都有热情好客的文化。林格拉语是一个主要的统一因素。

就国内而言,刚果人民在政治上已经相当成熟,他们决不会被操纵。毕竟,他们已经经历过许多。民主程序已经内化为产生政权的常规方式,它将是政治规范和政治管理的唯一方式。以暴力来处理政治的方式已经一去不返。

八、美国的政策对刚果—中国关系的间接影响

首先,此研究并非关乎在刚果(金)的中美关系,强调这一点颇为重要。本文提及中国源于这样一个事实:所有我们分析的四个政策都在强调,由于面对新兴权力的竞争,美国必须维护其在刚果的采矿利益。任何人立即可

以推断出,这里所指的是中国,实际上可以说冷战后美国的外交政策是由其对中国复兴并成为一个伟大的世界权力的恐惧塑造的。

中国在非洲,特别是在刚果(金)崛起的存在和日益壮大的影响力,使西方列强感觉在自己"传统的游乐园"里受到了威胁。① 这也正是为什么本研究要探讨经济和安全对中刚关系的影响,即确定了来自刚果自由的选择多样化其合作伙伴的一些经济和安全意义或影响,尤其是它与中国的合作。正如概述中(第一章)所解释的那样,在刚果(金)由美国经常提出的"中国威胁论"源于一个事实:美国在刚仍心怀某种要求或权利。美国希望挑拨刚果(金)与中国的关系。

然而,尽管刚果(金)仍处于西方势力的强烈影响之下,一种范式转移正在发生。贸易伙伴的日益多元化将有利于目前刚果政府摆脱西方的控制,推动本国工业化的发展。新兴国家,特别是中国,正成为非洲投资的主要合作伙伴("东向政策"),这已经成为刚果(金)的第二选择。在 2005 年 5 月津巴布韦独立 25 周年的庆典上,穆加贝总统向观众发表讲话,"我们已经面朝东方,即太阳升起的地方,并且背对西方,即太阳落下的地方。"② 换句话说,西方一直让非洲沉睡,而东方正在使非洲觉醒,从而摆脱西方金主的束缚。

虽然美非殖民关系和欧非殖民关系源远流长,但是中国在非洲已经是一个"游戏改变者"(实际上,中国正在加快非洲变化的步伐)③,因为中国作为一个平等的合作伙伴,可以为非洲快速的经济发展提供信贷,促进非洲更快融入全球经济并在其中发挥日益重要的作用。具有讽刺意味的是,西方国家在与非洲的合作中也开始使用"双赢"的词汇。④ 中国使非洲在国际上逐渐去边缘化,这有重大的经济和政治影响。非洲已成为一块"希

---

① He Wenping, "The United States-China's conflict of interests in Africa: points of convergence and cooperation", Remarks at the Center for Strategic and International Studies, Washington, DC, February 8, 2007.
② Peter Leman, "China-Africa Relations, Political Conditions, and Ngugi WaThiong'o's Wizard of the Crow", *ARIEL: A Review of International English Literature*, Vol. 45, No. 1-2, January-April 2014, p.131.
③ 这一概念首先由中国中央电视台(CCTV)记者杨锐提出,用以分析中国在阿富汗所扮演的角色。另见:Yang Rui, "Sino-Afghanistan relations," *CCTV Dialogue*, January 5, 2015, http://english.cntv.cn/2015/01/21/VIDE1421781598832391.shtml. 2015 年 1 月 26 日查看。
④ Louis Michel, "*Africa-Europe: The Indispensable Alliance*", European Commission Paper, Brussels, 1 December 2007.

望的大陆"而非"绝望的大陆"。中国与非洲、拉丁美洲和亚洲其他发展中国家的发展合作为消除南北差异做出了巨大贡献。

而这也正是为什么西方大国想利用印度和其他新兴国家来制衡中国在非洲的强大影响力的原因(印度也在打历史和文化牌:非洲中部和东部存在印度族裔群体)。证据之一是,在英联邦召开的讨论卢旺达是否应当加入英联邦的会议上,发言者之一的保守党议员、前国际发展部的影子部长安德鲁·米切尔(Andew Mitchell)公开表示:"他喜欢卢旺达总统保罗·卡加梅,因为他行动力极强,展现了非凡的领导力,他也正和印度一起限制中国在非洲的突破性进展。"他的这番话暗指刚果局势,因为卡加梅迄今为止只入侵过刚果(金)这个与中国签署了规模最大、价值90亿美元的"矿产换基础设施"合同的国家。①

在这种"分而治之"的政策下,非洲各国(不论资源丰富抑或贫乏的国家)相互争斗,而跨国公司则在战争中大发横财。

为什么图西族军阀洛朗·恩孔达极力反对刚果(金)与中国签署的协议(2008年10月31日他接受了英国《金融时报》采访)?而其中将为刚果(金)提供价值90亿美元的投资用于基础设施重建,以换取该国未被使用的自然资源,谁赋予了他否决由拥有最高当局、合法和民选的政府与合作伙伴签署的协议的权力?他在自己所控制的领地里掠夺的矿产到哪里去了呢?难道不正如帕特里克·奥拉瓦(Patrick Ollawa)所说,在任何体制下,随时会有"少数民族团体"(图西族就属此类)操纵社会政治机构,只为保卫和促进自己狭隘的利益和特权,中饱私囊,从而干扰发展进程?②

实际上,"多种族主义"无论在殖民时期还是现在,都是一个表面现象。吉腾德拉·莫汉(Jitendra Mohan)和斯蒂芬·恩代格瓦(Stephen Nidegwa)认为,在殖民地时期,它被用作一种"分而治之"、摧毁非洲社会凝

---

① Antoine Roger Lokongo, "Sino-DRC contracts to thwart the return of Western patronage", *Pambazuka News*, Issue 423, September 11, 2009, http://www.pambazuka.net/en/category/africa_china/54717. 登录时间2015年1月15日。
② Patrick Ollawa, "On a Dynamic Model for Rural Development in Africa", *The Journal of African Studies*, Vol. 15, No. 3, September 1977, pp. 401-402.

聚力和创建一个身份危机的工具,其目的是控制非洲的资源。① 另外,殖民人工国家边界旨在创造政治不稳定,因为它们撕碎了前殖民时代的政治、社会和经济实体。因而种族成为非洲大陆冲突的主要因素。② 实际上,民族差异的政治化制造了尖锐的政治实力竞赛。比如,直到 1991 年,非洲后殖民地时期的 465 个领导人有 59% 不是被杀害就是被流放或是下狱。③

笔者认为,就像所有非洲人团结在南非种族隔离的斗争中一样,他们也可以在抗击贫穷和不发达的斗争中团结起来,打败种族分裂并将其殖民地时期边界变成高速通道。我们需要重建非洲社会,那里每一个公民,无论他的种族背景如何,都必须享有他的权利并履行他的职责。然而,在刚果(金),图西族公务员不想离开卢旺达边境附近。如果你是一个刚果公务员或士兵,你应该秉承并接受在该国的任何部分服务。如果你犯了罪,你一定会像其他刚果公民一样被按照法律惩罚,不用大声向外国列强呼喊你可以被排除在外。国家应为所有公民确保正义和平等的机会。

在非洲的新竞争能力是另一个考虑因素。金砖国家在非洲也存在激烈的竞争。巴西也在打语言和文化牌,强调其与非洲的葡萄牙语群体拥有共同的语言和文化团体。巴西并未与南非展开竞争,但也意在非洲市场获得一席之地来展示其作为新兴国家的地位。④

作为与中国一样寻求能源和原材料的新兴大国,印度也悄悄尾随中国,学习中国的部分策略,包括组织印非年度峰会。⑤

马来西亚也在争夺非洲矿产、石油和天然气储备的控制权,西方国家担心马来西亚可能会超越他们。⑥ 马来西亚与中国一道,深度介入了苏丹的石

---

① Jitendra. Mohan, "Varieties of African Socialism." *The Socialist Register*, Vol. 3, 1996, pp. 220 - 66. 另见: Stephen N. Nidegwa, "A Decade of Democracy in Africa", *In A decade of democracy in Africa*, ed. Stephen N. Nidegwa. Leiden; Boston: Brill, 2001, pp. 1 - 17.
② Alex Thomson. An introduction to African politics. 2nd ed. London: Routledge, 2004, p. 13.
③ Sebastien Porter, "Ethnicity in Africa: A road to Conflict or a Path to Peace", Africa Faith and Justice Network, February 2, 2013, http://www.afjn.org/focus-campaigns/other/other-continental-issues/80-democracy-and-governance/982 - ethnicity-in-africa-a-road-to-conflict-or-a-path-to-peace-.html. 登录时间 2015 年 5 月 13 日。
④ Louis Michel, "*Africa-Europe: The Indispensable Alliance*", European Commission Paper, Brussels, 1 December 2007.
⑤ Ibid.
⑥ Ibid.

油行业和刚果（金）的采矿业。①

尽管如此，面对西方的竞争，中国也决不会放弃在非洲的利益。如今中国消费着世界上 1/4 的铜、40％的煤、35％的钢铁、10％的石油和惊人的 94％的铝。它是世界上仅次于美国的石油消费国。②

如今的基本事实是，在冷战结束后，中国现在已取得了西方国家和其他新兴国家所没有的政治和经济利益，甚至已开始进军非洲银行业。

中国工商银行（ICBC）决定收购标准银行 20％的股份，这被广泛誉为非洲的分水岭。作为进入后种族隔离时代的南非的最大的一笔外国直接投资，它表明，现在世界上的重要大国已开始将非洲事务视为商业机遇，而不是一项需要外国援助的慈善事业。③

中国也承认了自中华人民共和国建立以来非洲对中国崛起所作出的伟大贡献。华为科技是世界电信网络的佼佼者，年营业额达 80 亿美元。其战略与市场总监方梁周如此说道："我们中国人坚定的信念是：非洲为中国的发展做出了贡献，我们也要为非洲的致富做出贡献。"④

2008 年 5 月，中国国家开发银行——世界上最大的资产发展机构，和中国人民银行发布了联合战略文件，上面写道："中国和非洲国家同属发展中国家，在经济发展中有着类似的问题。这为我们在农业、基础设施、制造业和其他领域（石油、矿产、木材等）展开合作提供了广阔的空间和可能性。"联合文件明确了中非合作的共同利益，也概述了中国在合作中的独特地位。

"中国和非洲经济体存在密切的互补性。非洲是一个巨大的市场，人口超过 8 亿（非洲人口也很年轻，15 岁以下人口约占 45％，超过 60 岁的只有 3％，尽管他们一直饱受战争、艾滋病毒、疟疾、迁移和人才流失等问题的困扰。非洲家庭大多数情况下要靠他们定居国外的亲人的汇款才得以生存）。中国拥有适应非洲经济发展的大宗商品、技术和先进的管理方法。中国在

---

① Ian Taylor, "China's foreign policy toward Africa in the 1990s", *The Journal of Modern African Studies*, Vol. 36, No. 3, 1998, pp. 443–460.
② Regina Jere-Malanda, "How China Is Speaking in Figures", *New African*, No. 471, March 2008.
③ "An expanding footprint", *Africa Investor*, Tuesday, 01 Jan 2008, http://www.africainvestor.com/article.asp?id=2440. 登录时间 2015 年 1 月 25 日。
④ Ibid.

非洲的投资为他们的发展提供了必要的资金支持。"①

中国开发银行已经与尼日利亚非洲联合银行签署了一项合作协议，这也成为尼日利亚进行项目融资的关键渠道。②

1996年9月，第一家中国银行在非洲赞比亚开市③——此举旨在促进中国在金融领域的投资，也表明中国政府高度重视该地区未来发展的潜力。

在刚果（金），中国是一个"游戏改变者"，因为中国为刚果（金）带来了新的易货贸易模式，比如基础设施换矿产（以资源供应协议换取中国对基础设施开发的资助），推而广之的模式还包括能力建设换矿产和技术换矿产。目前中国和刚果（金）之间的所有交互渠道都已被激活，包括贸易联系、投资流动、援助、债务免除、在全球政府机构的互动［特别是中国可以支持非洲国家获得联合国安理会常任理事国席位；还有世界贸易组织（WTO），中国自2001年起已是其成员之一］、刚果（金）向中国的人口流动以及中国向刚果派遣培训和能力建设人员……中国在刚果（金）正进行系统投资，而其他国家只是把刚果（金）看作"掠夺者集市"。中国不是在利用刚果（金），通过在刚果（金）的发展中发挥不可或缺的作用，中国也在为刚果（金）稳定状态的巩固做出贡献，因为无发展，国不立。

作为中国投资的接受方，刚果（金）本身的确存在腐败。通过在刚果（金）的发展中发挥不可或缺的作用，中国也在帮助减少刚果（金）的腐败，因为人民倘若得不到答案就会暴动。套用考莱特·布莱克曼（Colette Braeckman）的话说，在下列情况下，人民只能揭竿而起：年轻人找不到工作，人民的生活水平得不到改善，但与此同时他们又注意到领导人在中饱私囊，不平等没有缩小而是在加剧；他们的贫穷感、排斥感增强，却要屈从于傲慢的"暴发户"；他们需要纳税、被迫遵守新的法律，却没有成功摆脱贫困、不安全和不稳定的生活。④

---

① "An expanding footprint", *Africa Investor*, Tuesday, 01 Jan 2008, http：//www.africainvestor.com/article.asp? id=2440. 登录时间2015年1月25日。
② Riaan Meyer and Chris Alden, "Banking on Africa: Chinese financial institutions and Africa", SAIIA Occasional Paper, No 14, October 2008.
③ *Zambia News Agency* (Lusaka), 12 September 1996.
④ Colette Braeckman, "Constat d'une explosion annoncée", *Le Soir*, 21 janvier 2015, http：//blog.lesoir.be/colette-braeckman/2015/01/20/constat-dune-explosion-annoncee/, 2015年1月15日。

中国还在刚果东部参与了"以发展为导向的维和行动和人道主义救济行动"。

因此,约瑟夫·卡比拉总统在掌权后很清楚地提出了他的志向:"要重建一个强大、统一、稳定和繁荣的国家,它将有畅通的道路往北直达戈马,往南抵达卢本巴希,往西北通往戈巴多莱。预期寿命将从现在的49岁提高到55岁以上。刚果(金)在未来将成为'非洲的中国'。我们将利用我们所有的资源改变发展不足的现状。"[1]

刚果(金)事实上已为西方国家所忽视。向西看齐,刚果(金)只能注定失败。在西方的各个指标中,这个国家总是处于底端。但是现在,我们面临着一种伟大的可能性、一个伟大的机会:中国的投资可以推动刚果(金)的经济发展,帮助刚果(金)实现"非洲的中国"梦想。

恰在此时,西方列强运用不同的策略,通过国际货币基金组织和世界银行,挑拨刚果(金)和中国的关系,这些措施包括:

(1)威胁刚果(金)就与中国的交易进行重新谈判(否则便不会减免其债务,这是利用了刚果(金)的现金流问题),而与西方跨国矿业公司的交易问题却被有意无视(刚果政府的股份甚至不超过25%)。其目的是使刚果(金)丰富的矿产资源总是处于西方的控制范围内,并离间刚果(金)和中国之间的关系。刚果(金)越是向压力妥协并接受与中国的重新谈判,中国越有可能被迫离开刚果(金),因为这非常不利于中国企业扩大投资。中国可以选择通过全球市场或进入西方矿业公司的合资公司从非洲进口原材料,而不用与刚果(金)直接签订合同。

(2)西方国家企图破坏中刚关系,告诉刚果(金)中国将进行殖民和剥削,中国唯一感兴趣的是对刚果资源的争夺。一部分刚果精英们,即"反对派"(包括武装反对派),就常常落入这个圈套,对中国进行负面宣传,拉拢选民。他们一旦当选,就会将中国赶出刚果(金)。中国有大量投资的非洲各国、平民团体和政治反对派组织对中国的敌视行为仍随处可见。[2] 非洲仍被

---

[1] François Soudan, "Joseph Kabila: Plus congolais que moi, ça n'existe pas", *JeuneAfrique*, No. 2361 du 9 au 15 avril 2006.

[2] Chris Alden and Christopher R. Hughes, "Harmony and Discord in China's Africa Strategy: Some Implications for Foreign Policy", *The China Quarterly*, Volume 199, September 2009, pp. 563–584.

视为西方国家的游乐园。例如,在 2015 年 1 月 20—23 日之间,在金沙萨和其他刚果城市爆发了由西方支持的反选举法暴力游行,游行持续三天,中国商人的店铺成了专门针对的目标,被公然抢劫。① 刚果政府不得不对中国商人进行补偿。②

(3) 西方国家正在剥夺刚果(金)的主权,它们担心刚果政府将会因为中国没收他们的公司。但这是不可能的,刚果政府不能承担这样的后果,然而刚果必须使其伙伴多样化。中国模式是成功的,没有人能阻止刚果学习中国模式。每个刚果人都有决定权,"双赢"是所有游戏的基本规则。

因此,西方国家企图破坏中刚关系。虽然它们支持的战争使刚果(金)遭受毁灭性后果,却仍告诉刚果(金)应当少让中国参与修建公路、医院和机场,这样才不会增加债务负担(因为铜、钴的价格在国际市场上一直不稳定,没有固定的基准利率,外汇储备也不能完全保证)。西方国家告诉刚果(金)要维护其主权(而它们自己却不尊重刚果主权,仍将后者当作它们的殖民地),与中方谈判要强硬,"不能处于被动",要严厉打击中国的牟取暴利行为。可行性研究决不能由实施项目的同一家公司来做,这会导致费用的高估。

最终,从 2009 年 11 月开始,在 Sicomines 框架内的所有基础设施项目都实行国际招标,令约瑟夫·卡比拉总统松了一口气。问题是,一旦有第三方通过不正当途径获得项目,这就将不再是中刚专属协议。③

当然,中刚关系并不是没有问题,鉴于此,刚果(金)和中国建立了一个平台来讨论产生的问题,被称为"中刚项目协调和监测办公室"。

然而中国仍然是刚果(金)非常重要的贸易和发展合作伙伴。中刚关系

---

① Marthe Bosuandole, "Chinese become targets in DR Congo anti-government riots", *AFP/Daily Mail*, Jan 25, 2015, http://www. dailymail. co. uk/wires/afp/article - 2925241/Chinese-targets-DR-Congo-anti-government-riots. html. 登录时间 2015 年 1 月 24 日。另见:Li Anshan, " 10 questions about migration between China and Africa", China Policy Institute Blog, March 4, 2015, http://blogs. nottingham. ac. uk/chinapolicyinstitute/2015/03/04/10-questions-about-migration-between-china-and-africa/. 登录时间 2015 年 3 月 19 日。
② Célestin Lutete, "Après pillage subi de leursbiens : la communautéchinoise à Kinshasa rassurée de la sécurité du gouvernement", *MMC*, 23/01/2015, http://www. digitalcongo. net/article/104909. 登录时间 2015 年 1 月 24 日。
③ Peter Lee, "China has a Congo copper headache", *Asia Times Online*, Mar 11, 2010, http://www. atimes. com/atimes/China_Business/LC11Cb03. html. 登录时间 2015 年 1 月 15 日。

所取得的成就:首先,作为中国和刚果(金)发展合作的一部分,在卡比拉父子的统治期间,中国建造了中刚友谊医院、金沙萨邮局分拣中心、金沙萨的一所小学、基桑加尼的一处学校建筑群,以及金沙萨的中刚贸易中心。此外,中国为刚果各领域专业人才提供培训,提供中国政府奖学金,并在中国企业为刚果人提供就业岗位。

2015年1月15—16日对刚果(金)的访问中,中国外交部长王毅重申,中国愿意寻求与刚果(金)的经济合作。访问期间,他在金沙萨与总统约瑟夫·卡比拉和外长奇班达举行了会谈。会谈包括以下要点:

(1)中国将继续与刚果(金)在经济领域发展互利合作以实现双赢,为两国的共同繁荣作出贡献。

(2)中国高度重视与刚果(金)的关系。对中国来说,刚果(金)是在非洲大陆上的一个重要合作伙伴。刚果(金)是非洲的心脏,作为刚果(金)的好朋友,中国希望这个心脏继续以更稳定和持久的节奏跳动。

(3)作为刚果(金)的战略伙伴,中方支持刚果(金)为捍卫主权、领土完整和国家独立所做出的努力。中国希望想看到刚果东部实现和平稳定。

(4)在帮助刚果(金)实现农业现代化和矿业的发展,以及基础设施特别是水电站建设等领域,中国完全可以成为刚果(金)的最好伙伴。[1]

笔者坚信,这显然是中刚关系的一个新路线图(如果卡比拉不再掌权,继之而起的是一个亲西方的政府,要实现这样一个路线图就会变得更加艰难)。

中刚两国可以在以下方面加强伙伴关系:

中国梦和刚果梦可以联系在一起,尤其是在经济、和平与稳定、人员交流领域(中国大使馆称,如今在刚果(金)居住的中国人总计为4000—5000人左右,但实际数字可能更高)。[2] 中国可以帮助刚果(金)实现到2030年"成为非洲中国"的梦想。"南南双赢合作"必须进行互补。中刚合作不仅是一

---

[1] "La Chine veut poursuivre sa coopération économique avec la RDC," *Radio Okapi*, 15 janvier, 2015, http://radiookapi.net/actualite/2015/01/15/la-chine-veut-poursuivre-sa-cooperation-economique-avec-la-rdc/, consulté le 9 février 2015.

[2] Agencies, "Chinese become targets in DR Congo anti-government riots", *Sina English*, http://english.sina.com/world/2015/0125/776705.html. 登录时间2015年2月16日。

项交易,也是其他条件的转化(这需要对对方的文化、过去和现状进行研究)。他们成为彼此经济发展的代理人。简单地说,中国和刚果政府可以重启刚果重建计划,这项计划是在洛朗·卡比拉和约瑟夫·卡比拉总统在任期间制定的。但是,尽管它对刚果(金)有好处,却受到西方国家、国际货币基金组织、世界银行、西方非政府组织、专家、学者和教会的反对。这就是为什么他们会寻求政权更迭。总之,一旦物理基础设施(连通性)和电力允许,中国制造企业便可把经营转移到刚果(金),尤其是在刚果农村的农业部门和矿物选矿领域(增加矿物价值),这样就能创造劳动力,进行人力资本投资和促进就业(与女性农民、失业的大学毕业生和在中国培训过的年轻专业人士一起工作),从无到有地创造出国家和地区的消费市场。中国不能仅仅依靠波动的西方市场。它可以为其在非洲的产品创建新市场(一个中国古老传说:"逢山开路,遇水搭桥"),在非洲进行制造(创建工业基地)。刚果农村代表着巨大的投资机会。中国企业家和刚果企业家可以共同努力,创造财富,改善人们的生活条件,换句话说,开创新的未来。

在合资企业的中国企业家、投资者和刚果企业家,可以恢复废弃的种植园或破产的刚果公司。一家中国公司 Fametal 刚拯救了刚果一家破产的国有钻石矿业公司——巴克旺达矿业公司(米巴公司)。[1] 问题是:Fametal 是否会在刚果(金)把钻石转化成珠宝?中国投资者不需要与在刚果(金)的美国人和欧洲人创建合资企业,形成一种三方合作,即使意图是好的(明确的游戏规则、法律和制度条件、公平和透明度)且考虑到了非洲人的需要。国际体系的整体利益和非洲的核心利益不一定是相同的。[2] 中国可以和非洲人共同创造财富,改善人民的生活条件。

通过建设项目,刚果(金)可以在快速发展的中国技术中获益。中国和刚果(金)可以构建第一个项目,而在此过程中,由中国教刚果(金)怎么做。刚果(金)必须根据他们从中国获得的知识,在不同的区域自行建立第

---

[1] Radio Okapi, "RDC : une firme chinoise disposée à relancer les activités de la Miba", *Radiookapi.net*, http://radiookapi.net/economie/2015/02/15/rdc-une-firme-chinoise-disposee-relancer-les-activites-de-la-miba/. 登录时间 2015 年 2 月 16 日。

[2] Adams Bodomo, "Trilateral cooperation or bilateral collusion?" *Pambazuka News*, Issue 473, March 11, 2010, http://www.pambazuka.net/en/category/africa_china/62925. 登录时间 2015 年 1 月 9 日。

二个类似的项目。这是最好的技术转让的办法,因为只有中国已经准备好并愿意与非洲分享技术(包括创建项目,然后为了收回投资的钱换经营该项目的一段时间,最后转移它们给东道国,并且培训其地方专家);而西方则不然。毕竟,中国谚语说:"授人以鱼,不如授人以渔。"

在过去的17年里,刚果(金)被侵略战争剥削和削弱,饱受羞辱。要想在国际领域重拾尊严,刚果(金)需要中国的支持。由于中国经历了同样的命运,中国可以比其他任何大国都更好地理解刚果(金)——刚果东部的形势看起来就像在历史上中国的东北地区。中国可以支持刚果(金)加入金砖国家(以及联合国安理会的席位),然后构成金砖六国,即巴西、俄罗斯、印度、中国、刚果(金)和南非,因为刚果(金)是一个极具战略性且资源丰富的国家。

在安全领域,中国和刚果(金)可以将其军事合作升级到战略层面。中国的主要理由是保护其在刚果(金)的战略利益。由于刚果(金)有美国的军工复合体所需的战略矿产,其手中便掌握着世界的权力平衡。刚果(金)能否改变世界秩序,取决于它如何利用战略性矿产资源。"富有者设定规则。"但刚果(金)并不是他们所想的那样。我们一直都在问:当美国控制和垄断钴的时候刚果(金)获得了什么?钴对于中国这样的新兴国家来说具有战略意义。刚果(金)应该使其合作伙伴多样化。刚果(金)遭受了很多磨难!在一个资源富裕的国度,刚果(金)没有理由保持贫穷!刚果(金)应分散其合作伙伴。直到卡比拉上台,中刚关系才得以建立起来。中国可以帮助刚果(金)实现其"二次独立"。中方尊重刚果(金),对刚果(金)坦诚相待(双赢原则),不以一种"暴发户"的傲慢态度对待刚果(金)。即便在刚果(金)遭受入侵期间,中国的和平外交也起了很大作用。坦白地说,美国的做事方式对刚果人民没有吸引力,除了少数政客。在刚果(金)与西方国家的关系中,双赢和互补是很难见到的。中国取得了自我发展,也希望其他国家获得增长(尽管中国也为自己的问题所约束,尤其是缺乏能源和其他自然资源)。我们由此可以得出西方和中国对发展的不同理解:

中国也可以使用一票否决权,支持非洲在联合国安理会获得席位。由于刚果(金)是非洲的心脏,刚果(金)足以代表非洲。

中国将推动国际金融机构改革,如国际货币基金组织和世界银行等,这样能使非洲在整体上受益,尤其是对刚果(金)而言。例如,2012年,金砖国家贡献了750亿美元给国际货币基金组织作为救助基金(巴西100亿美元,俄罗斯100亿美元,印度100亿美元,中国430亿美元,南非20亿美元),以帮助其解决欧元区债务危机。① 两年后,金砖国家仍在参与国际货币基金组织的缓慢改革;在2014年2月悉尼举行的G20财长峰会上发表的一份公报称,"G20国家深感遗憾,国际货币基金组织在2010年所达成的份额和管理改革尚未生效",并敦促美国到2014年4月之前批准改革。② 另外,因为受到由美国领导的国际货币基金组织和世界银行缺乏改革,所以不给他们更多的投票权,美国最亲密的盟友,如英国、德国、法国、卢森堡公国、印度和意大利,已经加入了中国引领的亚洲基础设施投资银行。这代表了对美国外交的打击。华盛顿认为亚洲基础设施投资银行是世界银行的竞争对手,在国际金融机构中它挑战美国的领导地位。③

这表明,美国的立场可能会使中国与非洲在改革国际金融机构,如国际货币基金组织和世界银行中的合作变得非常困难。(顺便说一句,每任世界银行行长都必须是一个美国人,这怎么能算民主?)金砖五国的银行提供了1000亿美元,进一步表现了对二战后布雷顿森林体系的挑战和对美元的挑战。这种补充减少了对国际货币基金组织的依赖,改变了国际金融格局,并有利于创建一个新的世界秩序。④ 美国学者韦恩·马德森

---

① "BRICS pledges $75 billion contribution to IMF's bailout fund", *Times of India*, Jun 19, 2012, http://timesofindia. indiatimes. com/business/india-business/BRICS-pledges - 75 - billion-contribution-to-IMFs-bailout-fund/articleshow/14626972. cms. 登录时间2015年1月8日。
② Fifth BRICS Summit Declaration and Action Plan, Durban, South Africa, 26 - 27 March 2013. Papers of the Fifth BRICS Academic Forum published by the South African Government's Department of International Relations and Cooperation (Dirco), Under the title: "BRICS and Africa: Partnership for Development, Integration and Industrialization", 18 June 2014.
③ David Brunnstrom et al., "U. S. urges allies to think twice before joining China-led bank", *Reuters*, Mar19, 2015, http://finance. yahoo. com/news/france-germany-italy-join-china - 002209014. html. 登录时间2015年3月19日。
④ Stephen Gibbs, "BRICS development Bank's creation counters Western lending institutions", *CCTV. com*, July 16, 2014, http://english. cntv. cn/2014/07/16/VIDE1405501800672644. shtml, 2015年1月8日查看。另见: Guest author, "Building a new power balance BRIC by BRIC", *OECD Insights*, July 19, 2012, http://oecdinsights. org/2012/07/19/building-a-new-power-balance-bric-by-bric/. 登录时间2015年1月8日。

(Wayne Madsen)也认为,中国推出的亚洲基础设施投资银行,代表着从"美国治下的和平"(Pax Americana)到"中国治下的和平"(Pax Sinica),即中国主导的世界秩序正在取代美国主导的世界秩序。从华尔街到北京和上海全球金融控制权的转移是一个现实。美国最亲密的盟友——英国、法国、意大利、西班牙、荷兰和德国,都签署了。[1]

然而,一些学者,如南非的帕特里克·邦德认为,南方国家应该进一步落实委内瑞拉总统乌戈·查韦斯所提出的"南方银行"计划。[2]

刚果(金)想以中刚易货贸易模式来与其他的投资者打交道。例如,韩国也有望采用相同的模式,其于 2009 年 3 月宣布韩国国有水资源公司和其他韩国资源公司将加入一个 7.59 亿美元的项目,开发刚果(金)的水资源和矿产资源。他们将负责水坝和其他基础设施的修建,以换取每年 43.9 万吨铜、2.15 万吨钴和 2000 吨铀(未特别指定项目持续多少年)的供应。韩国企业将与一家比利时在刚果(金)的上市公司——乔治·福里斯特国际非洲公司——形成一家合资企业。韩国资源公司、国有矿产资源勘探公司也将以提供资源开发技术的方式加入这项协议中来。[3] 就此事宜笔者曾于 2009 年 3 月 7 日与刚果矿业部副部长维克多·卡松戈(Victor Kasongo)进行过电话交谈。他简单地驳斥了这一传闻!

第二节 本章结论

任何导致战争的政策都是糟糕的政策。"战争是生意"的心态不应主导国际关系。然而,拥有丰富的自然资源和矿产资源的国家,如刚果(金)总是容易发生资源战争,为了保护其在全球的经济和军事优势,美国总是

---

[1] Ekaterina Blinova, "China's AIIB Boom: 'PaxSinica' Replaces 'PaxAmericana'-Wayne Madsen", *Sputnik International*, April 2, 2015, http://sputniknews.com/analysis/20150402/1020355290.html. 登录时间 2015 年 4 月 4 日。

[2] Patrick Bond, "The BRICS Bank and Shifts in Multilateral Finance: A view from South Africa", Paper presented at the SouthGovNet conference panel: Institutions of South-South Cooperation, Fudan University Institute of International Relations, Shanghai, China, 12 September 2013.

[3] "Korea joins DRC in water and mineral development", *Mining Review*, March 6, 2009, http://www.miningreview.com/korea-joins-drc-in-water-and-mineral-development/. 登录时间 2015 年 1 月 25 日。

自动参与其中。因此,有种族主义者认为刚果人无法管理自己的资源,他们需要西方国家(前殖民国家)的法律和政策。

这些政策源于西方对刚果(金)的殖民心态,它们以美国为中心,而不是以刚果(金)为中心。现在,我们是一个多极的世界,而不是一个单极世界。在他们的政策和讲话中是清楚的。他们继续把非洲国家当作他们的"殖民地"。英国和津巴布韦的关系在第21世纪便是证明。比如,英国政府仍说:"英国授予了津巴布韦独立。"[1]英国完全无视由中国人民支持的非洲人民争取独立的斗争。这里出现的问题是:如果西方大国给予我们独立,为什么他们还索要我们的土地和自然资源呢?到底是谁的独立呢?

分析这四项政策打开了一个大窗口,借此我们可以在刚果(金)看到西方的遗产。没有刚果(金)的战略矿产,西方国家不能克服从1921年开始的几次经济危机。没有刚果(金)的战略矿产,盟军不会战胜希特勒和法西斯日本(记得美国用从刚果(金)提取的铀以制造轰炸日本的第一颗原子弹)。[2]事实上,套用法国前总统弗朗索瓦·密特朗的一句话:"如果没有非洲的资源,美国将在21世纪有没有历史。"[3]这意味着没有刚果(金)的钴和钶钽铁矿(在其他战略矿物之间),就没有军事工业,没有高科技,没有美国的航天工业等等。

在这种情况下,我们如何定义美国在刚果(金)的"投资"呢?这是西方学者都没有清楚地解决或回答的问题。你听到一些美国学者说:"没有刚果(金)。"[4]这就是"刚果(金)撞击"。怎么会没有刚果(金)但有刚果人民呢?对于笔者来看,这些投资只是回收在刚果(金)的原来的财富。美国资本主

---

[1] Boris Johnson (London Mayor), "Happy Birthday, Mr Mugabe, with Special Love from Labour: Tony Blair's despicable betrayal of a vital 1979 agreement has allowed this tyrant to flourish", *Tekegraph*, January 23, 2015, http://www.telegraph.co.uk/news/politics/labour/11428364/Happy-birthday-Mr-Mugabe-with-special-love-from-Labour.html. 登录时间2015年2月25日。汪勤梅:《非洲问题研究文集》,《北京大学非洲研究中心》,2009年10月,第124—143页。

[2] Walter Rodney, *How Europe Underdeveloped Africa*. London: Bogle-L'Ouverture Paublications, 1972. 另见:Natalie Greve, "Whites still control our mines, says Mugabe", *Mining Weekly*, April 9, 2015, http://www.miningweekly.com/print-version/whites-still-control-our-mines-says-mugabe-2015-04-09. 登录时间2015年4月23日。

[3] François Mitterrand, Présence française et abandon. *Paris: Plon*, 1957.

[4] Jeffrey Herbst and Greg Mills, "There is no Congo", *Foreign Policy*, March 18, 2009. 另见:J. Peter Pham, "To Save Congo, Let It Fall Apart," *New York Times*, December 1, 2012.

义从其本质是从其他人的资源和劳动榨取的财富而实现的(见下表。在第一章中已经强调,见图1)。

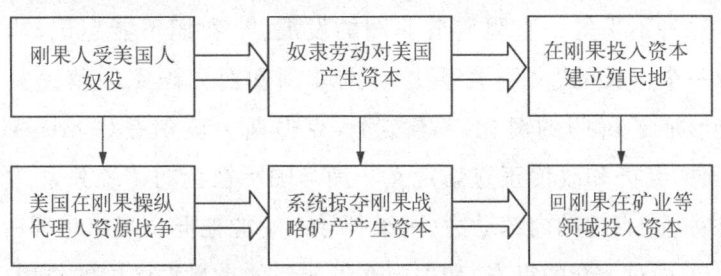

在第一章中已经强调的图1:美国资本主义回收刚果财富

美国在刚果(金)投资永远不会帮助刚果(金)成长,美国对刚果(金)的政策永远不会帮助刚果(金)发展。毕竟,刚果(金)就像一棵棕榈树,你越修剪它,越是增长。你来到刚果(金),你拿走一些东西,但你还要留下一些将帮助刚果(金)发展的东西。所有在刚果(金)投资都要有这样的目的。

最后,可以说,刚果(金)并未失去立场,尽管面临着许多挑战。刚果(金)对现状仍充满希望,它的未来是光明的。"(虽然受到了威胁)刚果(金)是未来的国度"就是帕特里斯·卢蒙巴写的唯一的一本书的书名。[①]只要刚果人民团结一致,刚果(金)"成为非洲中国"的梦想能在2030年成为现实。我们的祖先早就告诉我们:"当蜘蛛的网联结起来,它甚至可以阻止一头狮子。""团结起来,非洲将会向世界展示,自由的黑人能做什么,他们将重写自己的历史,从撒哈拉的北部到南部,重新铸就历史的荣耀和尊严",这是帕特里斯·卢蒙巴在独立日的即兴演说。这意味着,我们要的是伙伴,而不是外来的主人。这就是为什么中国的"双赢"模式与美国的"我引导你追随"模式形成了鲜明对比的原因。中国和非洲总是站在同一立场,如1971年非洲的选票使得中国恢复在联合国的席位,2010年的坎昆以及中国与西方国家关于人权问题的斗争,等等(在中国,权利和义务是并存的)。这就是南南双赢合作,包括在农业领域。这将成为非洲在全球贸易体系实现发展、技术转让和改善现状的催化剂,给予了非洲人民希望,他们将在全球经济体系中拥有

---

① Patrice Lumumba, *Le Congo-terre d'Avenir-est-il menacé*? Bruxelles: Office de Publicité, 1961.

平等地位。这意味着非洲自尊心的复苏。

这样做，中国就可能校正李安山所描述的"国际政治经济秩序的不平等"，这种不平等一直阻碍着非洲的发展。① 我们不能忘记，非洲和中国有着一个很长的"文明关系史"，与非洲和西方国家的殖民关系的悠久历史形成了鲜明的对比。②事实上，克里斯·奥尔登（Chris Alden）认为，中国的经济和政治正重新定义非洲与国际社会的传统关系。③

刚果（金）自己的内部动力（刚果领导人不能把群众当作是理所当然的了，他们要面对大众的审查）和中国在形成新的世界秩序中的作用，都使美国在刚果（金）或在非洲的政策不受欢迎。刚果人的抵抗使这些政策失败。

更重要的是，这项研究并不是倾向反对美国。它只是试图探讨来自美

---

① Li Anshan, "Year-end: The Situation in Africa and Sino-African Cooperation in 2014", *CCTV. com*, December 30, 2014, http://english.cntv.cn/2014/12/30/ARTI1419932246420509.shtml. 登录时间 2015 年 1 月 2 日。

② He Wenping, "China-Africa relations facing the 21st century", Bureau of International Cooperation, Hong Kong, Macao and Taiwan Academic Affairs Office, Chinese Academy of Social Sciences, May 27, 2003, http://bic.cass.cn/english/InfoShow/Arcitle_Show_Conference_Show.asp? ID=364&. 登录时间 2015 年 1 月 7 日。另见：Li Anshan, "African Studies in China in the Twentieth Century: A Historiographical Survey", *African Studies Review*, April 2005, Vol. 48, No. 1, pp. 59-87. 另见：Chris Alden and Ricardo Soares, "History & Identity in the Construction of China's Africa Policy", *Review of African Political Economy*, Vo. 35, No. 115, March 2008, 43-58. 另见：James de Vere Allen, *Swahili Origins*, London Nairobi Athens: James Currey Ltd., EastAfrican Educational Publishers & Ohio University Press, 1993, p. 115. 另见：Julie Wilensky, "The Magical Kunlun and 'Devil Slaves': Chinese Perceptions ofDark-skinned People and Africa before 1500", *Sino-Platonic Papers*, Number 122, July, 2002, http://sino-platonic.org/complete/spp122_chinese_africa.pdf 登录时间 2015 年 1 月 8 日。另见：Li Anshan, "African Diaspora in China: Reality, Research and Reflection", The Journal of Pan African Studies, Vol. 7, No. 10, May 2015, pp. 10-43. 另见：Femi Akomofale, "China-Africa: Go East, My Son", *New African Magazine*, Nov. 2007, Issue 467, p. 9. 另见：Femi Akomolafe, "No one is Laughing at the Asians anymore", *New African*, No. 452, June 2006, pp. 48-49. 另见：Abayomi Azikiwe, "Africa and U. S. Imperialism: Post-Colonial Crises and the Imperatives of the African Revolution", *Pan-African Newswire*, relayed by *Global Research*, May 19, 2013, http://www.globalresearch.ca/africa-and-u-s-imperialism-post-colonial-crises-and-the-imperatives-of-the-african-revolution/5335641. 登录时间 2015 年 1 月 18 日。另见：Umar Weswala, "From Global Prey to Global Player", *Diplomatic Courier*, August 7, 2012, www.diplomaticourier.com/news/regions/africa/1063-from-global-prey-to-globalplayer. 登录时间 2015 年 1 月 8 日。另见："Zimbabwe's president leaves for state visit to China", *Xinhua*, Aug. 23, 2014, http://news.xinhuanet.com/english/china/2014-08/24/c_133579011.htm. 登录时间 2015 年 1 月 8 日。另见：Li Anshan, "What's to be done after the fourth FOCAC?"The China Monitor, Issue 46, November 2009, http://www.ccs.org.za/wp-content/uploads/2009/12/China_Monitor_NOVEMBER_2009-final.pdf 登录时间 2015 年 2 月 6 日。另见：Li Anshan, "Chinese experiences in development: Implications for Africa", *Pambazuka News*, Issue 438, June 18, 2006, http://pambazuka.org/en/category/africa_china/57079. 登录时间 2015 年 3 月 21 日。另见：Li Anshan, Liu Haifang, Pan Huaqiong, Zeng Aiping and He Wenping, *FOCAC Twelve Years Later: Achievement, Challenges and the Way Forward*, Discussion Paper No. 74, published by Peking University School of International Studies in Cooperation with NordikaAfrikaInstitutet, Uppsala, 2012.

③ Chris Alden, *China in Africa*, London: Zed Books, 2007.

国的矛盾如何影响了刚果(金)作为一个国家的生存。这里分析的四个美国对刚果(金)的政策都以政治和经济为导向,都使刚果人民遭受不公正。因此我们可以得出结论,对于刚果人民,美国是他们的经济和政治对手。

下面附录的建议表明,在刚果(金)与美国的关系之间,一个范式的转变必须发生。

我们同意科林·拉根姆(Colin Legum)的话,该范式的转变是必要的,因为"殖民主义终结之后,非洲人想要的还有更多。必须消除在社会、文化、经济和政治方面的自卑状态,这些已经强加于非洲和非洲人民头上太久。非洲民族主义是非洲尊严的有力宣言;这股力量正努力在非洲和世界其他地区之间建立真正的平等,特别是对昔日的外来统治者而言,这些统治者仍深深纠缠着它——不管它情不情愿……在内部,它是一种再生的力量,试图摧毁非洲的殖民心态,在经济、文化、和社会方面提升非洲……它不完全拒绝欧洲;它试图建立一种基于真正的独立之上的新的关系;否则,由于得不到西方的理解,它可以寻求其他替代者。非洲人有能力判断,谁是他们真正的朋友或敌人"。①这就是刚果(金)前进的正确方向。

套用纳尔逊·曼德拉的话,南非人民,刚果人民,所有非洲人,都想要一个"不断深化的民主"。这意味着,他们想控制自己的命运,想决定自己的未来,并从奴隶制、殖民主义、新殖民主义和种族隔离制解放之后,他们想继续行使其充分的民主权利。在奴隶制、殖民主义、新殖民主义和种族隔离制消失的时候,他们不想让民众参与停止。他们想要解放的时刻为不断深化民主开辟道路,这也是刚果(金)前进的正确方向。②然而,如果西方国家不想明白这一点,有一天,一个团结的非洲在南南合作下,对西方列强,特别是美国,将能够"上屋抽梯"(中国谚语),从而开创一个新的平衡的世界秩序。如果美国领导的全球化仍然是不平衡的,有一天南-南政治、经济和军事一体

---

① Colin Legum, "The Coming of Africa's Second Independence", *The Washington Quarterly*, Volume 13, No. 1, 1990, pp. 129 – 140.
② Nelson Mandela and Fidel Castro, *How Far We Slaves Have Come*. New York: Pathfinder, 1991. 另见: Lokongo from Congo, "South Africa after Nelson Mandela: time for the white minority to make concessions as Madiba did", *Pambazuka News*, Issue 660, January 8, 2014, http://www.pambazuka.org/en/category/comment/90095. 登录时间 2015 年 2 月 27 日。

化是可以被设想的。世界秩序注定要改变。

第三节　未来研究的方向和可能的领域

冷战结束后,多极化的世界是不可避免的。这将迫使美国重新考虑甚至放弃在非洲、亚洲、拉丁美洲实行的"例外主义的世界观"、"零和博弈"政策和"剥夺模式"等。未来研究可以关注美国将如何适应世界秩序的新变化和新的现实,将如何调整其非洲政策。我们也不能忘记,正是中国拯救了西方资本主义国家。例如,金砖国家的新发展银行已经成立,它绕过了国际货币基金组织和世界银行。[1]一个新的环球信用评级机构(UCRG)也已建立,可替代美国主导的穆迪、标准普尔和惠誉公司。[2]另外,随着中国为解决世界各地区的基础设施投资需要而启动亚洲基础设施投资银行(Asian Infrastructure Investment Bank or AIIB),世界经济治理将不再集中在华盛顿(国际货币基金组织和世界银行),AIIB代表另一个资金来源。世界的经济治理正在走向多极化。美国对亚洲基础设施投资银行的反应,表示华盛顿害怕自己的头号超级大国地位,特别是其通过IMF和世界银行经济霸权地位受到挑战。[3]

中国重新成为一个全球性大国,它的复兴为刚果(金)提供了一个分散其贸易伙伴的机会。另外,中国在刚果(金)日益重要的存在,已被美国的决策者视为是对其在非洲"零和博弈"的挑战。未来研究的可能领域可以集中

---

[1] Daniel Runde, "The BRICS Bank, Bretton Woods and U. S. Disengagement", *Foreign Policy*, July 20, 2014, http://shadow.foreign policy.com/posts/2014/07/20/the_brics_bank_bretton_woods_and_us_disengagement. 登录时间2014年7月23日。

[2] Tim Hume, "Hong Kong-based credit rating agency launched to challenge 'Big Three'", *CNN International*, June 25, 2013, http://edition.cnn.com/2013/06/25/business/universal-credit-rating-group/index.html. 登录时间2014年7月23日。

[3] June Teufel Dreyer, "The Asian Infrastructure Investment Bank: Who Will Benefit?" *Foreign Policy Research Institute*, April 2015, http://www.fpri.org/articles/2015/04/asian-infrastructure-investment-bank-who-will-benefit. 登录时间2015年5月19日。另见:Stephen S. Roach, Zha Daojiong, Scott Kennedy, Patrick Chovanec, "U. S. efforts to oppose a \$50 billion China-led infrastructure bank have backfired. Experts explain why", *Foreign Policy*, March 2015, http://foreign policy.com/2015/03/26/washingtons-big-china-screw-up-aiib-asia-infrastructure-investment-bank-china-containment-chinafile/. 登录时间2015年5月19日。

在:刚果(金)与新兴国家关系的进展(刚果(金)的基础设施建设,及其对其他行业发展的多米诺效应,特别是农业、采矿、技术授权、创造就业、减少贫困、国家管理方式的范式转换),以及这种关系如何影响美国、中国、刚果(金)三者之间的关系。

第四节 建议部分

刚果(金)与西方国家特别是与美国的关系史,以及我们分析过的美国四项刚果政策,理论上的确有利于刚果(金)作为平等的合作伙伴进入全球化,即非强制性的合作。然而,他们不给刚果"一个呼吸的空间"以挪用自己的资源和掌握自己命运(刚果需要更大的自力更生),却通过代理资源战争,遏制刚果(金)的发展,以至于当别人在谈论发展时,我们只是在谈论不稳定、冲突解决方案、维和、人道主义援助、侵犯人权和免罚权。尽管有人在刚果犯下了种族灭绝罪、战争罪和反人类罪,有时你还是会觉得国际法不适用于这个国家。只有在刚果(金),如此大规模的种族屠杀会不了了之。

美国已经为刚果(金)特别确定了一个战略位置,作为其生存和统治世界的关键(提供其军事工业复合体所需的战略矿产)。毕竟,正如布热津斯基所说,美国必须采取任何必要手段保持其"全球霸主地位"。它必须确保"没有任何国家或国家的组合有能力阻止美国领导世界,甚或削弱其决定性角色","良性的美国霸权必须……通过高成本……防止其他人形成挑战"。重点是,"美国领导地位的唯一选择"这个词组正体现了"国际无政府状态"。①

笔者认为,刚果(金)与西方列强的双边和多边关系,特别是与美国的关系,必须基于互利、相互尊重,对于刚果主权、领土完整以及自然资源主权的尊重。我们已经分析了美国对刚果(金)的四项政策,它与上述要求背道而驰,这也解释了为什么刚果(金)的发展如此困难。刚果(金)必须不总是受

---

① Zbigniew Brzezinski, "A Geostrategy for Eurasia", *Foreign Affairs*, Vol. 76, No. 5, September/October 1997, page 52.

美国政策摆布,刚果(金)应制定和执行自己的政策,正如第三章中所指出的那样,奥巴马刚果法律的主要矛盾是,尽管美国想控制刚果(金),但是奥巴马刚果法律政策仍然特别强调刚果人民必须负起我们自己的责任,并不总是归咎于外界;还强调刚果人民有自己要做的作业,而美国愿意帮助刚果(金)实现他们的目标。[①]

一、美国对刚果(金)的政策和美刚关系

为缓和刚果(金)与美国的关系,这里提出以下建议。

1. 在政治领域

(1) 我们要求美国发表官方道歉,道歉的事由包括:无休止地破坏刚果稳定;参与对卢蒙巴的暗杀,使一个年轻的民主国家惨遭夭折;扶植和支持蒙博托32年的专制统治;自1998年以来策划卢旺达、乌干达和布隆迪入侵,在此期间造成八百万人丧生,使强奸成为一种战争武器,使战略矿产和木材被肆意掠夺,使土地被割占。本文中提供的所有事实,足以充分地证明美国在刚果(金)的惨剧中所扮演的角色。

(2) 不要代替刚果人民在选举之前选择刚果领导人(换言之,利用结束部落主义、区域主义和地方主义文化来干预刚果(金))。刚果(金)不需要一种"美国橡胶加盖的民主"。刚果(金)必须引入笔者所称的"天花板民主",以确保各级管理的责任性和统一性。在"天花板民主"机制下,民选总统的任期应当为十年,不可连任,当然在位期间还要预防腐败和权力滥用。这就是人民权力委员会(People's Power Committees)的作用。人民权力委员会必须与议会制民主并肩而立,对政府和选举出的议会成员进行考核。刚果(金)照搬西方民模式,实乃浪费时间、精力和财力,这些完全可以被用于发展的资源被浪费,是非洲仍处于阶梯底端的原因。中国则排除了这些障碍,得以迅速决策,发现了适合自己的道路并获得了回报,跻身世界一流经济体。人民必须联合起来管理国家,而不能只将这个任务交给精英;在政治、经济和社会发展过程中,他们必须是参与者而不是观众。因此,人民权力委员会的设置是非常重要的,我们不能依赖

[①] U. S. Senate, 109th Congress, 2nd Session (January 3, 2006). "S. 2125, Democratic Republic of the Congo Relief, Security, and Democracy Promotion Act"(see Section101), http://thomas. loc. gov/cgi-bin/bdquery/z? d109:S2125 登录时间 2013 年 11 月 22 日。

外国资助的当地非政府组织、公民团体和强大的天主教会（在刚果（金）天主教堂是非常强大的）①，它们阻碍了国家快速有效的决策，不利于社会的发展。正如塞内加尔前总统阿卜杜拉耶·瓦德（Abdoulaye Wade）所指出的："在我位于柏林的下榻酒店的行政套房内，我在与胡锦涛主席一个小时的会晤中取得的成果比我在整个海利根达姆八国集团峰会期间取得的还要多。那场精心策划的全球领导人会议只是告诉非洲领导人 G8 国家将尊重现有的承诺。对我们的需求而言，中国的所作所为比欧洲投资者、捐助组织和非政府组织的那些缓慢而颐指气使的后殖民措施要好得多。其实中国刺激经济快速发展的模式对非洲很有借鉴意义。通过直接援助、贷款额度与合理的合同，中国帮助非洲国家在最短的时间建设了大量基础设施项目——桥梁、道路、学校、医院、水坝、议会建筑、体育场馆，以及机场。在许多非洲国家，包括塞内加尔，基础设施的改善对于拉动经济增长发挥了重要作用。而且，这些改进对非洲而言并非昙花一现，其帮助数以百万计的非洲人提高了生活水准，而不仅仅是少数精英。与此同时，非洲国家的政府已制定了一系列权力制衡规则，以加强自己的法规建设，譬如与当地企业建立合作伙伴关系。因此，非洲人不应被西方视为不成熟的群体。已经走出自己的现代化之路的中国，相比许多西方国家，更能对非洲发展的紧迫性感同身受。"② 10 年的授权给民选领导人以足够的时间完成他的计划，然后将由他的继任者来确保新计划的连续性和发展，否则便毫无价值。每五年昂贵的选举会消耗刚果（金）的战略储备（国际社会并不总是愿意为整个过程提供财政支持）。倘若 5 年以后所有的战略储备都被消耗殆尽，从头再来对于国家来说是不安全的。是时候在国家领导层注入更年轻的血液了（当然，由人民选出的，而不是由美国选择的），刚果（金）的政治文化和权力观念必须改变。刚果领导人必须从"中饱私囊"或"营私自肥"心态转向"建设国家"的心态，把促进国家利益放在首位，为人民服务。

---

① 笔者个人认为，倘若刚果（金）建起了更好的、不似教会机构那样腐败的学校和医院，天主教会在刚果的地位将不再那么重要。实际上，刚果历史历史表明，天主教会代表西方的影响。
② Abdoulaye Wade, "Time for the west to practise what it preaches", *Financial Times*, January 23, 2008, http://www.ft.com/cms/s/0/5d347f88-c897-11dc-94a6-0000779fd2ac.html#axzz3SPrbl5sy. 登录时间 2015 年 2 月 22 日。

刚果(金)必须重新书写历史,重新自我定位。刚果(金)所有当前问题的根源都在于它的过去。独立55年之后,刚果(金)必须重新书写历史,重新自我定位,找到自己的政治和经济之路,帮助刚果人民摆脱美国和其他西方大国残留的殖民压迫和剥削。刚果人民必须摆脱殖民地心态和天真的想法(在地缘政治中没有道德和伦理,只有利益),重拾对自身文化(如语言、饮食、服饰和伦理价值观等)的信心,使自己的国家发挥真正的作用,成为非洲大陆的经济引擎。

要实现这一点,刚果(金)必须做好四个方面的工作:"经济、政治、安全和国际合作。"换句话说,刚果(金)需要一个团结、和平、繁荣和稳定的国家秩序和富有远见、能与世界上其他国家设定"双赢"原则的领导人。在经济全球化的时代,刚果(金)不能孤立发展,但它可以设定与其他国家的交易原则,而不是反其道而行之。刚果可以借鉴其他国家的经验,但决不能让其他国家替刚果(金)进行自身政治、经济和安全的定位。刚果(金)不能继续维持一种"集市状态",让所有人都想来就来,而应当成为经济"巨头",带领非洲经济腾飞。

下图13形描述的是对于刚果(金)未来发展,值得注意的是刚果(金)的四项主要工作:经济发展、政治安定、和平稳定、在战略的领导下,[①]服务于人民与国家利益的双边和多边合作:

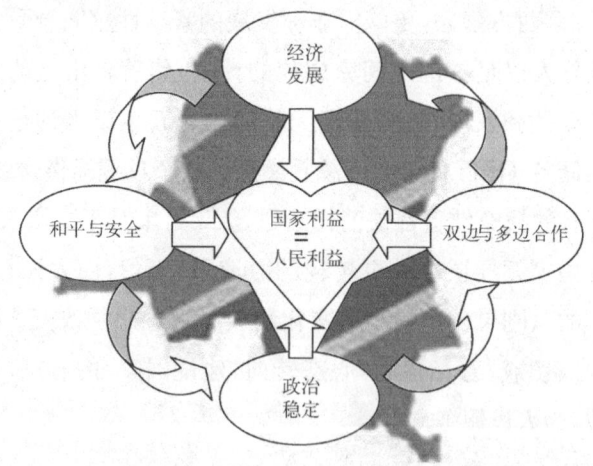

图13　刚果(金)的四项主要工作必须为人民的利益服务

[①] Economic Report on Africa 2012: *Unleashing Africa's Potential as a Pole of Global Growth*, UNECA, 2012. 另见: Fantu Cheru. *African Renaissance: Roadmaps to the Challenges of Globalisation*, London: Zed Books, 2002, p.148.

笔者认为,"政治是一种艺术,不论在农村地区(内地)还是城市,一位好的政治家能考察群众情绪"。刚果人民的生活水平很低并低得令人发指。刚果人民没有理由如此贫穷。重建一个人人自给有余而无贫富悬殊的国家(布基纳法索国家英雄并被暗杀的领导人托马斯·桑卡拉的愿景)是一项长期而艰巨的任务。

(3) 支持农村地方政府自己的项目和计划。

2. 在经济领域

(1) 在刚果(金)其他领域的"双赢"投资,尤其是基础设施、能源和农业,而不仅仅是在采矿业。在他们的经济合作中,美国和刚果(金)应该认真考虑采取易货贸易,比如基础设施换矿产。这不会使刚果(金)欠下债务,或者受国际货币基金组织、世界银行、国际非政府组织的摆布,也不会使刚果(金)受美国"刚果政策"、西方暴利"投资者"和西方"捐助者—接受者关系"的干扰。由于刚果(金)缺乏先进的矿石挖掘技术,要让技术成为新的货币,即刚果(金)的最好伙伴必须为刚果人民提供技术(以换取矿产),这样我们就可以自己采矿(军队也可以提供劳动力),建立一个全国市场,任何外国人都可以按固定的证券交易的利率购买矿石(外国人没有权利在刚果(金)购买土地,只能租赁)。

(2) 在非洲增长和机会法案(AGOA)的框架下,向刚果(金)的产品开放美国市场。美国总是采取政策对刚果(金)的资源实施控制,强加给刚果(金)没有互惠的自由化条件,刚果(金)也无权进入他们的市场。

(3) 对战争期间美国跨国矿业公司与刚果(金)签订的合同进行再审查。在这些合同中,刚果政府的股份不超过20%。刚果政府在每份采矿合同中所占的股份,必须至少比外国合作伙伴高出1%(51%以上),因为刚果(金)是资源的所有者。只有通过这种方式,刚果国家才会积累大量的金融储备金,用于支持国家的发展和现代化。一些西方国家可能会把这贴上"资源民族主义"的标签。我们要说,这是重申我们对资源的主权。在得知阿尔斯通可能要被美国商务巨头通用电气(General Electric)收购之后,法国总统弗朗索瓦·奥朗德进行了干预。这件事表明,西方政府经常干预国有公司的事务,当国家核心利益(就业和国家声望)受到威胁的时候[1]——同样是法国,

---

[1] Jean-Baptiste Vey and Benjamin Mallet, "France grabs for power over Alstom future with new takeover law", *Reuters*, May 15, 2014, http://www.reuters.com/article/2014/05/15/us-france-takeovers-idUSBREA4E0UT20140515. 登录时间 2015 年 2 月 24 日。

它经常告诫非洲国家要开放市场,自己实践的却是"经济民族主义"。那么我们要问:全球化只是为了非洲人吗?刚果(金)需要新的矿业法律草案,使刚果人民能够收回自己的资源。目前,几乎所有的采矿特许权都在外国人手里,因为合同是由交战国在战争期间签订的,有关部门未尽到审查责任。没有一份合同由刚果政府持股20%以上,除了与中国签订的合同(刚果(金)至少占股32%)。刚果人民必须知道刚果(金)在每份合同中所占的股份(透明度)。对所有与外国合作伙伴签订的涉及矿业、石油、土地、木材的合同进行公示是很有必要的。

(4)向刚果(金)转让技术,使其增加其资源的价值,并培训各个领域的专业人士。要将美国的技术带来到刚果(金),并教刚果人民如何使用以开发矿物,这样美国可以得到矿产的股份。最终,刚果(金)可以学习这些技术并且自行研发。只有这个方式中,将刚果(金)从一个农业社会转变为更加都市化、工业化的社会,从一个非正式的经济体转变为正式的经济体,从低端经济转向高端经济。刚果(金)所有的战略矿产都为科技高度发达的西方国家所控制和垄断(因此,美国的"刚果钴政策")。我们不能继续出口没有附加值的原材料。将1/4的矿物年产量投入此种转换十分重要。在刚果(金),我们生产钶钽铁矿,但我们不生产手机。我们有铜,但我们不制造铜电缆,等等。这是一个耻辱,因为没有刚果(金)的战略矿产,就没有今天我们所知道的现代生活。我们的生活不能没有手机、电脑和电池。刚果(金)可以修复在世界上任何地方制造的东西,笔者认为我们自己也有能力制造这些产品。非洲国家甚至进口铅笔、钢笔、鱼钩和鱼网等简单的产品,其实我们完全可以自主生产。国家必须建立基金,鼓励这个领域里年轻的创新者,开放商业中心。美国可以支持这样的倡议。例如,刚果女科学家泰蕾丝·依翟(Thérèse Izay)早已发明了刚果头两台8英尺高的交通机器人,它们在刚果(金)的首都金沙萨指挥交通。机器人配备了四台相机,不断扫描交通流量,拍摄的图像可以作为检查违规行为的分析依据。然而,美国常常不是支持有才干的刚果年轻人,相反的,美国支持他们的颠覆活动。2015年3月16日,一位美国外交官、为美国国际开发署负责民主和人权的项目的凯文·斯图尔(Kevin Sturr)在金沙萨举行的民主会议中被捕。会议是由刚果年轻人、来自布基纳法索和塞内加尔的支持民主的活动家和外国记者,目的是反对卡比拉总统寻求第三次连任。会议由美国国际开发署资助。不久后,他就被释放了。①

（5）在各个行业（如机械、粮食生产、车辆、简单的钟表制造、自行车、摩托车、服装、农业工具、盖房子的铁皮、桌椅和铺路等）,刚果发明家必须获得美国的支持。我们想在刚果（金）买到用我们自己的钻石制成的项链。在刚果国内和海外都存在巨大的人才库,他们需要人尽其才。这将给年轻的工程师或者应届毕业生提供工作,防止刚果（金）的人才流失到西方以及农村。我们必须实现刚果农村地区的转型,因为如果农村地区得以发展,贫困得以消除,就很少会有年轻人用枪"来谋生"。失业和未受过教育的青年很容易被操纵而加入叛军。

（6）在刚果（金）支持钢铁工业的发展,以使刚果（金）改善其制造业。这就需要建立经济特区。

（7）在战略高科技领域增加刚果学生的奖学金。毕业后,他们可以使刚果（金）成为创新的中心。刚果人必须做知识的生产者,而不仅仅是知识的消费者。职业学校也同样重要,它们的毕业生可以从事那些高薪工作（建筑、机械、木工、家具、制衣、制鞋、美发,以及其他工艺品的制作等）。单靠博士并不足以重建这个国家。

（8）支持我们提到的"刚果 2030 年国家计划"中,刚果（金）的经济必须基于创新、农业机械化、全国电气化,实现现代基础设施、技术和现代化人力资源的联通;现代基础设施和刚果农村的现代化（重新整合的农村）,使农村得以享受医疗、教育（包括成年人的脱盲）、清洁饮用水、电力、电话、广播、电视、邮局和连接主要城市腹地的交通工具（火车、飞机跑道、船只和巴士）;以及农业机械化……简而言之,通过工业化转化我们的资源,以创造就业机会,开拓本国、非洲大陆和国际市场,从而改变人民的生活条件,而不是在 21 世纪继续出口没有附加值的原材料。刚果经济必须实现向第二产业（将原

---

① The Associated Press, "US defends Congo event where diplomat was arrested", AP, March 17, 2015, http://news.yahoo.com/us-defends-congo-event-diplomat-arrested-112431781.html. 登录时间 2015 年 3 月 19 日。

材料或中间原料转化成商品,如用钢铁制造汽车,或用纺织品制成服装)的倾斜,而这本身又将推动第三产业(向消费者和企业提供服务)的发展。

(9)美-刚经济合作必须集中发展劳动密集型产业,使经济产品多样化和在道路基础设施、能源和农业等方面有所建树。中国谚语说:"想致富,先修路。"在刚果农村建设小环保水坝非常重要,它将为整个国家提供能源。也很有必要建设农村银行,为当地农民提供小额贷款,为小服务中心、中小企业提供基金或贷款,从而提高玉米、棉花和其他包括烟草在内的农产品的输入。刚果(金)的主要粮食作物木薯、山药、玉米、花生、油棕、秋葵、西葫芦、南瓜、茄子、辣椒、西红柿、黄瓜、甜与苦苦阿马兰特(非洲的茄子)、洛神葵(几内亚酢浆草)、大豆、大米、胡萝卜、锡兰菠菜、甜与苦苋、车前草(香蕉)、豇豆、辣椒、班巴拉族花生、红薯、土豆和芋头、豆类、卷心菜、洋葱、小麦、鳄梨、非洲梅(沙佛)、木瓜、芒果、咖啡、绿茶等等。发展机械化农业、专业的培训中心和设备是非常重要的。

(10)停止采纳教堂的(在刚果(金)天主教堂是非常强大的)①和别的西方非政府组织的报告,停止把国际货币基金组织和世界银行的结构调整政策作为处理刚果问题的基准。刚果(金)不能总是接受人道主义援助,屈从于西方国家的禁令,比如"刚果政策"和"钴政策",听从国际货币基金组织和世界银行(把不发达国家当实验室)摆布,总是满足于享受从他们的桌上落下的面包屑(而这个国家的上层精英却非法地中饱私囊)。刚果(金)拥有一切。人民在每年年底也必须了解国家的债务水平和债务去向,因为他们才是偿还债务的人。刚果(金)必须进行"发展外交",吸引"双赢"的投资。

(11)谴责任何刚果领导人把被盗用的钱转移到西方的离岸银行,其中包括美国的银行。

(12)在刚果(金)支持旅游业和环境保护,并谴责任何国家企业参与到那里的砍伐森林。刚果(金)是世界上动植物资源最丰富的国家之一。刚果(金)拥有霍加狓等世界上绝无仅有的动物物种。刚果(金)还有丰富的植物群,刚果(金)是一个生物多样性的大型宝库。它有壮观的旅游景点,包括刚

---

① 笔者个人认为,倘若刚果(金)建起了更好的、不似教会机构那样腐败的学校和医院,天主教会在刚果的地位将不再那么重要。

果河、国家公园、田园诗般的瀑布、火山、历史古迹。而且还有传统节日、舞蹈、音乐、传统艺术、特别的菜肴等等。现代科技与刚果文化一体化可以推动刚果（金）的发展。为促进环境保护、自然保护和生物多样性（旅游业），"绿色发展"和"绿色技术"也很重要。刚果人民必须意识到，矿产资源是有限的，不会像树一样生长，还要为子孙后代着想。

（13）支持刚果（金）进行研究，以发现新的食用植物和药用植物，因为刚果（金）还有丰富的植物群。根据监测生物多样性中心进行的一项研究，科学基桑加尼大学科学院生物多样性监测中心在2015年5月进行的一项研究，200种植物生长在刚果河的沼泽。[①]

3. 在安全领域

解除对刚果（金）的武器禁运，使它能够自卫，并停止对刚果（金）施压以迫使其接纳非洲司令部（间谍活动）。笔者将这一阴谋称为"Africoma"（Africa 非洲＋coma 昏迷），因为它的目标是使非洲昏迷。

在非洲大湖地区领域

（1）刚果（金）不能一直承受乌干达、卢旺达的冲击和布隆迪的内部问题。阿尔及利亚学者弗朗兹·法农曾经写道："非洲就像一把左轮手枪，扳机就是刚果（金）。"刚果（金）会引发灾难，也可以推动整个大陆的繁荣，这取决于扣动扳机的人是什么意图。美国必须意识到，如果刚果（金）的东部成为滋生各种恐怖分子的地方，美国的长期利益也会受到威胁。美国必须鼓励地区性市场，向其盟国卢旺达和乌干达施压，使其组织卢旺达国内对话和乌干达国内对话，并分别与它们国内所有的军事和政治力量进行对话，保持非洲大湖地区的持久和平。而不是迫使刚果（金）"与卢旺达共享其资源"，即刚果（金）可以从卢旺达买其可以提供的东西，或以同样的方式，即卢旺达可以从刚果（金）买其可以提供的东西。这就是市场经济规律，其取决于供需关系法则。美国作为世界上第一资本主义大国，必须鼓励和尊重这一规律。为什么这些法则不适用于卢旺达和刚果的关系呢？卢旺达有什么权利

---

① Radio Okapi, "La RDC regorge environ 200 espèces végétales sur le fleuve", *Radiookapi.net*, mai 23, 2015, http://radiookapi.net/actualite/2015/05/23/la-rdc-regorge-environ-200-especes-vegetales-sur-le-fleuve/. 登录时间 2015 年 5 月 27 日。

共享？甚至刚果（布）从刚果（金）购买电力也是如此。如果刚果（金）要与它的九个邻国分享其资源，刚果（金）留下的将有什么呢？

（2）如果美国真的关心国际司法，必须向其盟国乌干达施压支付罚款。有必要提醒，国际法院判决乌干达为其入侵、掠夺刚果（金）的行为支付100亿美元的罚款（刚果（金）尚未以同样的罪行起诉卢旺达）。

（3）支持为刚果（金）设立特殊的国际刑事法庭，正如国际社会在纳粹大屠杀和卢旺达种族大屠杀之后所做的一样，发现、审讯、惩罚那些在刚果（金）犯下种族灭绝罪、战争罪和反人类罪的罪犯，并公开谴责恐怖行为。

（4）支持区域基础设施的连接和区域一体化和经济发展。在经过几个世纪的奴隶制（由阿拉伯和西方主导）和殖民主义后，我们非洲人民不应该划定新的边界（2013年的"作为刚果（金）困境补救措施的南斯拉夫或苏丹解决方案"），相反，我们应该转变我们所继承的边界，建设穿越大陆的高速公路系统，使其脱贫致富——使货物（而非枪支和叛军）能够自由流动！我们不能相互争斗。我们应该与我们共同的敌人战斗，即贫穷和不发达。在西方的干预面前，我们要团结一致，而不能作为干预力量的代理人互相争斗。我们要团结起来，使西方国家意识到，他们应该停止"削减他们正坐着的树枝"（非洲谚语）。

（5）在刚果南部的基伍省投资，卢旺达和刚果（金）本原本共同开发基伍湖的天然气和建设鲁齐齐河水电站，为卢旺达、刚果东部和布隆迪供电。类似项目还包括建造连接金沙萨和布拉柴维尔这两个世界上最亲密的首都的路轨桥。由于英国—美国—卢旺达—乌干达—布隆迪联军入侵刚果（金），这些项目最终遭遇挫折，并且使刚果区域一体化和经济发展严重受损。布拉柴维尔也在未事先告知的情况下驱逐了来自金沙萨的成千上万的刚果人，他们多年来一直在那儿生活和工作。

对刚果（金）与新兴国家的关系，尤其是与中国的关系

摒弃"冷战思维"、代理战争和"分而治之策略"，停止干预刚果（金）与其他合作伙伴包括中国的关系。停止试图把刚果（金）和其他非洲国家（帝国主义阵营）推向反对中国的立场（在非洲增长与机遇法案的框架下，建立美

国-南部非洲发展共同体论坛、美国-安哥拉双边协商委员会和美国-尼日利亚联合经济合作委员会)。事实上,奥巴马认为,"这将对非洲和美国有益,如果他们可以与中国发展在关键领域的战略关系,比如扶贫、医疗和环保等"。中国"在与非洲国家做交易的时候,能够把重要管辖和人权问题搁置一边,这种做法至关重要"①。

在国际组织内

(1) 美国可以为刚果(金)——一个战略性关系的国家,努力争取联合国安理会的永久席位提供支持。

(2) 虽然美国是在刚果部署的联合国维持和平特派团最大的资助者,但是它也必须确定联合国驻刚果维和部队的撤退时间是有必要的。刚果(金)并不受联合国的监督。刚果军队也必须参与世界各地的维和行动。

4. 在社会文化领域

美国停止对刚果(金)强加价值观(比如同性恋),尊重刚果(金)的文化。非洲仍然有可以丰富世界其他国家的文化遗产,该文化遗产还有助于架起一座桥梁,缩小在国际关系中的"我们"和"他们"这两个观点(或态度)之间的距离。政治、经济和社会发展过程中需要非洲化。在非洲的后殖民地国家,基本上都是基于"西方治理机构的传统,而且这往往与非洲传统文化价值观和该地区的当代社会经济现实相背离"。②

正如美国学者弗朗西斯·福山(Francis Fukuyama)所指出的那样,没有文明能生活在借来的价值观和制度之中,非洲人必须恢复自身的文化根源,并使之符合现代机构。③

二、结论

刚果(金)需要美国的支持,但不需要"刚果(金)的美国化",即刚果(金)需要美国支持由刚果人民自己所采取的举措,而不是那些美国强加的政策

---

① Barack Obama, "Presidential Town Hall Meeting Africa Questionnaire", The Leon H. Sullivan Foundation, Washington, DC, October 2007.
② Economic Commission for Africa (ECA), Relevance of African Traditional Institutions of Governance. Addis Ababa: ECA Publications and Conference Management Section. 2007.
③ Zhang Weiwei, "The China Model: A Dialogue between Francis Fukuyama and Zhang Weiwei", *Non-Profit Quaterly* (NPQ), Vol. 28. No. 4, Fall 2011, pp. 1-22.

和计划(如1997年的"柏克德刚果重建计划"等政策)。换言之,刚果人民要负责,要绘制他们自己的长期发展计划,然后寻求合作来实现它,特别是那些需要合作的地方。如果美国不能充分地意识到这点,我们非洲人民,包括刚果人民,终有一天将要求美国终止干预非洲,让我们保留我们的尊严、文化、土地及其所蕴藏的一切。

参考文献

一、中文文献

（一）专著

梁根成：《美国与非洲》，北京大学出版社 1991 年版。

李智彪：《刚果民主共和国》，社会科学文献出版 2014 年版。

李安山：《非洲华侨华人史》，中国华侨出版社 2000 年版。

李安山：《非洲民族主义研究》，中国国际广播出版社 2004 年版。

李安山：《殖民主义统治与农村社会反抗》，湖南教育出版社 1999 年版。

赵国忠、温伯友、杨光主编：《中东非洲发展报：1998—1999》，社会科学文献出版社 1999 年版。

王铁崖编：《中外旧约章汇编》，第一卷，北京三联书店 1982 年版。

（二）学术期刊中文文章

陈积敏、罗建波：《奥巴马政府对非外交评析》，《现代国际关系》2013 年第 3 期。

贺文萍：《中美在非洲的利益竞争、交汇与合作》，《亚非纵横》2007 年第 3 期。

刘贵今：《美国非洲战略及其对中国的启示》，《党建网》2013 年第 5 期。

罗建波：《中国与西方国家的对非洲外交：在分歧中寻求共识与合作》，《世界经济与政治》2009 年第 4 期。

汪淼：《刚果民主共和国总统——洛朗·卡比拉》，《亚非纵横》1997 年 3 期。

汪勤梅：《非洲问题研究文集》，《北京大学非洲研究中心》，2009 年 10 月。

汪段泳：《海外利益实现与保护的国家差异——一项文献综述》，《国际观察》2009 年第 2 期。

岳巍：《动荡之后的北部非洲去向何处——专访中国社会科学院西亚非洲所非洲研究室主任贺文萍》，《领导文萃》2012 年第 2 期。

（三）专题报告

刚果民主共和国和中国企业集团(中国中铁股份有限公司、中国水利水电建设集团公司)关于刚果民主共和国矿业开发和基础设施建设的合作协议：二零零八年。笔者拥有实际的文档。

二、英文文献
(一) 专著

Alden, Chris. *China in Africa*, London: Zed Books, 2007.

Allen, James de Vere. *Swahili Origins*, London Nairobi Athens: James Currey Ltd., East.

African Educational Publishers & Ohio University Press, 1993, p. 115.

Anstey, Roger. *King Leopold's legacy*, Oxford: Oxford University Press, 1966, p. 24.

Ayittey, George. *Defeating Dictators: Fighting Tyranny in Africa and Around the World*. New York: Palgrave Macmillan, 2011.

Ayittey, George. *Africa Betrayed*, New York: Palgrave Macmillan, 1993.

Ayittey, Geroge, "The End of African Socialism?" *The Heritage Foundation Lecture*, May 1, 1990.

Badie, Bertrand. *The Imported State: The Westernisation of the Political Order*, Stanford, CA: Stanford University Press, 2000.

Bannon, Ian & Paul Collier. *Natural Resources and Violent Conflict: Options and Actions*, Washington DC: The World Bank, 2003, p. 409.

Bayart, Jean-Francois. *The State in Africa: The Politics of the Belly*. Harlow: Longman, 1993.

Brautigam, Deborah. *The Dragon's Gift: The Real Story of China in Africa*, New York: Oxford University Press Inc, 2011.

Briody, Dan. *The Halliburton Agenda: The Politics of Oil and Money*, Hoboken, New Jersey: John Wiley & Sons, Inc., 2004, p. vii.

Brown, C. Bernard. *Comparative Politics: Notes and Readings*. Forth Worth, Texas: Harcourt Publishers, 2000, pp. 146–150.

Cabral, Amilcar. *Revolution in Guinea: An African people's struggle*, London: Stage One, 1974, p. 105.

Callaghy, M. Thomas, "Networks and Governance in Africa: Innovation in the Debt Regime", in Thomas M.

Kassimir, Ronald & Robert Latham (editors), *Intervention and Transnationalism in Africa: Global-Local Networks of Power*, Cambridge: Cambridge University Press, 2001, p. 2.

Casement, Roger (Author) & Seamas O Siochain (Editor), *The Eyes of Another Race: Roger Casement's Congo Report and 1903 Diary*. Dublin: University College Press, 2004.

Chang, Jung & Jon Halliday. *Mao: The Untold Story*, London: Vintage Books, 2000, p. 608.

Cheru. Fantu, *African Renaissance: Roadmaps to the Challenges of Globalisation*,

London: Zed Books, 2002, p. 148.

Chomsky, Noam and Andre Vltchek. *On Western Terrorism: From Hiroshima to Drone Warfare*. London: Pluto Press, 2013, p. 19.

Clark, John. *The African Stakes of the Congo War*, New York: Palgrave Macmillan, 2002.

Clapham, Christopher. *Africa and the International System: the politics of state survival*. Cambridge: Cambridge University Press, 1996.

Clough, Michael. *Free at Last? US Policy Toward Africa and the End of the Cold War*. New York: Council on Foreign Relations Press, 1992.

Cohen, Saul Bernard. *Geography and Politics in a World Divided*. Oxford: Oxford University Press Inc; 2nd edition, 1974, p. 29.

Davidson, Basil. *The Black Man's Burden: Africa and the Curse of the Nation-state*. Suffolk: James Currey, 1992.

Doyle, Arthur Conan. *The Crime of the Congo*. London: Hutchinson & Co., 1909.

Eltis, David, Stephen D. Behrendt, David Richardson & Herbert S. Klein. *The Trans-Atlantic Slave Trade: A Database on CD-Rom*. New York: Cambridge University Press, 1999.

Englebert, Pierre. "Life Support or Assisted Suicide? Dilemmas of US Policy towards the Democratic Republic of Congo," In Nancy Birdsall et al. (eds.). *Short of the Goal: US Policy and Poorly Performing States*. Washington: Brookings Institution Press, 2006, pp. 53–82.

Fanon, Franz. *Towards the African Revolution*, New York: Grove Press, 1967; Reprint: New York: Grove Press, 1994, p. 419.

Farrell-Robert, Janine. *Glitter & Greed: The Secret World of the Diamond Cartel*. New York: The Disinformation Company Ltd, 2007.

Friedland, H. William, "Basic Social Trends of African Socialism." In *African Socialism*, eds. H. William Friedland, and G. Carl Rosberg. Stanford: Stanford University Press, 1965, pp. 15–34.

Fukuyama, Francis. *The End of History and the Last Man*. London: Hamish Hamilton, 1992.

Ganahl, Joseph Patrick. *Corruption, Good Governance, and the African State: A Critical Analysis of the Political-Economic Foundations of Corruption in Sub-Saharan Africa*, Postdam: Potsdam University Press, 2013, pp. 21–52.

Gazi, David. *Zimbabwe's Colonial Legacy: Racism and the Land Question*. London: Tiger Publishing, 2004., p. 115.

Gibbs, N. David. *The Political Economy of Third World Intervention: Mines, Money, and U. S. Policy in the Congo Crisis*, Chicago: The University of Chicago

Press, 1991.

Gould, J. David, "Patrons and Clients: The Role of the Military in Zairian Politics", in James Isaac Mowoe (ed.), *The Performance of Soldiers as Governors*. Columbus, Ohio: University Press of America, 1980, pp. 465-506.

Herbst, Jeffrey. "Let Them Fail: State Failure in Theory and Practice." In ed. Robert I. Rotberg, *When States Fail: Causes and Consequences*, Princeton, NJ: Princeton University Press, 2004, pp. 306-308.

Herbst, Jeffrey. *States and Power in Africa: Comparative Lessons in Authority and Control*, Princeton: Princeton University Press, 2000.

Herbst, Jeffrey. *U. S. Economic Policy toward Africa*, New York: Council on Foreign Relations Press, 1993.

Hiatt, Steven, ed. *A Game As Old As Empire: The Secret World of Economic Hit Men and the Web of Global Corruption*. Ockland: Berrett-Koehler Publishers, Inc., 2007, p. 94.

Hochschild, Adam. *King Leopold's Ghost*. London: Papermac/Macmillan Publishers Ltd, 2000.

Hutchison, Alan, *China's Africa Revolution*, London: Hutchinson, 1975, p. 111.

Hyden, Göran. *No Shortcuts to Progress: African Development Management in Perspective*, London: Heinemann, 1983, p. 21.

Jackson, Robert, *Quasi-States, Sovereignty, International Relations and the Third World*, Cambridge: Cambridge University Press, 1993.

Kalb, Madeline. *The Congo Cables: The Cold War in Africa-From Eisenhower to Kennedy*. New York: Macmillan Pub Co, 1982.

Karasch, C. Mary. *Slave Life in Rio de Janeiro*, Princeton, NJ: Princeton University Press, 1987.

Katulondi, Kabasu Babu. *The Making of the Congo State in the US: A Forgotten Story, A New Project*. Grand Rapids, Michigan: New US-Congo Project Foundation, 2013.

Kisangani, Emizet Francois & F. Scott Bobb, *Historical Dictionary of the Democratic Republic of Congo Historical Dictionaries of Africa*. N0. 112. Toronto: The Scarecrow Press, 2010, p. 35.

Kwitny, Jonathan. *Endless Enemies: The Making of an Unfriendly World*. New York: Penguin, 1984, p. 97.

Lanning, G. & M. Mueller, *Africa Undermined: A History of the Mining Companies and the Underdevelopment of Africa*, Harmondsworth, England: Penguin. 1979, p. 99.

Larkin, D. Bruce, *China and Africa, 1949-1970: The Foreign policy of the People's Republic of China*, Berkeley: University of California Press, p. 72.

Rohr, Janelle, ed. *Problems of Africa: Opposing Viewpoints*. Minnesota: Greenhaven Press, 1986, p. 11.

Le Carré. John. *The Mission Song*. Canada: Penguin Group (Canada), Sep 4, 2007.

Legum, Colin. *Congo Disaster*. Baltimore, Maryland: Penguin Books, Ltd, 1961, p. 14.

Lemarchand, René. *The Dynamics of Violence in Central Africa*. Philadelphia: University of Pennsylvania Press, 2008, p. 64.

Lewis, Justin. *Constructing Public Opinion: How Political Elites Do What They Like and Why We Seem to Go Along with It*, Columbia: Columbia University Press, 2001, p. 158.

Liang-Tsai, Wei, *Peking Versus Taipei in Africa 1960 – 1978*, Taipei: Asia and World Institute, 1982, p. 155.

Liagin, Elizabeth. *Excessive force: Power, politics, and population control*, Washington: Information Project For Africa, Inc, 1996, p. 17.

Lipset, Seymour Martin, *American Exceptionalism: A Double-Edged Sword*, New York: W. W. Norton & Co., Inc. 1996, pp. 1, 17 – 19, 165 – 174, 197.

McCartney, Laton. *Friends In High Places: The Bechtel Story: The Most Secret Corporation and How It Engineered the World*, New York: Ballantine Books, 1989.

MacQueen, Norrie. *Humanitarian intervention and the United Nations*, Edinburgh: Edinburgh University Press, 2011, p. 1.

Mandela, Nelson & Fidel Castro, *How Far We Slaves Have Come*, New York: Pathfinder, 1991.

Marchal, Jules, *Lord Leverhulme's Ghost: Colonial Exploitation in the Congo*, London: Verso, 2008.

Mazrui, Ali. *The Africans: A Triple Heritage*. London: BBC Books, 1987.

Mbaku, Mukum John. *Corruption in Africa: Causes, Consequences, and Cleanups*. Lanham: Lexington Books, 2007.

Metz, Steven, *Refining America's strategy in Africa*, Carlisle Barracks: Strategic Studies Institute, 2000.

Metz, Steven, *Reform, Conflict, and Security in Zaire*, Carlisle Barracks: U. S. Army War College/Strategic Studies Institute, 1996, p. vi.

Moyo, Dambisa. *Dead Aid: Why Did Is not Working and How There is Another Way for Africa*, London: Penguin, 2010.

Murphy, D. Sean. *Humanitarian Intervention: The United Nations in an Evolving World Order*, Pennsylvania: University of Pennsylvania Press, 1996, pp. 11 – 12.

Namikas, Lise. *Battleground Africa: Cold War in the Congo (1960 – 1965)*. Lyndhurst, New Jersey: Barnes & Noble, 2012.

Ngomba-Roth, Rose. *Multinational Companies and conflicts in Africa*, New Brunswick, New Jersey and London: Transaction Publishers, 2007, pp. 90 - 91.

Nkrumah, Kwame. *I Speak of Freedom: A Statement of African Ideology*, London: William Heinemann Ltd, 1961, p. 5.

Newbury, M. Catharine, "Dead and Buried or Just Underground? The Privatisation of the State in Zaïre", in *L'état indépendant du Congo, Congo Belge, Republique Démocratique du Congo, Republique du Zaïre*, ed. Bogumil Jewsiewicki, Quebec: Éditions SAFI Press, 1984.

Nidegwa, N. Stephen, "A Decade of Democracy in Africa." In *A decade of democracy in Africa*, ed. Stephen N. Nidegwa. Leiden; Boston: Brill, 2001, pp. 1 - 17.

Nnoli, Okwudiba. *Self-Reliance and Foreign Policy in Tanzania: The Dynamics of the Diplomacy of a New State*, New York: NOK Publishers, 1978, p. 375.

Noer, Thomas. *Cold War and Black Liberation: The United States and White Rule in Africa*: 1948 - 1968. Columbia: University of Missouri Press, 1985, 17, 64, 70.

Nwaubani, Ebere. *The United States and Decolonization in West Africa*, 1950 - 1960. New York: Rochester University Press, 2001, pp. 59 - 66.

Nye, S. Jr, Joseph. *Soft Power: The Means To Success In World Politics*, New York: Public Affairs (Perseus Books Group), 2004.

Nzongola-Ntalaja, Georges. *The Congo from Leopold to Kabila: A People's History*. London and New York: Zed Books, 2002.

O'Connor, Karen & Larry Sabato, *American Government: Continuity and Change*, New York: Pearson, 2006, pp. 125 - 156.

Onimode, Bade, (ed). *The IMF, the World Bank and the African Debt: the Social and Political Impact*. London: Zed Books, 1989.

Onimode, Bade. *A Political Economy of the African Crisis*, London & Atlantic Highlands, NJ: Zed Books & the Institute for African Alternatives, 1988.

Pattison, James. *Humanitarian Intervention and the Responsibility to Protect: Who Should Intervene?* Oxford: Oxford University Press, 2010.

John Perkins. The *Secret History of the American Empire*, New York: Penguin Group, 2007, pp. 257 - 258.

Pilisuk, Marc & Michael Nagler. *Peace Movement Worldwide: History and Vitality of Peace Movements*, Westport: Praeger Publishers, 2010, p. 69.

Pottier, Johan. *Re-Imagining Rwanda. Conflict, Survival and Disinformation in the Late Twentieth Century*, Cambridge: Cambridge University Press, 2002, pp. 2 - 3.

Prunier, Gérard, *Africa's World War: Congo, the Rwandan Genocide, and the Making of a Continental Catastrophe*. Oxford: Oxford University Press, 2008.

Prost, Antoine, "The Dead", in Jay Winter, ed., *The Cambridge History of the*

First World War: *A Reckoning*: *Costs and Outcomes*. Vol. 3, Part 4, Cambridge: Cambridge University Press, 2014, pp. 561-591.

Reno, William. *Warlord Politics and African States*. London: Lynne Rienner, 1998, p. 153.

Reno, William. *Corruption and State Politics in Sierra Leone*. New York: Cambridge University Press, 1995.

Reno, William, "Shadow States and the Political Economy of Civil Wars", In David Malone and Mats R. Berdal. *Greed and Grievance*: *Economic Agendas in Civil Wars*, Boulder, Colo: Lynne Rienner Publishers, 2000, pp. 54-57.

Rex Martin, "Walzer and Rawls on Just Wars and Humanitarian Interventions", in Steven P. Lee (ed), *Intervention, Terrorism, and Torture*: *Contemporary Challenges to Just War Theory*, Dordrecht, The Netherlands: Springer, 2007, pp. 75-80.

Reyntjens, Filip. *The Great African War*: *Congo and Regional Geopolitics*, 1996-2006, Cambridge: Cambridge University Press, 2010, p. 202.

Rodney, Walter. *How Europe Underdeveloped Africa*. London: Bogle-L'Ouverture Publications, 1972, p. 188.

Sakai, J. *Settlers*: *The Mythology of the White Proletariat*, London: Morningstar Press, 1983, p. 7.

Scruton, Roger. *A Dictionary of Political Thought*, London: Macmillan General Books, 1996, p. 528.

Smith, Stewart. *U. S. Neocolonialism in Africa*. New York: International Publishers, 1974, p. 91.

Tardieu, Jean-Pierre, "Origins of the Slaves in the Lima Region in Peru (Sixteenth and Seventeenth Centuries)", in Doudou Diene. ed., *From Chains to Bonds*: *The Slave Trade Revisited*. New York: UNESCO Publishing, 2001, pp. 43-45.

Thomson, Alex. *An Introduction to African Politics* (3rd edition), London and NewYork: Taylor & Francis Group, 2010, p. 155.

Turner, Thomas. *Congo*. Lyndhurst, New Jersey: Barnes & Noble, 2013.

Ulloa, Alfie, Felipe Katz and Nicole Kekeh. *Democratic Republic of the Congo*: *A Study of Binding Constraints*. Harvard: Kennedy School of Government, Harvard University, 2009, pp. 111-112.

Van Lierde, Jean, ed. *Lumumba Speaks*: *The Speeches and Writings of Patrice Lumumba*, 1958-1961, Boston: Little Brown and Company, 1972.

Vansina, Jan. *Paths in the Rainforests*: *Toward a History of Political Tradition in Equatorial Africa*, London: James Currey, 1990, pp. 71-123.

Wack, Wellington Henry. *The Story of the Congo Free State*; *Social, Political, and Economic Aspects of the Belgian System of Government in Central Africa*. New York and London: G. P. Putnam's sons, 1905.

Weissman, Stephen. *American Foreign Policy in the Congo*, 1960 – 1964. New York: Cornell University Press, 1974.

（二）百科全书

投资百科　自由百科全书，http://www.investopedia.com/terms/z/zero-sumgame.asp. 登录时间 2014 年 7 月 23 日。

来自维基百科自由百科全书，"Belgian Congo", http://en.wikipedia.org/wiki/Belgian_Congo. 登录时间 2013 年 9 月 10 日。

从维基百科（*Wikipedia*）采取："National Congress for the Defence of the People", http://en.wikipedia.org/wiki/National_Congress_for_the_Defence_of_the_People. 登录时间 2014 年 1 月 4 日。

（三）论文集

中文：

思考：《刚果（金）战争与卢旺达—乌干达联盟兴衰（1994—2001 年）》，中国人民大学硕士学位论文，2012 年。

英文：

Bechtolsheimer, Götz, "Breakfast with Mobutu: Congo, the United States and the Cold War, 1964 – 1981", A thesis submitted To the Department of International History of The London School of Economics for the degree of Doctor of Philosophy, London, March 2012.

Fan, Deng, "US policy toward China in the post – 9/11 era /（2001 – 2011）: A Cross-Level Study", PhD Thesis, Shanghai Jiaotong University, Centre for Marxism in China, 2013.

Mansour, Awad Issa, "Orientalism, Total War and the Production of Settler Colonial Existence: The United States, Australia, Apartheid South Africa and the Zionist Case", PhD Thesis at the University of Exeter: The Exeter Research and Institutional Content archive (ERIC), http://hdl.handle.net/10036/3153, February 15, 2011. 登录时间 2013 年 10 月 1 日。

Wiggins, Rudy, "U. S. Reliance On Africa For Strategic Minerals", Thesis Submitted In Partial Fulfillment of Requirements for Written Communications At The Marine Corps Command and Staff College, Quantico, Virginia Major R. A. Hagerman, United States Marine Corps, April 6, 1984. http://www.globalsecurity.org/military/library/report/1984/HRA.htm. 登录时间 2013 年 11 月 13 日。

Yonekawa, Masako. A Critical Analysis of South African Peacemaking in the Conflicts in the Great Lakes Region, A Dissertation submitted in partial fulfillment of the requirements of the award of the Degree of Master of Social Science, Department of Political Studies, University of Cape Town, 2009。

（四）从学术期刊集的英文文章

Afisi, T. Oseni, "Human Nature in Marxism-Leninism and African Socialism."

Thought and Practice: *A Journal of the Philosophical Association of Kenya*, Vol 1, N0. 2, 2009, pp. 25 - 40.

Alden, Chris & Ana Cristina Alves, "History & Identity in the Construction of China's Africa Policy", *Review of African Political Economy*, No. 115, 2008, pp. 43 - 58.

Alden, Chris & Christopher R. Hughes, "Harmony and Discord in China's Africa Strategy: Some Implications for Foreign Policy", *The China Quarterly*, Volume 199, September 2009, pp. 563 - 584.

Alonso, Elisa, Frank Field, Jeremy Gregory & Randolph Kirchain, "Material Availability and the Supply Chain: Risks, Effects and Responses", *Environmental Science & Technology*, 2007, Vol. 41, No. 19, pp. 6649 - 6656.

Alves, Cristina Ana, "China's 'win-win' cooperation: Unpacking the impact of infrastructure-for-resources deals in Africa," *South African Journal of International Affairs*, Vol. 20, No. 2, pp. 207 - 226.

American Society of International Law, "General Act of the Conference of Berlin Concerning the Congo", *The American Journal of International Law*, Vol. 3, No. 1, Jan. , 1909, pp. 7 - 25.

Arrighi, Giovanni, "The African Crisis: World Systemic and Regional Aspects", *New Left Review*, Vol. 11, No. 15 May/ June 2002, pp. 5 - 38.

Askin, S. & Carole Collins, "External collusion with Kleptocracy: Can Zaire recapture its wealth?" *Review of African Political Economy*, 1993, Vol. 20, No. 57, pp. 72 - 85.

Asongazoh, Alemazung, Joy, "Post-Colonial Colonialism: An Analysis of International Factors andActors Marring African Socio-Economic and Political Development", *The Journal of Pan African Studies*, Vol. 3, No. 10, September 2010, pp. 62 - 84.

Autesserre, Séverine, "Dangerous tales: Dominant narratives on the Congo and their unintended consequences", *Oxford Journals of Social Sciences African Affairs*, Vol. 111, N0. 443, pp. 202 - 222.

Bekker, H. F. Pieter, "The 2005 Record of the International Court of Justice," *Chinese Journal of International Law*, Vol. 5, N0. 2, pp. 371 - 380.

Bissell, Richard, "African Power In International Resource Organisations", *The Journal of African Studies*, Vol. 17, No. 01, March 1979. p. 2.

Boaduo, Nana Adu-Pipim. "Africa's Political, Industrial and Economic Development Dilemma in the Contemporary Era of the African Union", *The Journal of Pan African Studies*, Vol. 2, No. 4, June 2008, pp. 93 - 106.

Brookes, Peter & JiHye Shin, "China's Influence in Africa: Implications for the United States", *Backgrounder*, *the Heritage Foundation*, No. 1916, 2006.

Burnley, Clementine, "Natural Resources Conflict in the Democratic Republic of the Congo: A Question of Governance?" *Sustainable Development Law & Policy*, Volume 12, No. 1, Fall 2011, pp. 7-53.

Burton, Douglas, "Red Kabila long plotted to seize Zaire", *Insight on the News*, Vol. 13, No. 17, May 12, p. 29.

Brzezinski, Zbigniew, "A Geostrategy for Eurasia", *Foreign Affairs*, Vol. 76, No. 5, September/October 1997, page 52.

Callaghy, M. Thomas, "External Actors and the Relative Autonomy of the Political Aristocracy in Zaïre", *Journal of Commonwealth and Comparative Politics*, Vol. 21, No. 3, 1983, pp. 287-309..

Chandler, David, "Review Essay: Kosovo and the Remaking of International Relations", *The Global Review of Ethnopolitics*, January 2002, Vol. 1, No. 4, pp. 110-112.

Clark, F. John, "Review: American Policy in Africa after the Cold War", *Africa Today*, Vol. 40, No. 2, 2nd Qtr., 1993, pp. 91-93.

Cole, Jonathan, "The Congo question: Conflicting visions of independence", *Emporia States Research Studies*, Vol. 43, No. 1, 2006, pp. 26-37.

Coplan, Stephen, "AMF executive in Congo talks", *American Metal Market*, February 6, 1998, Vol. 106, NO. 24, p. 2.

Curry, Robert, "Africa's External Debt Situation", *The Journal of Modern African Studies*, Vol. 17, No. 01, March 1979, p. 26.

Dulles, Foster Rhea & Gerald E. Ridinger, "The Anti-Colonial Policies of Franklin D. Roosevelt", *Political Science Quarterly*, Vol. 70, No. 1, March 1955, pp, 1-18.

Dunn, Kevin, "Imagining Mobutu's Zaïre: The Production and Consumption of Identityin International Relations", Millennium: Journal of International Studies, Vol. 30, No. 2,2001, pp. 235-258.

Englebert, Pierre, "The contemporary African state: neither African nor state", *Third World Quarterly*, Vol. 18, No 4, 1997, pp 767-775.

Englebert, Pierre, "Pre-Colonial Institutions, Post-Colonial States, and Economic Development in Tropical Africa", *Political Research Quarterly*, Vol. 53, No. 1, 2000, pp. 7-36.

Eno, A. Mohamed & Omar A. Eno, "US-China competition for African resources: Looming Proxy wars amid possible alternatives", *Asian Journal of Social Sciences, Arts and Humanities*, Vol. 2, NO. 1, 2014, pp. 20-35.

Frynas, Jedrzej George, "Social and environmental litigation against transnational firms in Africa", *The Journal of Modern African Studies*, Vol. 42, No. 3, Sept. 2004, pp. 363-388.

García, Antonio J., "Jazz Education in New Orleans, Post-Katrina", *Jazz

Education Journal, Vol. 39, No. 3, December 2006.

Gardinier, David, "France and Gabon since 1993: The Reshaping of a Neo-Colonial Relationship", Journal of Contemporary African Studies, Vol. 18, No. 2, 2000, pp. 225-242.

Gibson, Kate, "The Arrest of ICTR Defense Counsel Peter Erlinder in Rwanda", American Society of International Law, Vol. 14, No. 26. 2010.

Harris, Jerry, "US Imperialism and Globalization After Iraq", Race & Class, 2008, Vol. 50, No. 1, pp. 37-58.

Halupka, Max & Cassandra Star, "Maintaining Sovereignty in Africa: The Role of External Forces in Warlord States", The Australasian Review of African Studies (ARAS), Vol. 33 No. 2 December 2012, pp. 73-95.

Helmreich, Jonathan, "The negotiation of the Belgian Uranium Export Tax of 1951", Revue belge de philologie et d'histoire, Vol. 68, No. 2, pp. 320-351.

Höglund, Johan, "Taking up the White Man's Burden? American Empire and the Question of History", European Journal of American Studies, 2007, Vol. 2, pp. 2-15.

Huening, Lars, "Explaining the Congo wars", African Historical Review, Volume 41, Issue 2, 2009, pp. 129-150.

Huntington, Samuel, "Lonely superpower", Foreign Affairs, March/April 1999, No. 78, pp. 35-49.

Idahota, Ebohon, Sylvanus, "State and Rentier Capitalism in Nigeria: The Political Economy of Hydrocarbon Nationalism and Dependence Reproduction", Journal of Third World Studies, Vol. 30, No. 1, Spring 2013, pp. 209-236.

Igué, O. John, "A New Generation of Leaders in Africa: What Issues Do They Face?" International Development Policy, Issue 1, 2010, pp. 115-133.

Ibhawoh Bonny and J. I. Dibua, "Deconstructing Ujamaa: The Legacy of Julius Nyerere in the Quest for Social and Economic Development in Africa", African Journal of Political Science, Vol. 8, No. 1, 2003, pp. 59-83.

Irogbe, Kema, "Transformation in South Africa: A Study of Education and Land", International Third World Studies Journal and Review, Vol. 16, 2003, pp. 11-28.

Jesman, Czeslaw, "Background to Events in the Congo", African Affairs, Vol. 58, 2 March 1961, p. 388.

Joyner, C. Christopher, "The Responsibility to Protect: Humanitarian Concern and the Lawfulness of Armed Intervention", Virginia Journal of International Law, Vol. 47. No. 4, 2007, pp. 693-697.

Kabwit, Ghislain, "Zaïre: The Roots of the Continuing Crisis", Journal of Modern African Studies, Vol. 17, No. 3, 1979, p. 387.

Kanu, Yatta, "Tradition and Educational Reconstruction in Africa in Postcolonial and Global Times: The Case for Sierra Leone", African Studies Quaterly, Volume 10,

No. 3, Spring 2007, pp. 66 - 84.

Kirkpatrick, Colin & Frederick Nixon, "Transnational Corporations and Economic Development", *The Journal of Modern African Studies*, Vol. 19, N0. 3, 1981, pp. 367 - 399.

Kors, Joshua, "Blood Mineral", *Current Science*, Vol. 9, No. 95, 2010, pp. 10 - 12.

Krugman, Paul, "Can America Stay on Top?" *Journal of Economic Perspectives*, Volume 14, N0. 1, Winter 2000, pp. 169 - 175.

LeBillon, Philippe, "Geographies of War: Perspectives on 'Resource Wars'", *Geography Compass*, Vol. 1, No2, March 2007, pp. 163 - 164.

Legum, Colin, "The Coming of Africa's Second Independence", *The Washington Quarterly*, Volume 13, No. 1, 1990, pp. 129 - 140.

Leman, Peter, "China-Africa Relations, Political Conditions, and Ngugi WaThiong'o's Wizard of the Crow", *ARIEL: A Review of International English Literature*, Vol. 45, No. 1 - 2, January-April 2014, p. 131.

Lemarchand, René, "Pattern of state collapse and reconstruction in Central Africa: Reflections on the Crisis in the Great Lakes region", *Africa Spectrum*, 1997, Vol. 32, N0. 2, pp. 173 - 193.

Lemarchand, Réné, "The Tunnel at the End of the Light", *Review of African Political Economy*, Vol. 93, No. 94, 2002, pp. 79 - 388.

Leys, Colin, "Confronting the African Tragedy", *New Left Review*, Vol. 1, No, 204, March-April 1994, pp. 33 - 47.

Li, Anshan, "African Diaspora in China: Reality, Research and Reflection", The Journal of Pan African Studies, Vol. 7, No. 10, May 2015, pp. 10 - 43.

Li, Anshan, "Transformation of China's Policy towards Africa", Paper Presented at and International Conference themed " China-African Links", organized by Hong Kong University of Science and Technology, Centre on China's Transnational Relations, Working Paper No. 20, November 2006.

Li, Anshan, " African Studies in China in the Twentieth Century: A Historiographical Survey", *African Studies Review*, April 2005, Vol. 48, No. 1, pp. 59 - 87.

Li, Anshan, Liu Haifang, Pan Huaqiong, Zeng Aiping & He Wenping, "FOCAC Twelve Years Later: Achievement, Challenges and the Way Forward", Discussion Paper No. 74, published by Peking University School of International Studies in Cooperation with NordikaAfrikaInstitutet, Uppsala, 2012.

Lokongo, Antoine Roger, "The distorted democracy in Africa: Examining the cases of South Africa, Libya and Ivory Coast", *International Critical Thought*, Vol. 2, No. 2, June 2012.

Mbata, Mangu André, "Democracy and State's compliance with regional and sub-regional election benchmarks in Africa: The 28 November 2011 elections in the Democratic Republic of Congo in retrospect", *Journal of African Elections*, June 20, 2013, Vol. 12, No. 1, pp. 1 - 34.

Makungu, Nuah, "Is the Democratic Republic of Congo being Globalized by China? The Case of Small Commerce at Kinshasa Central Market", *Quarterly Journal of Chinese Studies*, Vol. 2, N0. 1, 2012, pp. 81 - 101.

Makwerere David & Ronald Chipaike, "China and the United States of America: A New Scramble or a New Cold War?" *International Journal of Humanities and Social Science*, Vol. 2, No. 17; September 2012.

Martin, Brian, "Managing outrage over genocide: case study Rwanda", *Peace & Security*, Vol. 21, No. 3, October 2009, pp. 275 - 290.

Mathews Sally & Solomon Hussein, "The Challenges of State Collapse in Africa: The Case of the Democratic Republic of Congo", *Africa Insight*, Vol. 31, No. 3, 2001, pp. 24 - 31.

Mawdsley, Emma, "Fu Manchu versus Dr Livingstone in the Dark Continent? Representing China, Africa and the West in British broadsheet newspapers", *Political Geography*, Volume 27, Issue 5, June 2008, pp. 509 - 529.

Mazrui, Ali, "Who killed Democracy in Africa? Clues of the Past, Concerns of the Future." In *Development Policy Management Network Bulletin*, Vol. 9, N0. 1, 2002, pp. 15 - 23.

Mbembe, Achille, "Provisional Notes on the Postcolony", *Africa*, Vol. 62, No. 1, 1992, pp. 3 - 37.

Meyer, E. Lysle, "Henry Stanford and the Congo: A reassessment", *African Historical Studies*, 1971, Vol. 4, No. 1, pp. 19 - 39.

Mohan, Jitendra, "Varieties of African Socialism." *The Socialist Register*, Vol. 3, 1996, pp. 220 - 66.

Murapa, Rukudzo, "The Political Economy of the United States Policy in Southern Africa", *Review of Black Political Economy (RBPE)*, Vol. 7, No. 3, Spring 1977.

Ndikumana, Leonce & James K. Boyce, "Congo's Odious Debt: External Borrowing and Capital Flight in Zaire", *Development and Change*, Vol. 29, Issue N0. 2, December 16, 2002, pp. 195 - 217.

Nest, Michael, "Ambitions, Profits and Loss: Zimbabwean Economic Involvement in the Democratic Republic of Congo", *African Affairs*, July 2001, Vol. 100, N0. 400, pp. 469 - 490.

Nicol, Davidson, "Africa and the U. S. A. in the United Nations", *The Journal of Modern African Studies*, Vol. 16, No. 3, 1978, p. 372.

Njoh, J. Ambe, "The impact of colonial heritage on development in Sub-Sharan

Africa", *Social Indicators Research*, Vol. 52 , No. 2, 2000, pp. 161 - 178.

Nunn, Nathan, "The Long-term effects of Africa's slave trades", *The Quarterly Journal of Economics*, February 2008, p. 141.

Nzongola-Ntalaja, Georges, "The International Dimensions of the Congo Crisis", *Global Dialogue*, Volume 6, No. 3 - 4, Summer/Autumn 2004, pp. 116 - 126.

Nzongola-Ntalaja, Georges, "The Role of Intellectuals in the Struggle for Democracy, Peace and Reconstruction in Africa: Presidential Address delivered at the 11th Biennial Congress of the African Association of Political Science (A APS) in Durban, South Africa, June 23 - 26, 1997", *African Journal of Political Science*, 1997, Vol. 2 No. 2, 1 - 14.

Ohaegbulam, F. Ugboaja, "Free at Last? U. S. Policy Toward Africa and the End of the Cold War by Michael Clough New York, Council on Foreign Relations Press, 1992", *The Journal of Modern African Studies*, Volume 33, No. 01, March 1995, pp 160 - 163.

Olaosebikan, Aremu Johnson, "Kwame Nkrumah and the proposed African common government", *African Journal of Political Science and International Relations*, April 2011, Vol. 5, N0. 4, pp. 218 - 228.

Ollawa, Patrick, "On a Dynamic Model for Rural Development in Africa", *The Journal of African Studies*, Vol. 15, No. 3, September 1977, pp. 401 - 402.

Oloka-Onyango, Joseph, " 'New-Breed Leadership', Conflict and Reconstruction in the Great lakes Region of Africa: A socio-political Biography of Uganda's Yoweri Kaguta Museveni", *Africa Today*, Vol. 50, No. 3, Spring 2004, pp. 29 - 52.

Peermans, J. Ph, "The Social and Economic Development of Zaïre since Independence: an historical outline", *African Affairs*, Vol. 74, No. 295, April 1975, p. 163.

Peri, Pamir, "Nationalism, ethnicity and democracy: Contemporary manifestations", *The International Journal of Peace Studies*, July 1997, Vol. 2, No. 2, pp. 1 - 12。

Prunier, Gérard, "Rebel Movements and Proxy Warfare: Uganda, Sudan and the Congo", *African Affairs*, Vol. 103, No. 412, 2004, pp. 359 - 383.

Rathbone, Richard , "World War I and Africa: Introduction", *The Journal of African History*, Vol. 19, No. 1, 1978, pp. 1 - 9.

Ray, Ellen, "U. S. Military and Corporate Recolonization of the Congo", *Covert Action Quarterly*, No. 69, Spring-Summer 2000.

Reid, B. Timothy, "Congolese Elections 2011: Mostly a Problem of Global Governance and Negative 'Soft Power', not Resources", *Journal of African Elections*, June 20, 2013, Vol. 12, No. 1, pp. 34 - 65.

Reno, William, "African Conflicts, Colonialism and Contemporary intervention", *Africa Quarterly*, *Indian Journal of African Affairs*, Vol. 43, No. 4. 2003, pp. 25 - 36.

Reyntjens, Filip, "The Privatisation and Criminalisation of Public Space in the Geopolitics of the Great Lakes Region", *The Journal of Modern African Studies*, Vol. 43, No. 4, 2005, 587 - 607.

Reyntjens, Filip, "Rwanda, Ten Years On: From Genocide to Dictatorship", *African Affairs*, Vol. 103, No. 411, 2004, pp. 177 - 210.

Reyntjens, Filip, "Briefing: The DemocraticRepublic of Congo, from Kabila to Kabila", *African Affairs*, 2001, Vol. 100, No. 399, 2001, pp. 311 - 317.

Reyntjens, Filip, "Briefing: The Second Congo War: More than a Remake", *African Affairs*, Vol. 98, No. 391, 1999, pp. 241 - 250.

Russell, Shawn, "Mao Zedong's On Guerrilla Warfare and Joseph Kabila's Lost Opportunity", *Small Wars Journal*, July 10, 2012.

Saadatmand, Yassaman, "Neo-Liberal Policy and Foreign Direct Investment in Africa", *International Journal of Business and Social Science*, September 2012, Vol. 3, No. 17, pp. 1 - 8.

Samset, Ingrid, "Conflict of Interests or Interests in Conflict? Diamonds and War in the DRC", *Review of African Political Economy*, 2002, Vol. 9, No. 3, pp. 463 - 480.

Shirambere, Tunamsifu Philippe, "Illegal Trafficking of natural resources by the UN peacekeepers in the Eastern Part of the DR Congo", *The A38 Journal of International Law*, Volume 1, No. 2, Oct 2012, pp. 1 - 20.

Shaw, M. Timothy & Malcolm J. Grieve, "The Political Economy of Resources: Africa's Future in the Global Environment", *The Journal of Modern African Studies*, Vol. 16, No. 1, 1978, pp. 1 - 32.

Shivji, Issa, "The State in the Dominated Social Formation of Africa: Some Theoretical Issues", *International Social Science Journal*, Vol. 32, N0. 4, 1980, pp. 730 - 742.

Sklar, L. Richard, "The Nature of Class Domination in Africa", *The Journal of Modern African Studies*, Vol. 17, No. 04, 1979, p. 531.

Stanton, H. Gregory, "The Rwandan Genocide: Why Early Warning Failed", *Journal of African Conflicts and Peace Studies*, Vol. 1. No. 2, 2009, pp. 5 - 25.

Strizek, Helmutz, "Central Africa-15 years after the Cold War: The International involvement", *Internationales Afrikaforum*, Vol. 40, No. 3, September 2004, pp. 273 - 288.

Taylor, Ian, "China's foreign policy toward Africa in the 1990s", *The Journal of Modern African Studies*, Vol. 36, No. 3, 1998, pp. 443 - 460.

Themnér, Lotta & Peter Wallensteen, "Armed conflict, 1946 - 2010", *Journal of Peace Research*, Vol. 48, No. 4, Jul 28, 2011, pp. 525 - 536.

Timamy, Khalil, "African Leaders and Corruption", *Review of African Political*

Economy, Vol. 32, No. 104, 2005, p. 385.

Ugarriza, E. Juan, "Ideologies and conflict in the post - Cold War", *International Journal of Conflict Management*, Vol. 20, No. 1, pp. 82 - 104.

Van De Walle, Nicolas, "U. S. policy towards Africa: The Bush Legacy and the Obama Administration", *African Affairs*, Vol. 109, No. 434, pp. 1 - 21.

Van Rensburg, W. C. J., "Global competition for strategic mineral supplies", *Resources Policy*, Volume 7, Issue 1, March 1981, Pages 4 - 13.

Vansina, Jan, "Recording the Oral History of the Bakuba II", *Journal of African History*, Vol. 1, No. 2, 1960.

Vlassenroot, Koen & Timothy Raeymaekers, "Kivu's Intractable Security Conundrum", *African Affairs*, Volume 108, No. 432, pp. 475 - 484.

Von Soest, Christian, "How does neopatrimonialism affect the African state's revenues? The case of tax collection in Zambia", *Journal of Modern African Studies*, Vol. 45, No. 4, Dec. 2007., pp. 621 - 645.

Wax, D. Darold, "Preferences for Slaves in Colonial America", *Journal of Negro History*, Vol. 58, October 1973, pp. 371 - 401.

Weiss, F. Herbert, "Reconstructing the Congo", *Journal of International Affairs*, Fall 2004, Vol. 58, No. 1, pp. p. 115 - 142.

Weissman, R. Stephen, "An Extraordinary Rendition", *Intelligence and National Security*, Vol. 25, No. 2, April 2010, pp. 198 - 222.

Wenar, Leif, "Fighting the Resource Curse", *Global Policy*, Volume 4, Issue 3, September 2013, pp. 298 - 304.

Wertheim, Stephen, "A solution from hell: the United States and the rise of humanitarian interventionism, 1991 - 2003", *Journal of Genocide Research*, December 2010, Vol. 12, No. 2 - 3, pp. 149 - 172.

Woodside, Claire, "West Africa: America's foreign policy post 9/11 and the 'resource curse', a head on collision", *Journal of Military and Strategic Studies*, Vol. 9. N0. 4, Summer 2007.

Yi-Chong, Xi, "China and the United States in Africa: Coming conflict or commercial coexistence?" *Australian Journal of International Affairs*, March 2008, Vol. 62, No. 1, pp. 16 - 37.

Young, Crawford, "The end of the post-colonial state in Africa? Reflections on changing African political dynamics", *African Affairs*, Vol. 103, No. 410, 2004, pp. 23 - 49.

Young, Crawford. *The African Colonial State in Comparative Perspective*, New Haven: Yale Univ. Press, 1994.

Young, Crawford and Turner Thomas. *The Rise and Decline of the Zairian State*. Madison, Wisconsin, and London: University of Wisconsin Press, 1985, p. 42.

Zacher, W. Mark, "The Territorial Integrity Norm: International Boundaries and the Use of Force", *International Organization*, March 2001, Vol. 55, No. 2, pp. 215-250.

Zagorin, Adam, "Leaving fire in his wake", *Time*, February 1993, Vol. 141, Issue 8, p, 54.

Zhang Weiwei, "The China Model: A Dialogue between Francis Fukuyama and Zhang Weiwei", *Non-Profit Quaterly* (NPQ), Vol. 28. No. 4, Fall 2011, pp. 1-22.

（五）英文专题报告

Africa Faith and Justice Network Report, "Evaluating Peace and Stability in the RDC and US Policy in the Great Lakes Region", November 2009, http://www.afjn.org/focus-campaigns/promote-peace-d-r-congo/30-commentary.html? start=36. 登录时间 2013 年 12 月 13 日。

Akore, V. E. A., "Insurrections, Rebellions and Revolutions as Factors in the Under Development and Instability of the African Nations", Centre for Issues on Development in Africa (Cenda) Report, 2008.

Bechtel's "Democratic Republic of Congo: An Approach to National Development", a draft document of Bechtel's Congo reconstruction plan presented to the Congolese Government on November 1997, p. 2. 笔者拥有实际的文档。

Blanton, Tom, Emily Willard, "Rwanda Pullout Driven by Clinton White House, U. N. Equivocation", *National Security Archive*, April 16, 2014, http://nsarchive.gwu.edu/NSAEBB/NSAEBB511/. 登录时间 2015 年 4 月 23 日。

Blair, Tony. Speech to Class Day 2008, Yale University, *New Haven*, 25 May 2008.

Bond, Patrick, "The BRICS Bank and Shifts in Multilateral Finance: A view from South Africa", Paper presented at the SouthGovNet conference panel: Institutions of South-South Cooperation, Fudan University Institute of International Relations, Shanghai, China, 12 September 2013.

Buelens, Frans & Stefaan Marysse, "Returns on the investments during the colonial era: the case of Congo", Butts, H. Kent. Presentation at the "Rare Earth Conference", organized by the Center for Strategic Leadership, U. S. Army War College, November 2, 2011, http://www.ncpa.org/pdfs/rare_earths_conference/Panel-2-Speaker-2-BUTTS.pdf. 登录时间 2014 年 12 月 3 日。

Carter Center: DRC Presidential Election Results Lack Credibility, Press Release, December 10, 2011, http://www.cartercenter.org/news/pr/drc-121011.html. 登录时间 2014 年 12 月 14 日。

CIA, "Special Report: Mobutu and the Congo, 23 June 1967", quoted in Sean Kelly, *America's Tyrant: The CIA and Mobutu of Zaïre*, Washington, DC: American University Press, 1993, p. 193.

Cobalt: Policy Options for a Strategic Mineral, Congressional Budget Office, Special Study, September 1982, pp. ix-xii.

Curtis, Devon, "Hope in the Heart of Africa? Chinese Engagement with the DRC", Draft Paper presented at the *School of Oriental and African Studies* (SOAS) lecture, organized by the Royal African Society on 06 May 2008.

DFDI, "Elections in the Democratic Republic of Congo in 2006", https://www.gov.uk/government/uploads/system/uploads/attachment_data/file/67652/elections-cd-2006.pdf. 登录时间 2013 年 11 月 26 日。

De Koning, Ruben & the Enough Team, "Striking Gold: How M23 and its Allies are Infiltrating Congo's Gold Trade," *Enough Project Report*, October 9, 2013, http://www.enoughproject.org/reports/striking-gold-how-m23-and-its-allies-are-infiltrating-congos-gold-trade. 登录时间 2014 年 4 月 11 日。

Discussion Paper, Institute of Development Policy and Management, University of Antwerp, July 2006, p. 10.

Du Bois, D. Victor, "Zaïre Under President Sese Seko Mobutu", part I, *The Return to Authenticity*, American University Field Staff Report, Central and Southern Africa Series, No. 17, 1973, p. 13.

Economic Report on Africa 2012: Unleashing Africa's Potential as a Pole of Global Growth, UNECA, 2012.

Economic Commission for Africa (ECA). Relevance of African Traditional Institutions of Governance. Addis Ababa: ECA Publications and Conference Management Section. 2007.

Elfrink, Tim, "Jeb Bush Nigerian Bribery Scandal Is Back in Court", *New Times*, July 12, 2013, May 9, 2015, http://www.ocnus.net/artman2/publish/Dark_Side_4/Jeb%20Bush%20Nigerian%20Bribery%20Scandal%20Is%20Back%20in%20Court.shtml. 登录时间 2015 年 5 月 9 日。

Englebert, Pierre, "Why Congo Persists: Sovereignty, Globalization and the Violent Reproduction of a Weak State", Paper written for the Queen Elizabeth House Carnegie Project on "Global Cultural and Economic Dimensions of Self-Determination in Developing Countries", Queen Elisabeth House Working Paper Series No. 95, Oxford, 2003.

Farrell Roberts, Janine: Prepared Statement at the Special U. S. Congressional Hearing on Africa, Rayburn House Office Building, Washington, D. C., April 6, 2001.

Fifth BRICS Summit Declaration and Action Plan, Durban, South Africa, 26 – 27 March 2013. Papers of the Fifth BRICS Academic Forum published by the South African Government's Department of International Relations and Cooperation (Dirco), Under the title: "BRICS and Africa: Partnership for Development, Integration and Industrialization", 18 June 2014.

Fontan, Victoria, "Welcome to the Hotel Uvira: Such a Lovely Place …",

University for Peace: *Peace and Conflict Monitor*, August 23, 2012, http://www. monitor. upeace. org/innerpg. cfm? id_article=930. 登录时间 2015 年 1 月 14 日。

Foster, Vivien, William Butterfield, Chuan Chen & Nataliya Pushak, "Building Bridges: China's Growing Role as Infrastructure Financier for Sub-Saharan Africa", Trends and Policy Option Report No5. The International Bank for Reconstruction and Development / The World Bank, 2009.

Global Dialogue (IGD), Occasional Paper, 2003, No. 37, pp. 40 – 66.

Global Witness, *"Resource plunder still driving eastern Congo conflict"*, November 1, 2008, http://www. globalwitness. org/library/resource-plunder-still-driving-eastern-congo-conflict. 登录时间 2014 年 9 月 25 日。

Global Witness, "Digging in corruption: Fraud, abuse and exploitation in Katanga's copper and cobalt mines", *africafederation. net*, 2006, http://www. africafederation. net/07digging. pdf. 登录时间 2014 年 10 月 3 日。

Global Witness and Amnesty International, "Digging for transparency: How USA companies are only scratching the surface of conflict minerals reporting", Report, April 2015, https://www. globalwitness. org/campaigns/democratic-republic-congo/digging-transparency/. 登录时间 2015 年 4 月 25 日。

Haughton, Jonathan, "The Reconstruction of a War-Torn Economy: The Next Steps in the Democratic Republic of Congo", *Consulting Assistance on Economic Reform II*, Discussion Paper No. 24, August 1998.

Hartung. D. William & Bridget Moix, "Report: U. S. Arms To Africa And The Congo War- World Policy Institute-Research Project", *World Policy Journal-World Policy Institute*, January 2000.

Hearing Before the Subcommittee on International Operations and Human Rights of the Committee on International Relations House of Representatives. One Hundred Seventh Congress, First Session, "Suffering and Despair: Humanitarian Crsis in the Congo", May 17, 2001.

Hongwei, Zhang, "President Xi Jinping Talks About China-Africa Relations And China's Policy Towards Africa", *The Chinese People's Institute of Foreign Affairs (CPIFA) Magazine*, Issue No. 108, Summer 2013.

Howe, Herbert, Presentation at the Global Coalition on Africa Seminar on Privatization of Security in Africa, Washington, DC, March 12, 1999.

Human Rights Watch Report. "Somalia: Sexual Abuse by African Union Soldiers", September 8, 2014, http://www. hrw. org/news/2014/09/08/somalia-sexual-abuse-african-union-soldiers. 登录时间 2014 年 9 月 8 日。

Human Rights Watch, "DR Congo: War Crimes by M23, Congolese Army", 5 Feb 2013, http://hrw. org/news/2013/02/05/dr-congo-war-crimes-m23-congolese-army. 登录时间 2014 年 1 月 4 日。

Reliefweb, "DR Congo News Brief/Report from Marek Enterprise", 23 Jun 1997, http://reliefweb.int/report/democratic-republic-congo/dr-congo-news-brief-23-jun-1997. 登录时间 2013 年 11 月 19 日。

IDA/IMF: DRC-Enhanced Heavily Indebted Poor Countries (HIPC) Initiative: Completion Point Document and Multilateral Debt Relief Initiative (MDRI), June 15, 2010.

"IMF and World Bank Support US $10 Billion in Debt Service Relief for the Democratic Republic of the Congo", International Monetary Fund, Press Release No. 03/127, July 28, 2003.

IMF: 2012 Report for Selected Countries and Subjects, http://www.imf.org/external/pubs/ft/weo/2014/02/weodata/weorept.aspx?sy=2012&ey=2019&scsm=1&ssd=1&sort=country&ds=.&br=1&pr1.x=62&pr1.y=11&c=924%2C111&s=PPPGDP&grp=0&a=#cs1. 登录时间 2015 年 4 月 7 日。

International Crisis Group, "Zimbabwe in crisis: Finding a way forward", Africa Report, July 13, 2001.

International Crisis Group, "How Kabila Lost His way: The Performance of Laurent-Désiré Kabila's Government", *Africa Report*, N°3, Brussels/Nairobi, 21 May 1999, http://www.crisisgroup.org/en/regions/africa/central-africa/dr-congo/003-how-kabila-lost-his-way-the-performan e-of-laurent-desire-kabilas-government.aspx. 登录时间 2013 年 12 月 15 日。

International Development Association/International Monetary Fund/Enhanced Heavily Indebted Poor Countries (HIPC) Initiative: Preliminary Document on the Democratic Republic of Congo. Prepared by the Staffs of the International Monetary Fund and the World Bank, May 24, 2002, https://www.imf.org/external/np/hipc/2002/cod/codpd.pdf. 登录时间 2014 年 9 月 27 日。

Institute of Security Studies (ISS), "International Research Symposium" Seminar Report, Addis Ababa, Ethiopia 22 May 22, 2012, http://www.issafrica.org/eventitem.php?EID=825. 登录时间 2015 年 1 月 8 日。

International Peace Information Service (IPIS) Research/Réseau Européen pour l'Afrique Centrale(Eurac), "Mapping Conflict Motives: M23", November 2012, http://www.ipisresearch.be/publications_detail.php?id=390&lang=en. 登录时间 2014 年 12 月 14 日。

Jansson, Johanna, "CSR practice in the DRC's mining sector by Chinese firms", Africa Institute of South Africa, Policy Brief, Briefing No. 9, February 2010. https://www.eisf.eu/wp-content/uploads/2014/09/0273-Jansson-2010-CSR-Practice-in-the-DRCs-mining-sector-by-Chinese-firms.pdf. 登录时间 2015 年 2 月 15 日。

Joint Statement on Comprehensively Deepening China-AU Friendly Cooperation (Visit of H. E. Mr. Li Keqiang Premier of the State Council of the People's Republic of

China to the African Union Commission), Addis Ababa, Ethiopia, 5 May 2014.

Kintu, Remigius, "The Truth Behind the Rwandan Tragwedy: Document was prepared upon request and presented to the U. N. Tribunal on Rwanda, Arusha, Tanzania, March 20, 2005", *UgNet*, April 4, 2005, https://www.mail-archive.com/ugandanet@kym.net/msg18926.html. 登录时间 2015 年 3 月 20 日。

Kintu, Remigius, "Terror incognito: the U. S. conspiracy behind Museveni's wars", Paper presented at The Baltimore Maryland Peace & Justice Annual Conference, April 19, 1997.

Lawrence, Kendall, "The World's Ten Most Fragile States in 2014", The Fund for Peace Fragile States Index 2014, published in June 24, 2014.

Letter dated 12 December 2013 from the Group of Experts on the Democratic Republic of the Congo addressed to the Chair of the Security Council Committee established pursuant to resolution 1533 (2004) concerning the Democratic Republic of the Congo The members of the Group of Experts on the Democratic Republic of the Congo had the honour to transmit the final report of the Group S/2013/433, prepared in pursuance of paragraph 5 of Security Council resolution 2078 (2012), http://www.securitycouncilreport.org/atf/cf/%7B65BFCF9B-6D27-4E9C-8CD3-CF6E4FF96FF9%7D/s_2013_43.pdf. 登录时间 2014 年 1 月 5 日。

Letter dated 29 November 2011 from the Chair of the Security Council Committee established pursuant toresolution 1533 (2004) concerning the Democratic Republic of the Congo addressed to the President of the Security Council, December 2, 2011, http://www.un.org/ga/search/view_doc.asp?symbol=S/2011/738. 登录时间 2013 年 12 月 25 日。

Letter dated 14 May 2009 from the Chairman of the Security Council Committee established pursuant to resolution 1533 (2004) concerning the Democratic Republic of the Congo addressed to the President of the Security Council, http://www.poa-iss.org/CASAUpload/ELibrary/S-2009-253.pdf. 登录时间 2013 年 12 月 13 日。

Madsen, Wayne, "Suffering and despair: Humanitarian crisis in the Congo", Hearings before the Sub-Committee on International Operations and Human Rights of the Committee on International Relations House of Representatives, 100th Seventh Congress, First Session, May 17, 2001, http://global research.ca/articles/MAD111A.html. 登录时间 2013 年 12 月 24 日。

Mahadevan, Prem, *Strategic Trends 2012: Key Developments in Global Affairs*, Zurich: Center for Security Studies (CSS), ETH Zürich, 2014, pp. 49-64.

Mahadevan, Prem, "China's uncertain peaceful rise", in: Möckli, Daniel (ed.) *Strategic Trends 2012: Key Developments in Global Affairs*, Zurich: Center for Security Studies (CSS), ETH Zurich, 2012.

Meditz, W. Sandra & Tim Merrill (eds.). *Zaire: A Country Study*. Fourth

Edition. Washington: Federal Research Division, Library of Congress. 1994.

Meyer, Riaan & Chris Alden, "Banking on Africa: Chinese financial institutions and Africa", SAIIA Occasional Paper, No 14, October 2008.

Michel, Louis, "*Africa-Europe: The Indispensable Alliance*", European Commission Paper, Brussels, 1 December 2007.

Ministry of Foreign Affairs of the People's Republic of China, *China's Africa Policy*, published in January 2006.

Montague, Dena and Frida Berrigan, "Dollars and Sense: The Business of War in the Democratic Republic of Congo: Who Benefits?" *World Policy Institute- Research Project*, July/August, 2001. http://www.world policy.org/projects/arms/news/dollarsandsense.html. 登录时间 2015 年 4 月 12 日。

Nabudere, Dani, "Africa's First World War: Mineral Wealth, Conflicts in the Great Lakes Region", Pretoria: *African Association of Political Science: Occasional Papers Series*; Vol. 8, N0.1, 2004.

Nabudere, Dani, "*Conflict Over Mineral Wealth: Understanding the Second Invasion of the DRC*", Institute for *Global Dialogue (IGD), Occasional Paper*, No. 37, 2003, pp. 40–66.

Ncube, Mthuli, Charles Leyeka Lufumpa & Steve Kayizzi-Mugerwa, "The Middle of the Pyramid: Dynamics of the Middle Class in Africa." Market Brief, African Development Bank, Tunis, April 20, 2011.

Nest, Michael, "The Evolution of a Fragmented Sate: The Case of the Democratic Republic of Congo", New York University: *International Centre for Advanced Studies*, Working Paper, 2002, p.5.

Nossal, Kim Richard, "Lonely Superpower or Unapologetic Hyper power? Analyzing American Power in the Post-Cold War Era", Paper for presentation at the biennial meetings of the South African Political Studies, Association Saldanha, Western Cape 29 June – 2 July 1999, http://post.queensu.ca/~nossalk/papers/hyper power.htm. 登录时间 2014 年 1 月 2 日。

Obama, Barack, "Presidential Town Hall Meeting Africa Questionnaire", The Leon H. Sullivan Foundation, Washington, DC, October 2007.

Ottaway, Marina. Testimony Prepared for the Hearings, "Conflicts in Central Africa", Subcommittee on Africa, US Senate, 8 June 1999, http://www.ephrem.org/dehai_archive/1999/m12962.html. 登录时间 2013 年 12 月 21 日。

Policy Remarks by Susan E. Rice, Assistant Secretary for African Affairs Testimony, Senate Foreign Relations Committee Subcommittee on African Affairs Washington, DC, June 8, 1999, http://1997–2001.state.gov/www/policy_remarks/1999/990608_rice_conflict.html. 登录时间 2014 年 3 月 27 日。

Putzel, James, Stefan Lindemann & Claire Schouten, "Drivers of Change in the

Democratic Republic of Congo: The Rise and Decline of the State and Challenges For Reconstruction-A Literature Review", Working Paper No. 26 (series 2), 2008, London, UK; Crisis States Research Centre, 56.

Remarks by Ambassador Samantha Power: "Reforming peacekeeping in a time of conflict", Remarks as delivered at AEI on November 7, 2014, http://www.aei.org/publication/remarks-ambassador-samantha-power-reforming-peacekeeping-time-conflict/print/. 登录时间 2015 年 1 月 14 日。

Report on "U. S. Military Programs in Sub-Saharan Africa, 2005 – 2007", by Daniel Volman,, Director of the African Security Research Project in Wahsington DC; based on Information from the U. S. State Department, Congressional Budget Justification for Foreign Operations, Fiscal Year 2007, and from various U. S. Defence Department web sites and newspapers articles, http://all africa.com/view/resource/main/main/id/00010822.html. 登录时间 2014 年 7 月 23 日。

Report of the Panel of Experts on the Illegal Exploitation of Natural Resources and Other Forms of Wealth of the Democratic Republic of the Congo, Letter dated 12 April 2001 from the Secretary-General to the President of the Security Council, http://www.un.org/news/dh/latest/drcongo.htm. 登录时间 2014 年 11 月 21 日。

Stockholm International Peace Research Institute (SIPRI) Report, "Recent trends in arms transfers: The United States leads upward trend in arms exports…", Stockholm and Beijing, March 16, 2015, http://www.sipri.org/research/armaments/transfers/measuring/recent-trends-in-arms-transfers. 登录时间 2015 年 3 月 22 日。

Szinesa, Gwinyayi & Joyce Laker (Rapporteurs), "Post-Conflict Reconstruction in the Democratic Republic of Congo", Policy Advisory Group Seminar Report, Vineyard Hotel, Cape Town, South Africa, 19 – 20 April 2010.

Taylor, Ian, "Unpacking China's Resource Diplomacy in Africa", Centre on China's Transnational Relations, The Hong Kong University of Science and Technology. Working Paper N0. 19. Corporate Sponsor 2005 – 2006: Mr Andre S. Chouraqui; DARTON Ltd-SMERWICK GROUP OF COMPANIES; 2006 – 2007: Ronnie C. Chan; Shui On Holdings Limited; East-West Strategic Development Commission.

The United States Government Accountability office (GAO), Report to Congress, "The Democratic Republic of Congo: Systematic Assessment is Needed to Determine Agencies' Progress toward U. S. Policy Objectives", December 2007.

The Library of Congress Country Studies and the CIA World Factbook, "Democratic Republic of the Congo: Relations with the Communist World", December 1993, http://www.photius.com/countries/congo_democratic_republic_of_the/government/congo_democratic_republic_of_the_government_relations_with_the_c~63.html. 登录时间 2015 年 1 月 12 日。

Third Ministerial Conference of the Forum On China-Africa Relations (November 3 –

5, 2006), Profile on each country participant, Democratic Republic of Congo, http://www.china.org.cn/english/features/focac/183553.htm. 登录时间 2015 年 1 月 12 日。

Transparency International: Corruption Perceptions Index 2012, http://www.transparency.org/cpi2012/results. http://hdr.undp.org/en/2013 - report. 登录时间 2014 年 10 月 5 日。

Toohey, A. John & Howard H. McWilliams, "Assessment of Potential Mineral Shortages: Chromium, Cobalt, and Platinum", Research study prepared at the Air Command and Staff College, Air University, Maxwell, Air Force Base, Alabama, May 1976, p. 79.

United Nations Development Programme: Human Development Report - 1998. Making new technologies work for human development UNDP, Oxford, 1999, pp. 1 - 6.

United Nations Development Program (UNDP), "The Rise of the South: Human Progress in a Diverse World", *Human Development Report* 2013, http://hdr.undp.org/en/2013 - report. http://hdr.undp.org/en/2013 - report. 登录时间 2014 年 10 月 5 日。

US Congress House Committee on Foreign Affairs Subcommittee on Africa, Global Health, Global Human Rights, and International OrganizationsSubcommittee: Hearing: Developments in Rwanda, Wednesday, May 20, 2015, http://foreignaffairs.house.gov/hearing/subcommittee-hearing-developments-rwanda. 登录时间 2015 年 5 月 27 日。

United States Census Bureau, Trade in Goods with Congo (Kinshasa), 1985 - 2015, https://www.census.gov/foreign-trade/balance/c7660.html. 登录时间 2015 年 1 月 11 日。

USA-DRC Trade Agreements, Resource Centre, Office of the United States Trade Representatives, Executive Office of the President. https://ustr.gov/countries-regions/africa/central-africa/democratic-republic-congo. 登录时间 2015 年 1 月 11 日。

UN Security Council: "Letter dated 12 November 2012 from the Chair of the Security Council Committee established pursuant to resolution 1533 (2004) concerning the Democratic Republic of the Congo addressed to the President of the Security Council", S/2012/843, 15 Nov 2012, http://www.un.org/ga/search/view_doc.asp symbol = S/2012/84. 登录时间 2014 年 1 月 4 日。

Presidential Proclamation published by the White House on 21 December 2010 removing the Democratic Republic of Congo's eligibility for AGOA preferences, http://agoa.info/images/documents/2639/2010 - 32610_PL.pdf. 登录时间 2015 年 1 月 11 日。

Security Council Meetings Coverage, "Security Council Fails to Adopt Draft Resolution on Syria That Would Have Threatened Sanctions, Due to Negative Votes of China, Russian Federation", United Nations Coverage and Press Releases, 19 July 2012, http://www.un.org/press/en/2012/sc10714.doc.htm. 登录时间 2015 年 4 月 4 日。

U. S. Government Accountability Office, 2012 Report, titled "Sub-Saharan Africa: Trends in U. S. and Chinese Economic Engagement", available online here: http://

www. gao. gov/assets/660/652041. pdf. 登录时间 2015 年 1 月 2 日。

US Department of State, "Transcripmat of Condoleeza Rice's address to the AGOA Forum", *agoa. info*, June 8, 2006, http://agoa. info/news/article/3816 - transcript-of-condoleezza-rice-address-to-the-agoa-forum. html. 登录时间 2013 年 9 月 11 日。

US Department of State Bulletin: Visit of Zaire's president-Mobutu Sese Seko and George Bush addresses, includes related information-transcript, Washington, U. S. Government Printing Office, 1989.

U. S. Deparetment of State: Office of the Historian. Foreign Relations of the United States, 1964 - 1968, Volume XXIII, Congo, 1960 - 1968, Document 579, Washington, September 27, 1968.

USAID, "Democracy and governance: A critical foundation for sustainable development", 2011, http://www. usaid. gov/locations/sub-saharan_africa/sectors/dg/index. html. 登录时间 2014 年 3 月 11 日。

U. S. Senate, 109th Congress, 2nd Session (January 3, 2006). "S. 2125, Democratic Republic of the Congo Relief, Security, and Democracy Promotion Act", http://thomas. loc. gov/cgi-bin/bdquery/z? d109:S2125. 登录时间 2013 年 11 月 22 日。

US Department of Defense, "Sustaining US Global Leadership: Priorities for the 21st Century", Report released in January 2012.

Zhang, Weiwei, "Meritocracy Versus Democracy", *Centre for Geopolitical Analysis*, September 11, 2012, http://icmu. nyc. gr/Meritocracy-Versus-Democracy. 登录时间 2015 年 5 月 42 日。

Wang, Alexander and Pei Zhao. A Fieldwork on China's Investment in Mineral Sector of Katanga Province, the DRC. Presentation at a seminar organised by the Center for China's Overseas Interests Studies, Shanghai International Studies University, 26 November 2011.

Wenbin, Huang & Andreas Wilkes, "Analysis of approvals for Chinese companies to invest in Africa's mining, agriculture and forestry sectors", Center for International Forestry Research (CIFOR), Working Paper 81, 2011, http://webdoc. sub. gwdg. de/ebook/serien/yo/CIFOR_WP/WP81. pdf. 登录时间 2015 年 1 月 11 日。

Wenping, He, "The United States-China's conflict of interests in Africa: points of convergence and cooperation", Remarks at the Center for Strategic and International Studies, Washington, DC, February 8, 2007.

Wenping, He, "China-Africa relations facing the 21st century", Bureau of International Cooperation, Hong Kong, Macao and Taiwan Academic Affairs Office, Chinese Academy of Social Sciences, May 27, 2003, http://bic. cass. cn/english/InfoShow/Arcitle_Show_Conference_Show. asp? ID=364&. 登录时间 2015 年 1 月 7 日。

（六）报纸和杂志文章

Akomofale, Femi, "China-Africa: Go East, My Son", *New African Magazine*,

November 2007, Issue 467, p. 9.

Akomolafe, Femi, "No one is Laughing at the Asians anymore", *New African*, No. 452, June 2006, pp. 48-49.

Anderson, Jack, "President of Zaire visits Washington with open arms", *The Evening News*, Jun 26, 1988.

Block, Robert, "U. S. Firms Seek Deals in Central Africa", *The Wall Street Journal*, October 14, 1997, p. A17.

Gordon, Nick, "Return to Hell", *Sunday Express*, April 21, 1996.

Jere-Malanda, Regina, "How China Is Speaking in Figures", *New African*, No. 471, March 2008.

Kiley, Sam, "Mining giants sign $3bn-a-year deals with Zairean rebels", *Times* [London, England], 22 Apr. 1997.

Lamb, Christina, "Alarm Over North Korea's Secret Deal For Congo Uranium", *Sunday Telegraph*, January 16, 2000.

McKinney, Cynthia, "Clinton is Assisting Uganda, Rwanda to Wreck Havoc in Congo", *The East African*, August 10, 2000.

Mutiga, Murithi, "The Ugly Side of Ronald Reagan", *The Standard*, 20 June 2004.

Noury, Valerie, "The Curse of Coltan", *New African*, April 2010, Issue 494, p. 35.

Revolutionary Worker, "Zaire: The Rise and Fall of Mobutu", April 20, 1997, Issue 903, p. 7.

（七）英文文献——线上材料

Abdullahi, Ahmednasir, "Africa has never been a priority for the United States", *Africa Review*, July 1, 2013, http://www. africareview. com/Opinion/Africa-has-never-been-a-priority-for-the-United-States/-/979188/1900582/-/dsfkl5z/-/index. html. 登录时间 2014 年 6 月 29 日。

Abdulai, Napoleon, "We're all social democrats now", *Pambazuka News*, Issue 603, October 24, 2012, http://www. pambazuka. org/en/category/books/84964. 登录时间 2013 年 11 月 19 日。

Abdul-Raheem, Tajudeen, "Zaire: Interview with Laurent Kabila", *Green Left*, April 30, 1997, https://www. greenleft. org. au/node/14913. 登录时间 2015 年 2 月 15 日。

Adusei, Lord Aikins, "Multinational corporations: The new colonisers in Africa", *Pambazuka News*, Issue 436, June 4, 2009, http://www. pambazuka. org/en/category/comment/56716. 登录时间 2013 年 11 月 21 日。

Adusei, Lord Aikins, "Corruption in Africa: Where Does the Buck Stop?" *Modern Ghana*, January 12, 2011, http://www. modernghana. com/news/311705/1/corruption-in-africa-where-does-the-buck-stop. html. 登录时间 2015 年 4 月 30 日。

Adusei, Lord Aikins, "Switzerland: A Parasite Feeding on Poor African and Third World Countries?", *Modern Ghana*, June 17, 2009, http://www.modernghana.com/news/222415/1/switzerland-a-parasite-feeding-on-poor-african-and.html. 登录时间 2015 年 5 月 7 日。

Africa Confidential, "Leaving the Quagmire", Vol. 43, No. 19, September 27, 2002 pp. 3 - 5, http://www.africa-confidential.com/article-preview/id/860/Leaving_the_quagmire. 登录时间 2015 年 3 月 21 日。

"Africa: Africom is Partnering to Prevent Conflict-Gen. Rodriguez", *Allafrica.com*, October 7, 2013, http://allafrica.com/stories/201310070001.html?viewall=1. 登录时间 2014 年 3 月 8 日。

Africa Investor, "An expanding footprint", Tuesday, 01 Jan 2008, http://www.africainvestor.com/article.asp?id=2440. 登录时间 2015 年 1 月 25 日。

Agencies, "Chinese become targets in DR Congo anti-government riots", *Sina English*, http://english.sina.com/world/2015/0125/776705.html. 登录时间 2015 年 2 月 16 日。

Agencies, "Fidel Castro: I do not trust US, but talks needed for peace", *Telegraph*, 27 January 27, 2015, http://www.telegraph.co.uk/news/worldnews/centralamericaandthecaribbean/cuba/11371163/Fidel-Castro-I-do-not-trust-US-but-talks-needed-for-peace.html. 登录时间 2015 年 2 月 25 日。

AFP, "DR Congo opens probe after NGO accuses UK firm of bribing army officer", *UK Finance.yahoo.com*, June 14, 2015, https://uk.finance.yahoo.com/news/dr-congo-opens-probe-ngo-022655956.html?pt=BureoF4GVB2012 - 08 - 05.html2012 - 08 - 07.html2012 - 08 - 02.html?vp1. 登录时间 2015 年 6 月 14 日。

Alemu, Dawit Teshome, "The Ideals of African Socialism and the Contemporary African Politics", *uPublis.info*, http://www.upublish.info/Article/The-Ideals-of-African-Socialism-and-the-Contemporary-African-Politics/825485. May 25, 2013. 登录时间 2015 年 5 月 12 日。

Allimadi, Milton, "U.S. Condemns M23 While New York Times Op-Ed Defends The Rwanda-backed Bandits", *Black Star News*, December 2, 2012, http://www.blackstarnews.com/others/extras/us-condemns-m23-while-new-york-times-op-ed-defends-the-rwandabacked-bandits.html. 登录时间 2014 年 4 月 9 日。

Ankomah, Baffour, "How America ran, and still runs, the Congo war: America's covert activities in the Great Lakes Region exposed!" *New African*, September 2001, http://www.africasia.com/archive/na/01_09/cover1.htm. 登录时间 2012 年 9 月 21 日。

Aris, Ben and Duncan Campbell, "How Bush's grandfather helped Hitler's rise to power", *The Guardian*, September 25, 2004, http://www.theguardian.com/world/2004/sep/25/usa.secondworldwar. 登录时间 2013 年 11 月 22 日。

Arieff Alexis & Thomas Coen, "Democratic Republic of Congo: Background and U.

S. Policy", *Congressional Research Service*, July 29, 2013, http://www. fas. org/sgp/crs/row/R43166. pdf. 登录时间 2013 年 11 月 26 日。

Astill, James, "Counting the dead: Rwanda and Uganda are occupying Congo for largely bogus reasons-yet Britain continues to back them", *The Guardian*, April 10, 2003, http://www. theguardian. com/politics/2003/apr/10/congo. foreignpolicy. 登录时间 2013 年 12 月 25 日。

Astill, James, "Rwandans wage a war of plunder", *The Guardian*, August 4, 2002, http://www. theguardian. com/world/2002/aug/04/congo. jamesastill. 登录时间 2014 年 11 月 26 日。

Azikiwe, Abayomi, "US using Ebola to advance imperialist agenda in Africa", *Press TV*, September 9, 2014, http://www. presstv. ir/detail/2014/09/09/378229/us-uses-ebola-to-advance-imperialist‐agenda/. 登录时间 2014 年 12 月 31 日。

Axel, Berger, Deborah Brautigam & Philipp Baumgartner, "Why are we so critical about China's engagement in Africa", *The Current Column*, August 15, 2011, http://www. die-gdi. de/uploads/media/Column_Berger. Brautigam. Baumgartner. 15. 08. 2011. pdf. 登录时间 2015 年 1 月 8 日。

Ayogu, Melvin & Zenia Lewis, "Conflict Minerals: An Assessment of the Dodd-Frank Act", *Brookings*, October 3, 2011, http://www. brookings. edu/research/opinions/2011/10/03-conflict-minerals-ayogu#. 登录时间 2013 年 12 月 25 日。

Azikiwe, Abayomi, "Mining and military interests underlie Congo war," *Workers World*, November 30, 2012, http://www. workers. org/articles/2012/11/30/mining-and-military-interests-underlie-congo-war/. 登录时间 2014 年 3 月 26 日。

Azikiwe, Abayomi, "Africa and U. S. Imperialism: Post-Colonial Crises and the Imperatives of the African Revolution", *Pan-African Newswire*, relayed by *Global Research*, May 19, 2013, http://www. globalresearch. ca/africa-and-u-s-imperialism-post-colonial-crises-and-the-imperatives-of-the-african-revolution/5335641. 登录时间 2015 年 1 月 18 日。

Bah, Mamadou, "DRC: Interview with Onno Rühl, World Bank Country Manager", *Reliefweb*, February 11, 2004, http://m. reliefweb. int/report/142224. 登录时间 2014 年 9 月 27 日。

BBC, "Sarkozy outlines Congo peace plan", *BBC News*, March 26, 2009, http://news. bbc. co. uk/2/hi/africa/7965089. stm. 登录时间 2014 年 10 月 2 日。

Bate, Peter, "Congo: White King, Red Rubber, Black Death", *BBC4-Storyville*, February 24, 2004, http://www. bbc. co. uk/bbcfour/documentaries/storyville/congo. shtml. 观看于 2013 年 9 月 11 日。

Barouski, David, "Blood Minerals in the Kivu Provinces", *Global Policy Forum*, June 1, 2007, http://www. globalpolicy. org/component/content/article/181/33658. html. 登录时间 2013 年 12 月 13 日。

Bavier, Joe, "Congo's New Mobutu", *Foreign Policy*, June 29, 2010, http://foreignpolicy. com/2010/06/29/congos-new-mobutu/. 登录时间 2015 年 1 月 13 日。

Barboza, Stephen, "Congo's $6bn China accord: deal of the century or Africa's 'Great Chinese Takeout'?" *TradeMark Southern Africa*, March 2, 2011, http://www. trademarksa. org/node/3894. 登录时间 2012 年 9 月 21 日。

BBC, "Zimbabwe names backers in Congo war", *BBC News*, World: Africa, January 7, 1999, http://news. bbc. co. uk/2/hi/africa/250394. stm. 登录时间 2014 年 2 月 28 日。

Bedder, Jack, "Cobalt production in the DRC, Major Changes, Minor Implications", *Roskill Information Services*, May 23, 2013, www. Roskill. com/consulting. 登录时间 2013 年 10 月 28 日。

Benac, Nancy, "Americans appear comfortable with political dynasties", *Associated Press*, December 25, 2014, http://news. yahoo. com/americans-appear-comfortable-political-dynasties-082113199—election. html. 登录时间 2015 年 1 月 13 日。

Bengali, Shashank, "U. S. military investing heavily in Africa", *Los Angeles Times*, October 20, 2013, http://www. latimes. com/world/la-fg-usmilitary-africa-20131020,0,4805969. story#axzz2iu4N8Iet. 登录时间 2013 年 10 月 25 日。

Berkeley, Bill, "Zaire: An African Horror Story", *The Atlantic Monthly*, August 1993, http://www. theatlantic. com/past/unbound/flashbks/rwanda/zaire. htm. 登录时间 2014 年 9 月 28 日。

Christopher Black and Alex Mezyaev, "Kagame's Mass Atrocities in Rwanda and the Congo", *Global Research*, November 04, 2014, http://www. globalresearch. ca/kagames-mass-atrocities-in-rwanda-and-the-congo/5346739? print=1. 登录时间 2015 年 4 月 23 日。

Black, Christopher, "Who was Behind the Rwandan Genocide? The Rwandan Patriotic Front's Bloody Record and the History of UN Cover-Ups", *Global Research*, September 14, 2010, http://www. globalresearch. ca/who-was-behind-the-rwandan-genocide-the-rwandan-patriotic-front-s-bloody-record-and-the-history-of-un-cover-ups/21030. 登录时间 2014 年 4 月 19 日。

Blair, Tony & Howard G. Buffet, "Stand with Rwanda: Now is no timeto cut aid to Kigali", *Foreign Policy*, February 22, 2013, http://www. foreign policy. com/articles/2013/02/21/_stand_with_rwanda_aid_un_report#sthash. ho9wPQ2x. dpbs. 登录时间 2013 年 12 月 25 日。

Blair, David, "DR Congo rebels recruited from Rwanda army", *The Telegraph*, November 20, 2008, http://www. telegraph. co. uk/news/worldnews/africaandindianocean/democraticrepublicofcongo/3488938/DR-Congo-rebels-recruited-from-Rwanda-army. html. 登录时间 2014 年 9 月 4 日。

David W. Blight, "The Civil War Isn't Over: 150 years after Robert E. Lee surrendered at Appomattox, Americans are still fighting over the great issues at the heart of the conflict", *The Atlantic*, Apr 8, 2015, http://www.theatlantic.com/politics/archive/2015/04/the-civil-war-isnt-over/389847/. 登录时间2015年4月23日。

Blinova, Ekaterina, "China's AIIB Boom: 'PaxSinica' Replaces 'PaxAmericana' - Wayne Madsen", *Sputnik International*, April 2, 2015, http://sputniknews.com/analysis/20150402/1020355290.html. 登录时间2015年4月4日。

Bodomo, Adams, "Trilateral cooperation or bilateral collusion?" *Pambazuka News*, Issue 473, March 11, 2010, http://www.pambazuka.net/en/category/africa_china/62925. 登录时间2015年1月9日。

Boddy-Evans, Alistair, "What Caused the Scramble for Africa? Why was Africa so rapidly colonized?" *About.com /African History Guide*, 2013, http://africanhistory.about.com/od/eracolonialism/a/ScrambleWhy.htm. 登录时间2013年9月11日。

Bonner, Raymond, "New Congo Leader Meets US Envoy on Refugee Issue", *The New York Times*, June 8, 1997, http://www.nytimes.com/1997/06/08/world/new-congo-leader-meets-us-envoy-on-refugee-issue.html. 登录时间2014年9月11日。

Bosuandole, Marthe, "Chinese become targets in DR Congo anti-government riots", *AFP/Daily Mail*, Jan 25, 2015, http://www.dailymail.co.uk/wires/afp/article-2925241/Chinese-targets-DR-Congo-anti-government-riots.html. 登录时间2015年1月24日。

Bowie, Nile, "USAFRICOM and the Militarization of the African Continent: Combating China's Economic Encroachment", *Global Research*, March 23, 2012, http://www.globalresearch.ca/usafricom-and-the-militarization-of-the-african-continent-combating-china-s-economic-encroachment/29919?print=1. 登录时间2013年10月27日。

Braeckman, Colette, "Congo: a war without victors", *Le Monde Diplomatique*, April 7, 2001, http://mondediplo.com/2001/04/07congo. 登录时间2013年11月26日。

Braeckman, Colette, "The Great Lakes Grand Alliance", *Le Journal des Alternatives*, 21 April 2009, http://journal.alternatives.ca/spip.php?article4708. 登录时间2013年12月15日。

Braeckman, Colette, "Carve-up in the Congo: Partition poses as protection", *Le Monde Diplomatique*, October 8, 1999, http://mondediplo.com/1999/10/08congo. 登录时间2014年11月11日。

Brath, Elombe & Samori Marksman, "Interview with Laurent Kabila, President of Congo", *WBAI Radio*, November, 1998, http://emperors-clothes.com/docs/kabint.htm. 登录时间2015年3月1日。

Braun, Aurel, "How Putin Bested Obama", *Commentary Magazine*, January 13, 2013, https://www.commentarymagazine.com/article/how-putin-bested-obama/. 登录时间2015年2月28日。

Brautigam, Deborah, "Chinese Investment in Africa", NYU Center for US-China Relations, January 8, 2013, http://uschinacenter. as. nyu. edu/docs/IO/27891/Brautigam_NYU_Chinese. pdf. 登录时间 2015 年 1 月 9 日。

Brown, Kyle, "Fracturing US foreign policy: America, China, and Africa in the new cold war", *Consultancy Africa Intelligence*, November 15, 2013, http://www. consultancyafrica. com/index. php? option＝com_content&view＝article&id＝1625: fracturing-us-foreign-policy-america-china-and-africa-in-the-new-cold-war&catid ＝ 58: asia-dimension-discussion- papers&Itemid＝264. 登录时间 2015 年 1 月 8 日。

Brunnstrom, David et al. , "U. S. urges allies to think twice before joining China-led bank", *Reuters*, Mar19, 2015, http://finance. yahoo. com/news/france-germany-italy-join-china‐002209014. html. 登录时间 2015 年 3 月 19 日。

Busselen, Tony, "The present situation in the Democratic Republic of Congo", *LalkarOnline*, March 2008, http://www. lalkar. org/issues/contents/mar2008/congo. php. 登录时间 2013 年 11 月 22 日。

Busselen, Tony, "Guest Post: Let's Argue About the China-Congo Contract", *Deborah Brautigam's Blog, China in Africa: The Real Story, Digging into the myths and realitie*, August 3, 2011, http://www. chinaafricarealstory. com/2011/08/guest-post-lets-argue-about-china-congo. html. 登录时间 2015 年 1 月 20 日。

Burgess, Stephen, "The Effect of China's Scramble for Resources and African Resource Nationalism on the Supply of Strategic Southern African Minerals: What Can the United States Do?" United States Air Academy/Institute for National Strategic Studies (INSS) Research Paper, 2010, http://www. usafa. edu/df/inss/Research％20Papers/2011/Burgess％202011％20China％20and％20South％20Africn％20Minerals. pdf. 登录时间 2015 年 1 月 11 日。

Burns, Robert, "Panetta: US at 'turning point,' to refocus on Asia", *Associated Press* (AP), October 24, 2011, http://news. yahoo. com/panetta-us-turning-point-refocus-asia‐213306305. html . 登录时间 2015 年 4 月 11 日。

Busch, K. Gary, "The Difficult Decisions for Joseph Kabila", *Ocnus. Net*, November 26, 2012, http://www. ocnus. net/artman2/publish/Editorial _ 10/The-Difficult-Decisions-for-Joseph-Kabila. shtml. 登录时间 2014 年 1 月 6 日。

Busch, K. Gary, "[Susan Rice] A Preventable Disaster", *Ocnus. Net*, September 11, 2012, http://www. ocnus. net/artman2/publish/Editorial _ 10/A-Preventable-Disaster_printer. shtml. 登录时间 2014 年 1 月 6 日。

Busch, K. Gary, "Consensual Rape in Francafrique Currency Markets", *ThinkAfricaPress*, November 25, 2011, http://thinkafricapress. com/economy/consensual-rape-francafrique-currency-markets . 登录时间 2014 年 5 月 26 日。

Busch, K. Gary, "The empire strikes back: France and the Ivory Coast", *Pambazuka News*, January 5, 2011, http://pambazuka. org/en/category/features/

69808. 登录时间 2014 年 5 月 26 日。

Byfield, Mike, "Why only the U. S. fought a war over slavery: Between hatred of the North and fear of black vengeance, the South resorted to arms", *The Chrstians. com, A Journal of Contemporary Christian History*, Jun 5, 2013, http://thechristians.com/? q=node/287. 登录时间 2013 年 9 月 12 日。

Café Pan-Afrika, "AFRICOM and the Recolonisation of Africa", *Modern Ghana*, October 25, 2012, http://www.modernghana.com/news/426168/1/africom-and-the-recolonisation-of-africa.html. 登录时间 2013 年 10 月 25 日。

Chasan, Emily, "Just Four Companies Had Conflict Mineral Reports Audited", *The Wall Street Journal/CFO Journal*, September 18, 2014, http://blogs.wsj.com/cfo/2014/09/18/just-four-companies-had-conflict-mineral-reports-audited/? mod=yahoo_hs. 登录时间 2014 年 9 月 19 日。

Chomsky, Noam, "'Losing' the world: American decline in perspective, part 1", *The Guardian*, (for TomDispatch, part of the Guardian Comment Network), February 15, 2012, http://www.theguardian.com/commentisfree/cifamerica/2012/feb/15/imperial-way-american-decline-noam-chomsky. 登录时间 2015 年 2 月 28 日。

Chomsky, Noam, "The imperial way: American decline in perspective, part 2", *The Guardian*, (for Tom Dispatch, part of the Guardian Comment Network), February 14, 2012, http://www.theguardian.com/commentisfree/cifamerica/2012/feb/15/imperial-way-american-decline-noam-chomky. 登录时间 2015 年 2 月 28 日。

Chossudovsky, Michel, "Twenty Years Ago, The US was Behind the Genocide: Rwanda, Installing a US Proxy State in Central Africa", *Global Research*, April 06, 2014, http://www.globalresearch.ca/twenty-years-ago-rwanda-installing-a-us-proxy-state-in-central-africa-the-us-was-behind-the-genocide/5376742. 登录时间 2014 年 4 月 10 日。

Chossudovsky, Michel, "Wiping Countries Off the Map: Who's Failing the 'Failed States'", *Global Research*, December 29, 2012, http://www.globalresearch.ca/destroying-countries-transforming-syria-into-a-failed-state/5317160? print=1. 登录时间 2013 年 12 月 30 日。

Campbell, Horace, "Beyond the fanning of US militarism in Africa", *Pambazuka News*, August 8, 2013, http://pambazuka.org/en/category/features/88560. 登录时间 2014 年 12 月 3 日。

Campbell, Horace, "Dismantle Africom", *Pambazuka News*, Issue 610, December 13, 2012, http://pambazuka.org/en/category/features/85780. 登录时间 2013 年 10 月 25 日。

Carrie, Giunta, "Blood Coltan: Remote-controlled Warfare and the Demand for Strategic Minerals", *Pambazuka* News, November 21, 2013, http://pambazuka.org/en/category/features/89735. 登录时间 2014 年 4 月 20 日。

Casòliva, Joan & Joan Carrero, "The African Great Lakes: ten years of suffering, destruction and death", *Cristianisme i Justícia*, January 2000, http://www.veritasrwandaforum.org/publicaciones/africa_llacs_en.pdf. 登录时间 2014 年 1 月 8 日.

Castro, Fidel, "It is time to know a little more about realities", *Digital Granma International*, July 23, 2014, http://www.granma.cu/idiomas/ingles/cuba-i/23jul-It%20is%20time.html. 登录时间 2013 年 9 月 14 日.

Castro, Fidel, "Bells are tolling for the dollar", *Marxistindia*, Ocober 10, 2009, http://cpim.org/pipermail/marxistindia_cpim.org/20091010/000275.html. 登录时间 2013 年 11 月 17 日.

China Daily staff reporter, "China overtakes USA as world's largest economy", *China Daily*, October 9, 2014, http://blog.chinadaily.com.cn/thread-1162608-1-1.html. 登录时间 2015 年 4 月 7 日.

Clark, Phil, "Why the Congo Experts Need More Scrutiny", *The Huffington Post Students*, January 2, 2013, http://www.huffingtonpost.co.uk/dr-phil-clark/congo-experts-need-more-scrutiny_b_2391470.htm. 登录时间 2014 年 1 月 4 日.

Hillary Clinton, "America's Pacific Century", Remarks made at East-West Center, Honolulu, Hawai, Nov. 10, 2011, http://www.state.gov/secretary/20092013clinton/rm/2011/11/176999.htm. 登录时间 2015 年 4 月 11 日.

Clinton, Hillary, "America's Pacific Century", *Foreign Policy*, November 2011. http://www.foreignpolicy.com/articles/2011/10/11/americas_pacific_century. 登录时间 2014 年 10 月 25 日.

Cogan, James, "US military intensifies training for a war with China", *World Socialist Web Site*, May 7, 2014, http://www.wsws.org/en/articles/2014/05/07/asia-m07.html. 登录时间 2014 年 5 月 8 日.

Cohen, Herman, "Can Africa Trade Its Way to Peace?" *The New York Times*, December 15, 2008, www.nytimes.com/2008/12/16/opinion/16cohen.html. 登录时间 2014 年 10 月 2 日.

Cohen, Herman, "The United States and Africa: Non-Vital Interests Also Require Attention", *American Diplomacy*, August 2003, http://www.unc.edu/depts/diplomat/archives_roll/2003_07-09/cohen_africa/cohen_africa.html. 登录时间 2015 年 3 月 1 日.

Cohen, Herman, "The agony of the Congo", *American Diplomacy*, August 2000, http://www.unc.edu/depts/diplomat/AD_Issues/amdipl_16/cohen_agony.html. 登录时间 2013 年 11 月 20 日.

Conroy, John, "The making of Rwanda's Untold Story", *This Word*, BBC 2, October 2014, http://www.bbc.co.uk/programmes/articles/4GXplnBCF3RBslndxp1XgTL/the-making-of-rwandas-untold-story. 登录时间 2014 年 10 月 9 日.

Copley, Gregory, "The great Africa switcheroo: U.S. policy is now ideological, while China's is pragmatic", *WorldTribune. com*, July 22nd, 2014, http://www.worldtribune. com/2014/07/22/great-africa-switcheroo-u-s-policy-now-ideological-chinas-pragmatic/. 登录时间 2015 年 1 月 8 日。

Couturier, Jonathan, "The Changing Nature of Development", *Global Policy Journal*, December 20, 2012, http://www. globalpolicyjournal. com/blog/20/12/2012/changing-nature-development. 登录时间 2014 年 2 月 24 日。

Cordesman, H. Anthony, "How America Corrupted Afghanistan: Time to Look in the Mirror", *Centre for Strategic and International Studies* (*CSIS*), September 8, 2010, http://csis. org/publication/how-america-corrupted-afghanistan-time-look-mirror. 登录时间 2015 年 4 月 29 日。

Cowell, Alan, "Zaire's bloody past makes cobalt's future uncertain", *The New York Times*, August 30, 1981, http://www. nytimes. com/1981/08/30/weekinreview/zaire-s-bloody-past-makes-cobalt-s-future-uncertain. html. 登录时间 2013 年 10 月 28 日。

Davenport, Christian & Allan Stam "What Really Happened in Rwanda?" *Pacific Standard: The Science of Society*, October 06, 2009, http://www. psmag. com/navigation/politics-and-law/what-really-happened-in-rwanda-3432/. 登录时间 2014 年 10 月 9 日。

De Hoyos, Linda, "World Wide Fund For Nature Commits Genocide in Africa", *Executive Intelligence Review* (*EIR*), November 7, 2008, p 24, http://www. larouchepub. com/eiw/public/2008/2008_40-49/2008_40-49/2008-45/pdf/28-29_4435. pdf, consulted on March 19, 2015.

Deol, Haresh, "Global Witness admits Soros funding", *Malay Mail*, Mar 26, 2013, http://my. news. yahoo. com/gw-admits-soros-funding-064400738. html, consulted on March 1, 2015.

Digitaldjeli, "DR Congo Mutineers and the Role of Rwanda", *digitaldjeli. com*, June 23, 2012, http://digitaldjeli. com/2012/dr-congo-mutineers-and-the-role-of-rwanda/. 登录时间 2013 年 12 月 11 日。

Digital Granma International, "Chinese President begins official visit", July 22, 2014, http://www. granma. cu/idiomas/ingles/cuba-i/22julio-preschino. html, consulted on January 30, 2015.

http://usa. chinadaily. com. cn/china/2013-03/31/content_16361515. htm. 登录时间 2015 年 1 月 30 日。

Draitser, Eric, "US expands military net over Africa, checking China's influence", *RT*, February 21, 2014, http://rt. com/op-edge/us-expands-military-net-africa-081/. 登录时间 2015 年 1 月 14 日。

Dreyer, Teufel June, "The Asian Infrastructure Investment Bank: Who Will Benefit?" *Foreign Policy Research Institute*, April 2015, http://www. fpri. org/articles/2015/04/asian-infrastructure-investment-bank-who-will-benefit. 登录时间 2015 年 5 月

19 日。

Donovan, Daniel, "Paul Kagame's Iron Fist Could Rekindle Rwandan Civil War", *USNews*, January 10, 2014, http://www.usnews.com/opinion/blogs/world-report/2014/01/10/kagames-iron-fist-could-rekindle-rwandan-civil-war. 登录时间 2014 年 1 月 6 日。

Duke, Lynne, "U. S. Faces Surprise, Dilemma in Africa", *Washington Post Foreign Service*, July 14, 1998, http://www.washingtonpost.com/wp-srv/national/longterm/overseas/overseas3a.htm. 登录时间 2014 年 1 月 8 日。

Duke, Lynne, "U. S. Military Role in Rwanda Greater Than Disclosed", *Washington Post Foreign Service*, August 16, 1997, http://nointervention.com/archive/Africa/military/usrole.html. 登录时间 2014 年 1 月 8 日。

Dummett, Mark, "King Leopold's legacy of DR Congo violence", *BBC News*, February 24, 2004, http://news.bbc.co.uk/2/hi/africa/3516965.stm. 登录时间 2013 年 9 月 11 日。

Duodu, Cameron, "Face to face with the Congo", *Pambazuka News*, Part 2, Issue 535, June 16, 2011, http://www.pambazuka.org/en/category/features/74111/print. 登录时间 2014 年 6 月 12 日。

Duodu, Cameron, "Who Promotes Corruption in Africa?" *New African*, No. 489, November 2009. Engdahl, F. William, "The War in Mali and AFRICOM's Agenda: Target China", *Global Research*, February 10, 2013, http://www.globalresearch.ca/the-war-in-mali-and-africoms-african-agenda-target-china/5322517. 登录时间 2014 年 7 月 23 日。

Engdahl, F. William, "'Arab Spring is about controlling Eurasia'", *RT*, November 12, 2011, http://rt.com/news/arab-engdahl-us-africa-273/. 登录时间 2013 年 10 月 25 日。

Engdahl, F. William, "China and the Congo Wars: AFRICOM, America's New Military Command", *Global Research*, November 26, 2008, http://www.globalresearch.ca/china-and-the-congo-wars-africom-america-s-new-military-command/11173 登录时间 2015 年 1 月 2 日。

Erlinder, Peter, "The Rwanda War Crimes Cover up", *Global Research*, April 07, 2014, http://www.globalresearch.ca/the-rwanda-war-crimes-coverup/15037. 登录时间 2014 年 4 月 19 日。

Fahamu, "Rwanda bought TL - 55 air defense missiles from China: Kanwa", *Fahamu, Network for Social Justice*, November 10, 2014, http://www.fahamu.org/node/927. 登录时间 2015 年 1 月 25 日。

Fallon, E. Joseph, "U. S. Geopolitics: Afghanistan and the Containment of China", *Small Wars Journal*, Aug 12, 2013, http://smallwarsjournal.com/print/14408. 登录时间 2015 年 1 月 17 日。

Feeney, Nolan, "U. S. Offers Congo $30 Million, On Condition President Steps Down", *Time*, May 4, 2014, http://time.com/87074/u-s-offers-congo-30-million-on-condition-president-steps-down/. 登录时间 2014 年 10 月 2 日。

Fisher, Ian & Norimitsu Onishi, "Congo's Struggle May Unleash Broad Strife to Redraw Africa", *New York Times*, Jan. 12, 1999, http://www.nytimes.com/1999/01/12/world/congo-s-struggle-may-unleash-broad-strife-to-redraw-africa.html. 登录时间 2013 年 12 月 31 日。

Fitzgerald, Denis, "Congo News: How gold smuggling profits warlords not Congo", *Global Post*, February 7, 2012, http://www.globalpost.com/dispatch/news/regions/africa/120129/congo-news-gold-smuggling-kase-lawal-nba-star-dikembe-mutombo-bosco-ntaganda. 登录时间 2014 年 12 月 15 日。

French, Howard, "The Chinese and Congo take a giant leap of faith", *The New York Times*, September 21, 2007, http://www.nytimes.com/2007/09/21/world/asia/21iht-letter.1.7595719.html. 登录时间 2013 年 11 月 17 日。

Foern Franklin & Chris Hughes, "Barack Obama Is Not Pleased: The president on his enemies, the media, and the future of football", Interview with *The New Republic*, January 27, 2013, http://www.newrepublic.com/article/112190/obama-interview-2013-sit-down-president/. 登录时间 2013 年 12 月 3 日。

Ford, Peter, "As China's Xi Jinping visits, Africa asks: What are we getting out of this?" *The Christian Science Monitor*, March 26, 2013, http://www.csmonitor.com/World/Asia-Pacific/2013/0326/As-China-s-Xi-Jinping-visits-Africa-asks-What-are-we-getting-out-of-this. 登录时间 2015 年 2 月 22 日。

Ford, Glen, "Far from a Humanitarian Savior, the U.S. Causes Vast Misery In Africa", Black Agenda Report, July 24, 2012, http://blackagendareport.com/content/far-humanitarian-savior-us-causes-vast-misery-africa. 登录时间 2013 年 11 月 23 日。

Freeman, Lawrence, "The West refuses to develop Africa's potential", *RT*, February 10, 2014, http://rt.com/op-edge/west-refuses-to-develop-africa-356/. 登录时间 2015 年 1 月 13 日。

French, Howard, "The Case Against Rwanda's President Paul Kagame", *Newsweek*, January 14, 2013, http://www.newsweek.com/case-against-rwandas-president-paul-kagame-63167. 登录时间 2015 年 3 月 3 日。

French, Howard, "The Chinese and Congo take a giant leap of faith", *The New York Times*, September 21, 2007, http://www.nytimes.com/2007/09/21/world/asia/21iht-letter.1.7595719.html. 登录时间 2013 年 11 月 17 日。

Galdini, Franco, "The Balkanisation of Syria: Myth or Reality?" *Jadaliyya*, Aug 28 2012, http://www.jadaliyya.com/pages/index/7066/the-balkanisation-of-syria_myth-or-reality. 登录时间 2014 年 3 月 24 日。

Garrett, Banning & Jonathan Adams, "U.S.-China Cooperation on the Problem of Failing States and Transnational Threats", *United States Institute for Peace*, Special Report 126, September 2004, http://www.usip.org/sites/default/files/sr126.pdf. 登录

时间 2015 年 1 月 8 日。

Garrison, Ann, "UN on Congo: Dodd-Frank conflict minerals law increases conflict", *San Francisco BayView*, January 7, 2012, http://sfbayview.com/2012/u-n-on-congo-dodd-frank-conflict-minerals-law-increases-conflict/. 登录时间 2013 年 12 月 25 日。

Garrison, Ann, "Obama's Congo Moment: Genocide, the U.N. Report and Senate Bill 2125", *Global Research*, October 03, 2010, http://www.globalresearch.ca/obamas-congo-moment-genocide-the-u-n-report-and-senate-bill-2125. 登录时间 2013 年 10 月 29 日。

Garrison, Ann, "America's Role in Central Africa: AFRICOM, the U.S. Africa Command, Rwanda, the Congo", *Global Research*, July 08, 2010, http://www.globalresearch.ca/america-s-role-in-central-africa-africom-the-u-s-africa-command-rwanda-the-congo/20064, consulted on September 14, 2014.

Gatebuke, Alice, "Rwanda: The Hard Truths We Must Swallow-Rwanda Is Wreaking Havoc in Congo", *Pambazuka News*, August 14, 2014, http://allafrica.com/stories/201308191941.html. 登录时间 2014 年 4 月 19 日。

Gettleman, Jeffrey, "As Rebels Gain, Congo Again Slips Into Chaos", *The New York Times*, November 25, 2012, http://www.nytimes.com/2012/11/26/world/africa/as-rebels-gain-congo-again-slips-into-chaos.html. 登录时间 2014 年 4 月 10 日。

Genttleman, Jeffrey, "An Interview with Kabila", *New York Times*, April 3, 2009, http://www.nytimes.com/2009/04/04/world/africa/04kabilatranscript.html?pagewanted=all. 登录时间 2012 年 9 月 21 日。

Glanville, Luke, "The Responsibility to Protect Beyond Borders", *Human Righs Law Review*, January 24, 2012, http://hrlr.oxfordjournals.org/content/early/2012/01/23/hrlr.ngr047.full.pdf+html. 登录时间 2013 年 12 月 1 日。

Glennie, Jonathan, "The West has no right to criticise the China-Africa relationship", *The Guardian*, February 8, 2012, http://www.theguardian.com/global-development/poverty-matters/2012/feb/08/west-no-right-to-criticise-china. 登录时间 2015 年 1 月 18 日。

Global Policy Forum, "Humanitarian Intervention: A Forum", *GPF*, July 14, 2003, https://www.globalpolicy.org/component/content/article/154/26032.html. 登录时间 2015 年 2 月 4 日。

Goris, Gie, "Africa must control its own wealth", Interview given by Madaraka Nyerere, son of the legendary first president of Tanzania, *Mundiaal Nieuws*, June 28, 2013, http://www.mo.be/en/article/africa-must-control-its-own-wealth. 登录时间 2014 年 5 月 26 日。

Gowans, Stephen, "Faith in UN Intervention in Darfur Misplaced", *Global Research*, August 10, 2007, http://www.globalresearch.ca/faith-in-un-intervention-in-darfur-misplaced/6500. 登录时间 2015 年 2 月 4 日。

Greve, Natalie, "Whites still control our mines, says Mugabe", *Mining Weekly*, April 9, 2015, http://www.miningweekly.com/print-version/whites-still-control-our-mines-says-mugabe-2015-04-09. 登录时间 2015 年 4 月 23 日。

Guest author, "Building a new power balance BRIC by BRIC", *OECD Insights*, July 19, 2012, http://oecdinsights.org/2012/07/19/building-a-new-power-balance-bric-by-bric/. 登录时间 2015 年 1 月 8 日。

Hallinan, Conn, "U.S. Foreign Policy and Africa: The Next Four Years", International Policy Digest, December 22, 2012, http://www.internationalpolicydigest.org/2012/11/22/us-foreign-policy-and-africa-the-next-four-years/. 登录时间 2015 年 3 月 1 日。

Heath, Nick, "How Conflict Minerals Funded a War that Killed Millions", *TechRepublic*, April 14, 2014, http://www.techrepublic.com/article/how-conflict-minerals-funded-a-war-that-killed-millions/. 登录时间 2014 年 4 月 20 日。

Harte, Julia, "The Fraud of War: U.S. troops in Iraq and Afghanistan have stolen tens of millions through bribery, theft, and rigged contracts", *Slate.com*, http://www.slate.com/articles/news_and_politics/politics/2015/05/u_s_troops_have_stolen_tens_of_millions_in_iraq_and_afghanistan_center_for.html. 登录时间 2015 年 5 月 7 日。

Heldring, Leander & James A Robinson, "Colonialism and development in Africa", *Vox, Research-based policy analysis and commentary from leading economists*, January 10, 2013, http://www.voxeu.org/article/colonialism-and-development-africa. 登录时间 2012 年 9 月 11 日。

Herbst, Jeffrey & Greg Mills, "The Invisible State: It's time we admit the Democratic Republic of Congo does not exist", *Foreign Policy Magazine*, June 24, 2013, http://www.foreignpolicy.com/articles/2013/06/24/the_invisible_state. 登录时间 2014 年 11 月 17 日。

Herbst, Jeffrey & Greg Mills, "There Is No Congo: Why the only way to help Congo is to stop pretending it exists", *Foreign Policy Magazine*, March 18, 2009, http://www.foreignpolicy.com/articles/2009/03/17/there_is_no_congo. 登录时间 2014 年 11 月 17 日。

Hitchens, Peter, "How China has created a new slave empire in Africa", *Daily Mail Online*, September 28, 2008, http://www.dailymail.co.uk/news/article-1063198/PETER-HITCHENS-How-China-created-new-slave-empire-Africa.html. 登录时间 2015 年 1 月 18 日。

Hongju Koh, Harold, "On American Exceptionalism", Faculty Scholarship Series, Paper 1778, 2003, http://www.cbo.gov/sites/default/files/cbofiles/ftpdocs/50xx/doc5043/doc15-entire.pdf. 登录时间 2013 年 11 月 13 日。

Hume, Tim, "Hong Kong-based credit rating agency launched to challenge 'Big

Three'", *CNN International*, June 25, 2013, http://edition.cnn.com/2013/06/25/business/universal-credit-rating-group/index.html. 登录时间 2014 年 7 月 23 日。

Hungwe, Nyasha Kedmon, "Fifty Years of Film-Making in Zimbabwe", *Working paper*, *Department of Education*, *Michigan Technological University*, November 14, 2003 http://www.ed.mtu.edu/~khungwe/afrika/kedmon-hungwe/film-making-in-zimbabwe.html. 登录时间 2014 年 9 月

Huntington, P. Samuel, "The Erosion of American National Interests", *Foreign Affairs*, September/October 1997 Issue, http://www.foreignaffairs.com/articles/53391/samuel-p-huntington/the-erosion-of-american-national-interess. 登录时间 2015 年 4 月 9 日。

IMF's World Economic Outlook Database, October 2014, http://www.imf.org/external/pubs/ft/weo/2014/02/weodata/weorept.aspx?sy=2012&ey=2019&scsm=1&ssd=1&sort=country&ds=.&br=1&pr1.x=62&pr1.y=11&c=924%2C111&s=PPPGDP&grp=0&a=#download. 登录时间 2015 年 4 月 4 日。

Ivanovich, Nick, "Change'? -Obama Backed by Consumate Insider: The One World Trilateral Commission's First Executive", *rense.com*, 25 August 2007, www.rense.com/general79/cjang.htm. 登录时间 2015 年 2 月 3 日。

Jing, Zhang & Calestous Juma, "Exploring the Sino-African Relationship: Both Sides Have Something to Offer", *that's China*, February 2, 2008, http://live.belfercenter.org/files/Juma_Exploring_Sino-African_relationship_Feb_2008.pdf. 登录时间 2015 年 1 月 9 日。

Jian, Junbo, "The myth of the 'China model' in Africa", *Asia Times Online*, September 14, 2011, http://www.atimes.com/atimes/China/MI14Ad01.html. 登录时间 2015 年 5 月 16 日。

Jiao, Wu, "China pledges support", *China Daily*, March 31, 2013, http://usa.chinadaily.com.cn/china/2013-03/31/content_16361515.htm. 登录时间 2015 年 1 月 30 日。

Johnson, Boris (London Mayor), "Happy Birthday, Mr Mugabe, with Special Love from Labour: Tony Blair's despicable betrayal of a vital 1979 agreement has allowed this tyrant to flourish", *Tekegraph*, January 23, 2015 http://www.telegraph.co.uk/news/politics/labour/11428364/Happy-birthday-Mr-Mugabe-with-special-love-from-Labour.html. 登录时间 2015 年 2 月 25 日。

Jones, Pete & David Smith, "Goma falls to Congo rebels: M23 militia, which the UN says is backed by Rwanda, takes control of eastern city despite presence of peacekeepers", *The Guardian*, November 20, 2012, http://www.theguardian.com/world/2012/nov/20/goma-falls-congo-rebels. 登录时间 2014 年 12 月 17 日。

Kambanda Charles & Ann Garrison, "The Rwanda Genocide: Who Killed the Hutus?" *Global Research*, April 17, 2011, http://www.globalresearch.ca/the-rwanda-genocide-who-killed-the-hutus/24372. 登录时间 2014 年 10 月 9 日。

Kabemba, Claude & Roger Kabasomba, "The Democratic Republic of Congo: Diagnosis of the Prospects for peace", *Institute for Global Dialogue*, October 2003, Issue N0. 27, http://www.igd.org.za/publication/Global%20Insight/gi_27.pdf. 登录时间 2014 年 11 月 18 日。

Kadima Denis & David K. Leonard, "Elections and Democratisation in the Democratic Republic of Congo", *Journal of African Elections*, Vol. 8, No. 1, 2008, pp. 15 – 48.

Kempster, Norman, "Albright Wraps Up Trip to Africa", *The Los Angeles Times*, December 16, 1997, http://articles.latimes.com/1997/dec/16/news/mn – 64577. 登录时间 2013 年 9 月 19 日。

Keohane, Daniel, "Does NATO matter for US defense policy?" *Fride Policy Brief*, No. 129, May 2012, http://www.fride.org/descarga/PB_129_NATO.pdf. 登录时间 2014 年 7 月 23 日。

Kocieniewski, David, Jesse Westbrook, Tom Schoenberg and Dave Michaels, Michael J. Kavanagh and Paul Burkhardt, "The Dealmaker Who Helped a U.S. Hedge Fund Score Congo Oil Prize", PanAtlantic Journal, May 8, 2015, http://www.pa-journal.com/dealmaker-helped-u-s-hedge-fund-score-congo-oil-prize/2/#/dealmaker-helped-u-s-hedge-fund-score-congo-oil-prize/4/?&_suid=14311973337900429750862755564295. 登录时间 2015 年 5 月 10 日。

Kodila-Tedika, Oasis & Francklin Kyayima-Muteba, "Sources of Growth in DRC before Independence : A cointegration analysis", *Munich Personal RePEc Archive*, September 19, 2010, http://mpra.ub.uni-muenchen.de/39922/1/MPRA_paper_39922.pdf. 登录时间 2013 年 9 月 19 日。

Kouamouo, Theophile, "Chilling report by the French Ministry of Defense: Nationalism and Pan-Africanism presented as 'threats' to Western countries", *Le Nouveau Courrier Online*, October 18, 2012, http://www.biyokulule.com/view_content.php?articleid=5301. 登录时间 2013 年 6 月 1 日。

Krüge, Steffen, "M23 Rebellion: A Further Chapter in the Violence in Eastern Congo", *International Reports of Konrad-Adenauer-Stiftung*, June 4, 2013, http://www.kas.de/wf/doc/kas_34621 – 544 – 2 – 30.pdf? 130828103741. 登录时间 2014 年 1 月 4 日。

Kuchment, Anna, "Kabila And The North Koreans, Nuclear Dread In So", *Newsweek*, October 17, 2000, http://www.newsweek.com/kabila-and-north-koreans-nuclear-dread-so-168274. 登录时间 2014 年 11 月 10 日。

Kurata, Phillip, "State's Carson Calls for Global Effort to Help DRC", *International Information Programs (IIP) Digital*, February 12, 2013, http://iipdigital.usembassy.gov/st/english/article/2013/02/20130212142470.html#axzz2KoxYCyTA. 登录时间 2013 年

12 月 21 日。

Kushner, Jacob, "China's Congo Plan", *The American Interest*, January 10, 2014, http://www.the-american-interest.com/2014/01/10/chinas-congo-plan/. 登录时间 2015 年 1 月 23 日。

Kwitny, Jonathan, "Where Mobutu's Millions Go", *The Nation*, May 19, 1984, http://www.questia.com/library/1G1-3272990/where-mobutu-s-millions-go. 登录时间 2013 年 10 月 28 日。

Lasker, John, "Following the Mineral Trail: Congo Resource Wars and Rwanda", *Toward Freedom*, February 18, 2010, http://towardfreedom.com/home/content/view/1864/1/. 登录时间 2013 年 12 月 13 日。

L'Avenir, "Projet minier Sicomines à Kolwezi", *Groupe L'Avenir.org*, 19 mai 2015, http://groupelavenir.org/projet-minier-sicomines-a-kolwezi/. 登录时间 2015 年 5 月 26 日。

Lee, Peter, "China has a Congo copper headache", *Asia Times Online*, Mar 11, 2010, http://www.atimes.com/atimes/China_Business/LC11Cb03.html. 登录时间 2015 年 1 月 15 日。

Lemarchand, René, "Rwanda: The state of the research", *Online Encyclopedia of Mass Violence*, May 27, 2013, http://www.massviolence.org/RWANDA-THE-STATE-OF-RESEARCH,742. 登录时间 2014 年 10 月 19 日。

Leymarie, Philippe, "One step forward, two steps back: Africa worn out by war", *Le Monde Diplomatique*, April 1999, http://mondediplo.com/1999/04/08africa. 登录时间 2013 年 11 月 19 日。

Legum, Colin, "This is how change will come about in Africa", Politicsweb, November 19, 2012, http://www.politicsweb.co.za/politicsweb/view/politicsweb/en/page71651?oid=341417&sn=Detail&pid=71651. 登录时间 2013 年 11 月 14 日。

Lévesque, Julie,, "Obama's Gun-Running Operation: Weapons and Support for 'Islamic Terrorists' in Syria and Iraq. 'Create Constructive Chaos' and 'Redraw the Map of the Middle East'", *Global Research*, May 28, 2015, http://www.globalresearch.ca/obamas-gun-running-operation-weapons-and-support-for-islamic-terrorists-in-syria-and-iraq-the-objective-was-to-create-constructive-chaos-and-redraw-the-map-of-the-middle-east/5450832. 登录时间 2014 年 5 月 30 日。

Lévesque, Julie, "America's Secret War in Africa", *Global Research*, October 13, 2012, http://www.globalresearch.ca/americas-secret war-in-africa. 登录时间 2013 年 10 月 25 日。

Lewis, Phillippa, "Corruption in Africa: It Takes Two to Tango", *ThinkAfricaPress*, March 1, 2013, http://thinkafricapress.com/economy/causing-corruption-impact-developed-nations-corruption-africa. 登录时间 2015 年 4 月 30 日。

Li, Anshan, "10 questions about migration between China and Africa", *China Policy*

Institute Blog, March 4, 2015, http://blogs. nottingham. ac. uk/chinapolicyinstitute/2015/03/04/10-questions-about-migration-between-china-and-africa/. 登录时间 2015 年 3 月 19 日。

Li, Anshan, "Year-end: The Situation in Africa and Sino-African Cooperation in 2014", *CCTV. com*, December 30, 2014, http://english. cntv. cn/2014/12/30/ARTI1419932246420509. shtml. 登录时间 2015 年 1 月 2 日。

Li, Anshan, "From 'how could' to 'how should': The possibility of trilateral cooperation", *Pambazuka News*, Issue 539, March 13, 2011, http://www. pambazuka. net/en/category/features/74884. 登录时间 2015 年 2 月 6 日。

Li, Anshan, "What's to be done after the fourth FOCAC?", *The China Monitor*, Issue 46, November 2009, http://www. ccs. org. za/wp-content/uploads/2009/12/China_Monitor_NOVEMBER_2009 – final. pdf. 登录时间 2015 年 2 月 6 日。

Li, Anshan, "Chinese experiences in development: Implications for Africa", *Pambazuka News*, Issue 438, June 18, 2006, http://pambazuka. org/en/category/africa_china/57079. 登录时间 2015 年 3 月 21 日。

Logan, Justin, "America's Pivot: One Big Contradiction", *The Diplomat*, January 25, 2013, http://thediplomat. com/2013/01/25/contradictions-at-the-heart-of-the-pivot/. 登录时间 2014 年 10 月 25 日。

Lokongo, Antoine Roger, "The Tutsi contradictions: A response to Jean-Paul Kimonyo", *Pambazuka News*, Issue 614, January 24, 2013, http://www. pambazuka. net/en/category/features/86051. 登录时间 2015 年 3 月 1 日。

Lokongo, Antoine Roger, "A lecture tour without a real Q&A session", *Pambazuka News*, Issue 638, July 10, 2013, http://www. pambazuka. net/en/category/features/88186. 登录时间 2015 年 1 月 18 日。

Lokongo, Antoine Roger, "Ebola: Who created this terrible virus and why?" *Pambazuka News*, Issue 708, January 8, 2015, http://pambazuka. net/en/category/features/93681. 登录时间 2015 年 1 月 18 日。

Lokongo from Congo, "South Africa after Nelson Mandela: time for the white minority to make concessions as Madiba did", *Pambazuka News*, Issue 660, January 8, 2014, http://www. pambazuka. org/en/category/comment/90095. 登录时间 2015 年 2 月 27 日。

Lokongo, Antoine Roger, "Ebola-hit Africa expecting positive news from APEC", *CNTV. com*, November 13, 2014, http://english. cntv. cn/2014/11/13/ARTI1415842451091436. shtml . 登录时间 2015 年 1 月 8 日。

Lokongo, Antoine Roger, "Deduction from a BBC documentary", *Pambazuka News*, Issue 199, October 23, 2014, http://pambazuka. org/en/category/comment/93216. 登录时间 2015 年 2 月 11 日。

Lokongo, Antoine Roger, "Patrice Lumumba's relevance", *Pambazuka News*, Issue

163, January 16, 2013, http://pambazuka.org/en/category/features/85969. 登录时间 2013 年 9 月 21 日。

Lokongo, Antoine Roger, "Is the DRC slowly falling into the trusteeship of the UN?" *Pambazuka News*, Issue 569, February 8, 2012, http://pambazuka.org/en/category/features/79760. 登录时间 2015 年 1 月 14 日。

Lokongo, Antoine Roger, "DRC: Democracy at a crossroads: One election, two sources of legitimacy of power", *Pambazuka News*, Issue 558, November 16, 2011, http://www.pambazuka.org/en/category/features/77976/print. 登录时间 2014 年 11 月 26 日。

Lokongo, Antoine Roger, "Sino-DRC contracts to thwart the return of Western patronage", *Pambazuka News*, Issue 422, March 5, 2009, http://www.pambazuka.org/en/category/africa_china/545673. 登录时间 2012 年 9 月 21 日。

Lokongo Antoine Roger, "Kagame 0, Onana 1. (Rwanda)", *New African Magazine*, May 1, 2002.

Lokongo, Antoine Roger, "The Suffering of Congo", *New African*, September 2000, http://www.africasia.com/archive/na/00_09/cover_story_congo.htm. 登录时间 2012 年 9 月 21 日。

McGreal, Chris, "Rwanda's genocide and the bloody legacy of Anglo-American guilt", *The Guardian*, December 12, 2012, http://www.theguardian.com/commentisfree/2012/dec/12/rwanda-genocide-bloody-legacy-angloamerican-guilt. 登录时间 2013 年 12 月 9 日。

Makgetlaneng, Sehlare, "Obama's United States Foreign Policy towards Africa", *Race and History*, March 8, 2008, http://www.raceandhistory.com/historicalviews/2009/0803.html. 登录时间 2015 年 2 月 3 日。

McGreal, Chris, "Rwanda's Paul Kagame warned he may be charged with aiding war crimes", *The Guardian*, July 25, 2012, http://www.theguardian.com/world/2012/jul/25/rwanda-paul-kagame-war-crimes. 登录时间 2014 年 4 月 19 日。

Mawere, D. Mutumwa, "Defining the role of the state in post-colonial Africa", *New Zimbabwe*, December 11, 2009, http://www.newzimbabwe.com/pages/mawere102.17151.html, consulted on October 5, 2014.

Mbembe, Achille, "Africa's Frontiers in Flux", *Le Monde Diplomatique*, Nov. 1999. http://mondediplo.com/1999/11/12africa. 登录时间 2013 年 11 月 19 日。

Meeting of the Valdai International Discussion Club, Presidential Press and Information Office, October 24, 2014, http://eng.kremlin.ru/news/23137. 登录时间 2014 年 11 月 14 日。

Mendick, Robert, "Tony Blair, trips to Africa and an intriguing friendship", *The Telegraph*, November 12, 2011, http://www.telegraph.co.uk/news/politics/tony-blair/8885987/Tony-Blair-trips-to-Africa-and-an-intriguing-friendship.html. 登录时间

2013年12月25日。

Mills, Richard, "A nation's metallurgical Achilles'heel", *Mining. com*, March 17, 2012, http://www.mining.com/a-nations-metallurgical-achilles-heel/. 登录时间 2014 年 2 月 10 日。

Mining Journal, "Tin price gains after Kabila shuts Congo mines", September, 2010, http://www.mining-journal.com/production-and-markets/tin-price-gains-after-kabila-shuts-congo-mines. 登录时间 2014 年 9 月 29 日。

Mining Review, "Korea joins DRC in water and mineral development", March 6, 2009, http://www.miningreview.com/korea-joins-drc-in-water-and-mineral-development/. 登录时间 2015 年 1 月 25 日。

Molfetas, Martha, Post-Conflict Transformation: Oil and International Development in the World's Newest Country", *Global Policy*, February 25, 2012, http://www.globalpolicyjournal.com/blog/25/02/2012/post-conflict-transformation-oil-and-international-development-worlds-newest-country. 登录时间 2014 年 3 月 24 日。

Mountain, Thomas, "Destroying Africa with Western 'Democracy'", *Foreign Policy Journal*, May 1, 2012, http://www.foreignpolicyjournal.com/2012/05/01/destroying-africa-with-western-democracy/. 登录时间 2014 年 9 月 3 日。

Mundala, Bienvenu, "Economy-Congo: Kabila Government Bans Use of Foreign Currency", *Inter Press Service*, January 15, 1999, http://www.ipsnews.net/1999/01/economy-congo-kabila-government-bans-use-of-foreign-currency/. 登录时间 2014 年 9 月 21 日。

Munyaneza, James, "Rwanda values ties that support local priorities-Kagame", *The New Times*, December 12, 2013, http://www.newtimes.co.rw/news/index.php?i=15569&a=72862 l. 登录时间 2013 年 12 月 25 日。

Muravchik, Joshua, "Protection Racket: 'Responsibility to Protect' Becomes a Doctrine", *World Affairs*, July/August 2011, http://www.worldaffairsjournal.org/article/protection-racket-'responsibility-protect'-becomes-doctrine. 登录时间 2013 年 12 月 1 日。

Murphy, Tom, "Why Blair and Buffett are wrong about giving international aid to Rwanda", *The Guardian*, April 12, 2013, http://www.theguardian.com/world/2013/apr/12/rwanda-kagame-blair-aid. 登录时间 2013 年 12 月 25 日。

Musavuli, Kambale, "The conflict in the Congo is a resource war waged by U.S. and British allies", *Global Research*, February 19, 2009, http://www.globalresearch.ca/the-conflict-in-the-congo-is-a-resource-war-waged-by-u-s-and-british-allies/12404. 登录时间 2014 年 10 月 2 日。

Ngapi, Richard & Joe Bavier, "Kabila says Congo won't bow to foreign 'injunctions'", *Reuters*, http://www.reuters.com/article/2014/12/15/us-congodemocratic-election-kabilaidUSKBN0JT1OT20141215. 登录时间 2015 年 2 月 15 日.

Nazemroaya, Mahdi Darius, "Towards the Conquest of Africa: The Pentagon's AFRICOM and the War against Libya", *Global Research*, April 07, 2011, http://www.globalresearch. ca/towards-the-conquest-of-africa-the-pentagon-s-africom-and-the-war-against-libya/24171. 登录时间 2014 年 7 月 23 日.

Nazemroaya, Mahdi Darius & JulienTeil (Introduction by Cynthia McKinney), "America's Conquest of Africa: The Roles of France and Israel", *Global Research*, October 6, 2011, http://www. globalresearch. ca/america-s-conquest-of-africa-the-roles-of-france-and-israel/26886. 登录时间 2014 年 1 月 7 日.

Nazemroaya, Mahdi Darius, "Opening a Pandora's Box: Kosovo 'Independence' and the Project for a 'New Middle East'", *Global Research*, February 19, 2008, http://www. globalresearch. ca/opening-a-pandora-s-box-kosovo-independence-and-the-project-for-a-new-middle-east/8132. 登录时间 2014 年 3 月 24 日.

Nduwimana, Patrick & Clement Uwiringiyimana and Lesley Wroughton, "U. S. urges probe over corpses found in Rwanda-Burundi border lake", *Reuters*, September 25, 2014, http://www.reuters. com/article/2014/09/25/us-burundi-bodies-rwanda-idUSKCN0HK21C20140925. 登录时间 2014 年 10 月 9 日.

Nelson, Dale, "Jewish leaders says Bush's Saddam-Hitler comparison exaggerated", *Associated Press News Archives*, November1, 1990, http://www. apnewsarchive. com/1990/Jewish-Leaders-Says-Bush-s-Saddam-Hitler-Comparison-Exaggerated-With-AM-Bush-Bjt/id-66d4f5106848ccf39da90f4930f0ac9c. 登录时间 2014 年 3 月 2 日.

Newsweek Staff, "How Che Saw Kabila", *Newsweek*, April 20, 1997, http://www. newsweek. com/how-che-saw-kabila-171416. 登录时间 2014 年 9 月 29 日.

Nezan, Kendal, "US domination put to the test: When our 'friend' Saddam was gassing the Kurds", *Le Monde Diplomatique*, March 1998, http://mondediplo. com/1998/03/04iraqkn. 登录时间 2014 年 3 月 2 日.

Nienaber, Georgianne & Keith Harmon Snow, "Are USAID Gorilla Conservation Funds Being Used To support Covert Operations in Central Africa?" *Global Research*, September 29, 2007, http://www. global research. ca/are-usaid-gorilla-conservation-funds-being-used-to-support-covert-operations-in-cen tral-africa/6828. 登录时间 2013 年 12 月 29 日.

Nwaubani, Ebere, "The United States and the Liquidation of European Colonial Rule in Tropical Africa, 1941 - 1963", *Cahiers d'études africaines*, Vol. 171, 2003, pp. 505 - 551, http://etudesafricaines. revues. org/214. 登录时间 2013 年 9 月 23 日.

Nzongola-Ntalaja, Georges, "Patrice Lumumba: the most important assassination of the 20th century", *The Guardian*, January 17, 2011, http://www. the guardian. com/global-development/poverty-matters/2011/jan/17/patrice-lumumba-50th-anniversaryassassination. 登录时间 2013 年 9 月 19 日.

O'Donovan, Gerard, "This World: Rwanda's Untold Story, BBC Two, review-'intense'", *The Telegraph*, October 1. 2014. 登录时间 2014 年 10 月 9 日。

Onunaiju, Charles, "Between Sino-Africa and US-Africa summits", *Punch*, August 11, 2014, http://www.punchng.com/opinion/between-sino-africa-and-us-africa-summits/. 登录时间 2015 年 1 月 18 日。

Palmer, Alex, "Beyond Humanitarian Intervention", *Harvard International Review*, December 23, 2010, http://hir.harvard.edu/pressing-change/beyond-humanitarian-intervention. 登录时间 2013 年 12 月 9 日。

Pham, J. Peter, "Strategic Interests, AFRICOM Stands Up", *World Defense Review*, October 2, 2008, http://worlddefensereview.com/pham100208.shtml. 登录时间 2014 年 7 月 25 日。

Pham, J. Peter, "To save Congo, let it fall apart", *The New York Times*, November 25, 2012, http://www.nytimes.com/2012/12/01/opinion/to-save-congo-let-it-fall-apart.html. 登录时间 2014 年 4 月 9 日。

Pham, J. Peter, "Renewed Congo Conflict Requires Fresh Approach", *World Defense Review*, November 13, 2008, http://worlddefensereview.com/pham111308.shtml. 登录时间 2015 年 4 月 6 日。

Pham, J. Peter, "Why Congo should be left to fall apart", *Africa Review*, December 5, 2012, http://www.africareview.com/Opinion/Why-Congo-should-be-left-to-fall-apart/-/979188/1636998/-/eq5pww/-/index.html. 登录时间 2015 年 4 月 6 日。

Palou-Loverdos, Jordi, "A call for truth and justice in the African Great Lakes Region", *Pambazuka News*, Issue 712, February 5, 2015, http://pambazuka.net/en/category/features/93910. 登录时间 2015 年 2 月 14 日。

Porter, Sebastien, "Ethnicity in Africa: A road to Conflict or a Path to Peace", Africa Faith and Justice Network, February 2, 2013, http://www.afjn.org/focus-campaigns/other/other-continental-issues/80-democracy-and-governance/982-ethnicity-in-africa-a-road-to-conflict-or-a-path-to-peace-.html. 登录时间 2015 年 5 月 13 日。

Power, Samantha, "Bystanders to Genocide", *The Atlantic*, Sep 1, 2001, http://www.theatlantic.com/magazine/archive/2001/09/bystanders-to-genocide/304571/?single_page=true. 登录时间 2015 年 2 月 8 日。

Quansheng, Zhao, "Strategic Action Core Force' and the Shift of American Policy towards Asia-Pacific", *Foreign Affairs Observer*, July 15, 2014, http://www.faobserver.com/NewsInfo.aspx?id=4457. 登录时间 2015 年 1 月 6 日。

Radio Okapi, "La RDC regorge environ 200 espèces végétales sur le fleuve", *Radiookapi.net*, mai 23, 2015, http://radiookapi.net/actualite/2015/05/23/la-rdc-regorge-environ-200-especes-vegetales-sur-le-fleuve/. 登录时间 2015 年 5 月 27 日。

Reich, Robert, "Why Obama Should Be Attacking Casino Capitalism-Both Romney's Bain and JPMorgan", *The Huffington Post*, May 22, 2012, http://www.

huffingtonpost. com/robert-reich/obama-bain-romney_b_1537449. html. 登录时间 2013 年 11 月 18 日。

Reuters, "Kabila says Congo won't bow to foreign 'injunctions'", December 15, 2014, http://af. reuters. com/article/topNews/idAFKBN0JT1QS20141215. 登录时间 2014 年 12 月 19 日。

Reuters, "UN Congo probes Indian officer over rebel 'support'", Jul 10, 2008, http://www. reuters. com/article/2008/07/10/idUSL10314078. 登录时间 2014 年 2 月 21 日。

RT, "Congo's M23 conflict: Rebellion or resource war? (Op-Ed)", January 14, 2013, http://rt. com/op-edge/congo-m23-rebels-washington-960/. 登录时间 2015 年 1 月 16 日。

Rice, Condoleezza, "Promoting the National Interest", *Foreign Affairs*, Vol. 79, Issue 1, Jan/Feb2000, http://www. columbia. edu/itc/journalism/stille/Politics%20Fall%202007/Readings%20—%20Weeks%201-5/Condoleezza%20Rice%20—%20Promoting%20the%20National%20Interest. htm. 登录时间 2015 年 4 月 12 日。

Rever, Judi, "Paul Kagame's trips to the West not worth the headache", *Digital Journal*, Oct 17, 2013, http://digitaljournal. com/article/360392. 登录时间 2014 年 4 月 25 日。

Roach, S. Stephen, Zha Daojiong, Scott Kennedy, Patrick Chovanec, "U. S. efforts to oppose a $50 billion China-led infrastructure bank have backfired. Experts explain why", *Foreign Policy*, March 26, 2015, http://foreign policy. com/2015/03/26/washingtons-big-china-screw-up-aiib-asia-infrastructure-investment-bank-china-containment-chinafile/. 登录时间 2015 年 5 月 19 日。

Roberts, Joel, "Two U. S. Firms Hit Iraq Jackpot", *CBS News*, February 11, 2009, http://www. cbsnews. com/2100-500257_162-570624. html. 登录时间 2013 年 10 月 29 日。

Rosen, Armin, "Getting Congo Right: Can the West Fix Past Failures?" *World Affairs*, September/October 2013, http://www. worldaffairsjournal. org/article/getting-congo-right-can-west-fix-past-failures, consulted on March 1, 2015. 登录时间 2015 年 3 月 1 日。

Rosen, Armin, "The Origins of War in the DRC", *The Atlantic*, June 26, 2013, http://www. theatlantic. com/international/archive/2013/06/the-origins-of-war-in-the-drc/277131/. 登录时间 2014 年 4 月 9 日。

Rosen, Armin, "The U. S. Ally That Brings Violence to the Congo and Gets Away With It", *The Atlantic*, July 13, 2012, http://www. theatlantic. com/international/archive/2012/07/the-us-ally-that-brings-violence-to-the-congo-and-gets-away-with-it/259777/. 登录时间 2015 年 3 月 1 日。

Ross, Elliot, "Failed States are a Western Myth", *The Guardian*, June 28, 2013, http://www.theguardian.com/commentisfree/2013/jun/28/failed-states-western-myth-us-interests. 登录时间 2014 年 1 月 3 日。

Rozoff, Rick, "The Insidious Role of the Atlantic Council: Securing The 21st Century For NATO", *Global Research*, April 30, 2010, http://www.globalresearch.ca/the-insiduous-role-of-the-atlantic-council-securing-the-21st-century-for-nato/18945. 登录时间 2014 年 1 月 4 日。

Runde, Daniel, "The BRICS Bank, Bretton Woods and U. S. Disengagement", *Foreign Policy*, July 20, 2014, http://shadow.foreignpolicy.com/posts/2014/07/20/the_brics_bank_bretton_woods_and_us_disengagement. 登录时间 2014 年 7 月 23 日。

Shah, Darshini, "China in Africa: A threat to the West?" *Interactive Investor*, November 2012, http://www.iii.co.uk/articles/58852/china-africa-threat-west. 登录时间 2015 年 1 月 15 日。

Shedd, B. Kim, "Cobalt", U. S. Geological Survey (USGS), July 21, 2010, http://minerals.usgs.gov/minerals/pubs/commodity/cobalt/210798.pdf. 登录时间 2014 年 9 月 13 日。

Shivji, Issa, "Pan-Africanism or imperialism? Unity and struggle towards a new democratic Africa", *Pambazuka News*, Issue 427, April 9, 2009, http://www.pambazuka.org/en/category/comment/55473. 登录时间 2013 年 11 月 19 日。

Schneidman, Witney, "Transforming the U. S.-Africa Commercial Relationship", *Brookings Report*, April 2013, http://www.brookings.edu/research/reports/2013/04/us-africa-commercial-relationship-schneidman. 登录时间 2015 年 1 月 11 日。

Schreiner, Ben, "Hidden Agenda behind America's War on Africa: Containing China by 'Fighting Al-Qaeda'", *Global Research*, January 29, 2013, http://www.globalresearch.ca/hidden-agenda-behind-americas-war-on-africa-containing-china-by-fighting-al-qaeda/5320939. 登录时间 2015 年 1 月 8 日。

Smith, David, "China's booming trade with Africa helps tone its diplomatic muscle", *The Guardian*, March 22, 2012, http://www.theguardian.com/world/2012/mar/22/chinas-booming-trade-africa-diplomatic. 登录时间 2015 年 1 月 8 日。

Snow, Keith Harmon, "Pentagon satellite photos: New revelations concerning the 'Rwandan Genocide'", *Global Research*, April 11, 2012, http://www.globalresearch.ca/pentagon-satellite-photos-new-revelations-concerning-the-rwandan-genocide/30256. 登录时间 2014 年 10 月 9 日。

Stearns, Jason, "Susan Rice and the M23 crisis", *congosiasa.blogspot.com* relayed by *AfricaFocus Bulletin*, November 24, 2012, http://www.africafocus.org/printit/mob.php? http://www.africafocus.org/docs12/ec1211a.php. 登录时间 2014 年 1 月 4 日。

Stone, Christine, "The New World Order Turns Against an Old Friend", *anti-war.com*, June 4, 2000, http://www.antiwar.com/stone/stone040600.html. 登录时间 2015

年 1 月 12 日。

Sun, Yun, "China in Africa: Implications for U. S. Competition and Diplomacy", *Brookings*, April 2013, http://www. brookings. edu/research/reports/2013/04/china-africa-us-competition-diplomacy-sun. 登录时间 2015 年 1 月 8 日。

Talbot, Chris, "The Congo: Unanswered questions surround Kabila's assassination", *World Socialist Website*, January 25, 2001, http://www. wsws. org/en/articles/2001/01/cong-j25. html. 登录时间 2012 年 9 月 21 日。

Talmadge, Eric, "Obama's pivot toward the Asia-Pacific region all about China", *National Post*, November 11, 2012, http://news. nationalpost. com/2012/11/20/obamas-pivot-toward-the-asia-pacific-region-all-about-china/. 登录时间 2013 年 10 月 27 日。

Times of India, "BRICS pledges $75 billion contribution to IMF's bailout fund", Jun 19, 2012, http://timesofindia. indiatimes. com/business/india-business/BRICS-pledges-75-billion-contribution-to-IMFs-bailout-fund/articleshow/14266972. cms. 登录时间 2015 年 1 月 8 日。

The Dag Hammarskjold Report on Development and International Cooperation, "What Now?" Uppsala, 1975, pp. 10, 68.

The Economist, "Congo Business in Africa: Building with Bechtel", November 13, 1997, http://www. economist. com/node/352661, consulted on November 14, 2013.

The Economist, "[Congo]: Bloody history, unhappy future", January 22, 2009, http://www. economist. com/node/12970793. 登录时间 2013 年 10 月 1 日。

The Economist, "Reputation Management: Canada's natural-resources companies", *economist. com*, Nov 22nd· 2014, http://www. economist. com/news/business/21633871-government-promises-keep-promoting-miners-and-energy-firms-interests-abroad-if-they?fsrc=scn/tw_ec/reputation_management. 登录时间 2015 年 4 月 12 日。

The Associated Press, "US defends Congo event where diplomat was arrested", *AP*, March 17, 2015, http://news. yahoo. com/us-defends-congo-event-diplomat-arrested-112431781. html. 登录时间 2015 年 3 月 19 日。

The New Times, "RDF impresses in joint military exercise", December 13, 2012, http://www. newtimes. co. rw/news/views/article _ print. php? i = 13904&a = 15966&icon=Print. 登录时间 2013 年 12 月 11 日。

The Telegraph, "Laurent Désiré Kabila 1938－2001", June 5, 2003, http://www. telegraph. co. uk/news/1399587/Laurent-Desire-Kabila－1938－2001. html. 登录时间 2015 年 1 月 13 日。

The Observer, "Gun-running pilot tells his tale", September 2, 2000, http://www. theguardian. com/uk/2000/sep/03/ethicalforeignpolicy. foreign policy. 登录时间 2014 年 3 月 21 日。

The Internationalist, "U. S. Was Godfather of Colonial Enslavement of the Congo!" September-October 1997, http://www. internationalist. org/USgodfather. html. 登录时

间 2013 年 9 月 11 日。

The Associated Press, "Zimbabwe claims American mercenaries helping Congo rebels", *amarillo. com*, November 30, 1999, http://amarillo. com/stories/1999/11/30/usn_LA0689. 001. shtml. 登录时间 2013 年 12 月 20 日。

The World Bank/International Finance Corporation, "Doing Business in a more transparent world", *Doing 2012Report*, http://www. doing business. org/~/media/GIAWB/Doing%20Business/Documents/Annual-Reports/English/DB12 - FullReport. pdf. 登录时间 2014 年 10 月 5 日。

The Word Bank IBRD-IDA, "New Financiers are Narrowing Africa's Infrastructure Deficit", Press Release, July 10, 2008, http://www. worldbank. org/en/news/press-release/2008/07/10/new-financiers-narrowing-africas-infrastructure-deficit. 登录时间 2015 年 4 月 8 日。

Turner, Thomas, "Kabila Returns, in a Cloud of Uncertainty", *African Studies Quarterly*, Vol. 10, No. 1, Spring 2008, http://www. africa. ufl. edu/asq/v1/3/3. htm. 登录时间 2013 年 12 月 15 日。

Turner, Thomas, "War in the Congo", *Foreign Policy in Focus*, February 1, 1999, http://fpif. org/war_in_the_congo/. 登录时间 2013 年 12 月 29 日。

Turse, Nick, "The US Carried Out 674 Military Operations in Africa Last Year. Did You Hear About Any of Them?" *The Nation*, April 14, 2015, http://www. the nation. com/article/204145/us-carried-out - 674 - military-operations-africa-last-year-did-you-hear-about-any-them. 登录时间 2015 年 4 月 23 日。

Umejei, Emeka, "Why China's 'Infrastructure for Resources' Failed in Nigeria", *American Daily Herald*, August 3, 2013, http://www. american daily herald. com/world-news/africa/item/why-china-s-infrastructure-for-resources-failed-in-nigeria. 登录时间 2015 年 1 月 17 日。

Vey, Jean-Baptiste & Benjamin Mallet, "France grabs for power over Alstom future with new takeover law", *Reuters*, May 15, 2014, http://www. reuters. com/article/2014/05/15/us-france-takeovers-idUSBREA4E0UT20140515. 登录时间 2015 http://www. reuters. com/article/2014/05/15/us-france-takeovers-idUSBREA4E0UT20140515. 登录时间 2015 年 2 月 24 日。

Wade, Abdoulaye, "Time for the west to practise what it preaches", *Financial Times*, January 23, 2008, http://www. ft. com/cms/s/0/5d347f88 - c897 - 11dc - 94a6 - 0000779fd2ac. html#axzz3SPrbl5sy. 登录时间 2015 年 2 月 22 日。

Walt, Stephen, "Maladroit in Mali?" *Foreign Policy*, January 17, 2013, http://foreignpolicy. com/2013/01/17/maladroit-in-mali/. 登录时间 2015 年 1 月 8 日。

Weitz, Richard, "Asia Overreacts to U. S. Military Pivot", *The Diplomat*, January 25, 2012, http://thediplomat. com/2012/01/asia-overreacts-to-u-s-military-pivot/1/. 登录时间 2015 年 4 月 11 日。

Weiwei, Xu, "Chinese companies withdraw from Democratic Republic of Congo",

The Morning Whistle, November 26, 2012, http://www.morningwhistle.com/html/2012/PoliticsSociety_1126/215623.html. 登录时间 2015 年 1 月 14 日。

Wells, Jennifer, "African Monetary Union Stirs Criticism of France", *Business Week*, April 18, 2014, http://www.businessweek.com/articles/2014-04-17/african-monetary-union-stirs-criticism-of-france. 登录时间 2014 年 10 月 7 日。

Wenping, He: quoted in Ben Schreiner, "Hidden Agenda behind America's War on Africa: Containing China by'Fighting Al-Qaeda'", *Global Research*, January 29, 2013, http://www.globalresearch.ca/hidden-agenda-behind-americas-war-on-africa-containing-china-by-fighting-al-qaeda/5320939. 登录时间 2015 年 1 月 14 日。

Weswala, Umar, "From Global Prey to Global Player", August 7, 2012, *Diplomatic Courier*, www.diplomaticourier.com/news/regions/africa/1063-from-global-prey-to-globalplayer. 登录时间 2015 年 1 月 8 日。

Whitlock, Craig, "U.S. expands secret intelligence operations in Africa", *The Washington Post*, June 14, 2012, http://www.washingtonpost.com/world/national-security/us-expands-secret-intelligence-operations-in-africa/2012/06/13/gJQAHyvAbV_story.html. 登录时间 2014 年 1 月 7 日。

Derwent Whittlesey, "British and French Colonial Technique in West Africa", *Foreign Affairs*, January 1937 Issue, http://www.foreignaffairs.com/articles/69702/derwent-whittlesey/british-and-french-colonial-technique-in-west-africa. 登录时间 2015 年 4 月 27 日。

Wilensky, Julie, "The Magical Kunlun and 'Devil Slaves': Chinese Perceptions of Dark-skinned People and Africa before 1500", *Sino-Platonic Papers*, Number 122, July, 2002, http://sino-platonic.org/complete/spp122_chinese_africa.pdf. 登录时间 2015 年 1 月 8 日。

Wiley, David, "Militarizing Africa and African Studies and the U.S. Africanist Response", *Zero Anthropology*, June 11, 2013, http://zeroanthropology.net/2013/06/11/militarizing-africa-and-african-studies-and-the-u-s-africanist-response/. 登录时间 2014 年 1 月 7 日。

Willgoos, G. Robert, "America's Changing Views of China: Through the Eyes of Janus", *Forum on Public Policy: A Journal of the Oxford Round Table*, Winter 2007, http://www.forumonpublicpolicy.com/archive07/willgoos.rev.pdf. 登录时间 2015 年 2 月 28 日。

Williams, David, "Riddle of toppled Kabila", *Daily Mail*, January 16, 2001, http://www.dailymail.co.uk/news/article-16001/Riddle-toppled-Kabila.html. 登录时间 2013 年 11 月 22 日。

Wood, Patrick, "Obama: Trilateral Commission Endgame", *The August Review*, 29 January 2009, www.newswithviews.com/Wood/patrick133.htm. 登录时间 2015 年 2 月 3 日。

Wrong, Michela, "Mystery of Mobutu's millions", *Newstatesman*, July 26, 2007, http://www.newstatesman.com/africa/2007/07/wrong-mobutu-congolese. 登录时间 2013 年 9 月 14 日。

Xinhua, "Rwanda rallies world against 'genocide denial'", *Xinhua/ ShanghaiDail.com*, Nov 13, 2014, http://shanghaidaily.com/article/article_xinhua.aspx?id=252266. 录时间 2015 年 2 月 11 日。

Xinhua, "Obama labeling China as 'free rider' in Iraq issue", *China Daily*, September 4, 2014, http://www.chinadaily.com.cn/world/2014-09/04/content_18543889.htm. 登录时间 2015 年 1 月 14 日。

Xinhua, "Zimbabwe's president leaves for state visit to China", *Xinhua.net*, Aug. 23, 2014, http://news.xinhuanet.com/english/china/2014-08/24/c_133579011.htm. 登录时间 2015 年 1 月 8 日。

http://uctscholar.uct.ac.za:1801/webclient/StreamGate?folder_id=0&dvs=1385520923656—222. 登录时间 2013 年 11 月 27 日。

Zachary, Pascal, "Africa needs a new map", *Foreign Policy*, April 28, 2010, http://www.foreignpolicy.com/articles/2010/04/23/global_strikeout. 登录时间 2014 年 1 月 3 日。

Zounmenou, David & Naomi Kok, "Is President Joseph Kabila's Call for Ntaganda's Arrest a Move Towards Justice in the DRC?" *Institute for Security Studies*, May 3, 2012, http://www.issafrica.org/iss-today/is-president-joseph-kabilas-call-for-ntagandas-arrest-a-move-towards-justice-inthedrc. 登录时间 2014 年 4 月 11 日。

三、法文文献

(一) 专著

Bayart, Jean-François, "Afrique: le manteau de la guerre", *Croissance*, No. 423, février 1999, p. 50.

Blumenthal, M. Erwin. "Zaire: Rapport Sur la Crédibilité Financière Internationale", in Emmanual Dungia. Mobutu et l'Argent du Zaire: Les Révélations d'un Diplomate Ex-Agent des Services Secrets. Paris: L'Harmattan, 1992, Annexe 2, pp. 136-155.

Braeckman, Colette. *Lumumba: Un Crime d'Etat*. Bruxelles: Collection: Sur des charbons ardents. Edition Aden, 2002.

Braeckman, Colette. *Les nouveaux prédateurs: Politique des puissances en Afrique centrale*. Paris: Fayard, 2003, pp. 44-47.

Braeckman. Colette, *Le dinosaure: Le Zaïre de Mobutu*, Paris: Fayard, 1992.

Bucyalimwe-Mararo, Stanislas, *Le Nord-Kivu au coeur de la crise congolaise*, in L'Afrique des Grands Lacs.

Annuaire 2001-2002 (sous la direction de Fillip Reyntjens et Stefaan Marysse), Paris: L'Harmattan, 2002, p. 154.

Busselen, Tony, *Une histoire populaire du Congo*. Brussels: Les Éditions Aden, 2010.

Custers, Raf, *Chasseurs de matières premières*, Bruxelles : Éd. Investig'action, Couleur Livres, 2013, chapitre 7.

De Boeck, Guy, *Baoni : Les Révoltes de la Force Publique sous Léopold II : Congo 1895-1908*. Anvers: Epo Editions, 1987.

De Witte, Ludo, *L'Assassinat de Lumumba*, Paris: Karthala, 2000, p. 121.

Fanon, Frantz. *Les Damnés de la Terre*, Paris: Maspero, 1961.

Labarthe, Gilles, *L'or africain-Pillages, trafics et commerce international*, Marseille : Agone/Les dossiers noirs d'Agir, 2007.

Lumumba, Patrice. *Le Congo-terre d'Avenir-est-il menacé?* Bruxelles: Office de Publicité, 1961.

M'Bokolo, Elikya, *L'Afrique noire. Histoire et civilisation*, 2 vol., en collaboration avec Sophie Le Callennec. Paris: éd. Hatier, 1992.

Marchal, Jules, *L'Etat libre du Congo: Paradis perdu. L'histoire du Congo. 1876-1900. 2 volumes*. Borgloon: Editions Paula Bellings, 1996.

Martens, Ludo, *Kabila et la révolution congolaise : panafricanisme ou néocolonialisme?* Anvers : Editions EPO, 2002.

Mitterrand, François. *Présence française et abandon*. Paris: Plon, 1957.

Ndaywel è Nziem, Isidore. *Histoire générale du Congo: De l'héritage ancien à la République Démocratique du Congo*. Paris et Bruxelles: De Boeck & Larcier S. A, 1998.

Ndaywel è Nziem, Isidore, "Le Congo et le bon usage de son histoire". In J.-L. Vellut (ed.,), *La mémoire du Congo: le temps colonial*, Tervuren: Musée royal de l'Afrique centrale, 2005, pp. 29-35.

Reyntjens, Filip. *La deuxième guerre du Congo : plus qu'une réédition*, *L'Afrique des Grands Lacs*, Annuaire 1998-1999, Paris: L'Harmattan, 1999, p. 282.

Rousseau, Roger, *Légion je t'accuse*, *La face cachée de Kolwezi*. Le bourg-22320-La Harmoye: Edition Rexy, 2008.

Stengers, Jean. *Congo, Mythes et réalités*. Bruxelles: Éditions Racine, 2007, p. 63.

Tebangasa-Apala, Dieudonné. *Le personnage de Laurent Désiré Kabila dans la presse congolaise*. Paris: L'Harmattan, 2010, p. 21.

Tshimanga wa Tshibangu, *Histoire du Zaire*. Bukavu: Editions du Ceruki, 1976.

Willame, Jean-Claude, *Les 《faiseurs de paix《 au Congo. Gestion d'une crise internationale dans un Etat sous tutelle*, Bruxelles: GRIP-Editions Complexes, 2006, p. 15.

（二）论文集

Tsasa-Vangu, Jean-Paul, "La R. D. Congo en guerre: Que nous révèlent les chiffres?" *Memoire de Licence*, Université Protestante au Congo, Septembre 2009, http://www.memoireonline.com/12/09/2985/La-rd-congo-en-guerre-que-nous-revelent-les-chiffres.html. 登录时间 2013 年 11 月 9 日。

（三）从学术期刊集的文章

Gelas, Vincent, "Il y a cinquante ans : 17 janvier 1961, dans l'ex-Congo Belge L'assassinat de Patrice Lumumba," *Lutte Ouvrière*, No. 2217 du 28 janvier 2011.

La Revue, n° 29 - Le monde en 2030 - Fevrier 2013.

Leymarie, Philippe, "Résistances africaines," *Manière de voir*, No. 79, février-mars 2008.

Manin, Aleth, "L'Intervention Française au Shaba 19 Mai - 14 juin 1978", *Annuaire Français de Droit International*, Vol. 24, N0. 24, 1978, pp. 159 - 188.

Gérard Prunier, "L'Ouganda et les guerres congolaises", *Politique africaine*, Octobre 1999, No. 75, pp. 43 - 58.

Omasombo-Tshonda, Jean & Noël Obotela Rashidi, "La dernière transition politique en RDC", dans : *L'Afrique des Grands Lacs*, *Dix ans de transitions conflictuelles*, Paris, L'Harmattan, 2005 - 2006, p. 233.

Pourtier, Roland, "Du Zaïre au Congo : un territoire en quête d'Etat", *Afrique Contemporaine*, 1997, N0. 183, pp. 7 - 30.

Rubbers, Benjamin, "La dislocation du secteur minier au Katanga (RDC)", *Politique Africaine*, 2004, Vol. 1, No. 93, p. 21 - 41.

Vallée, Olivier & François Misser, "Les diamants de la guerre", *Politique Internationale-La Revue*, No. 91, Printemps 2001.

（四）专题报告

Bureau d'Etudes, de Recherches et de Consulting International. Sondage d'Opinions: November 1998. Kinshasa, Mimeo.

Convention de Collaboration entre la République Démocratique du Congo er le Groupement d'Entreprises Chinoises: China Railway Group Limited, Sinohydro Corporation Rélative au Développement d'un Projet Minier er d'un Projet d'Infrastructure en République Démocratique du Congo.

Année 2008 Ministère des Droits Humains, Cabinet du Ministre, *Livre Blanc sur les violations massive des droits de l'homme et des règles de base du droit international humanitaire par les agresseurs (Ouganda, Rwanda, Burundi à l'est de la RDC*, Décembre1998,

http://repositories.lib.utexas.edu/bitstream/handle/2152/4523/3623.pdf?sequence=1. 登录时间 2014 年 4 月 28 日。

Mission Permanente de la République Démocratique du Congo Auprès de l'Organisation des Nations Unies: Discours de Son Excellence Monsieur le Président de la République à la 69eme Session des Travaux de l'Assemblee Générale des Nations Unies, New York, le 25 Septembre 2014.

Programme de Stabilisation et de Relance de l'Economie Congolaise: Communication du Gouvernement a la Reunion des Amis de la Republique Democratique du Congo (Bruxelles, 3 - 4 Decembre 1997), *Congo-Afrique*, Vol. 38, No. 321, Janvier 1998, pp. 20 - 59.

Rapport trimestriel de la Mission de l'Organisation des Nations Unies pour la stabilisation en RD Congo (MONUSCO). "Strategie Internationale de Soutien a la Securite et la Stabilite Pour la République Démocratique du Congo", Janvier à mars 2011.

（五）报纸和杂志文献

Agence Congolaise de Presse. Conférence de presse du Chef de l'Etat du mercredi 24 decembre 1997.

Agence Congolaise de Presse, "Chine-Congo: 4 accords…", ACP, 4 février 1997.

Agence Congolaise de Presse, "La Chine et la RDC signent des accords", Agence Congolaise de Presse, ACP, 18 décembre 1997.

Castéran, Christian & Blaise-Pascal Talla, *Laurent-Désiré Kabila*: 'Le Peuple Vaincra', *Jeune Afrique Economie*. No. 286 (Du 3 Au 16 Mai 1999).

Soudan, François, "Joseph Kabila: Plus congolais que moi, ça n'existe pas", *JeuneAfrique*, No. 2361 du 9 au 15 avril 2006.

（六）法文文献——线上材料

Bastin, Jean-François, "Le maréchal Mobutu, allié obligé de l'Amérique", *Le Monde Diplomatique*, septembre 1983, http://www.monde-diplomatique.fr/1983/09/BASTIN/37536. 登录时间 2013 年 12 月 29 日。

Braeckman, Colette, "Cartes sur table: les quatre vérités du général James Kabarebe", *Le Soir*, 29 août 2012, http://blog.lesoir.be/colette-braeckman/2012/08/29/cartes-sur-table-les-quatre-verites-du-general-james-kabarebe/. 登录时间 2013 年 12 月 15 日。

Braeckman, Colette, "Comment les Américains suivirent le match Kabila-Kamerhe", *Le Soir*, 6 février 2011, http://blog.lesoir.be/colette-braeckman/2011/02/06/comment-les-americains-suivirent-le-match-kabila-kamerhe/. 登录时间 2012 年 9 月 21 日。

Braeckman, Colette, "La rébellion exploite le sous-sol et ponctionne les provinces conquises. Les richesses minières du Congo financent la guerre", *Le Soir*, 5 février 1999, http://archives.lesoir.be/la-rebellion-exploite-le-sous-sol-et-ponctionne-les-pro_t-19990205-Z0GC8X.html. 登录时间 2013 年 12 月 15 日。

Braeckman, Colette, "Bush à Kigali. L'ami qui vous veut du bien", *Le Soir*, février 20, 2008, http://blog.lesoir.be/colette-braeckman/2008/02/20/bush-a-kigali-lami-qui-vous-veut-du-bien/. 登录时间 2013 年 12 月 11 日。

Braeckman, Colette, "Constat d'une explosion annoncée", *Le Soir*, 21 janvier 2015, http://blog.lesoir.be/colette-braeckman/2015/01/20/constat-dune-explosion-annoncee/, 2015 年 1 月 15 日。

Bucyalimwe-Mararo, Stanislas, "Du Kosovo au Kivu: deux crises internationales de causes ethniques", *Rwamycyo. com*, 2008, http://www.rwamucyo.com/index.php?id=5&tx_ttnews%5Btt_news%5D=467&cHash=f850666372. 登录时间 2013 年 12 月 29 日.

Congo Virtuel, "Discours du Président Joseph Kabila à l'occasion de son accession à la présidence du COMESA", February 28, 2014, http://www.congovirtuel.info/ver3/index.php/site-map/articles/464-discours-du-president-joseph-kabila-a-l-occasion-de-son-accession-a-la-presidence-du-comesa. 登录时间 2014 年 9 月 29 日.

Degans, Axelle, "Ces pays émergents qui font basculer le monde", *Sciences Humaines*, 17/01/2013, http://www.scienceshumaines.com/ces-pays-emergents-qui-font-basculer-le-monde_fr_27711.html, consulted on September 20, 2014.

De Villers Gauthier & Jean Omasombo Tshonda, "La bataille de Kinshasa", *Politique Africaine*, décembre 2001, No. 84, http://www.politique-africaine.com/numeros/pdf/084017.pdf. 登录时间 2013 年 11 月 21 日.

Digitalcongo. net, "Voici l'intégralité de l'allocution du Chef de l'Etat Joseph Kabila devant le Parlement réuni en Congrès", *Digitalcongo*,*net*, le 16 décembre 2014, http://www.digitalcongo.net/article/104370. 登录时间 2014 年 12 月 22 日.

Digitalcongo. net, "Le club de Paris annule 4,64 milliards de dette de la Rd Congo", 13/09/2002, http://www.digitalcongo.net/article/9148. 登录时间 2014 年 9 月 27 日.

Dorzée, Hugues, "Nos vétérans congolais spoliés et oubliés de l'histoire", *Le Soir*, 3 avril 2013, http://www.lesoir.be/218519/article/actualite/belgique/2013-04-02/nos-veterans-congolais-spolies-et-oublies-l-histoire. 登录时间 2013 年 9 月 18 日.

Jeune Afrique, "Rwanda : Paul Kagamé menace les déstabilisateurs d'être 'tués en plein jour'", *Jeune Afrique*, 06/06/2014, http://www.jeuneafrique.com/Article/ARTJA20140606165809/. 登录时间 2015 年 2 月 25 日.

Kanduki, Rigobert, "Le Consulat Américain à pied d'oeuvre au Nord-Kivu", *Congo forum. be*, March 15, 2008, http://www.congoforum.be/fr/nieuwsdetail.asp?subitem=1&newsid=41293&Actualiteit=selected. 登录时间 2013 年 12 月 28 日.

Kimba, Joseph, "Laurent-Désiré Kabila et Patrice-Emery Lumumba : 'Un destin commun'", *Agence Congolaise de Presse*, 12 Janvier 2001, http://www.acpcongo.com/index.php?option=com_content&view=article&id=5741:laurent-desire-kabila-et-patrice-emery-lumumba--un-l-destin-commun-r&catid=44:decouvertes&Itemid=65. 登录时间 2013 年 11 月 20 日.

Kibangula, Trésor, "RDC : les effets pervers de la 'loi Obama' au Kivu", *Jeune Afrique*, Mars 24, 2014, http://www.jeuneafrique.com/Article/ARTJAWEB20140324152627/. 登录时间 2014 年 4 月 20 日.

La Croix, "Jacques Chirac propose un service civil", *La Croix*, November 15, 2005, http://www.la-croix.com/Actualite/France/Jacques-Chirac-propose-un-service-civil-

NG_2005-11-15-589567. 登录时间 2014 年 11 月 6 日。

Le Potentiel, "La RDC entre l'implosion et la balkanization", *Le Potentiel Online*, 9 décembre 2013, http://www. lepotentielonline. com/index. php? option＝com_content&view=article&id=4678;la-rdc-entre-l-implosion-et-la-balkanisation&catid=85; a-la-une&Itemid=472. 登录时间 2013 年 12 月 26 日。

Lutete, Célestin, "Après pillage subi de leursbiens : la communautéchinoise à Kinshasa rassurée de la sécurité du gouvernement", *MMC*, 23/01/2015, http://www. digitalcongo. net/article/104909. 登录时间 2015 年 1 月 24 日。

Mbelu, Jean-Pierre, "Le Plan Marshall et le capitalisme prédateur. L'Est du Congo pourrait faire exception", *Ingeta. com*, http://www. ingeta. com/le-plan-marshall-et-le-capitalisme-predateur-lest-du-congo-pourrait-faire-exception/. 登录时间 2013 年 11 月 17 日。

M'Buy, Saint Hervé, "Foisonnement des partis politiques : Mende propose des pistes de solution", *L'Avenir*, 2 novembre 2014, http://www. groupelavenir. org/spip. php? article2128. 登录时间 2014 年 11 月 6 日。

Mankenda Voka, "Balkanisation : La RDC n'exploseraquepar la volonté des Congolais", *Kongo Times*, 10/02/2013, http://afrique. kongotimes. info/rdc/echos_provinces/5493-balkanisation-explosera-volonte-congolais-congo-exploser. html. 登录时间 2015 年 1 月 22 日。

Mugisho, Emmanuel Lubala, "L'émergence d'un phénomène résistant au Sud-Kivu", L'Afrique des Grands Lacs, Annuaire 1999-2000, http://www. ua. ac. be/objs/00111068. pdf. 登录时间 2014 年 4 月 19 日。

Mulumba, Kin-kiey Tryphon, "Bemba fils Mobutu", *Le Soft International*, 25 août 2006, http://www. lesoftonline. net/articles/bemba-fils-mobutu. 登录时间 2014 年 3 月 11 日。

Nawej, José, "Grands Lacs : A chacun sa part des contrats", *Forum des As*, 11 décembre 2013, http://www. 7sur7. cd/index. php? option＝com_content&view＝article&id=53422;grands-lacs--a-chacun-sa-part-des-contrats-&catid＝11;forum-des-as. 登录时间 2013 年 12 月 9 日。

Omer Nsongo die Lema, "Chef d'Etat hôte Le Président Joseph Kabila prend la tête du Comesa", *Présidence de la RDC: Portail Officiel*, 28 février 2014, http://www. presidentrdc. cd/spip. php? article436. 登录时间 2015 年 3 月 4 日。

Périmony, Sébastien, "RDC : la stratégied'Obama pour《balkaniser》l'Afrique", *Solidarité et Progrès*, dimanche 5 janvier 2014, http://www. solidariteetprogres. org/orientation-strategique-47/rdc-balkanisation-afrique-10772. html. 登录时间 2015 年 1 月 16 日。

Pourtier, Roland, "L'Afrique centrale dans la tourmente : les enjeux de la guerre et de la paix au Congo et alentour", *Herodote*, No. 111, quatrième trimestre 2003, http://

www. herodote. org/spip. php? article109. 登录时间 2013 年 12 月 15 日。

Pressafrique,"Comment l'Américafrique, la Belgique, la Françafrique et l'Organisation des Nations Unies furent les fossoyeurs de Lumumba et de la démocratie congolaise naissante", Octobre 8, 2005, http://pressafrique. com/m418. html. 登录时间 2013 年 12 月 20 日。

Radio France Internationale, "Les Etats-Unis plaident pour l'ouverture d'un dialogue dans la Région des Grands Lacs", *RF*), 7 déc. 2013.

Radio Okapi, "RDC : une firme chinoise disposée à relancer les activités de la Miba", *Radiookapi. net*, 15. 02. 2015, http://radiookapi. net/economie/2015/02/15/rdc-une-firme-chinoise-disposee-relancer-les-activites-de-la-miba/. 登录时间 2015 年 2 月 16 日。

Radio Okapi, "La Chine veut poursuivre sa cooperation économique avec la RDC", *Radio Okapi*, 15 janvier, 2015, http://radiookapi. net/actualite/2015/01/15/la-chine-veut-poursuivre-sa-cooperation-economique-avec-la-rdc/. 登录时间 2015 年 2 月 9 日, consultéle 9 février 2015.

Radio Oakpi, "Kinshasa : Kabila renvoie le projet de budget 2010 au Parlement", janvier 6, 2010.

另见:"RDC : le président Kabila renvoie le projet de budget 2013 au Parlement", *Radio Okapi*, janvier 3, 2013.

Radio Okapi, "Kinshasa confirme le début de retrait des troupes rwandaises", *Radio Okapi*, février 21, 2009, http://radiookapi. net/sans-categorie/2009/02/21/kinshasa-confirme-le-debut-de-retrait-des-troupes-rwandaises/. 登录时间 2013 年 12 月 17 日。

Robert, Anne-Cécile, "Indispensable Afrique", *Le Monde Diplomatique*/《 *Manière de voir* 》n° 108 - Décembre 2009 - janvier 2010, http://www. monde-diplomatique. fr/mav/108/. 登录时间 2013 年 12 月 27 日。

致　谢

首先,我要感谢我在北京大学的导师李安山教授,他是著名的非洲问题专家。正是导师给予了我这样的机会,让我来到北京大学攻读我人生的最后一个博士学位。在他的悉心指导下,我在学术研究中取得了长足的进步,让我对中国的非洲研究以及我的祖国刚果(金)的美国研究都尽到了一份绵薄之力。

北大的六年将是我人生中的一段美好回忆!初到中国,在学习、生活中遇到了些许困难,尤其是中文学习方面,每每失去信心的时候,李安山教授总是鼓励我,并且非常有耐心地、无微不至地关心我的生活和学业,让我备受感动与温暖。

我对学习中文有着浓厚的兴趣,这是因为我个人认为非中国的学者想真正地了解中国,学习中文是必须的,毕竟语言是通向文化的钥匙。中文博大精深,蕴含了中国人的历史、文化以及世界观。

不过,我的中文还不太娴熟,但是我还是可以肯定地说,我的博士论文的内容还是丰富并具有逻辑性的,这都是因为李老师的指导!另外,我也深知,自己的论文还有很多不完善的地方,还需要再接再厉,这也是我为什么如此感激各位老师和同行们所提出的诸多宝贵建议的原因。

李老师还给了我很多机会去参加高水平的国际会议并在会议上做报告,诸如上海国际问题研究所、中央民族大学和深圳的地方政府等机构所组织的国际会议以及北京论坛等。通过参会,我收获良多。在学术期刊上发表文章和撰写学位论文的过程中,李老师的指引更是必不可少。他训练了我的写作方法和思维,因为我在成为李老师的博士生之前作为职业记者从事工作多年，考虑到新闻写作和学术研究所存在的重大差异，我能够达到博士学位所要求的学术水平实非易事，在此我想再次表达对导师的深深谢意。

同时我也想对贺文萍老师表示感谢！没有她将我介绍给李老师，我不可能求学于知名学府北京大学。贺老师还给了我难得的机会去参加中央电视台（CCTV）的对话节目。所有这些对一位国际学生来说意义非凡，在此我要对贺老师再次表达我的感激之情！

对我的那些亲爱的同学们，特别是作为答辩秘书的沈晓雷同学，我想说谢谢你们！感谢你们对我的一切的支持。在我的博士学位论文的开题、预答辩和答辩的过程中你们一直在支持我、鼓励我，帮我完善我的中文表达，你们是我的"智库"！我在这儿的学习和生活过程中，如果有冒犯诸位的地方，还请各位多多包涵！

能够在北大求学我感到很荣幸。实际上，我是第一个将北大标志的蕴意阐述为"在北大我们都是站在巨人的肩膀上"的非洲留学生。而贺文萍老师、肖宏宇老师、刘海方老师、王锁劳老师、韩华老师、钱雪梅老师、尚会鹏老师、初晓波老师、杨保筠教授、赵白生老师、王勇老师、罗建波老师、郑家馨老师、刘青建老师和所有其他的老师们恰是这些巨人！尽管我在北大有些许不愉快的经历，但是这一切都过去了，正是你们成就了我的梦想！作为学生的我如果说取得了什么成绩的话，那完全归功于你们，非常感谢你们！

我是在英国的雷丁大学（Reading University）开始我的博士学习的。我的研究涉及中刚矿物贸易方面的基础设施建设等问题。当我在英国开始向中国驻刚果（金）的大使馆寻找中刚合同文件时，我认识了大使馆时任政治事务主席的赵先生，然后他将我介绍给中国驻刚果（金）大使吴泽献阁下。他们给予了我慷慨的帮助并鼓励我到中国深造，建议我回到刚果（金）或者前往中国以便掌握相关情况和收集相关资料。

中国大使吴泽献阁下特地向其前同事——北大的杨保筠教授推荐了我。感谢杨教授对我的友好帮助！在此一并感谢他们！他们两位都曾求学于法国，在法语方面造诣颇深，我能够得到他们的帮助可谓三生有幸！同时，我也要感谢使馆当时的政治事务主席，感谢他们所提供的资料和在申请中国政府的奖学金过程中的宝贵建议！

致　谢

在北大即将获得的博士学位是我人生中的最后一个学位,我将它献给我已经过世的父亲 Victor Bafalikike、母亲 Madeleine Iyombombo 和哥哥 Andre Eyenga。我也要把它献给生活依然艰难的刚果的兄弟姐妹们 Joseph Nguma、Louis Bondenga、Marie-Dorothee Lisenga、Alphonse Nkoy、Anne Nsimba Regina Boloma 和 Agnes Mene 及其他的家人。为了让刚果能够成为一切刚果人的美好国家,我甘愿奉献出我的生命、我的青春、我的职业机会、我的休闲以及婚姻!

我总是对我年轻的中国同学和朋友们说:"开放但不要失去自我,不要失去五千年的历史文化传统,不要忘根,要牢记毛主席!"

如果有人问我离开英国来到中国的原因,我给出的理由恰是:

中国的历史;

　中国的文化;

　　中国快速发展的经验;

　　　毛主席的革命。

我已经学到了很多东西、我实现了很多梦想、我到过很多地方,但是我对中国的了解还仅仅是一个开始。我是在英国不是在中国就已经开始促进中非关系的友好发展,因此如果我的确展示出一种亲中国的立场的话,这绝不是因为我现在人在中国或者因为中国给予了我一份奖学金,事实恰恰相反,是因为这一切我是发自内心地这么去想这么去做的。

中国在未来的五千年将继续让整个世界为之着迷!未来我依然需要你们的支持,因为我仍在寻找毕业后我能够继续促进中非关系友好发展的新机会,这些机会可能是在刚果(金),可能是在别的非洲国家,也可能是在中国,谁知道呢?我以前从来没有计划要去欧洲,但是我却在欧洲遇到了贺文萍教授,我也没有想到有一天我会来中国,但是我竟然在中国收获了我的博士学位!我的生活就是这样顺其自然……

请祝福我一切顺利!再次谢谢我应该感谢的所有人!